RETOUR À LEMBERG

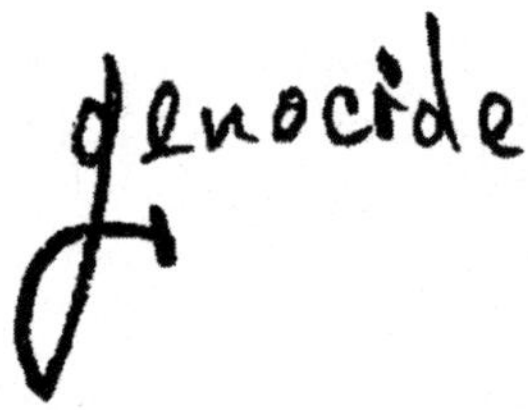

« Génocide » de la main de Raphael Lemkin, *ca.* 1945,
et « Crimes contre l'humanité », de la main de Hersch Lauterpacht, juillet 1946.

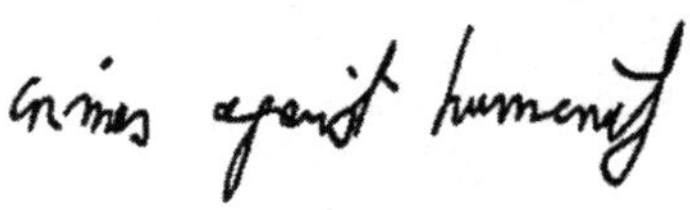

Philippe Sands

RETOUR À LEMBERG

Traduit de l'anglais
par Astrid von Busekist

Albin Michel

Cet ouvrage a été publié avec le soutien
de la Fondation pour la Mémoire de la Shoah
et du Centre National du Livre

Fondation pour la Mémoire de la Shoah

Avec le soutien du CNL Centre national du livre

Édition originale parue en 2016 sous le titre :
East West Street
On the Origins of "Genocide" and "Crimes Against Humanity"
chez Alfred A. Knopf (États-Unis) et Weidenfeld & Nicolson (Grande-Bretagne)

Pour Malke et Rosa
Pour Rita et Leon
Pour Annie
Pour Ruth

Et pour Jean-Pierre, Alexis et Adrien

La petite ville est située au milieu d'un pays plat que ne borne aucune montagne, aucune forêt, aucun fleuve [...], elle commence par de petites cabanes et se termine avec elles. Des maisons prennent le relais des cabanes. Alors commencent les rues. L'une va du sud au nord, l'autre de l'est à l'ouest.

Joseph Roth, *Juifs en errance*, 1927.

Ce ne sont pas les trépassés qui viennent hanter, mais les lacunes laissées en nous par les secrets des autres.

Nicolas Abraham et Maria Torok,
L'Écorce et le Noyau, 1975.

Préface à l'édition française

J'ai eu la chance d'avoir une mère française et des grands-parents qui avaient élu domicile à Paris ; je raconte les conditions de leur installation en France dans ce livre. Je leur dois ma citoyenneté française et ma familiarité avec la langue et la culture françaises. Cette part d'héritage a marqué ma vie personnelle et m'a ouvert des portes dans ma vie professionnelle. Si, lorsque j'étais enfant, devoir parler le français me contrariait à l'occasion, je reconnais aujourd'hui que la maîtrise des deux langues traditionnelles de la diplomatie internationale a contribué à faciliter mon entrée dans le monde du droit international.

Il n'est donc pas surprenant qu'une grande partie de ce livre se déroule à Paris et qu'il soit traversé par des sujets français. Enfant, j'ai passé beaucoup de temps chez mes grands-parents, rue de Maubeuge, près de la gare du Nord, ou dans le Midi de la France pendant les vacances. Ils m'ont élevé dans un environnement français : j'ai mangé des plats français, j'ai lu des B.D. et des magazines français (en particulier *Paris Match* que ma grand-mère adorait), et j'ai regardé le foot à la télé française (que les deux meilleurs membres de mon équipe préférée soient français – je veux parler d'Arsène Wenger et de Thierry Henry – n'est sûrement pas une coïncidence). Mon grand-père avait un amour profond pour la France, le pays qui l'avait sauvé et qui avait sauvé sa famille, et ne tolérait aucune remarque désobligeante sur son pays ou sur les Français. Adulte, j'ai appris à aimer une certaine tournure d'esprit – une manière d'analyser des questions juridiques et de faire valoir des arguments devant les tribunaux et dans les cours internationales – très éloignée du système anglo-saxon. Écrivains, universitaires, juristes, penseurs et cinéastes français ont forgé mon esprit et influencé ma vision du monde.

Cela étant dit, je ne me fais pas plus d'illusions sur la France que sur l'Angleterre. Mais la joie de voir paraître mon livre le plus exigeant et le plus personnel en langue française est inégalée. *Retour à Lemberg* est un livre sur l'identité et le silence, mais c'est aussi une sorte de roman policier à double entrée : la découverte des secrets de ma propre famille, d'une part, et, d'autre part, l'enquête sur l'origine personnelle de deux crimes internationaux qui m'occupent dans ma vie professionnelle au quotidien, le génocide et le crime contre l'humanité. Au lecteur de décider si l'enchevêtrement de ces deux histoires n'est dû qu'au hasard. Le sens des faits et les détails – de ce voyage qui va d'Est en Ouest, et retour – est une affaire personnelle.

Que *Retour à Lemberg* ait été si merveilleusement traduit par Astrid von Busekist, dans le respect des nuances et du ton de l'anglais original, mais avec cette « élégance française » dont parlent les Anglais, ne fait que renforcer ce sentiment.

Ma tante bien-aimée peut maintenant me lire dans sa langue maternelle ; l'une de mes filles, les Naouri et les Desarthe, mon autre famille française, également. Que vouloir de plus ?

Paris, le 7 avril 2017.

Note au lecteur

La ville de Lviv occupe une place importante dans cette histoire. Située à la périphérie orientale de l'Empire austro-hongrois, elle était généralement connue au XIXe siècle sous le nom de Lemberg. Peu de temps après la Première Guerre mondiale, elle fut incorporée à la nouvelle Pologne indépendante et devint Lwów ; occupée par les Soviétiques, au début de la Seconde Guerre mondiale, on l'appela Lvov. Les Allemands envahirent la ville de manière inattendue en juillet 1941 et en firent la capitale du *Distrikt Galizien* au sein du Gouvernement général ; Lvov redevint Lemberg. Ukrainienne après la victoire de l'Armée rouge sur les Nazis à l'été de 1944, elle prit le nom, communément retenu aujourd'hui, de Lviv.

Lemberg, Lviv, Lvov et Lwów désignent la même ville. Le nom a changé, ainsi que la composition et la nationalité de ses habitants, mais le lieu et ses bâtiments n'ont pas bougé, même si la ville a changé huit fois de mains entre 1914 et 1945. La manière de nommer la ville dans ce livre a soulevé un certain nombre de difficultés, j'ai donc adopté le nom utilisé par ceux qui contrôlaient la ville au moment où j'en parle. (J'ai utilisé la même méthode pour les autres lieux : Żółkiew, qui se trouve non loin, est aujourd'hui Zhovkva, appelée ainsi à l'issue d'un interrègne de 1951 à 1991 durant lequel la ville fut Nesterov, en l'honneur d'un héros russe de la Première Guerre mondiale, le premier pilote à avoir exécuté un *looping*.)

J'ai songé à m'en tenir à Lemberg, parce que le nom a un délicat parfum d'histoire, et aussi parce que c'était la ville où mon grand-père a passé son enfance. Mais on pourrait s'offenser de ce choix au moment même où les frontières de l'Ukraine sont contestées par la Russie. La même chose vaut pour Lwów, le nom de la ville pendant deux décennies, mais aussi pour Lviv, son nom pendant quelques jours tumultueux seulement, en novembre 1918. L'Italie n'a jamais contrôlé la ville mais, si elle l'avait fait, elle l'aurait appelée Leopolis, la « ville des lions ».

Personnages principaux

Hersch Lauterpacht, professeur de droit international, est né en août 1897 dans la petite ville de Żółkiew, à quelques kilomètres de Lemberg où la famille s'est installée en 1911. Fils d'Aron et de Deborah (née Turkenkopf), il était le deuxième de trois enfants, entre son frère aîné David et sa sœur cadette Sabrina. Il a épousé Rachel Steinberg à Vienne en 1923 ; leur fils, Elihu, est né à Cricklewood, un quartier de Londres.

Hans Frank, avocat et ministre du gouvernement allemand, est né à Karlsruhe en mai 1900. Il avait un frère aîné et une sœur cadette. En 1925, il a épousé Brigitte (née Herbst) ; ils ont eu deux filles et trois fils, dont le dernier s'appelle Niklas. En août 1942, il a passé deux jours à Lemberg où il a prononcé plusieurs discours.

Raphael Lemkin, procureur et avocat, est né à Ozerisko, près de Bialystok, en juin 1900. Fils de Josef et de Bella, il avait deux frères (l'aîné, Elias, et le cadet, Samuel). En 1921, il s'est installé à Lwów. Il ne s'est jamais marié et n'a pas eu d'enfants.

Leon Buchholz, mon grand-père, est né à Lemberg en mai 1904. Fils de Pinkas, distillateur de spiritueux puis aubergiste, et de Malke (née Flaschner). Né après son frère Emil et ses deux sœurs Gusta et Laura, il était le plus jeune des quatre enfants. Il a épousé Regina « Rita » Landes à Vienne en 1937, où ma mère, Ruth, est née un an plus tard. Deux ans plus tard, en janvier 1939, il est arrivé à Paris, seul.

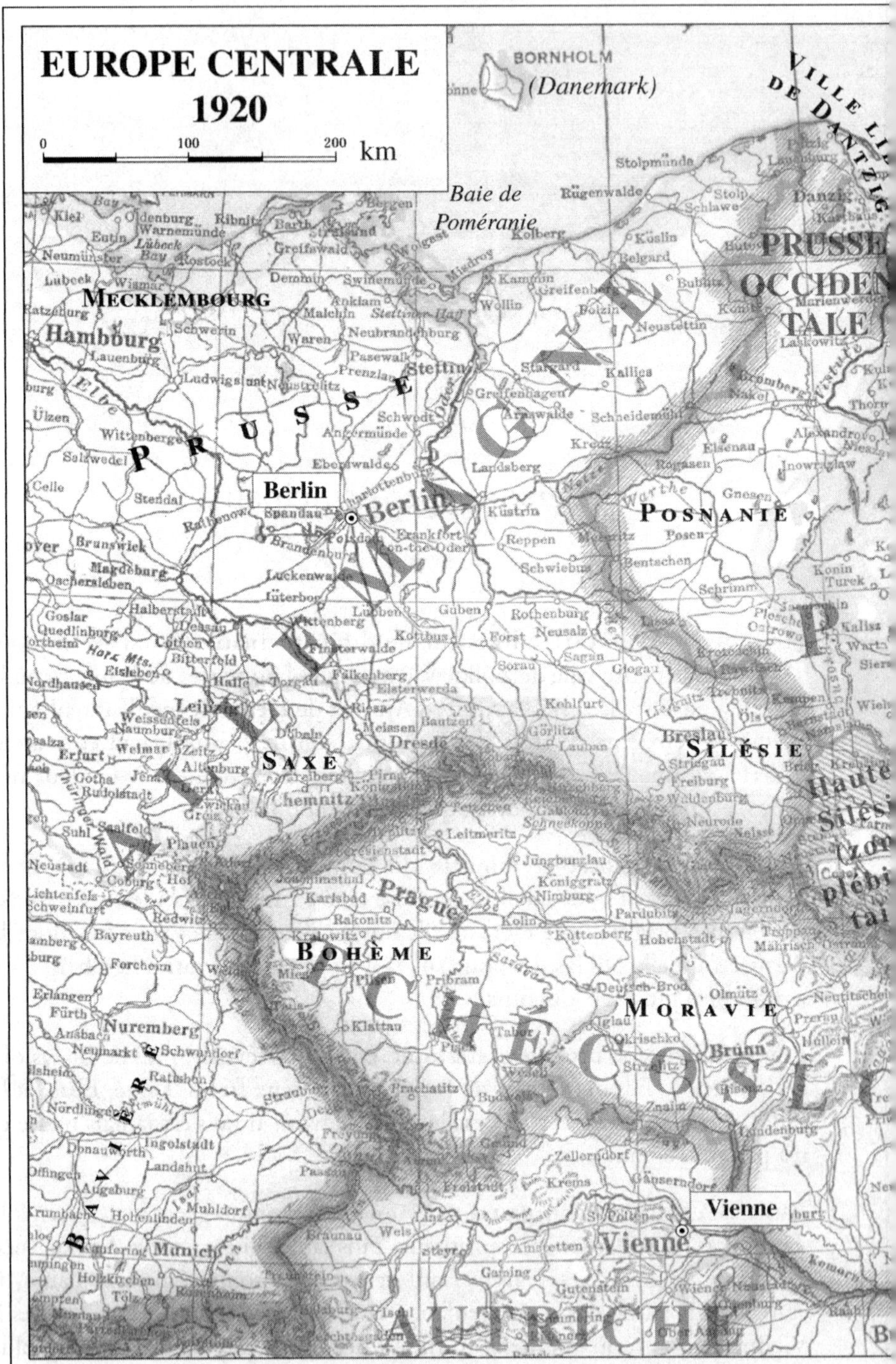
EUROPE CENTRALE
1920
0
100
200 km
BORNHOLM
(Danemark)
Baie de
Poméranie
VILLE LIBRE DE DANTZIG
PRUSSE OCCIDENTALE
MECKLEMBOURG
PRUSSE
Berlin
POSNANIE
ALLEMAGNE
SILÉSIE
Haute Silésie
SAXE
BOHÊME
MORAVIE
TCHECOSLO
BAVIÈRE
Vienne
AUTRICHE

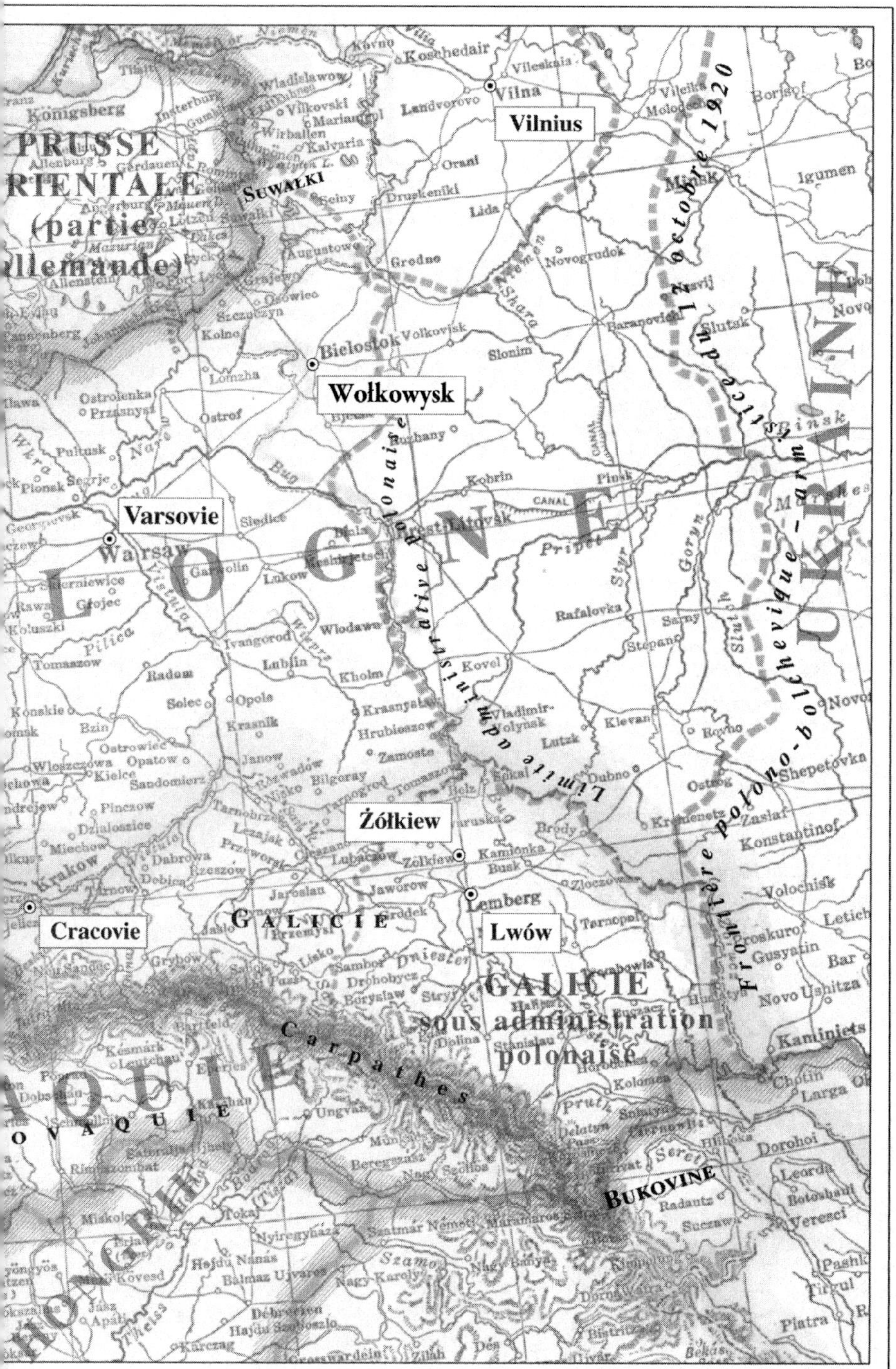

Vilnius
SUWAŁKI
PRUSSE
RIENTALE
(partie
llemande)
Wołkowysk
Varsovie
LOGNE
Limite administrative polonaise
12 octobre 1920
Frontière polono-bolchevique - armistice du
UKRAINE
Żółkiew
Lwów
Cracovie
GALICIE
GALICIE
sous administration
polonaise
Carpathes
BUKOVINE

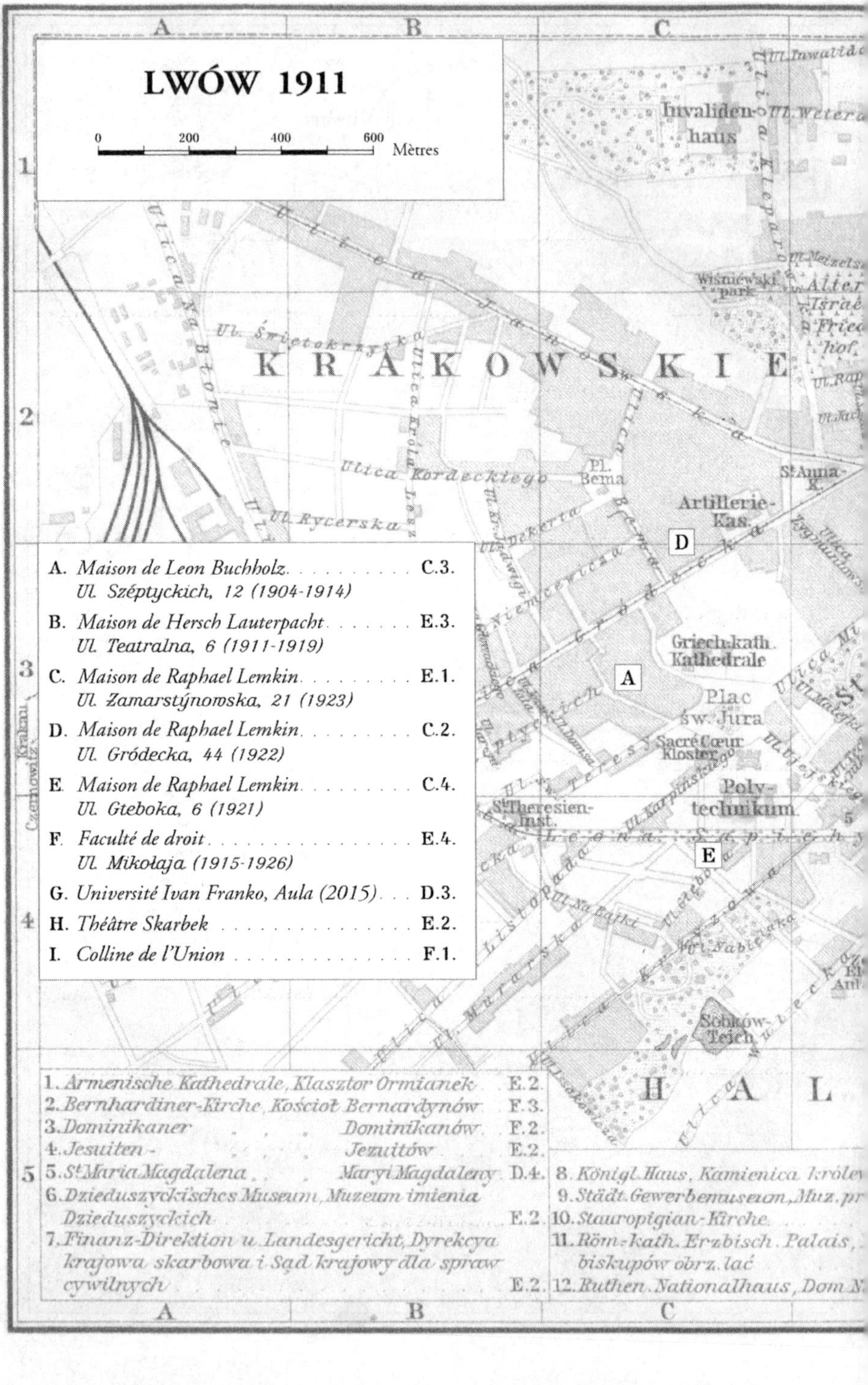
LWÓW 1911
0 200 400 600 Mètres
A. Maison de Leon Buchholz . . . . C.3.
Ul. Széptyckich, 12 (1904-1914)
B. Maison de Hersch Lauterpacht . . . . E.3.
Ul. Teatralna, 6 (1911-1919)
C. Maison de Raphael Lemkin . . . . E.1.
Ul. Zamarstýnowska, 21 (1923)
D. Maison de Raphael Lemkin . . . . C.2.
Ul. Gródecka, 44 (1922)
E. Maison de Raphael Lemkin . . . . C.4.
Ul. Gteboka, 6 (1921)
F. Faculté de droit . . . . E.4.
Ul. Mikołaja (1915-1926)
G. Université Ivan Franko, Aula (2015) . . . D.3.
H. Théâtre Skarbek . . . . E.2.
I. Colline de l'Union . . . . F.1.
K R A K O W S K I E
H A L
1. Armenische Kathedrale, Klasztor Ormianek E.2.
2. Bernhardiner-Kirche, Kościoł Bernardynów F.3.
3. Dominikaner Dominikanów F.2.
4. Jesuiten- Jezuitów E.2.
5. St. Maria Magdalena Maryi Magdaleny D.4.
6. Dzieduszyckisches Museum, Muzeum imienia Dzieduszyckich E.2.
7. Finanz-Direktion u. Landesgericht, Dyrekcya krajowa skarbowa i Sąd krajowy dla spraw cywilnych E.2.
8. Königl. Haus, Kamienica królew
9. Städt. Gewerbemuseum, Muz. pr
10. Stauropigian-Kirche
11. Röm.-kath. Erzbisch. Palais, biskupów obrz. łać
12. Ruthen. Nationalhaus, Dom N

E
F
G
Krasne
Schlachthaus
Bahnhof Podzamcze
Ul. Zamkowa
ŻÓŁKIEWSKIE
Pl. Misyonarski
Basilian. Kloster
Franz Josephsberg
Unionshügel
1
Ul. Miodowa
St. Nikol. K.
St. Johannes K.
Pl. św. Teodora
Synagoge
Ul. Bożnicza
Pl. Zbożowy
Benedictin. K.
Barmherz. Schw. Spital
Ul. św. Wojciecha
Maria Schnee-K.
Pl. Krakowski
Theater
Neues Theater
Röm.-kath. Seminar
Rotes Kloster-Kaserne
Pl. Strzelecki
Bürgerl. Schießstätte
2
Ul. Skarbkowska
Ul. Ormiańska
Rathaus
Karmel.-K.
Neumarkt-Kas.
Francisc. K.
Franciscn. K.
Ul. Karmelicka
Ul. Kurkowa
Statthalterei
Gr. orient. Kap.
Taubstummen-Inst.
St. Antons-K.
Ul. Jagiellońska
Sparkasse
Kathedrale
Ul. 3 Maja
Ul. Sobieskiego
Ul. Wałowa
Kinder-Spital
Friedhof
Garnisons-Spital
Haupt-Spital
Zollamt
Justiz-Palast
ŁYCZAKOWSKIE
3
Frauen-Klinik
Ul. Piekarska
Post u. Telegr.
Röm.-kath. Seminar
Ossolinski Inst.
Casino
Ul. Ochronek
Ul. Sakramentek
Sacramentn. Kloster
Medizin. Fakultät
Ul. Kotecka
St. Nikol.-K.
Universität
Evangel. K.
Botan. Garten
Zitadelle
Gora ...nowska
Tierarznei-Schule
Landwehr-Kas.
4
Gymnas.
Ul. Jana Kochanowskiego
Plac Jabłonowskich
Ul. św. Jacka
Ul. Supińskiego
Ul. Łyczakowska
Pulański Teich
Ul. Snopkowska
Ul. Puławski
Kiliński-Park
Kunst-Palast
Friedhof
5
F. 2.
E. 2.
F. 2.
F. 2.
E. 2.
13. Fredro-Denkmal . . . E. 3
14. Jabłonowski " . . . E. 2
15. Joh. III. Sobieski " . . . E. 2
16. Kiliński " . . . E 5
17. Mickiewicz " . . . E 3
18. Ujejski " . . . E 3

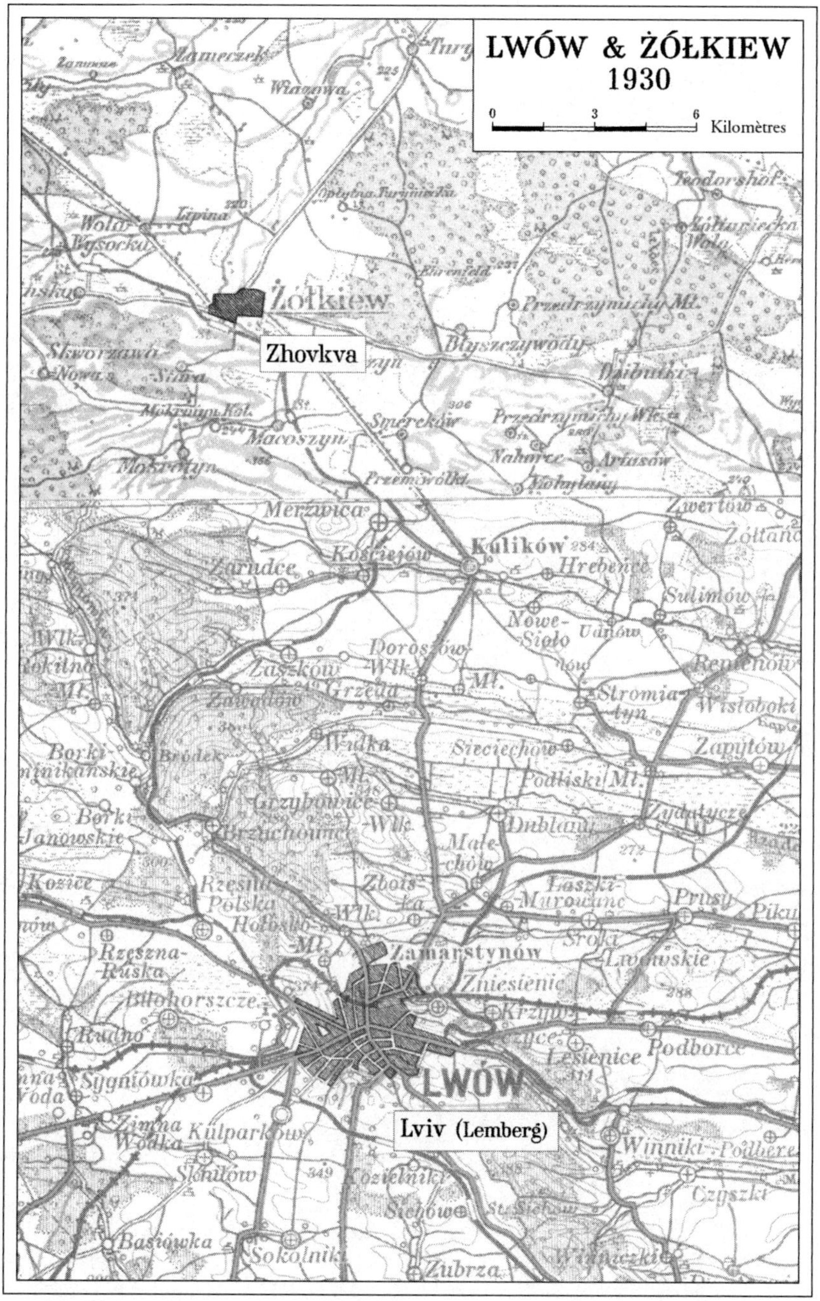

LWÓW & ŻÓŁKIEW
1930
0
3
6
Kilomètres
Żółkiew
Zhovkva
Kulików
Macoszyn
Zarudce
Brzuchowice
Zamarstynów
Lwów
Lviv (Lemberg)
Winniki
Sokolniki
Zubrza
Basiówka
Podborce
Lesienice
Kulparków
Dublany
Prusy

Prologue
Une invitation

Mardi 1er octobre 1946, palais de justice de Nuremberg

Un peu après trois heures de l'après-midi, la porte en bois derrière le box des prévenus s'ouvre et Hans Frank entre dans la salle d'audience 600. Il est vêtu d'un costume gris dont la couleur contraste avec les casques blancs des deux gardes militaires au visage sombre qui l'escortent. Les audiences ont laissé leur empreinte sur cet homme aux joues roses, au petit nez busqué et aux cheveux coiffés en arrière. Frank, qui a été d'abord l'avocat personnel d'Adolf Hitler puis son représentant dans la Pologne occupée par l'Allemagne, n'est plus le ministre mince et crâneur célébré par son ami Richard Strauss. Il est même tellement troublé qu'en entrant dans la salle il prend la mauvaise direction et montre son dos aux juges.

Un professeur de droit international à Cambridge se trouve également dans la salle bondée. Avec sa calvitie et ses lunettes, rond comme une chouette, Hersch Lauterpacht est installé à un bout d'une longue table en bois, flanqué de ses collègues distingués de l'équipe des procureurs britanniques. Lauterpacht, en costume noir, assis à quelques mètres de Frank seulement, est celui qui a eu l'idée d'inscrire les « crimes contre l'humanité » dans la Charte de Nuremberg, trois mots pour décrire le meurtre de quatre millions de Juifs et de Polonais sur le territoire polonais. Lauterpacht sera reconnu comme l'un des plus brillants esprits juridiques du XXe siècle et le père du mouvement moderne des droits de l'homme, mais son intérêt pour Frank n'est pas seulement professionnel. Pendant cinq ans, Frank a été le gouverneur d'un territoire qui s'était étendu au point d'inclure la ville de Lemberg où Lauterpacht avait autrefois une grande famille, ses parents, son frère et sa sœur, ainsi que leurs enfants. Lorsque le procès s'est ouvert un an auparavant, leur destin dans le royaume de Hans Frank demeurait inconnu.

Un autre homme intéressé par le procès n'est pas présent ce jour-là. Raphael Lemkin écoute le verdict à la radio, alité à l'hôpital militaire américain de Paris. Procureur puis avocat à Varsovie, il a fui la Pologne en 1939 lorsque la guerre a éclaté et a pu se rendre aux États-Unis. Au côté des Britanniques, il a travaillé avec l'équipe de l'accusation. Dans son long périple qui le fit accoster en Amérique, il avait emporté un certain nombre de malles, toutes remplies de documents, parmi lesquels les ordonnances et les décrets signés de la main de Frank. En étudiant ces matériaux, Lemkin a trouvé une expression pour décrire le crime dont Frank pouvait être inculpé. Il l'a appelé « génocide ». Contrairement à Lauterpacht qui s'est focalisé sur les crimes contre l'humanité et la protection des individus, Lemkin s'est davantage intéressé à la protection des groupes. Il a travaillé sans relâche pour que le crime de génocide soit adopté par le tribunal, mais, en ce dernier jour d'audience, il est trop faible pour être présent. Lui aussi a un intérêt personnel pour Frank : il a passé des années à Lvov et ses parents et son frère ont été victimes des crimes dont on dit qu'ils ont été commis sur le territoire de Frank.

« Accusé Hans Frank », annonce le président du tribunal. Frank est sur le point d'apprendre s'il va vivre jusqu'à Noël et honorer la promesse qu'il a faite à son fils de sept ans que tout irait bien et qu'il allait passer les vacances à la maison.

Mardi 16 octobre 2014, palais de justice de Nuremberg

Soixante-huit ans plus tard, je visitai la salle d'audience 600 en compagnie du fils de Hans Frank, Niklas, qui n'était encore qu'un petit garçon lorsque cette promesse lui avait été faite.

Niklas et moi-même commençâmes notre visite dans l'aile désolée et vide de ce qui était la prison à l'arrière du palais de justice, la seule des quatre ailes encore existante. Nous nous assîmes dans une petite cellule, semblable à celle où le père de Niklas avait passé presque un an. La dernière fois que Niklas était venu dans cette partie du bâtiment, c'était en septembre 1946. « C'est le seul endroit au monde où je suis un peu plus près de mon père, me dit-il ; être assis ici en m'imaginant être lui, dans cette cellule, pendant près de un an, avec un WC ouvert, une petite table et un petit lit et rien d'autre ». La cellule était impitoyable, comme Niklas l'était lorsqu'il parlait des actions de son père. « Mon père était juriste ; il savait ce qu'il faisait. »

La salle d'audience 600, toujours utilisée, n'avait pas beaucoup changé depuis le procès. En 1946, chacun des vingt et un accusés devait emprunter un petit ascenseur qui, depuis les cellules, menait directement à la salle d'audience, un engin que Niklas et moi étions impatients de voir. Il était toujours là, derrière le banc des accusés, et on y entrait depuis la même porte en bois qui s'ouvrait en glissant aussi silencieusement qu'autrefois. « La porte s'ouvrait, se refermait ; s'ouvrait, se refermait, glissant silencieusement », avait écrit le journaliste du *Times* de Londres, R. W. Cooper, ancien correspondant chargé du tennis, qui assurait quotidiennement le compte rendu du procès[1]. Niklas fit glisser la porte, entra dans l'espace confiné et la referma derrière lui.

En ressortant, il se dirigea vers la place que son père avait occupée lors du procès, où il avait été inculpé pour génocide et crimes contre l'humanité. Il s'assit et s'appuya sur la rambarde en bois. Il me regarda, scruta la salle autour de lui, puis soupira. Je me suis souvent interrogé sur la dernière fois où son père avait franchi la porte coulissante de l'ascenseur pour rejoindre le banc des accusés. On ne pouvait que l'imaginer, car les caméras n'avaient pas été autorisées à filmer le dernier après-midi du procès, le mardi 1er octobre 1946. Elles avaient été interdites pour protéger la dignité des accusés.

Niklas interrompit mes pensées. Il parla doucement et fermement. « C'est une salle heureuse, pour moi et pour le monde[2]. »

Niklas et moi étions ensemble dans la salle 600 à la suite d'une invitation inattendue que j'avais reçue plusieurs années auparavant.

La faculté de droit de l'université de la ville aujourd'hui connue sous le nom de Lviv m'avait invité à faire une conférence publique sur mes travaux concernant le génocide et les crimes contre l'humanité. On m'avait demandé de parler de cas dont je m'étais occupé, de mon travail de recherche sur le procès de Nuremberg et ses conséquences pour le monde moderne.

J'ai toujours été fasciné par le procès et les mythes de Nuremberg, par ce moment où, dit-on, notre système de justice internationale a pris naissance. J'étais captivé par les étranges points de détail que l'on découvre dans les comptes rendus volumineux, par les preuves sinistres, par les livres et les mémoires aussi qui décrivent minutieusement les témoignages exposés devant les juges. J'étais attiré par les images, les photographies, les actualités filmées en noir et blanc, les films comme *Jugement à Nuremberg* qui remporta l'Oscar en 1961, célèbre par son sujet mais aussi par le bref flirt entre Spencer Tracy et Marlene Dietrich. Il y avait une raison pratique à mon intérêt, car l'influence du procès sur mon travail était profonde : le procès de Nuremberg avait donné une impulsion très forte au mouvement des droits de l'homme alors en gestation. Il y avait certes un parfum indéniable de « justice des vainqueurs », mais il ne pouvait y avoir de doute sur le caractère inaugural, catalyseur du procès, qui ouvrait la possibilité inédite de voir des dirigeants politiques jugés par une cour internationale, quelque chose qui n'avait jamais existé auparavant.

Ce fut sans doute mon travail d'avocat plutôt que mes écrits qui suscita l'invitation de l'Université de Lviv. Durant l'été 1998, j'avais pris une petite part aux négociations qui avaient mené à la création du Tribunal pénal international (TPI). J'avais en effet participé à une réunion préparatoire à Rome et, quelques mois plus tard, j'avais travaillé sur le cas Pinochet à Londres. L'ancien président du Chili, poursuivi par un procureur espagnol pour crimes contre l'humanité, avait demandé l'immunité judiciaire en Angleterre, et sa demande avait été rejetée. Dans les années suivantes, d'autres cas avaient permis d'ouvrir des brèches dans la justice internationale après la période de passivité qui, durant la guerre froide, avait succédé au procès de Nuremberg.

Des affaires concernant l'ex-Yougoslavie et le Rwanda ont ensuite trouvé le chemin de mon bureau à Londres. D'autres ont suivi, relatives au Congo, à la Libye, à l'Afghanistan, à la Tchétchénie, à l'Iran, à la Syrie et au Liban, à la Sierra Leone, à Guantánamo et à l'Irak. La longue et triste liste reflétait l'échec des bonnes intentions pourtant exprimées dans la salle d'audience 600 de Nuremberg.

Je me suis occupé de plusieurs cas de meurtres de masse. Certains poursuivis sous le chef d'accusation de crimes contre l'humanité, de meurtres d'individus sur une grande échelle, d'autres comportant des accusations de génocide, de destruction de groupes. Ces deux genres de crimes de nature différente, individuels et collectifs, ont évolué côte à côte. Progressivement cependant, et pour la plupart des gens, le génocide est devenu le crime des crimes, une hiérarchie qui suggère que le meurtre d'individus, fût-ce en grand nombre, est en quelque sorte moins atroce. De temps à autre, je recueillais des indices sur les origines et les intentions des deux termes, et je tentais de faire le lien avec les plaidoyers de la salle 600. Mais je n'avais jamais véritablement enquêté plus avant sur Nuremberg. Je savais comment étaient nés ces nouveaux crimes, je savais comment les termes avaient évolué, mais j'ignorais les histoires personnelles qui s'y étaient mêlées et comment celles-ci avaient compté dans le procès de Hans Frank. Je ne savais rien non plus des circonstances intimes dans lesquelles Hersch Lauterpacht et Raphael Lemkin avaient développé leurs idées si différentes à ce sujet.

L'invitation de Lviv me donnait l'occasion d'explorer cette histoire.

Une raison supplémentaire m'incita à saisir cette occasion : mon grand-père Leon Buchholz était né à Lviv. Je connaissais bien le père de ma mère – il est mort à Paris en 1997, dans la ville qu'il aimait et où il était chez lui –, mais je savais peu de choses de ses années avant 1945, car il n'avait jamais voulu en parler. Sa vie avait enjambé le siècle et, lorsque je l'ai connu, la taille de sa famille avait singulièrement rétréci. Cela, je le comprenais, mais je n'en saisissais ni l'étendue ni les circonstances. Le voyage à Lviv m'offrait la possibilité d'en savoir davantage sur ces années douloureuses.

On disposait bien de bribes d'information, mais Leon avait enfermé la première moitié de sa vie dans une crypte. Pour ma mère, ces bribes avaient dû être importantes dans les années d'après-guerre, mais elles l'étaient tout autant pour moi, car les événements avaient laissé des traces et des questions sans réponse. Pourquoi avais-je choisi d'étudier le droit ? Et pourquoi le type de droit qui avait manifestement des rapports avec une histoire de famille tue ? « C'est dire que ce ne sont pas les trépassés qui viennent hanter, mais les lacunes laissées en nous par les secrets des autres », écrit le psychanalyste Nicolas Abraham à propos de la relation entre grands-parents et petits-enfants[3]. L'invitation de Lviv me donnait l'occasion d'explorer ces lacunes hantées. J'ai donc accepté et passé l'été à écrire ma conférence.

D'après la carte, Lviv se trouve exactement au centre de l'Europe, peu accessible depuis Londres, à l'intersection de lignes imaginaires reliant Riga à Athènes, Prague à Kiev, Moscou à Venise. Lviv est au carrefour des lignes de faille qui séparent l'est de l'ouest, le nord du sud.

Pendant l'été, je me plongeai dans la littérature sur Lviv. Je consultai tout ce que je pouvais trouver sur cette cité aux « frontières floues », comme le dit Joseph Roth[4] : livres, photographies, cartes, actualités, poèmes, chansons. Je m'intéressai particulièrement aux premières années du XXe siècle, l'époque où Leon vivait dans cette ville aux couleurs vives, dans ce mélange « rouge et blanc, bleu et jaune avec un peu de noir et or[5] » des influences polonaise, ukrainienne et autrichienne. Je découvris un lieu de mythologies, un endroit aux racines intellectuelles profondes où les communautés de culture, de langue et de religion s'entrechoquaient au sein de la grande maison que fut l'Empire austro-hongrois. La Première Guerre mondiale provoqua l'effondrement de la maison, détruisit un empire et déchaîna les forces qui allaient régler leurs comptes et provoquer un bain de sang. Le Traité de Versailles, l'occupation nazie puis la prise de contrôle soviétique précipitèrent la succession des événements funestes. Le « rouge et blanc » et le « noir et or » s'effacèrent et laissèrent une Lviv moderne, ukrainienne, dominée par le « bleu et jaune ».

Entre septembre 1914 et juillet 1944, le gouvernement de la ville changea huit fois. Longtemps capitale du « royaume de Galicie et de Lodomérie, du grand-duché de Cracovie et des duchés d'Auschwitz et de Zator » – oui, il s'agit bien de cet Auschwitz-là –, la ville passa des Autrichiens aux Russes, puis à nouveau aux Autrichiens, ensuite brièvement à l'Ukraine occidentale, à la Pologne, à l'Union soviétique, à l'Allemagne, à nouveau à l'Union soviétique, et finalement à l'Ukraine, à laquelle elle appartient encore aujourd'hui. Dans le royaume de Galicie dont Leon, petit garçon, arpentait les rues, se mêlaient les Polonais, les Ukrainiens, les Juifs et beaucoup d'autres. Et pourtant, moins de trois décennies plus tard, à l'heure où Hans Frank entrait dans la salle d'audience 600, lors du dernier jour du procès de Nuremberg, l'ensemble de la communauté juive avait été exterminée, et les Polonais avaient été déplacés.

Les rues de Lviv sont un microcosme du turbulent XXe siècle européen, le centre des conflits sanguinaires qui ont déchiré les cultures. J'ai fini par aimer les cartes de cette époque, avec toutes ces rues dont les noms, mais pas le tracé, changeaient souvent. J'ai appris à bien connaître un certain banc public, belle relique Art nouveau de la période austro-hongroise. Depuis mon banc, j'observais le cours du monde et l'histoire de Lviv.

En 1914, le banc se trouvait dans le *Stadtpark*, le parc de la ville. Il faisait face au *Landtagsgebäude*, le Parlement de Galicie, la province la plus orientale de l'Empire austro-hongrois.

Parlement de Galicie, Empire austro-hongrois.

Une décennie plus tard, le banc n'avait pas bougé, mais il se trouvait dans un autre pays, en Pologne, dans le parc Kósciuszki. Le Parlement avait disparu, mais pas le bâtiment qui abrite aujourd'hui l'Université Jan Kazimierz[6]. À l'été de 1941, lorsque le Gouvernement général de Hans Frank avait pris le contrôle de la ville, le banc avait été germanisé et se trouvait désormais dans le *Jesuitengarten*, en face d'un ancien bâtiment universitaire, lui aussi dépouillé de son identité polonaise.

Ces années de l'entre-deux-guerres ont fait l'objet d'œuvres littéraires nombreuses, mais aucune ne décrit mieux que *Mój Lwów* [« Mon Lwów »] la perte de ce qui fut. « Où êtes-vous maintenant, bancs publics de Lwów, noircis par l'âge et la pluie, frustes et craquelés comme l'écorce d'oliviers médiévaux[7] ? » se demande le poète polonais Józef Wittlin en 1946.

Soixante ans plus tard, lorsque je m'approchai du banc sur lequel mon grand-père aurait pu s'asseoir un siècle plus tôt, j'étais dans le parc Ivan Franko, baptisé en l'honneur d'un poète ukrainien, auteur de romans policiers, dont le nom ornait également le bâtiment universitaire[8].

Les souvenirs idylliques de Wittlin, dans leurs traductions espagnole et allemande, sont devenus mes compagnons, mon guide à travers la vieille ville, ses maisons et ses rues qui portaient encore les cicatrices des combats qui avaient éclaté en novembre 1918. Ce conflit odieux au cours duquel les Juifs étaient visés ou se trouvaient piégés entre les communautés polonaises et ukrainiennes avait été suffisamment grave pour être relayé par le *New York Times*. Il avait même incité le Président américain Woodrow Wilson à monter une commission d'enquête. « Je ne souhaite pas raviver les blessures de ce corps vivant de mémoire, je ne parlerai donc pas de 1918 », écrit encore Wittlin, qui fit pourtant exactement le contraire. Il évoque la « bataille fratricide entre Polonais et Ukrainiens » qui coupa la ville en deux, et en laissa beaucoup piégés parmi les factions en guerre. Et cependant, une sorte de courtoisie réciproque demeura : un camarade de classe interrompit brièvement le combat, non loin du banc où je me suis assis, pour permettre au jeune Wittlin de rentrer chez lui.

« Une harmonie régnait parmi mes amis bien qu'ils appartinssent à des ethnies différentes, fussent à couteaux tirés et professassent des opinions et des fidélités différentes », écrit Wittlin[9]. Voilà le monde mythique de la Galicie où les démocrates nationaux aimaient les Juifs, où les socialistes fricotaient avec les conservateurs, où les vieux Ruthènes et les russophiles pleuraient en compagnie des nationalistes ukrainiens. « Jouons à l'idylle », écrit Wittlin, évoquant « l'essence de l'être lvovien ». Il décrit une ville sublime et grossière à la fois, sage et imbécile, poétique et médiocre. « Le parfum de Lwów et de sa culture sont acidulés », conclut-il, espiègle, comme le goût d'un fruit inhabituel, la *czeremcha*, une cerise sauvage qui ne mûrit qu'à Klepary, dans la banlieue de Lwów. Wittlin l'appelle *cerenda*, amère et douce. « La nostalgie dénature même les parfums, elle nous dit de ne goûter que la douceur de Lwów aujourd'hui. Mais j'en connais pour qui Lwów fut une dose de bile[10]. »

La plaie suppura après la Première Guerre mondiale, elle fut apaisée mais non guérie à Versailles. Périodiquement, elle se raviva même, comme par vengeance, notamment lorsque les Soviétiques envahirent la ville sur leurs chevaux blancs en septembre 1939, et à nouveau deux ans plus tard quand les Allemands débarquèrent avec leurs tanks. « Au début du mois d'août 1942, le Gouverneur général Dr Frank arriva à Lvov », témoigne un résident juif dans un des rares journaux intimes retrouvés. « Nous savions que sa visite n'augurait rien de bon[11]. » Ce mois-là, Hans Frank, l'avocat préféré de Hitler et désormais Gouverneur général de la Pologne occupée, monta les marches de marbre de l'université et prononça un discours dans le grand auditorium où il annonça l'extermination des Juifs de la ville.

Je suis arrivé à Lviv à l'automne de 2010 pour faire ma conférence. J'avais alors découvert un fait apparemment passé inaperçu : les deux hommes qui avaient introduit les crimes contre l'humanité et le génocide dans le procès de Nuremberg, Hersch Lauterpacht et Raphael Lemkin, avaient tous deux habité la ville dans la période décrite par Wittlin. Tous deux avaient étudié à l'université et avaient fait l'amère expérience de ces années-là.

Ce n'est pas la dernière des coïncidences que j'allais découvrir au cours de mon travail sur Lviv, mais c'est elle qui a eu les conséquences les plus profondes. N'est-il pas remarquable qu'en préparant mon séjour à Lviv pour y parler des origines du droit international, j'apprenne que la ville elle-même était intimement liée à ces origines ? Il me semble que ce n'est pas seulement une coïncidence que les deux hommes qui ont tant contribué à créer notre système de justice internationale viennent de la même ville. Il est tout aussi étonnant que je n'aie rencontré personne lors de cette première visite, à l'université ou ailleurs, qui soit au courant du rôle que ce lieu a joué dans la création du système moderne de justice internationale.

Ma conférence a été suivie de questions, majoritairement sur la vie des deux hommes. Dans quelles rues habitaient-ils ? Quels cours avaient-ils suivis à l'université, qui étaient leurs professeurs ? Se connaissaient-ils, s'étaient-ils rencontrés ? Que s'était-il passé après leur départ de la ville ? Pourquoi personne ne parle-t-il d'eux à la faculté aujourd'hui ? Pourquoi l'un était-il attaché à la protection des individus, et l'autre à celle des groupes ? Comment ont-ils été mêlés au procès de Nuremberg ? Que sont devenues leurs familles ?

Je n'avais pas de réponses à ces questions sur Lauterpacht et Lemkin.

Puis quelqu'un me posa une question à laquelle j'ai pu répondre.

« Quelle est la différence entre les crimes contre l'humanité et le génocide ? »

« Imaginez le meurtre de 100 000 personnes qui appartiennent au même groupe », ai-je répondu, « des Juifs ou des Polonais de Lviv. Pour Lauterpacht, le meurtre d'individus, s'il relève d'un plan systématique, serait un crime contre l'humanité. Lemkin, lui, s'intéressait au génocide, au meurtre d'un grand nombre d'individus, mais avec l'intention de détruire le groupe dont ils font partie. Pour un procureur d'aujourd'hui, la différence entre les deux situations est avant tout liée à l'intentionnalité : pour prouver le génocide, vous devez montrer que le meurtre est animé par une intention de détruire le groupe, tandis que, pour prouver le crime contre l'humanité, une telle intention n'a pas besoin d'être établie ». J'expliquai qu'apporter la preuve d'une destruction intentionnelle est notoirement difficile, dans la mesure où ceux qui participent aux meurtres ne laissent généralement pas de traces écrites permettant d'établir des preuves.

La distinction est-elle importante ? demanda quelqu'un d'autre. Importe-t-il que la loi cherche à vous protéger parce que vous êtes un individu ou parce qu'il se trouve que vous appartenez à un groupe ? La question resta en suspens, elle ne m'a pas quitté depuis.

Plus tard dans la soirée, une étudiante s'approcha de moi. « Pouvons-nous parler en privé ? » chuchota-t-elle. « C'est personnel. » Nous sommes allés à l'autre bout de la pièce. « Personne en ville ne connaît ou ne se soucie de Lauterpacht ou de Lemkin, dit-elle, parce qu'ils étaient juifs. Ils étaient entachés de leur identité. »

Peut-être, répondis-je, ne sachant pas où elle voulait en venir.

« Je voulais vous dire que votre conférence était importante pour moi, *personnellement* importante », me dit-elle.

Je comprenais ce qu'elle était en train de me dire, elle m'envoyait un signal sur ses propres origines. Qu'elle fût Polonaise ou Juive, ce n'était pas une chose dont on pouvait parler ouvertement. Les identités individuelles ou l'appartenance à une communauté étaient des sujets délicats à Lviv.

« Je comprends votre intérêt pour Lauterpacht et Lemkin », conclut-elle, « mais n'est-ce pas sur votre grand-père que vous devriez enquêter ? N'est-ce pas lui le plus proche de votre cœur ? ».

I.

Leon

I

MES PREMIERS souvenirs de Leon datent des années 1960, du temps où il vivait à Paris avec Rita, ma grand-mère. Ils habitaient dans un deux-pièces avec une toute petite cuisine au troisième étage d'un immeuble vétuste du XIXe siècle, à peu près au milieu de la rue de Maubeuge. Une odeur de moisi flottait dans leur appartement empli du bruit des trains de la gare du Nord.

Voici les quelques éléments dont je me souviens.

Il y avait une salle de bains avec des carreaux noirs et roses. Leon y passait pas mal de temps, assis en solitaire, occupant un petit espace derrière un rideau en plastique. Mon jeune frère – le plus curieux de nous deux – et moi n'avions pas la permission d'y pénétrer. À l'occasion, lorsque Leon et Rita faisaient les courses, on se faufilait dans l'espace interdit. Avec le temps, nous devenions plus ambitieux, nous examinions les objets sur la table en bois qui servait de bureau dans le coin de la salle de bains et sur laquelle s'amoncelaient des papiers indéchiffrables, en français ou dans d'autres langues étrangères (l'écriture de Leon était différente de tout ce que nous avions pu voir, c'étaient des mots de forme arachnéenne étirés sur toute la page). Le bureau lui-même était jonché de montres, vieilles et cassées, ce qui nous confortait dans l'idée que notre grand-père était un trafiquant de montres.

Il y avait des visites occasionnelles, de vieilles dames avec des noms et des visages étranges. Mme Scheinmann sortait du lot, vêtue de noir avec une étole de fourrure brune drapée sur l'épaule, un visage mince poudré de blanc, et une trace de rouge à lèvres rouge. Elle parlait généralement du passé en chuchotant avec un accent étranger. Je ne reconnaissais pas la langue (j'ai appris plus tard que c'était du polonais).

Un autre souvenir est l'absence de photos. Je ne me souviens que d'une seule photo, en noir et blanc, disposée fièrement au-dessus de la cheminée inutilisée dans un sous-verre au cadre biseauté : Leon et Rita le jour de leur mariage en 1937. Rita ne souriait pas sur la photo, pas davantage plus tard lorsque je l'ai connue, une particularité que j'avais remarquée très tôt et que je n'ai jamais oubliée. Il ne semblait y avoir ni albums, ni collections de souvenirs, ni photos de parents ou de frères et sœurs (disparus depuis longtemps, me disait-on), bref aucune mémoire familiale visible. Il y avait une télévision noir et blanc, des copies disparates de *Paris Match* que Rita aimait lire, mais pas de disques.

Le passé était suspendu au-dessus de Leon et de Rita, c'était un temps d'avant Paris, un temps dont il ne fallait pas parler en ma présence ou évoquer dans une langue que je pouvais comprendre. Aujourd'hui, plus de quarante ans après, je me rends compte un peu honteusement que je n'ai jamais posé de questions sur leur enfance. Si la curiosité était bien là, il n'était pas permis de l'exprimer.

Le silence régnait dans cet appartement. Leon était d'un abord plus facile que Rita, qui donnait une impression de détachement. Elle passait son temps dans la cuisine, souvent pour préparer du *Wiener Schnitzel* avec de la purée, mon plat favori. Leon aimait saucer son assiette avec du pain, la nettoyant si bien qu'on n'avait même plus besoin de la laver.

Un sens de l'ordre et de la dignité était perceptible, de la fierté aussi. Un ami de la famille qui connaissait Leon depuis les années 1950 se souvient d'un homme réservé. « Toujours en costume, de belle allure, discret, ne cherchant jamais à s'imposer. »

Leon m'encouragea à faire du droit. En 1983, lorsque je fus diplômé de l'université, il m'offrit un dictionnaire juridique anglais-français. « Pour ton début dans la vie professionnelle », griffonna-t-il sur la page de garde. Un an plus tard, il m'envoya une lettre avec une coupure du *Figaro*, une annonce pour un poste à Paris d'avocat international maîtrisant l'anglais. « *Mon fils**, écrivit-il, qu'en penses-tu ? » « Mon fils », c'est ainsi qu'il m'appelait.

Ce n'est que maintenant, des années plus tard, que je peux comprendre la noirceur des événements que Leon a connus avant cette période, des événements dont il est sorti en gardant sa dignité, avec chaleur et avec le sourire. C'était un homme généreux et passionné, dont le tempérament fougueux pouvait se manifester de manière brutale et inattendue, un socialiste de toujours admirant le président du Conseil français, Léon Blum, un amoureux du foot, un Juif observant aussi, pour qui la religion était une affaire privée qui ne devait jamais être imposée aux autres. Il n'avait cure du monde matériel et ne voulait être un fardeau pour personne. Trois choses lui importaient : la famille, la nourriture et la maison.

J'ai beaucoup de souvenirs heureux, et pourtant l'appartement de Leon et de Rita ne m'est jamais apparu comme un lieu joyeux. Jeune garçon déjà, j'en sentais la lourdeur, une tension faite d'appréhension et imprégnée du silence qui remplissait l'air. Je ne venais qu'une fois par an et pourtant je me souviens de l'absence de rires. On parlait français, mais, lorsque le sujet de la conversation était personnel, mes grands-parents passaient à l'allemand, la langue de l'histoire et de la dissimulation. Leon ne semblait avoir ni travail ni occupation l'obligeant à quitter la maison tôt le matin. Rita ne travaillait pas. Elle était ordonnée et soigneuse, les coins du tapis du salon étaient toujours bien alignés. Comment payaient-ils leurs factures, cela demeure un mystère. « Nous pensions que Leon faisait un trafic de montres pendant la guerre », me dit un jour le cousin de ma mère.

Que savais-je d'autre ?

Que Leon était né dans un endroit lointain appelé Lemberg, qu'il s'était installé à Vienne lorsqu'il était jeune homme. C'est la période dont il ne voulait pas parler, pas avec moi. *« C'est compliqué, c'est le passé, pas important*. »* C'est tout ce qu'il disait : c'est compliqué, c'est le passé, pas important. Je comprenais qu'il ne fallait pas insister, que

* En français dans le texte *(NdT)*.

c'était de l'instinct de protection. Sur ses parents, sur son frère et ses deux sœurs régnait un silence absolu et impénétrable.

Quoi d'autre ? Il avait épousé Rita en 1937 à Vienne. Leur fille, Ruth, ma mère, est née un an plus tard, quelques semaines après l'arrivée des Allemands à Vienne pour annexer l'Autriche et imposer l'*Anschluss*. En 1939, il s'est installé à Paris. Après la guerre ils ont eu un deuxième enfant, un fils qu'ils ont appelé Jean-Pierre, un prénom français.

Rita est morte en 1986, j'avais alors vingt-cinq ans.

Jean-Pierre est mort quatre ans plus tard, avec ses deux enfants, mes seuls cousins, dans un accident de voiture.

Leon a assisté à mon mariage à New York en 1993 ; il est mort quatre ans plus tard, dans sa quatre-vingt-quatorzième année, emportant Lemberg dans sa tombe, ainsi qu'une écharpe que sa mère lui avait offerte en janvier 1939. C'était son cadeau d'adieu de Vienne, me raconta ma mère lorsque nous le saluâmes pour la dernière fois.

C'est à peu près tout ce que je savais lorsque j'ai reçu l'invitation de Lviv.

2

QUELQUES semaines avant le voyage pour Lviv, ma mère et moi nous trouvions dans le salon lumineux de son appartement du nord de Londres, deux vieilles mallettes posées devant nous. Elles étaient bourrées de papiers et de photos de Leon, d'extraits d'articles de journaux, de télégrammes, de passeports, de cartes d'identité, de lettres et de notes. La plupart dataient de Vienne, mais quelques documents étaient plus anciens, de la période de Lemberg. J'examinai chaque pièce avec soin, en petit-fils mais aussi en avocat qui flaire la preuve. Leon devait avoir gardé ces documents pour de bonnes raisons. Les souvenirs semblaient contenir des informations cachées, codées par la langue et par le contexte.

Je fis une petite pile des pièces qui me paraissaient particulièrement intéressantes. Il y avait le certificat de naissance de Leon qui confirmait la date de sa venue au monde : Lemberg, 10 mai 1904. Le document mentionnait également une adresse. Ainsi que des informations sur la famille. Son père (mon arrière-grand-père) était un aubergiste du nom de Pinkas, qui peut se traduire par Philip ou Philippe. La mère de Leon, mon arrière-grand-mère, s'appelait Amalie, ou Malke. Elle était née en 1870 à Żółkiew, à environ vingt kilomètres au nord de Lemberg. Son père, Isaac Flaschner, était marchand de grains.

Au fur et à mesure, d'autres documents s'ajoutaient à la pile.

Un passeport polonais usé, vieux et délavé, marron clair, avec un aigle impérial sur la couverture. Établi au nom de Leon à Lwów en juin 1923, il en faisait un résident de la ville. J'étais surpris, je croyais que Leon était autrichien.

La découverte d'un autre passeport, gris foncé celui-ci, fut un choc. Établi par le Reich allemand à Vienne en décembre 1938, sa couverture arborait également un aigle perché sur l'emblème nazi, un svastika doré. C'était un *Fremdenpass**, un document de voyage délivré à Leon qui avait été destitué de sa nationalité polonaise et était par conséquent devenu apatride *(staatenlos)*, sans nationalité et sans les droits afférents. Il y avait trois passeports semblables parmi les papiers de Leon : un deuxième au nom de ma mère, établi en décembre 1938 – elle avait alors six mois – et un troisième appartenant à ma grand-mère Rita, fait à Vienne à l'automne de 1941, trois ans plus tard.

Je continuai de nourrir ma pile.

Un petit fragment de papier jaune, mince, plié en deux. L'une des faces était vierge, l'autre comportait un nom et une adresse, écrits au crayon, d'une écriture appuyée, ferme et angulaire. « Miss E. M. Tilney, Norwich, Angleterre. »

Trois petites photos, toutes du même homme à l'air vaguement espiègle, cheveux noirs, sourcils épais, dans une pose formelle. Il arbore un costume aux rayures fines, un nœud papillon et une pochette. Au dos de chacune des photos, une date différente qui semble avoir été écrite de la même main : 1949, 1951, 1954. Il n'y a pas de nom.

Ma mère m'a dit qu'elle ne connaissait ni l'identité de Miss Tilney ni celle de l'homme au nœud papillon.

---

* Passeport pour étrangers *(NdT)*.

J'ajoutai une quatrième photo à ma pile, plus grande, mais également en noir et blanc. Elle représente un groupe d'hommes, certains en uniforme, participant à une procession, sur fond d'arbres et de grandes fleurs blanches. Certains fixent l'appareil, d'autres le regardent de manière furtive ; au milieu de la photo, se trouve un homme que je reconnais immédiatement, un homme de haute taille, dans un uniforme militaire que j'imagine vert, avec une ceinture noire qui entoure fermement sa taille. Je connais cet homme, ainsi que celui qui se tient derrière lui, c'est le visage flou de mon grand-père Leon. Au dos de la photo Leon a écrit « De Gaulle, 1944 ».

J'emportai ces documents chez moi. Miss Tilney et son adresse étaient accrochées au-dessus de mon bureau à côté de la photo de 1949, celle de l'homme au nœud papillon. De Gaulle fut gratifié d'un cadre.

3

Je quittai Londres pour Lviv à la fin d'octobre, profitant d'un moment libre dans mon emploi du temps après une audience à La Haye. En violation d'une convention internationale, les Géorgiens ethniques d'Abkhazie et d'Ossétie du Sud avaient été maltraités selon mon client, la Géorgie, qui avait intenté un procès à la Russie pour discrimination raciale[1]. Lors du premier vol entre Londres et Vienne, je passai en revue les actes de procédure d'une autre affaire, déposée par la Croatie contre la Serbie sur la signification du terme « génocide ». Étaient en cause les massacres de Vukovar en 1991, à l'origine de l'un des plus grands charniers en Europe depuis 1945.

Je voyageais avec ma mère (sceptique, anxieuse), ma tante Annie, veuve du frère de ma mère (calme), et mon fils de quinze ans (curieux). À Vienne, nous avons embarqué à bord d'un plus petit appareil pour notre vol de six cent cinquante kilomètres vers l'est, au-delà de la ligne invisible qui marquait jadis le rideau de fer. Au nord de Budapest, l'avion a survolé la ville d'eaux ukrainienne de Truskavets et, grâce au ciel sans nuages, nous avons pu voir les montagnes des Carpates et, au loin, la Roumanie. Le paysage autour de Lviv – la « terre de sang » décrite par un historien dans son livre consacré aux terreurs staliniennes et hitlériennes qui s'étaient abattues sur ce lieu – était plat, boisé et agricole, avec des champs dispersés et grêlés de villages, de métairies et d'habitations de couleur rouge, brune et blanche. Il est probable que nous soyons passés exactement au-dessus de la petite ville de Zhovkva lorsque nous avons enfin aperçu Lviv, extension lointaine d'une métropole soviétique, puis le centre de la ville, avec ses flèches et ses dômes qui émergeaient de la « verdure ondulante, les unes après les autres », les tours d'un endroit que j'allais apprendre à connaître, « du Saint-George, de Sainte-Élisabeth, de l'hôtel de ville, de la cathédrale, du palais Korniakt et du monastère des Bernardins », si chers à Wittlin. J'ai vu, sans en connaître le nom, la coupole de l'église dominicaine, le théâtre de la ville, le kourgane de l'union de Lublin et le sablonneux mont Piaskowa qui avait « bu le sang de milliers de martyrs » pendant l'occupation allemande[2]. J'allais me familiariser avec tous ces endroits.

L'avion s'est arrêté devant un bâtiment bas, qui n'aurait pas déparé un album de *Tintin*, comme si nous étions encore en 1923 lorsque l'aérodrome portait le nom évocateur de Sknyliv. Il y avait là une symétrie avec ma famille : la gare impériale de la ville avait ouvert en 1904, l'année de naissance de Leon ; l'aéroport Sknyliv avait été inauguré en 1923, l'année de son départ ; le nouveau terminal mis en service en 2010, l'année où ses descendants revenaient.

L'ancien terminal n'avait pas beaucoup changé durant le siècle passé : toujours le hall de marbre, les larges portes de bois et les gardes zélés aux visages poupins, habillés de vert comme dans *Le Magicien d'Oz*, et qui aboyaient des ordres sans y croire. Nous, les passagers, attendions dans une longue file qui serpentait lentement vers un ensemble de cabines en bois occupées par des officiers d'immigration, tous coiffés d'une casquette géante verte et mal ajustée.

« Pourquoi ici ? a demandé l'officier.

– Conférence », ai-je répondu.

Il a regardé dans le vide. Puis a répété le mot, pas une fois, mais trois.

« Conférence ? Conférence ? Conférence ?

– Université, université, université », ai-je répliqué, ce qui a provoqué un sourire, un tampon et un droit d'entrée. Nous avons cheminé à travers les douanes, dépassant des hommes aux cheveux foncés, vêtus de manteaux de cuir luisants, et qui fumaient.

Le taxi qui nous a amenés vers le centre historique est passé devant des immeubles délabrés du XIXe siècle d'allure viennoise, la grande cathédrale catholique ukrainienne Saint-Georges et l'ancien Parlement de Galicie, avant de rejoindre la rue principale, encadrée par l'Opéra et un monument imposant à la mémoire du poète Adam Mickiewicz. Notre hôtel était proche du centre médiéval, rue Teatralna, anciennement Rutowskiego pour les Polonais, et Lange Gasse pour les Allemands. Pour pouvoir suivre les noms et maintenir en éveil mon sens de l'histoire, j'aimais me balader avec trois cartes : moderne ukrainienne (2010), vieille polonaise (1930), ancienne autrichienne (1911).

Dès la première soirée, nous nous sommes mis en quête de la maison de Leon. J'avais l'adresse figurant sur son certificat de naissance, dans sa traduction anglaise faite en 1938 par un certain Boleslaw Czuruk de Lwów. Le professeur Czuruk, comme beaucoup d'habitants de la ville, avait eu une vie compliquée : avant la Seconde Guerre mondiale, il avait enseigné la littérature slave à l'université, puis il avait travaillé comme traducteur pour la République polonaise pendant l'occupation allemande où il avait aidé des centaines de Juifs de Lwów à obtenir de faux papiers. Les Soviétiques, après la guerre, l'avaient récompensé de ses efforts par un séjour en prison[3]. La traduction du professeur Czuruk indiquait que Leon était né au numéro 12 de la rue Szeptyckich et qu'il avait vu le jour grâce à une sage-femme du nom de Mathilde Agid.

Aujourd'hui, la rue Szeptyckich, proche de la cathédrale Saint-Georges, est devenue la rue Sheptyts'kykh. Pour nous y rendre, nous avons contourné la place Rynok et admiré des maisons de marchands datant du XVe siècle, nous sommes passés devant l'hôtel de ville et l'église jésuite (qui avait été murée pendant la période soviétique et avait servi d'archives et de dépôt de livres), nous avons enfin débouché sur une place ordinaire face à Saint-Georges où le gouverneur nazi de Galicie, le Dr Otto von Wächter, avait recruté les membres de la « Waffen-SS Division Galicie[4] ».

Il ne nous restait alors qu'une petite distance à parcourir pour atteindre la rue Sheptyts'kykh, baptisée en l'honneur d'Andrey Sheptytsky, le fameux archevêque métropolitain de l'Église grecque orthodoxe ukrainienne qui, en novembre 1942, avait publié une lettre pastorale intitulée « Tu ne tueras point[5] ». Le numéro 12 correspondait à un immeuble de deux étages de la fin du XIXe siècle, avec cinq grandes fenêtres au premier étage ; à côté se trouvait un bâtiment sur lequel on avait tagué une grande étoile de David.

Les archives de la ville m'avaient fourni une copie du permis de construire et des premiers plans de l'immeuble[6]. J'appris ainsi qu'il avait été construit en 1878, qu'il comptait en tout six appartements et quatre toilettes partagées, et qu'il y avait une auberge au rez-de-chaussée (peut-être celle-là même dont le père de Leon, Pinkas Buchholz, s'occupait, bien que l'annuaire de la ville de 1913 le signalât comme propriétaire d'un restaurant situé quelques maisons plus loin, au numéro 18).

12, rue Sheptyts'kykh, Lviv, octobre 2012.

Nous sommes entrés dans la maison. Au premier étage, un homme d'un certain âge a répondu à notre appel. Yevgen Tymchyshn nous a raconté qu'il était né ici en 1943, sous l'occupation allemande. Les Juifs étaient partis, a-t-il ajouté, l'appartement était vide. Il nous a priés d'entrer, et sa femme, aimable bien que timide, nous a fièrement montré l'unique pièce qui servait d'habitation au couple. Nous avons bu du thé noir, admiré les photos au mur, discuté des défis auxquels faisait face l'Ukraine contemporaine. À l'arrière de la maison, derrière la minuscule cuisine, il y avait un balcon. Yevgen et moi sommes sortis. Il portait une vieille casquette militaire. Je souriais, le soleil brillait, la cathédrale Saint-Georges se dressait devant nous, comme en mai 1904.

4

Leon est né dans cette maison, mais il fallait chercher ses racines familiales un peu plus loin, dans une ville proche, Zhovkva, connue alors sous le nom de Żółkiew, où sa mère Malke est elle-même née en 1870. Notre guide, Alex Dunai, nous a conduits à travers un paysage tranquille, brumeux et rural, fait de collines brunes et de bosquets, saupoudré de villes et de villages autrefois célèbres pour leur fromage, leurs saucisses et leur pain. Leon avait peut-être pris la même route un siècle auparavant pour rendre visite à sa famille, à cheval ou en calèche, ou même en train depuis la nouvelle gare. J'avais réussi à mettre la main sur un vieil indicateur des chemins de fer Cook qui mentionnait la ligne Lemberg-Żółkiew ; son terminus était un endroit appelé Bełżec : le site du premier camp d'extermination permanent utilisant le gaz comme moyen d'assassinat de masse.

Je n'ai trouvé qu'une seule photo de famille de cette période de l'enfance de Leon, un portrait fait en studio sur fond de décor peint. Leon, assis entre ses parents, devant son frère et ses deux sœurs, devait avoir neuf ans.

Tout le monde sur cette photo a l'air sérieux, surtout Pinkas, l'aubergiste, avec sa barbe noire et sa tenue de Juif pieux, fixant l'objectif d'un air perplexe. Malke a l'air tendue et solennelle ; c'est une dame bien coiffée qui porte un lourd collier ; elle est bien en chair dans sa robe aux revers en dentelle. Elle tient un livre ouvert sur ses genoux, comme pour envoyer un signal au monde des idées. Emil, né en 1893, en col et uniforme militaire, est l'aîné ; il va partir à la guerre et mourir, mais ne le sait pas encore. À ses côtés se tient Gusta, sa cadette de quatre ans, élégante et plus grande d'une demi-tête que son frère. Devant Emil, Laura, la plus jeune sœur, née en 1899, la main posée sur l'accoudoir de la chaise. Mon grand-père Leon est au premier plan, petit garçon dans un uniforme de marin, les yeux grands ouverts et les oreilles décollées. Il était le seul à sourire lorsque la photo a été prise, comme s'il ne savait pas ce que les autres faisaient.

La famille Buchholz, Lemberg, *ca.* 1913
(de gauche à droite : Pinkas, Gusta, Emil, Laura et Malke, Leon au premier plan).

J'ai trouvé les certificats de naissance des quatre enfants dans des archives à Varsovie. Tous sont nés dans la même maison de Lemberg, tous mis au monde par la même sage-femme, Mathilde Agid. Le certificat d'Emil est signé par Pinkas et indique que le père est né en 1862 à Cieszanów, une petite ville au nord-ouest de Lemberg.

Les archives m'ont également fourni un certificat de mariage, celui de Pinkas et de Malke, une cérémonie civile célébrée à Lemberg en 1900. Seul Leon était donc le fruit d'un mariage civil[7].

D'après les archives, Żółkiew est le berceau de la famille. Malke et ses parents y sont nés, Malke elle-même est la première de cinq enfants, et la seule fille. Toujours d'après les archives, Leon a quatre oncles – Josel (né en 1872), Leibus (1875), Nathan (1877) et Aharon (1879) –, tous se sont mariés, tous ont eu des enfants ; Leon avait donc une grande famille à Żółkiew. L'oncle de Malke, Meijer, avait également une ribambelle d'enfants, offrant à Leon une multitude de cousins du second et du troisième degré. La branche Flaschner de la famille de Żółkiew, environ soixante-dix individus, représentait ainsi au bas mot un pour cent de la population de la ville. Jamais, pendant toutes ces années où j'ai connu Leon, il n'a mentionné ne serait-ce qu'un seul membre de sa famille. Il a toujours semblé être seul au monde.

Żółkiew a eu son heure de gloire sous les Habsbourg et, du temps de Malke, la ville était un centre de commerce, de culture et d'éducation important. Fondée quelque cinq siècles plus tôt par Stanisław Żółkiewski, militaire polonais de renom[8], elle était dominée par un château du XVIe siècle entouré d'un beau jardin italien ; les deux sont à l'abandon, mais encore là. Le nombre de lieux de culte reflétait la variété des habitants : des églises catholiques, une église grecque orthodoxe ukrainienne et, en plein centre, une synagogue du XVIIe siècle, dernier vestige de la gloire de Żółkiew, le seul endroit de Pologne où l'on imprimait des livres juifs. En 1674, le château est devenu la résidence royale du roi de Pologne, Jean III Sobieski, qui a vaincu les Turcs à Vienne en 1683, mettant fin à trois siècles de conflit entre les Ottomans et le Saint Empire romain des Habsbourg.

Lorsque Leon rendait visite à la famille de sa mère, Żółkiew comptait une population d'environ six mille âmes, un mélange de Polonais, de Juifs et d'Ukrainiens. Alex Dunai m'a offert la copie d'une exquise carte de la ville dessinée à la main en 1854. Les nuances de vert, de beige et de rouge, ainsi que les noms et les chiffres esquissés en noir évoquent un tableau d'Egon Schiele, *La Femme de l'artiste*[9]. Les détails sont saisissants : chaque jardin et chaque arbre sont indiqués, chaque immeuble est numéroté, depuis le château royal au centre (n° 1) jusqu'aux endroits les moins nobles aux limites de la ville (n° 810).

Joseph Roth a bien décrit l'ordonnance de ce genre de ville, typique de la région : située « au milieu d'un pays plat que ne borne aucune montagne, aucune forêt, aucun fleuve », elle commence par de « petites cabanes » et se termine avec elles. Des maisons prennent le relais des cabanes. Alors commencent les rues. L'une va « du sud au nord, l'autre de l'est à l'ouest ». Le marché se trouve à l'intersection des rues et la gare est toujours « à l'extrémité de la rue Nord-Sud[10] ». C'est une description parfaite de Żółkiew. Le plan du cadastre de 1879 m'a appris que la famille de Malke habitait la maison n° 40 sur la parcelle 762 de Żółkiew, une construction en bois qui l'avait certainement vue naître. Elle se trouvait à la limite occidentale de la ville, dans la rue Est-Ouest[11].

Żółkiew, Lembergerstrasse, 1890.

Du temps de Leon, la rue s'appelait Lembergerstrasse. Nous y sommes entrés par l'est, dépassant une grande église construite en bois que la carte, établie avec minutie, mentionnait sous le nom de Heilige Dreyfaltigkeit. Après le couvent dominicain sur notre droite, nous avons débouché sur le Ringplatz, la place centrale. Nous avons aperçu le château, à proximité de la cathédrale Saint-Laurent, lieu de sépulture de Stanisław Żółkiewski et de quelques autres Sobieski de moindre importance. Au second plan se trouvait le couvent basilien, couronnant un endroit qui devait être splendide autrefois. Mais, en ce jour froid d'automne, la place et la ville semblaient fades et tristes : une micro-civilisation était devenue un lieu aux rues crevassées, peuplées de poules errantes.

5

En janvier 1913, la grande sœur de Leon, Gusta, quitta Lemberg pour Vienne, elle y épousa Max Gruber, un *Branntwein Verschleisser* (marchand de spiritueux). Pinkas assista à la cérémonie et signa le certificat de mariage sur fond de troubles dans les Balkans. La Serbie était alors alliée à la Bulgarie et au Monténégro et, soutenue par la Russie, elle avait déclaré la guerre à l'Empire ottoman. Un traité de paix dessinant de nouvelles frontières fut signé à Londres en mai 1913[12]. Mais, un mois plus tard seulement, la Bulgarie se retourna contre la Serbie et la Grèce, ses anciennes alliées, et déclencha la Deuxième guerre balkanique, qui dura jusqu'en août 1913[13]. Ce fut le signe avant-coureur des grands bouleversements qui allaient s'abattre sur la région : la Bulgarie fut défaite par la Serbie, qui elle-même s'appropria de nouveaux territoires en Macédoine, un geste accueilli comme une menace par le puissant Empire austro-hongrois.

Vienne concocta alors l'idée d'une guerre préventive contre la Serbie pour régner en Russie et sur les Slaves. Le 28 juin 1914, Gavrilo Princip assassina l'archiduc François-Ferdinand à Sarajevo. En l'espace d'un mois, Vienne attaqua la Serbie, incita l'Allemagne à attaquer la Belgique, la France et le Luxembourg. La Russie entra en guerre aux côtés de la Serbie, s'en prit à Vienne et à l'armée austro-hongroise et, à la fin du mois de juillet, envahit la Galicie. En septembre 1914, le *New York Times* relata que Lemberg et Żółkiew étaient occupées par les forces russes, à la suite d'une « bataille colossale » où s'étaient affrontés plus d'un million et demi d'hommes[14]. Le journal décrit une « destruction mille fois cosmique de vies humaines, l'holocauste le plus épouvantable que l'histoire ait jamais connu». L'une des victimes était le frère de Leon, Emil, mort au combat avant sa vingtième année. «Quelle importance peut encore avoir un meurtre isolé», demande Stefan Zweig, «une faute personnelle à côté de cette destruction en masse de la vie humaine, la plus effroyable que l'histoire ait jamais connue[15] ?»

Pinkas Buchholz, terrassé par la culpabilité parce qu'il avait empêché son fils Emil d'émigrer en Amérique l'année précédente, sombra dans le désespoir et mourut quelques semaines plus tard, le cœur brisé. Malgré mes efforts, je n'ai pu trouver plus d'informations sur la mort de Pinkas et celle d'Emil, pas de tombes non plus, seulement la confirmation, par un document d'archive de Vienne, que Pinkas était mort à Lemberg le 16 décembre 1914. Je n'ai pas réussi à localiser l'endroit où Emil est tombé. Le *Kriegsarchiv* (les archives de guerre) de Vienne m'a écrit froidement qu'il «n'y avait pas de dossiers personnels[16]». C'est une bizarrerie de l'histoire: lors de la chute de l'Empire austro-hongrois, le traité de Saint-Germain avait précisé que tous les dossiers galiciens devaient demeurer dans les différents États successeurs[17]. La plupart ont été perdus.

En l'espace de trois mois, Leon perdit son père et son frère. À dix ans, il était le dernier homme de la famille. Il partit pour Vienne avec sa mère et sa sœur Laura lorsque la Première Guerre poussa la famille vers l'ouest.

6

À VIENNE, ils emménagèrent avec Gusta et son mari Max Gruber. En septembre 1914, Leon fut inscrit à la *Volksschule* (école primaire) de la Gerhardusgasse, dans le XXe arrondissement de Vienne. Ses dossiers scolaires mentionnent ses origines mosaïques (juives) et ses capacités intellectuelles. Ce mois-là, Gusta et Max eurent leur premier enfant, la nièce de Leon, Therese, dite Daisy. Leon habita donc avec les Gruber au 69, Klosterneuburgerstrasse, non loin de l'école, dans un appartement au premier étage d'un grand immeuble que Max et Gusta purent acheter à crédit quelques années plus tard.

Max Gruber devant son magasin de spiritueux.
69, Klosterneuburgerstrasse, Vienne, *ca.* 1937.

La famille de Leon était à l'image de ces dizaines de milliers d'autres familles qui passaient de la Galicie à Vienne pour trouver un nouveau foyer. On peut lire chez Joseph Roth des passages sur la gare du Nord « [par] où ils sont tous arrivés » ; dans les salles de la gare, « les arômes de la patrie flottent encore »[18]. Ces nouveaux habitants de Vienne peuplaient progressivement les quartiers juifs de Leopoldstadt et de Brigittenau.

En 1916, à l'âge de douze ans, Leon avait terminé ses études primaires et fut envoyé à la *Realschule* Franz Joseph. Il a, toute sa vie, gardé sa *Schülerausweiskarte*, sa carte de lycéen, délivrée le 19 décembre. Le nom de Franz Joseph était biffé d'une fine ligne d'encre passée, indiquant que l'empereur était mort quelques semaines plus tôt. La photo montre un petit garçon mince dans une tunique noire boutonnée. Oreilles décollées et bras croisés, il jette un regard de défi à l'appareil.

La *Realschule*, qui proposait une spécialité en mathématiques et en physique, se trouvait au 14, Karajangasse, proche de la demeure familiale. C'est aujourd'hui le Brigittenauer Gymnasium ; lorsque nous l'avons visité, ma fille a remarqué une petite plaque sur le mur, à côté de l'entrée du lycée. Il était écrit que dans la cave, transformée en prison par la Gestapo, avait été incarcéré Bruno Kreisky qui, après la Seconde Guerre mondiale, est devenu chancelier d'Autriche[19]. L'actuelle proviseure du lycée, Margaret Witek, a trouvé les registres de 1917 et de 1919. Les documents indiquent que Leon était meilleur en sciences qu'en arts, que son niveau d'allemand était « satisfaisant », et que son français était « bon ».

Malke retourna à Lwów après la Première Guerre mondiale, s'installa dans un appartement au 18 de la rue Szeptyckich, dans l'immeuble même où Pinkas avait été autrefois restaurateur. Elle laissa Leon à Vienne sous la bonne garde de Gusta qui bientôt donna naissance à deux nouvelles nièces, Herta, née en 1920, puis Edith en 1923. Leon vécut avec elles durant plusieurs années, en jeune oncle des deux petites filles, mais il n'en parla jamais, pas à moi en tout cas. Entre-temps, son autre sœur, Laura, épousa Bernard Rosenblum, un mécanicien en balançoires. En temps voulu, Malke quitta Lwów et revint à Vienne.

Mon ignorance à propos de la famille de Leon, à Lemberg, Żółkiew ou Vienne fut progressivement comblée. Grâce aux papiers de la famille et des archives publiques, j'avais des noms, des dates, des lieux et même des métiers. Lorsque les détails commencèrent à s'additionner, j'appris que la famille était bien plus grande que ce que je soupçonnais.

7

En 1923, Leon s'intéressait à l'électricité et à la technique, et il aidait son beau-frère Max dans le magasin de spiritueux, espérant marcher dans les pas formateurs de son père. J'ai trouvé des photos dans son album, une en particulier montre un homme qui a l'apparence d'un enseignant. Il a un air distingué et des moustaches, il se tient debout dans un jardin, derrière une petite table en bois où s'amoncellent les instruments du distillateur, les brûleurs, les bouteilles et les tubes. Peut-être a-t-il commencé par une décoction de graines fermentées contenant de l'éthanol ; le liquide était ensuite purifié pour produire l'alcool dans le processus de séparation.

Rien dans la vie de Vienne ne pouvait, à la même époque, évoquer l'idée de purification. En ces temps difficiles, l'inflation était galopante, les tensions étaient fortes, de nouveaux réfugiés arrivaient de l'Est en masse. Les différents groupes politiques tentèrent de constituer des gouvernements capables de fonctionner alors que les circonstances se liguaient contre eux, favorisant l'expression de sentiments nationalistes, le rejet des immigrants et l'antisémitisme. Le Parti national-socialiste des travailleurs, qui avait été créé en 1918 en Autriche, fusionna avec son homologue allemand. Son leader était un autrichien charismatique répondant au nom d'Adolf Hitler.

À l'été de 1923, deux semaines après le mariage de sa sœur Laura avec Bernard Rosenblum, Leon retourna à Lwów pour obtenir un passeport. Bien qu'il résidât à Vienne depuis dix ans, il découvrit qu'il n'avait pas la nationalité autrichienne. Un obscur traité, le Traité des minorités polonaises, signé en juin 1919, le même jour que le Traité de Versailles, avait fait de Leon un citoyen polonais[20].

Le traité avait été imposé à la Pologne avec l'obligation de protéger ses minorités. L'article 4, dont la formulation annonce les conventions des droits de l'homme, prévoyait en effet que tout individu né à Lwów avant la signature, en 1919, du traité serait considéré comme citoyen polonais. Il n'y avait pas de papiers à remplir, pas de demande à faire. « *Ipso facto* et sans aucune formalité », disait le traité : Leon et des centaines de milliers de citoyens de Lwów, de Żółkiew, et d'autres contrées encore, sont ainsi devenus polonais. Source de surprise et de contrariété à la fois, cette bizarrerie légale a plus tard sauvé la vie de Leon et celle de ma mère. Ma propre existence doit ainsi quelque chose à l'article 4 du Traité des minorités.

Leon avait quitté la Lemberg autrichienne à la veille de la Première Guerre, avant qu'elle ne soit plongée dans un conflit meurtrier entre Polonais, Ukrainiens et Juifs. Lorsqu'il y retourna pour demander un passeport, la ville était devenue une métropole polonaise florissante remplie du son grinçant des trams, « d'arômes de pâtisseries, de vendeurs de fruits et de magasins coloniaux, et de boutiques de thé et café Edward Riedl et Julius Meinl's[21] ». Elle était entrée dans une phase de relative stabilité après les guerres contre les Soviétiques et les Lituaniens. Le 23 juin 1923, la préfecture de police de Lwów délivra son nouveau passeport à Leon. Il y est décrit comme un jeune homme aux cheveux blonds et aux yeux bleus, bien que la photo le montre avec des lunettes et des cheveux foncés. Il était chic avec sa veste sombre, sa chemise blanche et une cravate étonnamment moderne, aux épaisses rayures horizontales. Bien qu'il eût déjà dix-neuf ans à l'époque, la profession renseignée était *« écolier* »*.

Leon a passé le reste de l'été avec ses amis et sa famille à Lwów, avec sa mère, aussi, qui habitait toujours rue Szeptyckich. Il a sans doute rendu visite à l'oncle Leibus à Żółkiew et au reste de la famille qui, rue Piłsudski, vivait dans une maison en bois, un peu au nord de la grande synagogue (des décennies plus tard, la rue est devenue un chemin boueux et la maison a disparu depuis longtemps). Leon a pu se promener dans les collines autour de la ville, passant par les beaux bois de chênes et de bouleaux à son extrémité orientale, connus sous le nom de *borek*. C'est là, sur la large plaine entre les basses collines qui longeaient la rue principale menant à Lwów, que les enfants de Żółkiew se donnaient rendez-vous pour jouer.

En août, Leon se rendit au consulat autrichien, au 14 de la rue Brajerowska, au premier étage, près de l'université. Dans ces locaux loués, derniers bastions de l'autorité autrichienne, on tamponna son passeport, bon pour un aller simple vers l'Autriche. Le consulat tchécoslovaque, situé près de la faculté de droit, lui donna un visa de transit. Dans le brouhaha des rues de la ville, Leon aurait pu croiser deux autres jeunes gens, alors au début d'une carrière qui devait les conduire à jouer des rôles importants dans le

La photo d'identité du passeport polonais de Leon, 1923.

* En français dans le texte *(NdT)*.

procès de Nuremberg : Hersch Lauterpacht, qui avait quitté la ville en 1919 pour faire ses études à Vienne, mais qui aurait pu être là pour rendre visite à sa famille ou faire avancer sa candidature à la chaire de droit international de l'Université de Lwów ; Raphael Lemkin, étudiant à la faculté de droit locale, qui vivait près de Malke, à l'ombre de la cathédrale Saint-Georges. Ce fut leur période de formation, marquée par les événements de la ville et plus généralement de la Galicie, la période où se sont forgées leurs idées sur le rôle de la loi dans le combat contre les atrocités de masse.

Leon quitta Lwów à la fin du mois d'août. Il prit le train pour Cracovie, un voyage de dix heures qui devait le mener à Prague, puis à Břeclav, à la frontière sud de la Tchécoslovaquie. Le matin du 25 août 1923, le train entra dans le Nordwestbahnhof, à Vienne. Leon rejoignit à pied la maison de Gusta sur Klosterneuburgerstrasse. Il ne retourna jamais à Lwów ni à Żółkiew et, à ma connaissance, il ne vit plus jamais le moindre membre de sa famille.

8

CINQ ANS plus tard, Leon devint distillateur de spiritueux, propriétaire de son propre magasin, au 15, Rauscherstrasse, dans le XXe arrondissement de Vienne. Il a gardé une photo de cette époque, prise en mars 1928, à un moment de dépression économique et de forte inflation. Elle montre Leon et Max Gruber, son beau-frère, à la rencontre annuelle de l'association des vendeurs de spiritueux viennois. Leon, paré de ses plus beaux atours, est en compagnie d'hommes d'un certain âge, assis dans une salle lambrissée de bois, sous un candélabre à vingt-sept ampoules de verre ; il est le plus jeune de cette assemblée exclusivement masculine, un type normal de vingt-quatre ans. Un soupçon de sourire passe sur ses lèvres. Si l'époque était angoissante, cela ne se lit pas sur son visage. Leon a gardé le reçu que l'association lui avait délivré le 27 avril 1926 lorsqu'il en était devenu membre. Pour huit schillings, il avait rejoint l'*establishment* de l'alcool.

Huit décennies plus tard, nous avons visité le 15, Rauscherstrasse avec ma fille. Nous avons regardé par la fenêtre les salles que l'on était en train de rénover et de transformer en club. On installait une nouvelle porte d'entrée en chêne, où étaient gravées les paroles d'une chanson de Led Zeppelin, *Stairway to heaven*. Un sentiment m'envahit, lorsque je regarde vers l'ouest, dit la chanson, et mon esprit appelle au départ.

Leon est resté plusieurs années au 15, Rauscherstrasse, alors que l'agitation politique et l'inquiétude économique croissaient en Autriche et au-delà. Dans son album photo, j'ai trouvé des images suggérant une période insouciante, toute de bonheur et d'assimilation. Il y avait des photos de tantes, d'oncles et de nièces, de parents sans nom, de promenades avec des amis pendant les vacances. Plusieurs d'entre elles montrent Leon avec son ami le plus proche, Max Kupferman. Deux jeunes gens élégants et rieurs, souvent en costume et cravate, qui passaient leurs étés dans les montagnes ou au bord des lacs autrichiens.

Ensemble, ils faisaient des randonnées au nord de Vienne, vers la *Leopoldskirche*, l'église située au sommet du *Leopoldsberg* et qui offre une belle vue sur la ville. J'ai suivi leurs pas en haut de la colline pour voir par moi-même, une sacrée marche. Quelquefois, ils s'aventuraient plus loin au nord, vers la petite ville de Klosterneuburg, sur le Danube, avec son monastère augustinien, ou à l'ouest, vers Pressbaum. Les photos ont un air familier et moderne, de jeunes hommes et de jeunes femmes en costume de bain, bras dessus, bras dessous, proches, insouciants.

D'autres photos de vacances montrent la famille plus loin, à Bodensdorf, sur le lac Ossiach, au nord de Trieste. On y voit des moments sportifs : Leon jouant au foot avec son ami Max, footballeur accompli qui faisait partie du Whiskey Boys Football Club, une équipe amateur dont les exploits étaient régulièrement relatés par la *Österreichische Spirituosenzeitung*.

Ce sont des images d'une vie ordinaire, des photos de Leon ayant échappé à ses origines. « Il est terriblement dur d'être un Juif de l'Est, et il n'est pas de sort plus dur à Vienne que celui du Juif de l'Est étranger », écrit Joseph Roth à propos des années de l'entre-deux-guerres. Et pourtant Leon est parvenu à vivre parmi ces Juifs « installés dans les bureaux de rédaction du premier arrondissement, [qui] sont déjà des "Viennois"[22] ». Apparemment au fait des choses, Leon occupait une place intermédiaire, entre les employés de bureau et les *Ostjuden*. Il était politiquement actif, lecteur de la *Neue Freie Presse* [« Nouvelle presse libre »], et proche des sociaux-démocrates progressistes, dont le programme politique se distinguait de celui des socialistes chrétiens et des nationalistes allemands qui mettaient l'identité, l'antisémitisme et la purification au centre du leur.

9

À LA FIN du mois de janvier 1933, le Président Paul von Hindenburg nomma Adolf Hitler chancelier d'Allemagne. Leon occupait désormais une boutique plus grande au 72, Taborstrasse, au cœur du quartier de Leopoldstadt. Comme le commerce de l'alcool avait le vent en poupe, il devait observer les événements dans l'Allemagne voisine avec une vive inquiétude. Le 27 février, le Reichstag était incendié ; le mois suivant, les nazis obtenaient la majorité aux élections fédérales allemandes ; leurs homologues autrichiens gagnaient de plus en plus de terrain. Les manifestations à Leopoldstadt étaient fréquentes et violentes.

Quatre mois après l'arrivée de Hitler au pouvoir, le dimanche 13 mai 1933, les représentants du nouveau gouvernement allemand se rendirent en Autriche pour une première visite. Un trimoteur du gouvernement allemand atterrit à l'aéroport d'Aspern, non loin de la boutique de Leon. À son bord, sept ministres nazis, emmenés par le Dr Hans Frank, l'ancien avocat et confident de Hitler, nouvellement nommé ministre de la Justice de Bavière[23].

Les manifestations que provoqua l'arrivée de Frank virent défiler de nombreux supporters avec de hautes chaussettes blanches, signe de soutien aux nazis. Le chancelier autrichien, Engelbert Dollfuss, allait bientôt interdire le parti nazi autrichien, et d'autres mesures suivirent[24]. Il mourut un peu plus d'un an après le passage de Frank, en juillet 1934, assassiné par un groupe de nazis autrichiens mené par Otto von Wächter, un juriste viennois qui, moins d'une décennie plus tard, allait devenir gouverneur nazi de Lemberg et créer la Waffen-SS Division Galicie.

Hans Frank (debout dans la voiture) arrive à Vienne, mai 1933.

J'ai trouvé peu d'informations sur la vie de Leon durant ces journées agitées. Il était célibataire et, en dehors de l'étrange document trouvé dans ses papiers qui offrait un aperçu de sa famille, je n'ai pas trouvé de lettres ou d'autres témoignages, aucun détail sur ce qu'il faisait, sur ses activités politiques. Il n'y avait que des photos, qu'il avait rassemblées de manière désordonnée dans un album ; au dos de certaines, Leon avait écrit quelques mots, une date ou un lieu. Je les ai rangées par ordre chronologique du mieux que j'ai pu. La photo la plus ancienne de son ami Max Kupferman date de 1924. La plupart avaient été prises dans les années 1930 ; après 1938, il n'y en a plus guère.

Leon et Max Kupferman, Vienne, 1929.

Plusieurs photos ont un rapport avec son travail. Une réunion de cravates noires, des hommes accompagnés de leurs épouses, photographiés en décembre 1930, avec noms et signatures au dos : Lea Sochi, Max Kupferman, Bertl Fink, Hilda Eichner, Grete Zentner, un Metzel et un Roth. Une autre photo montre Leon devant le magasin de spiritueux de son beau-frère Max Grubner, sur Klosterneuburgerstrasse. Sur d'autres, des membres de la famille. Ses nièces Herta et Edith Gruber, photographiées devant le magasin de leur père ou sur le chemin de l'école. Sa sœur Gusta, vêtue d'un élégant manteau noir, dans une rue de Vienne. Une note de sa nièce Daisy, en vacances à Bodensdorf : « à mon cher oncle… ». Trois photos de Malke : vêtue de noir, veuve au front plissé ; Malke dans la rue, Malke dans un appartement, Malke se promenant avec son fils sur le Leopoldsberg. Je n'ai trouvé qu'une seule photo de Leon avec sa mère, prise en 1938, deux silhouettes entourées de petits arbres.

Leon et Malke, Vienne 1938.

Certains clichés montrent Leon avec ses amis, beaucoup à Klosterneuburg dans les années 1930. En costume de bain, des hommes et des femmes rient, se frôlent, posent. Leon avec une femme inconnue, mais aucun indice sur la nature de leur relation.

Max. Tous les ans, de 1924 à 1938, au moins une photo par an de son meilleur ami, comme une tradition. Il incarnait la constance. Leon et Max sur un banc au bord du Danube à Kritzendorf, au nord de Vienne. Leon, Max et une jeune femme, un ballon de foot en cuir à leurs pieds. Leon et Max randonnant dans la vallée de la Wachau. Leon et Max devant une automobile noire flambant neuf. Leon et

Max s'amusant avec un ballon de foot. Max debout. Max en portrait. Max riant, souriant.

Je note à quel point Leon est élégant, toujours bien habillé, soigné et digne. Dans une rue de Vienne avec un canotier. En costume à la gare, ou peut-être dans une halle de marché. Il semble heureux, sourit souvent, bien plus que dans mon souvenir, des années plus tard. Dans sa quatre-vingt-dixième année, lors de mon mariage à New York, je me le rappelle d'humeur pensive, assis seul, comme s'il contemplait le siècle écoulé.

Sur la dernière photo de cette époque – ses ultimes journées de célibataire –, on voit deux belles jeunes femmes dans les rues. Elles portent des fourrures ; derrière elles, à l'arrière-plan, l'orage approche.

10

Les ténèbres s'épaissirent davantage encore en 1937. Hitler dénonça une série d'accords sur le traitement des minorités[25], libérant l'Allemagne des contraintes du droit international ; il pouvait désormais traiter les minorités comme bon lui semblait. Pourtant, l'amour et la vie quotidienne suivaient leur cours à Vienne. Et c'est là, alors que l'Europe plongeait dans la guerre, que Leon décida de se marier.

L'élue de son cœur était Regina Landes ; le mariage fut célébré le 23 mai 1937 au *Leopoldstempel*, une belle synagogue de style mauresque, la plus grande de Vienne. Ma grand-mère Rita était sortie de nulle part. La première photo d'elle la montre en robe de mariée blanche.

Je connaissais bien cette photo, elle dans sa robe de mariée, gracieuse, tenant un bouquet de fleurs blanches, lui en cravate noire. Ni l'un ni l'autre ne sourit en ce jour heureux. C'était l'unique photo qui ornait leur appartement à Paris, celle que je contemplais souvent lorsque j'étais enfant.

La mariée avait vingt-sept ans, elle était viennoise et autrichienne, c'était la fille de Rosa Landes, veuve, avec laquelle elle vivait, Habichergasse dans le XVIe arrondissement. Le témoin de Leon fut son beau-frère Max ; celui de Rita son grand frère Wilhelm, dentiste de son état. Malke assistait à la cérémonie ainsi que Gusta et Laura,

Leon et Rita le jour de leur mariage, mai 1937.

accompagnées de leurs maris, et les quatre nièces de Leon. Rosa et ses fils accordèrent la main de Rita à Leon : Wilhelm, sa femme Antonia et leur jeune fils Emil ; Bernhard, sa femme Pearl (aussi appelée Fini) et Susanne ; et Julius. C'était la nouvelle famille viennoise de Leon.

Les familles de Lemberg et de Żółkiew ne purent faire le voyage, mais elles envoyèrent des télégrammes. J'en ai trouvé deux. « En te souhaitant beaucoup de chance », écrivit l'oncle Leibus depuis Żółkiew. L'autre était de l'oncle Rubin, à Lwów.

Leon a gardé ces télégrammes de félicitation, en témoignage d'appartenance à cette classe moyenne rassurante dont le nouveau couple faisait maintenant partie. Un monde de médecins et d'avocats, de commerçants et de fourreurs, d'ingénieurs et de comptables, un monde d'hier, sur le point de disparaître.

11

Le matin du 12 mars 1938, la Wehrmacht envahit l'Autriche, saluée par une foule immense et enthousiaste. Rita était enceinte de cinq mois le jour où l'Autriche devint partie intégrante du Grand IIIe Reich Allemand. L'*Anschluss* fit suite à un *coup d'État** fomenté par le parti nazi autrichien et destiné à empêcher la tenue du référendum sur l'indépendance de l'Autriche[26]. Ce fut la « première grande brèche dans la paix », nota, désespéré, l'écrivain allemand Friedrich

* En français dans le texte *(NdT)*.

Reck dans son Journal le 20 mars 1938. Ce fut le jour où « le criminel a été relâché impuni, où il apparaîtra donc plus fort qu'il ne l'est[27] ».

Trois jours plus tard à Vienne, Hitler s'adressa à une foule immense sur le Heldenplatz. Il était accompagné d'Arthur Seyss-Inquart[28], nommé gouverneur peu de temps auparavant ; Otto von Wächter, tout juste revenu de son exil allemand, se tenait derrière les deux hommes. En l'espace de quelques jours, un plébiscite confirma l'annexion, et les lois allemandes entrèrent en vigueur sur l'ensemble du territoire autrichien. Un premier transport de 151 opposants autrichiens aux nazis partit pour le camp de concentration de Dachau près de Munich. Les Juifs furent harcelés, forcés à nettoyer les rues, puis frappés par les nouvelles lois qui les bannissaient des universités et les excluaient des professions. En l'espace de quelques semaines, ils furent sommés de déclarer leurs biens, leurs propriétés et leurs commerces ; le glas avait sonné pour les magasins de spiritueux appartenant à Leon et à son beau-frère Max.

Alors que les commerces étaient confisqués sans compensation, le nouveau gouvernement d'Arthur Seyss-Inquart confia à Adolf Eichmann la tâche d'administrer la *Zentralstelle für jüdische Auswanderung*, l'organe chargé de mettre en œuvre la « solution au problème juif[29] ». La persécution devint une politique, en même temps que l'émigration « volontaire » et la déportation. Une *Vermögensverkehrsstelle* (office de transfert des biens) transféra les biens juifs aux non-Juifs. Une autre commission, dirigée par Otto von Wächter, supervisa la révocation des Juifs du corps des fonctionnaires autrichien[30].

Beaucoup de Juifs émigrèrent, ou tentèrent de le faire ; parmi eux Leon et son beau-frère du côté de Rita. Bernhard Landes partit en avril 1939, précédé de sa femme et de sa fille, et suivi par la famille de Wilhelm en septembre 1939. Ils obtinrent des visas de touristes pour l'Australie, mais n'allèrent pas plus loin que Londres, où ils restèrent. Le fils de Wilhelm, Emil, avait alors six ans. « Je me rappelle mes visites dans l'appartement de tes grands-parents, le soir, dans la Taborstrasse, me dit-il. Je me souviens du bruit des bottes dans la rue devant l'immeuble et d'une atmosphère générale de peur et d'émoi autour de moi. » Il évoqua également la nuit où sa famille quitta Vienne depuis le Westbahnhof. « Je regardais le quai depuis le compartiment qui était très haut, je voyais l'inquiétude et les visages en pleurs ; la mère de mon père (Rosa) était probablement là, ta grand-mère sans doute aussi (Rita). Il y avait beaucoup d'adultes qui pleuraient. Ils étaient juste là, et ils pleuraient. »

Les frères ont fait ce qu'ils ont pu pour obtenir un visa pour leur mère, Rosa, mais aucun visa n'arriva jamais à Vienne. Les trois nièces de Leon, les filles de Gusta et de Max, réussirent à sortir d'Autriche. Daisy, qui avait vingt-cinq ans, partit faire ses études à Londres (elle émigra plus tard en Palestine). Herta (qui en avait dix-huit) et Edith (quinze) partirent ensemble pour l'Italie, puis pour la Palestine. Leurs parents, Gusta et Max, restèrent à Vienne.

J'ai trouvé le formulaire que Leon a déposé auprès de la *Israelitische Kultusgemeinde Wien* (la communauté juive de Vienne)[31], première étape administrative exigée pour l'émigration. Il s'était déclaré fabriquant « d'alcool et de spiritueux », avec une formation en électricité et réparation de radios, parlant le polonais et l'allemand. Il était prêt à aller en Australie, en Palestine, ou en Amérique (le seul parent mentionné comme référence était un « cousin » de Rita, un certain P. Weichselbaum de Brooklyn, à New York, un nom que je ne connaissais pas). Il avait aussi fait une demande pour les deux personnes dont il avait la responsabilité, Rita (qui était enceinte) et Malke. Dans la rubrique où il fallait renseigner ses ressources, financières et autres, il s'était contenté d'un seul mot : aucune. La boutique de la Taborstrasse avait disparu avec son stock. Leon était sans ressources.

Le 19 juillet 1938, Rita accoucha d'une fille, ma mère. Quatre mois plus tard, un sous-fifre de l'ambassade d'Allemagne à Paris fut assassiné, déclenchant la Nuit de cristal *[Kristallnacht]* et la destruction des commerces et des biens juifs. Cette nuit-là, le 9 novembre, le Leopoldstempel, la synagogue où Leon et Rita s'étaient mariés, fut incendié, et des milliers de gens furent arrêtés[32]. Parmi les centaines de tués ou de « disparus », il y eut deux des beaux-frères de Leon. Max Gruber fut arrêté le 12 novembre, et passa huit jours en prison avant d'être relâché. Il fut contraint de brader sa boutique ainsi que l'immeuble qu'il possédait avec Gusta. Le plus jeune frère de Rita, Julius Landes, fut moins chanceux : il disparut quelques jours après la Nuit de cristal, et on n'entendit plus jamais parler de lui. L'unique trace qui reste de lui est un document indiquant que, le 26 octobre 1939, soit un an plus tard, il avait été transporté vers l'Est, dans un camp près de Nisko, entre Cracovie et Lemberg[33]. Soixante-dix ans plus tard, il demeure une personne disparue.

Leon et Rita étaient pris au piège. Dans la semaine qui suivit la Nuit de cristal, Rita fut obligée de changer son nom, ainsi que ses certificats de naissance et de mariage ; un « Sara » fut ajouté à son nom pour indiquer ses origines juives. Pour des raisons inexplicables, Leon et sa fille ne furent pas soumis à cette mesure humiliante. Le 25 novembre, Leon fut pourtant convoqué devant les autorités. Le préfet de police de Vienne, Otto Steinhaus, ordonna son expulsion :

> Le Juif Buchholz Maurice Leon est sommé de quitter le territoire du Reich allemand au plus tard le 25 décembre 1938.

Leon avait conservé une copie de l'ordre, mais je ne l'ai vu que lorsque je préparais mon voyage à Lviv, quand ma mère m'a donné ses papiers. Il était plié en deux, Leon l'avait gardé avec un certificat de bonnes mœurs établi par le président de la communauté juive locale. En y regardant de plus près, je constatai que l'ordre d'expulsion avait été dûment confirmé par le greffe du tribunal de Leopoldstadt.

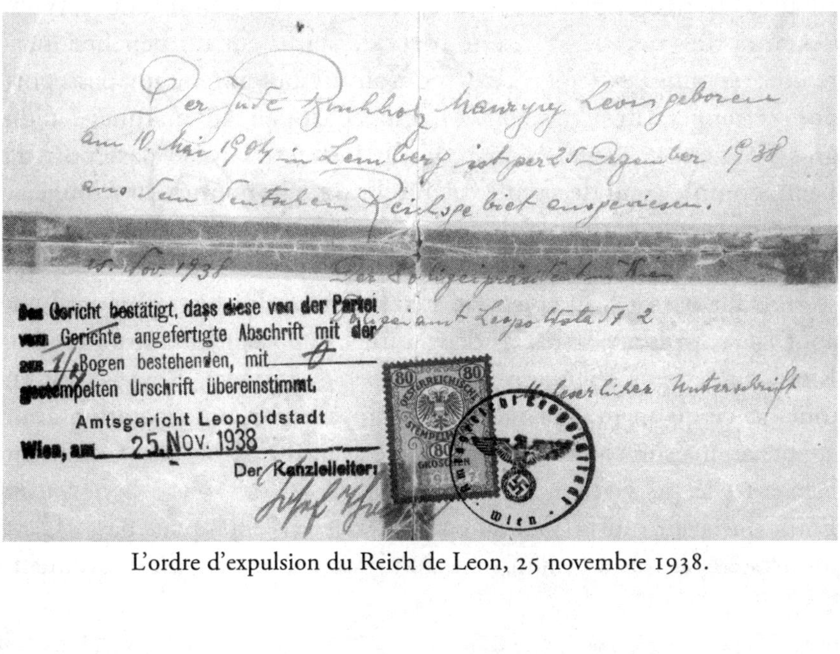

Der Jude Buchholz Maurycy Leon geboren am 10. Mai 1904 in Lemberg ist per 25. Dezember 1938 aus dem Deutschen Reichsgebiet ausgewiesen.

Unleserliche Unterschrift

Das Gericht bestätigt, dass diese von der Partei vom Gerichte angefertigte Abschrift mit der aus 1/2 Bogen bestehenden, mit gestempelten Urschrift übereinstimmt.

Amtsgericht Leopoldstadt

Wien, am 25. Nov. 1938

Der Kanzleileiter:

L'ordre d'expulsion du Reich de Leon, 25 novembre 1938.

12

Les circonstances exactes du départ de Leon de Vienne ont toujours été mystérieuses pour moi, mais je supposais qu'il était parti pour Paris avec sa femme et sa fille.

Le passeport n° 3814, établi au nom de sa fille Ruth le 23 décembre 1938, suggère qu'elle devait partir avec son père. Sous sa photo, barrée d'un tampon en forme de svastika, l'espace destiné à la signature est rempli par un officiel, « le porteur du passeport est incapable d'écrire ». Ruth avait six mois. Son identité se résumait à « petite » et « apatride ».

Le passeport n° 3816, au nom de Leon, a été fait le même jour par les services du préfet de police de Vienne, l'autorité qui avait ordonné son expulsion. Il est signé d'un grand, fier et ferme *B*. Le document, comme celui de sa fille, permettait de se déplacer à l'intérieur du pays et de voyager au-delà de ses frontières ; Leon y figure comme « apatride ». Il avait perdu sa nationalité polonaise – aussi soudainement qu'il l'avait obtenue en 1919 – à la suite du discours à l'assemblée de la Société des Nations de Józef Beck, ministre des Affaires étrangères polonais, en septembre 1934, dénonçant le Traité des minorités de 1919[34]. Cette perte de statut eut un bénéfice inattendu : comme apatride, Leon ne pouvait obtenir qu'un passeport pour étranger (un *Fremdenpass*), qui échappait au marquage d'un gros *J* à l'encre rouge, la marque du Juif. De fait, le passeport de Leon, comme celui de sa fille, ne furent pas tamponnés du *J* rouge.

Le troisième passeport devait porter le numéro 3815, au nom de Rita, mais il était introuvable. Le seul passeport au nom de Rita qui se trouvait parmi les papiers de Leon a été établi bien plus tard, en août 1941, trois ans après les deux autres. Il portait un autre numéro. Rita était restée à Vienne pour s'occuper de sa mère, Rosa – c'est en tout cas ce qu'on m'avait raconté. Je croyais que leur séparation avait été brève, mais je constatai alors qu'elle avait duré trois ans. Comment Rita a-t-elle pu vivre à Vienne jusqu'à la fin de 1941 ? Son cousin Emil, qui avait quitté Vienne en 1938, ne se l'expliquait pas. « C'est un mystère, et cela a toujours été un mystère », m'a-t-il dit doucement.

Savait-il que Leon et Rita n'avaient pas quitté Vienne ensemble? « Non. Ils ne sont pas partis ensemble ? » me demanda-t-il. Savait-il que Rita était restée à Vienne jusqu'à la fin de l'année 1941 ? « Non. »

J'ai tenté de comprendre ce qui est arrivé au passeport n° 3815, mais sans succès. Il a probablement été fait au nom de Rita mais, puisqu'il n'a pas servi, il aura été jeté. Au ministère des Affaires étrangères, un juriste aimable a bien voulu se pencher sur la question, mais il n'a rien trouvé dans les archives fédérales. « Il est hautement improbable que ce dossier ait été conservé dans les archives publiques allemandes », m'a-t-il écrit.

Les passeports 3814 et 3816 offraient une autre surprise : Leon était parti sans sa fille. Le seul tampon sur le passeport de Leon provient du bureau de change de Vienne, et il est daté du 2 janvier 1939. Les autres pages du document sont vierges, sans aucune information sur la date de sortie ou la route empruntée par son titulaire. Le passeport de sa fille, en revanche, porte un tampon qui indique qu'elle a quitté l'Autriche beaucoup plus tard, le 22 juillet 1939, et qu'elle est arrivée en France le jour suivant. Comme elle n'avait pas voyagé avec son père, une question évidente se pose : qui a accompagné l'enfant lors du trajet ?

« Je n'ai absolument aucune idée de la manière dont ton grand-père s'est arrangé pour quitter Vienne », me dit Emil, le cousin de Ruth. « Et j'ignore comment il a pu permettre à sa fille de quitter Vienne, ou comment ta grand-mère a pu s'échapper. »

13

Lorsque Leon arriva à Paris, seul, à la fin du mois de janvier 1939, il avait trente-quatre ans. Paris était un lieu sûr, même si le gouvernement du président du Conseil Édouard Daladier faisait alors face à des difficultés politiques, négociait avec Hitler et s'apprêtait à reconnaître le gouvernement de Franco en Espagne. Leon arriva muni d'un passeport, d'une copie de l'ordre d'expulsion du Reich et de deux certificats, l'un attestant sa bonne moralité, l'autre qu'il avait été propriétaire d'un magasin de spiritueux à Vienne de 1926 à 1938. Il était sans le sou.

J'ai souvent imaginé la fuite de Leon, de Vienne à Paris, mais sans en connaître les détails. Après avoir assisté à une conférence à Vienne sur l'accident nucléaire de Tchernobyl en Ukraine, je décidai spontanément de rejoindre le Westbahnhof, à Vienne. J'achetai un billet de nuit, un aller simple pour Paris. Je partageai mon compartiment avec une jeune femme allemande. Nous parlâmes des années de guerre, de leurs effets sur nos familles et de notre relation au passé. C'était un voyage intime, de reconnaissance et de mémoire, et nous ne nous sommes jamais dit nos noms.

Parvenu à Paris, je fis comme Leon à son arrivée : je rejoignis l'immeuble de quatre étages au 11, rue de Malte, derrière le Cirque d'Hiver, non loin de la place de la République. C'est depuis la rue de Malte qu'il tenta d'obtenir la permission de rester en France – il avait gardé les récépissés des refus de la préfecture de police, des petits bouts de papier couverts d'encre bleue. On lui avait donné cinq jours pour quitter le territoire, mais, pendant un an, tous les mois, il contesta chacun des refus. Il obtint finalement gain de cause et la permission de rester.

Ruth, Paris, 1939.

En juillet 1939, sa fille arriva à Paris. Je ne sais pas comment ils s'en sortirent ni où ils vécurent. En août, il loua une chambre au 29, rue de la Lune, dans un immeuble haut et étroit de cette rue exiguë. Il y vivait lorsque l'Allemagne envahit la Pologne le 1er septembre. Quelques jours plus tard, la France et l'Angleterre déclarèrent la guerre à l'Allemagne, rendant la communication avec Rita difficile, puisque Vienne était désormais en territoire ennemi. Il ne reste pas de lettres de cette période, juste une photo de leur fille, envoyée à Rita en octobre. Leon avait écrit au dos : « Ruthi courant vers un futur meilleur ». Il avait ajouté quelques mots affectueux destinés aux autres membres de la famille, ne sachant pas qu'ils étaient partis pour l'Angleterre.

Leon confia à d'autres la garde de sa fille et s'engagea dans l'armée française pour prendre part à la lutte contre l'Allemagne. L'armée lui donna une carte d'identité qui le décrit comme « électricien ». En mars 1940, il rejoignit le 3e Régiment de marche de volontaires étrangers (RMVE), une branche de la Légion étrangère. Quelques jours plus tard, il fut transféré dans un camp du Sud-Ouest, Barcarès. Situé sur la côte dans les Pyrénées orientales près de la frontière espagnole, il occupait une longue étendue de sable entre la Méditerranée et l'étang de Leucate. Il faisait partie de la 7e compagnie qui comprenait plusieurs milliers d'hommes venant de toute l'Europe. Il y avait là des républicains espagnols, des communistes et des Juifs de Hongrie, de Tchécoslovaquie et de Pologne[35]. Il a conservé quelques photos sur lesquelles il a l'air épatant avec son grand béret, ses culottes et sa grande capote.

Leon, Barcarès, 1940.

Au bout d'un mois, il fut cependant mis à pied : à trente-cinq ans il était trop vieux déjà pour le combat. Quelques semaines plus tard, lorsque l'Allemagne envahit la France, la Belgique et les Pays-Bas, le régiment de Leon fut rebaptisé le 23e RMVE et envoyé dans le Nord pour combattre les Allemands à Soissons puis à Pont-sur-Yonne. L'armistice interrompit les hostilités le 22 juin. Le régiment fut dissous.

Leon était de retour à Paris lorsque les Allemands arrivèrent le 14 juin 1940, poussant un grand nombre de Parisiens à fuir. En l'espace de quelques semaines, les rues de Paris furent désertées, un « air de vénalité[36] » flottait sur la capitale tandis que les soldats allemands prenaient d'assaut les restaurants des Champs-Élysées et que les jeunes des Gardes françaises (l'équivalent français des Jeunesses hitlériennes) vendaient des exemplaires d'*Au Pilori*, un hebdomadaire violemment antisémite et antimaçonnique qui appelait à lyncher Léon Blum et Édouard Daladier.

Leon était employé dans une école de langues, l'école Saint-Lazare, située au 102, rue Saint-Lazare, où il pouvait mettre à profit ses compétences en allemand. Parmi ses papiers, j'ai trouvé une note du directeur, M. Edmond Melfi, certifiant que Leon travaillait bien comme professeur dans son école. Ruth avait été cachée à Meudon, près de Paris. Elle avait deux ans, elle savait marcher mais ne parlait pas encore, et elle était cachée dans une *pouponnière** privée, « L'Aube de la vie ». Ce fut la première d'une longue série de cachettes dont elle ne garde aucune mémoire. Pendant les quatre années qui suivirent, séparée de son père, ma mère fut une enfant cachée sous le faux nom de Jocelyne Tévé.

14

LEON n'a gardé qu'un seul document livrant quelques informations sur la *pouponnière**, une carte postale d'une jeune femme avec un grand sourire. Elle est vêtue d'une veste rayée et d'un chemisier blanc avec une large cravate noire. Ses cheveux sont foncés, tirés en arrière. Elle est jolie, et, sur le dos de la carte, figurent ces mots : « Au père de Ruth, avec toute mon amitié, S. Mangin, directrice de la *pouponnière** L'Aube de la vie, Meudon (Seine-et-Oise) ».

La mairie de Meudon me dirigea vers l'archiviste municipale qui trouva les dossiers de la pouponnière. Entre 1939 et 1944, Mlle Mangin s'occupa en effet de plusieurs enfants dans les locaux du 3, rue Lavoisier, une petite maison individuelle avec un jardi-

* En français dans le texte *(NdT)*.

net en centre-ville. « Nous n'avons trouvé aucune trace de Ruth Buchholz dans le registre des enfants de cette *"nourrice* "*», m'informa Mme Greuillet. « Peut-être avait-elle été déclarée sous un autre nom », une chose qui arrivait fréquemment. Elle m'envoya les noms de tous les enfants inscrits à la pouponnière entre septembre 1938 (le premier inscrit était Jean-Pierre Sommaire) et août 1942 (Alain Rouzet était le dernier). Des vingt-cinq enfants, huit étaient des filles. Si Ruth a été inscrite, c'était bien sous un nom secret. Plus vraisemblablement, elle n'a pas été enregistrée du tout.

15

À Zhovkva, à mille six cents kilomètres à l'est de Paris, une femme qui a vécu dans la rue où Malke est née m'a fait un récit différent des événements de 1939. Âgée de quatre-vingt-dix ans, Olga avait seize ans lorsque les Allemands sont arrivés en septembre 1939. Pendant qu'elle cuisinait une grosse portion de choux, enveloppée de plusieurs étoles colorées la protégeant du froid d'automne, elle m'a livré avec précision un témoignage de première main de l'occupation de la Pologne.

« Je vais vous dire la vérité », m'a dit Olga. « Il y avait peut-être dix mille habitants à Żółkiew, la moitié étaient juifs, le reste ukrainiens et polonais. Les Juifs étaient nos voisins, on était amis avec eux. Il y avait un médecin, il était respecté, on le consultait. Il y avait un horloger. Ils étaient honnêtes, tous. »

Le père d'Olga s'entendait bien avec les Juifs. Lorsque la Pologne est devenue indépendante en 1919, il a été arrêté car sa première femme – qui n'était pas la mère d'Olga – supportait activement l'éphémère République populaire d'Ukraine occidentale qui avait tenu moins d'un mois, en novembre 1918 (nous nous sommes parlé peu avant que la Russie n'occupe la Crimée en 2014, une occupation qui a incité d'autres personnes que j'ai rencontrées après 2014 à prédire la renaissance de la République occidentale). « Lorsque mon père était en prison,

* En français dans le texte *(NdT)*.

le Juif Goldberg, son voisin, lui apportait de l'argent et de la nourriture parce qu'il était seul. Donc mon père était bien avec les Juifs. »

Notre conversation ne suit pas un cours précis, Olga boit du thé, s'occupe du chou. Elle se souvient de la guerre.

« Les Allemands sont venus d'abord », ce qui a effrayé les Juifs. « Ils sont restés à Żółkiew pendant une semaine, sans faire grand-chose, puis sont repartis vers l'ouest. Et les Russes sont arrivés en ville. »

Olga était à l'école quand les Soviétiques entrèrent dans Żółkiew.

« C'est une femme qui est arrivée en premier, une belle femme soldat, sur un grand cheval blanc, qui faisait entrer les Soviétiques dans la ville. Ensuite les soldats, et puis les gros calibres. »

Olga était intriguée par l'artillerie, mais c'est la femme à cheval qui lui a laissé une plus grosse impression.

« Elle était belle, et elle portait un gros revolver. »

Żółkiew est restée sous occupation soviétique pendant dix-huit mois, avec une municipalité gérée par les communistes ; les entreprises privées ont été supprimées. Les autres parties de la Pologne furent occupées par l'Allemagne nazie, et le Gouvernement général placé sous le contrôle du Gouverneur général Hans Frank. Cette division du territoire avait été décrétée par Staline et Hitler dans le pacte secret Molotov-Ribbentrop, ce pacte de non-agression qui a divisé la Pologne selon une ligne courant à l'ouest de Lemberg et de Żółkiew[37], préservant la famille de Leon, qui se trouva en sécurité du côté soviétique. En juin 1941, l'Allemagne rompit le pacte et lança l'opération Barbarossa[38]. Ses forces avancèrent rapidement vers l'Est ; à la fin du mois de juin, les Allemands contrôlaient Żółkiew et Lemberg.

Le retour des Allemands sema la peur parmi les Juifs. Olga se remémore les restrictions, la création du ghetto, l'incendie de la synagogue juste après leur arrivée. Elle n'a pas personnellement connu les Flaschner, la famille de Malke, mais le nom lui rappelle quelque chose. « L'un d'eux était restaurateur », dit-elle brusquement, se souvenant qu'il y avait un certain nombre de Flaschner. « Ils se sont installés dans le ghetto de la ville, comme tous les Juifs », ajoute-t-elle à propos de l'oncle de Leon, Leibus, des tantes et des cousins, de tous les parents, des trois mille cinq cents Juifs de la ville. Dans le lointain Paris, Leon ignorait tout de ces événements.

16

À VIENNE, l'été de 1941 ne fut pas plus facile pour Rita. Séparée de Leon et de sa fille depuis maintenant trois ans, elle vivait avec sa mère, Rosa, et sa belle-mère, Malke. Rien dans les papiers de Leon n'éclaire cette période dont Rita ne parlait jamais, ni à sa fille ni à moi. Par des moyens détournés, j'ai pu glaner quelques informations sur la suite des événements.

En septembre, une nouvelle ordonnance exigea que tous les Juifs portent l'étoile jaune. L'usage des transports publics était restreint, de toute façon, puisqu'ils ne pouvaient quitter sans autorisation le quartier où ils vivaient[39]. Les archives municipales de Vienne recelaient des détails supplémentaires. Après le départ de Leon, Rita fut expulsée de l'appartement de la Taborstrasse. Elle emménagea avec Malke ; au début, elles s'installèrent Franz Hochedlinger Gasse, puis Obere Donaustrasse, deux rues du quartier de Leopoldstadt où vivaient les Juifs. Malke fut expulsée de l'appartement qu'elle avait occupé pendant un quart de siècle dans la Romanogasse et fut contrainte d'emménager dans un appartement « collectif » de la Denisgasse. Les déportations vers l'Est avaient été interrompues en octobre 1939 mais, à l'été de 1941, sous l'autorité de Baldur von Schirach, le nouveau *Gauleiter* de Vienne, des rumeurs sur une nouvelle vague de déportations commencèrent à circuler[40].

Le 14 août, on délivra à Rita un *Fremdenpass*, valable pour un an, lui permettant de voyager, de quitter le Reich et

Passeport de Rita, 1941.

d'y revenir. Bien qu'elle fût enregistrée comme Juive, le tampon *J* rouge n'y figurait pas. Deux mois plus tard, le 10 octobre, la police de Vienne l'autorisa à quitter le pays, et elle partit pour Hargarten-Falck, dans la Sarre, à la frontière entre l'Allemagne et la France. Le voyage devait avoir lieu avant le 9 novembre. La photo du passeport montre une Rita terriblement triste, les lèvres serrées, les yeux pleins de pressentiment.

J'ai trouvé une copie de cette photo dans les papiers de Leon ; Rita l'avait envoyée de Vienne à Paris. Au dos, elle avait inscrit : « pour ma chère enfant, pour mon enfant en or ».

Je fus surpris que Rita, enregistrée comme Juive, puisse bénéficier aussi tardivement d'un document lui permettant de voyager. Un archiviste au Musée du mémorial de l'Holocauste à Washington jugea son voyage « improbable », énumérant les multiples démarches qu'elle aurait dû entreprendre pour obtenir un *Fremdenpass*, et les obstacles imposés par Adolf Eichmann qu'elle aurait dû franchir. L'archiviste me dirigea vers un grand graphique intitulé « Die jüdische Wanderung aus der Ostmark, 1938-1939 » [« L'émigration juive depuis l'Autriche, 1938-1939 »], qui montrait l'émigration juive telle qu'elle avait été préparée par Eichmann[41]. Une personne comme Rita, apatride, qui avait perdu sa nationalité autrichienne après l'*Anschluss* parce qu'elle s'était mariée avec un Juif, lui-même désormais apatride, devait faire encore plus de démarches que les autres. Pour quitter Vienne, Rita a dû bénéficier de l'aide d'une personne ayant des relations.

En octobre 1941, Eichmann et son adjoint Alois Brunner, qui, peu de temps après, fut nommé à Paris, publièrent quantité d'ordres de déportations massives de Juifs[42]. Ce mois-là, environ cinquante mille Juifs furent déportés de Vienne. Parmi eux, Laura, la sœur de Leon, et sa fille, la nièce de Leon, âgée de treize ans, Herta Rosenblum. Les deux furent envoyées à Litzmannstadt (Łódź) le 23 octobre.

Rita échappa à la déportation. Elle quitta Vienne le 9 novembre. Le lendemain, les « frontières du Reich allemand furent fermées aux réfugiés[43] », toute émigration cessa et toutes les voies de départ furent bloquées. Rita partit à la dernière minute. Sa fuite fut soit très chanceuse, soit préparée par une personne informée. Je ne sais pas quand Rita arriva à Paris ni comment elle y parvint. Sur le *Fremdenpass*, il n'y avait ni tampon ni explication. D'autres documents confirment cependant qu'elle a bien retrouvé son mari à Paris au début de l'année 1942.

Malke était maintenant le dernier membre de la famille de Leon présent à Vienne. Ses enfants et ses petits-enfants ayant quitté la ville, elle se retrouva en compagnie de Rosa Landes, la mère de Rita. Les lacunes dues au silence familial sur cette période pouvaient être comblées par les documents disponibles dans les archives, qui offrent des détails macabres, en noir et blanc, sur ce qui allait suivre. Mais je voulais d'abord voir par moi-même où tout cela avait eu lieu.

17

Je me rendis donc à Vienne avec ma fille de quinze ans pour visiter les lieux que les archives avaient dévoilés. Ayant en mémoire ses cours d'histoire du lycée, elle voulut visiter le « musée de l'*Anschluss* », mais une telle institution n'existait pas. On se contenta donc du mur d'une unique salle dans un petit musée privé assez merveilleux, le Musée du Troisième Homme[44], en hommage au film d'Orson Welles, l'un des films préférés de Rita, et le mien. La salle exposait une recomposition des événements tragiques survenus de 1939 à 1945 avec des photos, des journaux et des lettres. Une copie du bulletin de vote pour le plébiscite après l'*Anschluss*, organisé pour ratifier l'union avec l'Allemagne, témoigne du soutien de l'Église catholique, un soutien ferme et sans ambiguïté.

Plus tard, nous nous sommes promenés dans les rues de Vienne jusqu'au 69, Klosterneuburgerstrasse, l'immeuble où vivait Leon lorsqu'il est arrivé de Lemberg en 1914. Jadis foyer de sa sœur Gusta et de son beau-frère Max, le magasin de spiritueux est devenu un magasin de bricolage. Non loin de là se trouvait le lycée de Leon, la *Realschule*, dans la Karajangasse, et son premier magasin, dans la Rauscherstrasse. Nous sommes aussi allés Taborstrasse où Leon et Rita vivaient au début de leur mariage, et où ma mère est née. La rue était élégante, mais le numéro 72 fait partie des maisons qui ont été détruites pendant la guerre. Le numéro 34 de la Rembrandtstrasse, la dernière adresse de Malke à Vienne, fut notre arrêt suivant. C'était une *Wohngemeinschaft* (un appartement commun) qu'elle occupait avec d'autres résidents âgés. Il n'est pas très difficile d'imaginer le dernier jour, à l'aube du 14 juillet 1942, la rue barrée par les SS pour prévenir les fuites. « Ils vont embarquer toute la rue, tous les Juifs », se rappellera une résidente paniquée[45], tandis que le SS, son fouet à la main, hurlait « *Alles raus, alles raus* ».

Malke était alors âgée de soixante-douze ans, et on ne l'autorisa à voyager vers l'Est qu'avec une seule valise. Escortés à l'Aspangbahnhof, derrière le château du Belvédère, elle-même et les autres déportés subirent les crachats, les sarcasmes et les injures des spectateurs qui applaudissaient leur départ[46]. Elle avait pour seul réconfort de ne pas être complètement seule, puisqu'elle était accompagnée de la mère de Rita, Rosa. C'est une image terrifiante que celle de ces deux vieilles dames sur le quai de l'Aspangbahnhof, chacune s'accrochant à sa petite valise, deux êtres parmi les 994 Juifs viennois âgés en partance pour l'Est.

Elles faisaient partie du transport n° IV/4, un train régulier, avec un siège dans un compartiment normal, avec des paniers-repas et des rafraîchissements, une « évacuation » d'un confort trompeur. Le voyage dura vingt-quatre heures ; il avait pour destination Theresienstadt, à soixante kilomètres au nord de Prague. À l'arrivée, les deux femmes furent fouillées. L'attente des premières heures fut incertaine et traumatisante, elles furent ensuite conduites vers leurs quartiers, une chambre unique, vide, en dehors de quelques vieux matelas au sol.

Rosa a survécu quelques semaines. Selon le certificat de décès, elle est morte le 16 septembre d'une pancolite. Le certificat est signé par le Dr Siegfried Stein, un dentiste originaire de Hambourg qui passa deux ans de plus à Theresienstadt avant d'être lui-même déporté à Auschwitz, où il mourut à l'automne de 1944[47].

Une semaine après la mort de Rosa, Malke fut déportée de Theresienstadt par le transport Bq 402. Le train l'amena à l'est, au-delà de Varsovie, dans le territoire de Hans Frank. Le parcours couvrait plus de mille kilomètres : vingt-quatre heures enfermée dans un wagon à bestiaux avec quatre-vingts autres *Untermenschen* âgés et affaiblis. Parmi les 1985 personnes à bord de ce train, se trouvaient trois des sœurs de Sigmund Freud : Pauline (Pauli) âgée de soixante-dix-huit ans, Maria (Mitzi), quatre-vingt-un ans, et Regina (Rosa), quatre-vingt-deux ans[48].

Le convoi s'arrêta dans un camp, à environ deux kilomètres de la gare de la petite ville de Treblinka. Sous l'autorité personnelle du commandant Franz Stangl[49], les choses étaient bien rodées. Si elle était encore en vie, Malke aura suivi les sœurs Freud, et sera descendue du train moins de cinq minutes après son arrivée. Là, les déportés recevaient l'ordre de se mettre en rang sur le quai, hommes et femmes séparés, et de se déshabiller entièrement, sous la menace constante des fouets. Les travailleurs juifs ramassaient les vêtements et les emportaient vers les baraquements. Ceux qui le pouvaient entraient dans le camp, nus, par la *Himmelfahrtstrasse*, la « route vers le paradis ». Les femmes étaient tondues par des barbiers, leurs cheveux empaquetés pour servir à la fabrication de matelas.

En lisant ce compte rendu, je me suis rappelé une scène de *Shoah*, le film de Claude Lanzmann. Parmi les rares survivants de Treblinka, le barbier Abraham Bomba est interviewé pendant qu'il coupe les cheveux d'un client ; il est poussé à révéler des détails sur la tâche qui l'occupait jadis, un sujet qu'il ne veut manifestement pas aborder. Il refuse de répondre, mais Lanzmann insiste. Finalement, le barbier craque et se met à pleurer lorsqu'il décrit ce qu'il faisait : il tondait les femmes[50].

« J'étais obsédé par les derniers moments des condamnés », écrit Lanzmann à propos d'une de ses visites à Treblinka, « par les premiers moments de l'arrivée dans un camp de la mort »[51]. Ces moments étaient tabous. La tonte, la marche des corps dénudés, le gaz.

La vie de Malke s'est arrêtée quinze minutes après sa descente du train.

18

Malke a été assassinée dans la forêt de Treblinka le 23 septembre 1942, mais Leon ne l'a appris que plusieurs années plus tard[52]. Moins de six mois après, son frère Leibus ainsi que toute la famille Flaschner de Żółkiew sont morts également. Bien que les circonstances exactes soient impossibles à retracer, j'ai appris le destin des Juifs de Żółkiew par l'une des rares survivantes juives de la ville, Clara Kramer, maintenant établie à Elizabeth, dans le New Jersey.

J'ai rencontré Clara par hasard, par le biais d'une photo fièrement affichée dans le minuscule musée de Zhovkva, composé de quelques salles sombres au rez-de-chaussée d'une des ailes du château décati de Stanisław Żółkiewski. Quelques autres photos lugubres en noir et blanc, petites et floues, trois ou quatre images au grain épais et mal exposées, prises lors des premiers jours de l'occupation allemande à l'été de 1941, montrent des véhicules blindés, des soldats grimaçants, la synagogue du XVIIe siècle en feu. Il y a également une photo d'une des portes de la ville que j'ai moi-même empruntée, la Brama Glińska (la porte de Glinske), prise peu de temps après l'arrivée de Allemands.

Porte de Glinske, juillet 1941.

Au-dessus de la porte imposante en pierre, on aperçoit trois banderoles offrant un message local de bienvenue, en ukrainien, aux nouveaux arrivants. *HEIL HITLER! Gloire à Hitler! Gloire à Bandera! Longue vie à l'État unifié et indépendant d'Ukraine! Longue vie au commandant Stepan Bandera!*

Il fallait à la responsable du musée un certain courage pour exposer des photos prouvant le soutien local ukrainien aux Allemands. J'ai retrouvé Lyudmyla Baybula dans une autre aile du château où elle travaille comme employée municipale. Luda – elle m'a prié de l'appeler ainsi – a une quarantaine d'années ; c'est une femme forte et attirante, aux cheveux noirs de jais, au visage fier et ouvert, avec des yeux incroyablement bleus. Elle a grandi dans un lieu sans Juifs, un sujet dont on ne parlait pas, et a consacré sa vie à enquêter sur les années de guerre oubliées par sa ville. L'une des rares Juives qui restent était une amie de sa grand-mère, une femme âgée dont les récits ont attisé l'intérêt de Luda pour ce qui a été perdu.

Luda a commencé à glaner des informations puis a décidé d'exposer ce qu'elle avait trouvé sur les murs du musée. Lors de l'une de nos conversations, autour d'un déjeuner de cornichons et de bortsch, elle m'a demandé si j'avais lu *La Guerre de Clara*, un livre sur une jeune fille de Żółkiew qui a survécu à l'occupation allemande[53]. Elle m'a raconté que Clara Kramer est l'une des dix-huit personnes juives qui ont vécu deux ans cachées sous le plancher d'une maison occupée par un couple de Polonais, M. et Mme Valentin Beck et leur fille. Clara a été libérée en juillet 1944 lorsque les Russes sont arrivés de l'Est.

J'ai acheté le livre de Clara et l'ai lu d'une traite. Curieusement, l'un de ses compagnons de cachette était un jeune homme appelé Gedalo Lauterpacht, qui s'est révélé être un lointain parent de Hersch. Voulant en savoir plus, j'ai rendu visite à Clara dans le New Jersey. J'ai fait la connaissance d'une dame séduisante de quatre-vingt-douze ans, vive et bavarde. Elle était en forme et rayonnante ; elle avait bonne mémoire, mais elle était triste aussi, car son mari était mort quelques semaines plus tôt.

« Żółkiew était joli dans les années 1930, se souvient-elle, avec son bel hôtel de ville et sa haute tour ornée d'un balcon des quatre côtés. » « Tous les jours à midi un policier jouait du Chopin à la trompette », dit-elle avec un sourire. « Il faisait le tour du balcon et jouait de la trompette, comme ça, toujours du Chopin. » Elle fredonne le morceau mais ne se souvient pas de son titre.

Enfant, Clara allait à l'école à pied, en passant par la porte de Lemberg et devant le théâtre municipal. Elle faisait des excursions à Lwów. « Il y avait un train trois fois par jour à peu près, mais personne ne l'empruntait », explique-t-elle. « Le bus partait toutes les heures, donc on prenait toujours le bus. » Il n'y avait pas vraiment de tensions entre les différentes communautés. « Nous étions Juifs, les Polonais étaient Polonais, et les Ukrainiens savaient qu'ils étaient Ukrainiens. Tout le monde était observant, religieux. » Clara avait des amis polonais et ukrainiens, et à Noël sa famille se rendait chez les familles polonaises pour admirer les sapins décorés. L'été était consacré à des séjours en Pologne, mais ailleurs, dans des lieux où les forêts sont magnifiques, où elles sont différentes de celles de la Galicie. Là-bas, les Juifs, se rappelle-t-elle, étaient moins libres de voyager ou de faire du commerce. C'est là-bas qu'elle a été insultée pour la première fois.

Elle se souvient avec affection de l'église en bois sur la rue Est-Ouest, « c'était à côté de là où on habitait ». L'un de ses voisins était un vieux Lauterpacht – il se trouve que c'était l'oncle de Hersch, David –, qui les saluait tous les matins. Elle se souvient du nom de Flaschner et de l'oncle de Leon, Leibus, mais pas de son visage. « Avait-il une auberge ? » me demande-t-elle. Elle connaissait la rue où vivaient les Flaschner avec leurs enfants, alors rue Piłsudski, entre sa propre maison et la place centrale.

Les Allemands sont arrivés, mais ils sont repartis brusquement, exactement comme me l'avait raconté Olga. « C'était réconfortant d'avoir les Soviétiques à la place, on avait tellement peur des Allemands. » Ils ont appris l'*Anschluss* par la radio et par les quelques réfugiés viennois arrivés en 1938. On leur a affecté un couple de Viennois, les Rosenberg, un médecin et sa femme. Ils venaient dîner tous les mercredis. Au début, Clara et ses parents ne croyaient pas à leurs fables sur la vie à Vienne.

Lorsque les Allemands sont revenus en juin 1941, la vie est devenue plus difficile. Les camarades d'école de Clara l'ignoraient dans la rue et se détournaient lorsqu'elle approchait. « Je portais le brassard blanc », explique-t-elle. Un an plus tard, sa famille et elle ont intégré leur cachette sous le parquet des Beck, en face de l'église en bois. Ils étaient dix-huit, en comptant Gedalo Lauterpacht et M. et Mme Melman, également parents de Hersch Lauterpacht.

Elle se souvient très clairement d'un jour de mars 1943 où elle a été réveillée par des bruits de pas à l'extérieur de la maison, des cris et des pleurs. « On savait que nos jours étaient comptés à Żółkiew. Il était peut-être trois heures du matin. J'ai été réveillée par le bruit et j'ai entendu des tirs. On les emmenait dans le bois ; c'était le seul endroit pour creuser une tombe. » Elle connaissait ce bois, le *borek* où jouaient les enfants. « C'était un bois magnifique. On s'y amusait. Mais là, on ne pouvait rien faire. On aurait pu les rejoindre depuis notre cachette. Trois ou quatre fois au moins nous avons été persuadés que c'était la fin. Je savais que c'était fini. »

C'était le 25 mars. Les Juifs de Żółkiew, trois mille cinq cents, ont été escortés dans le bois vers une clairière sablonneuse. On les a alignés, à deux kilomètres de leur petite ville, puis on les a fusillés[54].

19

LEON ignorait tout des événements de Żółkiew, de Lemberg et de Vienne. Rita l'avait rejoint à Paris depuis un an, mais leur situation était précaire puisqu'ils devaient se protéger des rassemblements réguliers de Juifs, les *rafles**. Un an plus tôt, en juillet 1942, treize mille Juifs parisiens avaient été rassemblés au Vélodrome d'Hiver, puis déportés à Auschwitz[55].

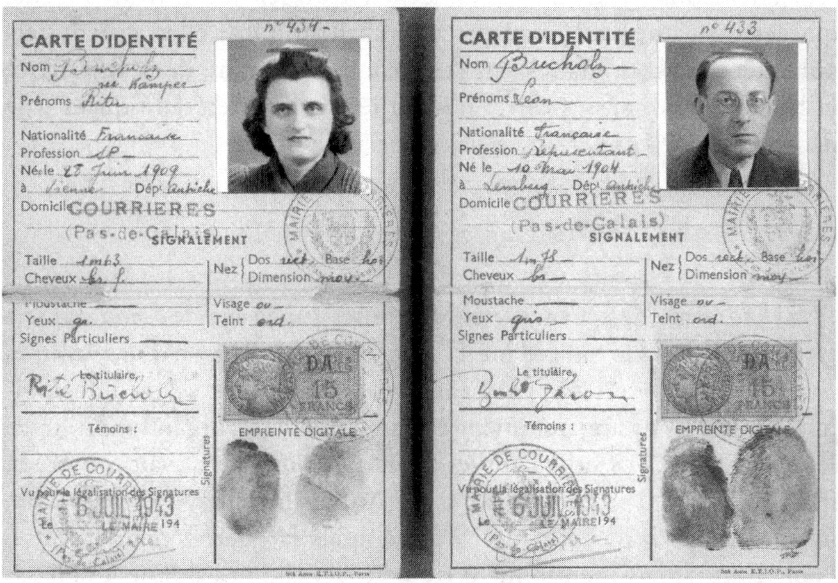

Cartes d'identité de Leon et Rita, 1943.

Cet été-là, Leon et Rita ont obtenu des papiers officiels. On leur a fait deux minuscules cartes d'identité le 6 juillet 1943 à Courrières, une petite ville du nord-ouest de la France, où s'était produit, qua-

* En français dans le texte *(NdT)*.

rante ans plus tôt, le plus terrible coup de grisou en Europe. Les cartes se trouvaient parmi les papiers de Leon, toutes deux avec de petites photos d'identité et deux séries d'empreintes digitales, une pour chaque main. La carte de Leon portait le numéro 433 et indiquait comme lieu de naissance : Lemberg, département « Autriche » ; quant à celle de Rita, le numéro 434, elle mentionnait un nom de jeune fille erroné, Kamper (au lieu de Landes) et portait à l'évidence une fausse signature. Les cartes leur attribuaient la nationalité française (faux) et même leur nom de famille était mal orthographié (Bucholz, avec un seul *h*).

Les cartes se pliaient en deux, elles étaient faites en carton bleu, fin et bon marché. Lorsque j'ai contacté la *mairie** de Courrières, on m'a dit que les SS avaient détruit le bâtiment rue Jean-Jaurès en mai 1940 et exécuté des douzaines de résidents qui avaient résisté à l'envahisseur allemand. M. Louis Bétrémieux, l'historien local, m'a confirmé que les cartes ne pouvaient pas être authentiques ; elles avaient certainement été contrefaites, car la ville était un centre de la Résistance et beaucoup de fausses cartes d'identité y avaient été fabriquées[56]. Je découvrais que Leon avait eu une vie clandestine.

20

J'AI en revanche retrouvé peu de choses sur la vie de Leon dans la période difficile précédant la libération de Paris par les troupes américaines en août 1944. Sa carrière de professeur s'était interrompue, mais il avait apparemment travaillé pour une organisation juive. Il n'y avait rien à ce sujet dans les papiers que ma mère avait conservés, mais lorsque j'ai interrogé ma tante Annie (la veuve de Jean-Pierre, lui-même fils de Leon et de Rita, né après la guerre) pour savoir si Leon avait jamais mentionné cette période, elle m'a donné une liasse de documents qu'il lui avait confiés avant sa mort. Ils étaient dans un sac en plastique.

Le contenu du sac était inattendu. La plus grande partie était constituée de copies d'un bulletin imprimé grossièrement, le *Bulletin* de l'Union générale des Israélites de France (UGIF), l'Union des

* En français dans le texte *(NdT)*.

Juifs français[57]. L'organisation avait été fondée pendant l'occupation nazie pour venir en aide aux communautés juives, et le *Bulletin* était publié tous les vendredis. Leon possédait la collection complète, du numéro 1 (édité en janvier 1942) au numéro 119 (mai 1944). Il ne faisait jamais plus de quatre pages, était imprimé sur du mauvais papier, et publiait des articles sur des thèmes juifs, des publicités (pour des restaurants dans le IVe arrondissement, pour des établissements de pompes funèbres), et des annonces de décès. Lorsque le nombre de déportations augmentait, le *Bulletin* donnait des détails sur les lettres qui n'avaient pu être remises, leurs destinataires ayant été envoyés dans de lointains « camps de travail », à l'Est.

Le *Bulletin* offrait également un panorama des consignes nazies, des mises en garde au cas où elles ne seraient pas respectées, un instantané de la vie du Paris occupé. Très vite, une ordonnance interdit aux Juifs de quitter leur maison entre huit heures du soir et six heures du matin (février 1942). Un mois plus tard, de nouvelles dispositions interdirent d'employer des Juifs. À partir de mai 1942, tous les Juifs durent porter une étoile de David sur le côté gauche de la poitrine (que l'on pouvait retirer au siège de l'UGIF au 19, rue de Téhéran, l'immeuble élégant où travaillait Leon). En juillet, les Juifs furent interdits dans les théâtres et autres lieux de spectacle publics. À partir d'octobre, on limita leur durée d'approvisionnement à une heure par jour, on leur interdit de posséder un téléphone et ils ne purent plus voyager que dans le dernier wagon du métro. L'année suivante, en août 1943, les Juifs reçurent des cartes d'identité spéciales.

Les restrictions frappant l'UGIF augmentèrent en même temps que le nombre de déportations, en particulier après que ses leaders eurent refusé d'appliquer l'ordre de licencier leurs employés juifs étrangers. En février 1943, le commandant local de la Gestapo, Klaus Barbie, ordonna une descente au siège de l'UGIF, qui se solda par l'arrestation de plus de quatre-vingts employés et autres Juifs présents[58]. Un mois plus tard, les 17 et 18 mars, les anciens employés de l'UGIF furent arrêtés (je remarquai que le *Bulletin* n° 61 de cette semaine-là manquait à la collection de Leon). Plus tard, au cours de l'été, Alois Brunner ordonna l'arrestation de plusieurs dirigeants de l'UGIF, qui furent envoyés à Drancy, puis à Auschwitz[59].

En tant que Juif polonais, Leon était particulièrement menacé ; il réussit pourtant à ne pas se faire prendre. Ma tante se souvint qu'il lui avait raconté comment Brunner s'était personnellement rendu dans les bureaux du 19, rue de Téhéran pour superviser les arrestations. Leon lui avait échappé en se cachant derrière une porte.

Le sac plastique recelait d'autres témoignages des activités de Leon. Il contenait du papier à lettres vierge de l'American Jewish Joint Distribution Committee, du Mouvement national des prisonniers de guerre et déportés, et du Comité d'unité et de défense des Juifs de France[60]. Toutes ces organisations pour lesquelles il avait dû travailler avaient leurs bureaux au 19, rue de Téhéran.

Il y avait deux déclarations personnelles parmi les papiers, toutes deux offrant une description détaillée du traitement des déportés envoyés à l'Est. L'une avait été enregistrée à Paris en avril 1944, c'était un témoignage selon lequel, à Auschwitz, « ils étaient pendus sans raison, sur fond de musique ». L'autre datait de peu de temps après la fin de la guerre. « À Birkenau, on travaillait dans la saleté, à Auschwitz on mourait dans la propreté et l'ordre. » La déclaration se termine par cette affirmation : « En bref, ce jeune homme confirme tout ce qui est dit à la radio et dans les journaux au sujet des camps de concentration. »

Leon a gardé les récépissés des paquets qu'il avait envoyés dans les camps et les ghettos du Gouvernement général de la Pologne occupée par les nazis. Pendant l'été de 1942, il s'était rendu vingt-quatre fois à la poste du boulevard Malesherbes pour envoyer des paquets à Lina Marx, une femme du ghetto de Piaski, proche de Lublin (le ghetto fut liquidé l'été suivant et Lina Marx ne figure pas parmi les quelques survivants).

Deux cartes postales attirèrent mon attention ; postées dans la petite ville de Sandomierz, en Pologne occupée par les nazis, elles avaient été envoyées par un certain Dr Ernst Walter Ulmann, déporté depuis Vienne en février 1941. Sur la première, datant de mars 1942, le Dr Ulmann expliquait qu'il était avocat viennois, âgé et à la retraite. « Aidez-moi, je vous prie. » La seconde, postée quatre mois plus tard, en juillet, était personnellement adressée à Leon, et envoyée au 19, rue de Téhéran. Le Dr Ulmann le remerciait pour le paquet contenant des saucisses, des tomates en boîte et un peu de sucre. Au moment où

Leon recevait la carte, l'affable Dr Ulmann était mort : le ghetto d'où il l'avait envoyée avait été vidé le même mois, ses occupants déportés vers le camp de concentration de Bełżec, sur la ligne de chemin de fer entre Lemberg et Żółkiew.

Au fond du sac, j'ai trouvé un paquet de tissus jaunes, des petits bouts découpés en carrés et dont les bords étaient effilochés. Une étoile de David noire était imprimée sur chacun d'entre eux, le mot « Juif » au centre. Il y en avait quarante-trois, tous en excellent état, jamais utilisés, prêts à être distribués et portés.

21

LEON ET RITA étaient séparés de leur fille lors de leurs premières années à Paris, mais il semble qu'ils l'aient vue de temps à autre. Il y avait quelques photos – de petits clichés carrés en noir et blanc, pas plus de deux douzaines. Non datées, elles montrent une petite fille avec ses parents, une enfant de deux ou trois ans. Elle porte un serre-tête blanc et Rita la couve d'un regard anxieux. Une des photos montre ma mère avec un garçon plus âgé. Sur une autre, on voit la petite avec ses parents élégamment vêtus dans un café au milieu d'un parc, en compagnie d'un couple plus âgé, la femme coiffée d'un chapeau en forme de boîte. Une troisième série montre Ruth avec sa mère à Paris, âgée de cinq ou six ans, peut-être vers la fin de l'Occupation.

Rita ne sourit sur aucune des photos.

Leon et Rita habitaient alors rue Brongniart, la rue la plus courte de Paris, tout près de leurs amis M. et Mme Boussard, qui n'étaient pas juifs et veillaient sur eux. Des années plus tard, Leon a raconté à sa fille que M. Boussard le prévenait lors des rafles, lui disant d'éviter les rues et de ne pas s'approcher de l'appartement. Il n'y avait pourtant rien sur les Boussard dans les papiers de Leon, et ils n'étaient mentionnés nulle part ailleurs. Leon et Rita sont restés proches des Boussard après la guerre, mais ma mère a perdu le contact avec eux lorsqu'ils ont décliné l'invitation à son mariage avec un Anglais, mon père. Les Anglais étaient des gens plus détestables encore que les Allemands, disaient-ils. C'était en 1956. J'ai ri de bon cœur lorsque ma mère m'a raconté cette histoire, mais elle ne la trouvait pas drôle du tout puisqu'elle avait contribué à distendre les relations entre les deux vieux couples. Depuis lors, ma mère n'a jamais revu M. Boussard. Des années plus tard, lorsqu'elle a pris le thé avec Mme Boussard à La Coupole, la célèbre brasserie du boulevard Montparnasse[61], celle-ci lui a dit que Rita avait toujours aimé son fils Jean-Pierre plus que sa fille. Ma mère ne l'a plus jamais revue.

Le 25 août 1944, Leon et Rita ont célébré la libération de Paris avec les Boussard. Dans la foule des Champs-Élysées, ils ont salué les soldats américains. Ils se demandaient comment récupérer leur fille à Meudon. Leon a arrêté un camion de l'armée des États-Unis transportant des jeunes GI, l'un d'entre eux parlait le polonais.

« Montez, a dit le GI, on vous emmène à Meudon. » Une heure plus tard, les soldats ont déposé le couple en centre-ville. Ils sont partis après un dernier « Bonne chance » en polonais.

La famille a passé cette nuit-là unie dans le minuscule deux-pièces du 2, rue Brongniart. C'était la première fois depuis cinq ans que tous dormaient sous le même toit.

22

JE REVIENS à une photo trouvée dans les papiers de Leon, la première que j'ai vue dans le salon de ma mère avant le voyage pour Lviv.

Je l'ai envoyée à une documentaliste de la Fondation Charles de Gaulle à Paris. Elle m'a appris qu'elle avait été prise un 1er novembre, au cimetière d'Ivry-sur-Seine, dans la banlieue de Paris. De Gaulle avait visité le Carré des Fusillés, le mémorial des combattants résistants exécutés par les Allemands pendant l'Occupation.

« Celui avec la moustache est Adrien Tixier, dit-elle, nommé ministre de l'Intérieur dans le Gouvernement provisoire de la République française du général de Gaulle en septembre 1944. Derrière lui, c'est le préfet de police de Paris [Charles] Luizet (à gauche sur la photo, en uniforme et casquette), et le préfet de la Seine,

Marcel Flouret (à droite, avec une écharpe blanche). Derrière Flouret, avec la moustache, c'est Gaston Palewski », un nom qui me rappelait quelque chose : Palewski a été le directeur de cabinet de De Gaulle, mais aussi l'amant de Nancy Mitford, immortalisé plus tard sous le nom de Fabrice, le fictif duc de Sauveterre, dans le roman *L'amour dans un climat froid*[62].

Mais que faisait Leon parmi ces gens-là ?

Charles de Gaulle, cimetière d'Ivry, 1944.

L'identité des enterrés au Carré des Fusillés fournit un indice. Parmi les exécutés il y avait vingt-trois résistants français, membres des Francs-Tireurs et Partisans de la Main-d'œuvre immigrée, les combattants étrangers résidant à Paris[63]. Le groupe se composait de huit Polonais, cinq Italiens, trois Hongrois, un Espagnol, trois Français et deux Arméniens ; l'un d'eux, Missak Manouchian, était le leader du groupe. La seule femme était Roumaine. La moitié du groupe était des Juifs.

Les vingt-trois membres de la Résistance furent arrêtés en novembre 1943. Trois mois plus tard, de grandes affiches rouges furent placardées sur les murs de Paris et ailleurs en France avec leurs noms et leurs visages sous un titre en lettres capitales, « *L'armée du crime** ». C'était l'Affiche rouge, la célèbre affiche qui appelait les Parisiens à traquer ces étrangers avant qu'ils ne détruisent la France, ses femmes et ses enfants. Au dos de l'affiche on pouvait lire : « Ce sont toujours des étrangers qui les commandent. Ce sont toujours des chômeurs et des criminels professionnels qui exécutent. Ce sont toujours des Juifs qui les inspirent[64]. »

Quelques semaines plus tard, tous les membres du groupe sauf un furent fusillés par un peloton d'exécution au fort du Mont-Valérien. Ils furent enterrés au cimetière d'Ivry, et de Gaulle se rendit sur leurs tombes en présence de Leon. La seule exception était Olga Bancic, l'unique femme du groupe qui eut droit à un bref sursis. Elle fut décapitée à Stuttgart quelques semaines plus tard, le jour de son trente-deuxième anniversaire.

Ces exécutions ont été immortalisées par le poème de Louis Aragon, « L'Affiche rouge », inspiré de la dernière lettre de Manouchian à sa femme Mélinée. Le poème de 1955, interprété par Léo Ferré, m'était familier depuis l'enfance, peut-être parce que Leon le connaissait :

Bonheur à tous, bonheur à ceux qui vont survivre,
Je meurs sans haine en moi pour le peuple allemand,
Adieu la peine et le plaisir[65]...

Lorsque de Gaulle se rendit sur les tombes, Leon faisait partie de son entourage. Connaissait-il ces vingt-trois personnes ? Un membre de l'affiche m'était familier, Maurice Fingercwajg, un Juif polonais de vingt ans. Je connaissais ce nom : Lucette, une amie d'enfance de ma mère avec qui elle allait à l'école tous les matins après la fin de l'Occupation, avait épousé Lucien Fingercwajg, le cousin du jeune homme exécuté. Le mari de Lucette m'a appris plus tard que Leon avait eu des contacts avec le groupe, mais il n'en savait pas davantage. « C'est pour ça qu'il est parmi les premiers dans le cortège du cimetière d'Ivry », m'a dit Lucien.

---

* En français dans le texte *(NdT)*.

23

À LA FIN de l'occupation de Paris, Leon n'avait aucune information sur le sort de Malke, de Gusta, de Laura, ou sur les autres membres de la famille de Lemberg et de Żółkiew. Les journaux parlaient de meurtres de masse dans des camps de concentration, et les noms de Treblinka ou Auschwitz commençaient à circuler dans la presse. Leon avait dû craindre le pire mais néanmoins garder espoir.

De nouvelles organisations virent le jour. En mars 1945, l'American Jewish Joint Distribution Committee fonda le Comité juif d'action sociale et de reconstruction. Leon travaillait pour le Comité, dans le centre de Paris, à l'hôtel Lutetia, qui avait abrité les quartiers généraux de la police militaire allemande, lorsqu'il apprit le suicide de Hitler le 30 avril. Une semaine plus tard, le général Alfred Jodl signa la capitulation inconditionnelle de l'Allemagne. En juillet, Leon fut nommé *chef de service**, un service mal identifié, d'après le seul document qu'il ait conservé, une carte d'identité grise et passée. Il ne m'a jamais parlé de cette organisation issue de l'action sociale clandestine, qui tentait de réintégrer les réfugiés et les survivants des camps dans la vie de l'après-guerre. De cette époque, ma mère ne garde que le souvenir de visiteurs occasionnels rue Brongniart, hommes ou femmes sans ressources, accueillis pour partager un repas et une conversation. Plus d'un s'est donné la mort.

Leon obtint cependant des informations encourageantes. Séparé de son ami Max depuis six ans, il trouva une adresse à New York à laquelle il écrivit. La réponse arriva en juillet, témoignant du bonheur des retrouvailles, mais également teintée de peur : quel était le sort des membres de la famille disparus ? « Tant que je n'ai pas de mauvaises nouvelles », écrivit Max à Leon, « je ne perdrai pas espoir »[66]. Quelles nouvelles de ta famille ? demanda Max. Il énuméra ceux qu'il tentait de localiser, ses deux frères disparus notamment. La lettre finissait par des mots d'affection, des encouragements à venir s'installer en

* En français dans le texte *(NdT)*.

Amérique, et une proposition d'aide pour l'obtention des visas. En janvier 1946, Leon et Rita s'enregistrèrent au consulat américain à Paris pour faire une demande d'émigration, Rita en tant qu'Autrichienne, Leon en tant que Polonais.

24

À PEU PRÈS à cette époque, *Le Monde* et d'autres journaux annoncèrent que les Alliés songeaient à la création d'un tribunal international afin de poursuivre les principaux dirigeants nazis. Ce fut chose faite peu après ; le tribunal devait comprendre huit juges, dont deux Français. Leon aurait pu en connaître un, au moins de nom, Robert Falco, autrefois juge à la Cour d'appel de Paris[67].

En octobre 1945, le tribunal fut saisi de l'acte d'accusation. *Le Monde* décrivit les crimes dont les vingt-deux responsables allemands devaient être accusés, relevant un nouveau chef d'accusation appelé « génocide ». Que signifie ce crime, se demande le journal, et quelles sont ses origines ? La réponse se trouvait dans un entretien avec un homme dont on disait qu'il avait inventé le terme, Raphael Lemkin, présenté comme un professeur américain. Interrogé sur les conséquences pratiques de cette accusation, Lemkin renvoya le journaliste aux événements qui s'étaient produits dans des lieux que Leon connaissait intimement, Vienne et la Pologne. « Si à l'avenir un État agit de manière à détruire intentionnellement une minorité nationale ou raciale de la population », disait Lemkin aux lecteurs français, « l'auteur de tels actes peut être arrêté s'il quitte le pays »[68].

La référence aux événements de Vienne et de Pologne dut une fois encore rappeler à Leon sa propre famille, dont il n'avait pas de nouvelles. Son père, Pinkas, et son frère Emil étaient tous deux morts à la fin de 1914, mais qu'en était-il de ceux qui étaient restés à Vienne, à Lemberg ou à Żółkiew ?

En 1945, Leon n'avait toujours aucune information ; j'en ai aujourd'hui. Il ne m'a jamais dit que tous ceux qu'il avait connus dans son enfance, tous, chaque membre de la grande famille de Galicie, tous les Buchholz et les Flaschner, avaient été assassinés. Des soixante-dix personnes ou plus vivant à Lemberg et à Żółkiew lorsque la guerre avait éclaté, le seul survivant était Leon, le garçon souriant aux grande oreilles.

Leon ne m'a jamais parlé de cette époque, et il n'a jamais mentionné sa famille. Ce n'est qu'aujourd'hui, parce que j'ai accepté l'invitation à donner cette conférence à Lviv, que je peux commencer à comprendre l'étendue de la dévastation dans laquelle Leon a vécu jusqu'au terme de sa vie, à la fin du xxe siècle. Des années de Galicie, l'homme que j'ai connu dans la seconde partie de sa vie était le seul survivant. C'était cela la raison du silence auquel j'assistais enfant, de ce silence qui dominait le petit appartement que Leon partageait avec Rita.

J'ai pu reconstruire les contours d'un monde disparu à l'aide des quelques documents et photographies qu'il avait gardés. Il y avait beaucoup de lacunes, et ce ne sont pas seulement des individus qui manquaient. J'ai noté l'absence d'échanges affectueux entre Leon et Rita dans les papiers. À son « enfant en or » Rita envoyait un amour profond ; si elle avait un tel sentiment pour Leon, il n'y en avait pas de trace écrite. Et la réciproque était vraie.

J'avais l'impression que quelque chose s'était produit dans leur vie avant leur séparation en janvier 1939. Pourquoi Leon avait-il quitté Vienne seul ? Comment sa fille avait-elle pu venir à Paris ? Pourquoi Rita était-elle restée ? Je me replongeai dans les documents, cherchant des indices dans le bout de papier portant l'adresse de Miss Tilney et dans les trois photos de l'homme au nœud papillon.

Ils ne menaient nulle part, j'ai donc cherché ailleurs, dans un autre endroit lié à ses jeunes années, la petite ville de Żółkiew. C'était la ville de naissance de la mère de Leon, Malke, mais aussi de Hersch Lauterpacht, l'homme qui a introduit l'expression « crimes contre l'humanité » dans le procès de Nuremberg.

II.

Lauterpacht

L'être humain, l'individu… est l'ultime source de tout droit.

Hersch Lauterpacht, 1943[1].

25

Lors d'une chaude journée estivale de 1945, quelques semaines après la fin de la guerre en Europe, un professeur de droit, né à Żółkiew, installé désormais à Cambridge, en Angleterre, attendait l'arrivée de ses convives pour le déjeuner. Je l'imagine dans son cabinet de travail, au dernier étage de sa solide maison semi-mitoyenne rue Cranmer, assis derrière son vaste bureau en acajou, regardant par la fenêtre. Le gramophone joue la *Passion selon saint Matthieu* de Bach. Âgé de quarante-huit ans, de caractère anxieux, Hersch Lauterpacht s'apprêtait en effet à accueillir Robert Jackson, juge à la Cour suprême des États-Unis, récemment nommé par le Président Truman procureur général du Tribunal militaire international de Nuremberg, l'instance qui allait juger les criminels de guerre allemands.

Jackson était en route pour Cambridge où il venait solliciter le « bon jugement et l'érudition[2] » de Lauterpacht sur un problème particulier. Il devait en l'occurrence convaincre les Soviétiques et les Français de la teneur des charges retenues contre les dirigeants allemands nazis accusés d'avoir perpétré des crimes internationaux. Les deux hommes entretenaient une relation de confiance depuis plusieurs années. Ils devaient discuter de la liste des crimes, du rôle des procureurs et des juges, du traitement des preuves, et du vocabulaire à utiliser.

La seule chose dont ils ne parleraient pas, c'était de la famille de son hôte : comme Leon et des millions d'autres, Lauterpacht était toujours sans nouvelles de ses parents et de ses frères et sœurs, oncles et tantes, cousins et neveux, tous membres d'une grande famille disparue dans le silence, à Lemberg et à Żółkiew.

De cela il ne souhaitait pas parler avec Robert Jackson.

26

LAUTERPACHT est né à Żółkiew le 16 août 1897. Son certificat de naissance, retrouvé dans les archives de Varsovie, mentionne ses parents, Aron Lauterpacht, entrepreneur, et Deborah Turkenkopf[3]. Barich Orlander, aubergiste, qui se trouve être un parent éloigné de la mère de Leon, fut témoin de sa naissance.

La famille Lauterpacht, Żółkiew, 1902 : Hersch est à gauche.

Aron faisait du commerce d'huile et gérait une scierie. Deborah s'occupait de la famille, du frère aîné de Lauterpacht, David (Dunek), et de sa sœur cadette Sabina (Sabka), née trois ans après Hersch. Un quatrième enfant était mort-né. La famille de Lauterpacht, issue de la classe moyenne, était étendue, éduquée et observante, Deborah respectait la cacheroute, s'habillait modestement et portait la perruque traditionnelle. Une photo de la famille montre Lauterpacht à cinq ans, pointant ses pieds dans des directions opposées et s'agrippant au bras d'un père à l'apparence solide[4].

La sœur de Lauterpacht, la petite fille perchée sur le tabouret, eut plus tard une fille, Inka. Lorsque je l'ai rencontrée, Inka décrivit Aron et Deborah comme des grands-parents « merveilleux », « gentils et aimants », travaillant dur, généreux et « très ambitieux » pour leurs enfants. Elle se souvenait d'une maison animée, remplie de livres et de musique, de débats d'idées et de discussions politiques – on faisait confiance à l'avenir. La famille parlait le yiddish, mais les parents passaient au polonais quand ils ne voulaient pas être compris des enfants.

Le cadastre de Żółkiew indique que la famille Lauterpacht habitait la maison n° 158 sur la parcelle 488. Il se trouve que cette adresse est du côté est de la même rue Est-Ouest où habitait mon arrière-grand-mère Malke Buchholz (Flaschner), à l'autre bout de la ville.

Lyudmyla, l'astucieuse et aimable historienne de Żółkiew, identifia l'endroit exact, maintenant couvert de bitume, à la lisière est de la ville, du côté de la route par laquelle j'étais arrivé en venant de Lviv.

« Un bel endroit pour une statue », observa Lyudmyla ironiquement, et nous convînmes que cela arriverait un jour. L'endroit était près du *Alter Friedhof* (le vieux cimetière) et de la Sainte-Trinité, la vieille église en bois où Lyudmyla me conduisit. Coiffée d'une toiture de tuiles brunes patinées, l'église était emplie d'odeurs réconfortantes de bois et d'épices. L'autel était un ouvrage étonnant, fait d'icônes peintes ; c'était un lieu chaleureux plein de dorures, de rouges et de bleus profonds, un lieu sûr, inchangé depuis cent ans. L'oncle de Lauterpacht, David, vivait en face, m'apprit Lyudmyla, mais la maison avait disparu depuis longtemps. Elle m'entraîna vers une autre maison, plus loin, qu'elle voulait me faire visiter.

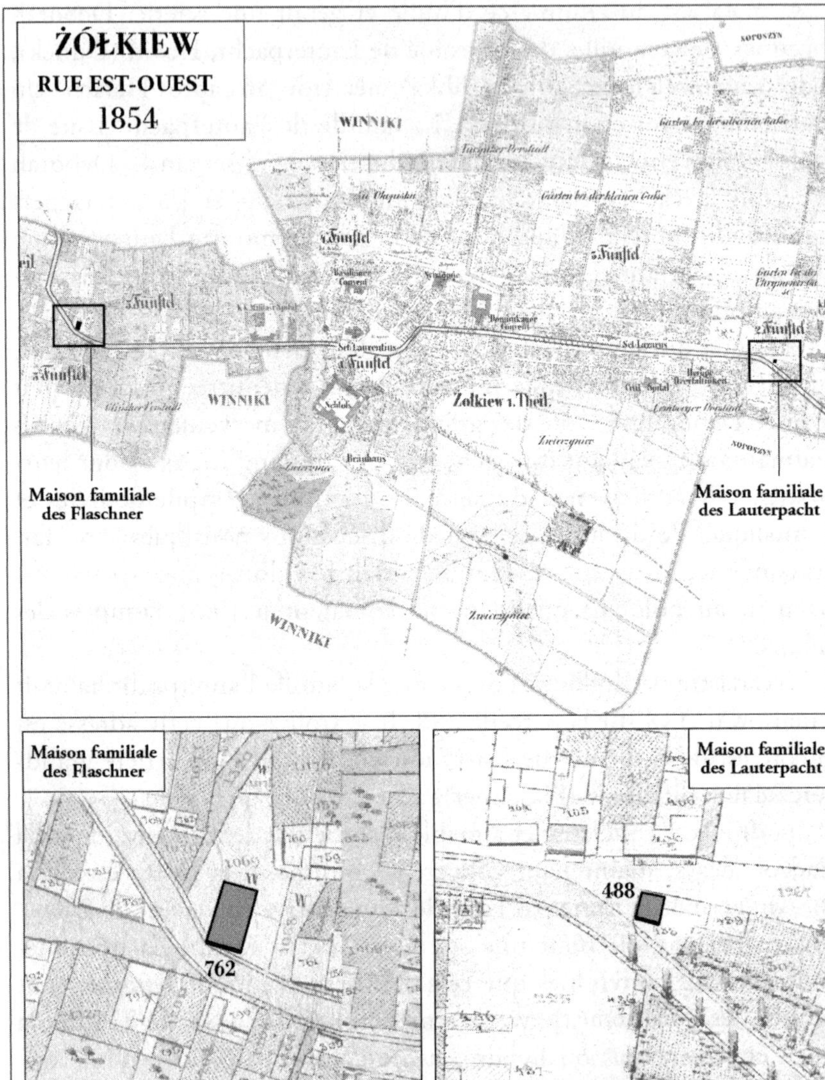

Elle frappa vigoureusement à la porte d'entrée; le propriétaire, un homme rond et jovial arborant un large sourire, finit par ouvrir. « Entrez », dit-il, nous guidant d'abord vers la chambre à coucher à l'avant, qui donnait sur l'église en bois, puis vers un petit espace entre le lit et le mur. Il se mit à genoux et souleva un bout de parquet, dévoilant une cavité irrégulière, juste assez large pour laisser passer un adulte. Dans cet espace confiné, Clara Kramer et dix-sept autres Juifs avaient été cachés dans l'obscurité pendant près de deux ans. Parmi eux, divers membres de la famille Lauterpacht à un jet de pierre du lieu où Hersch Lauterpacht était né.

27

Lauterpacht quitta Żółkiew en 1910, avec ses parents, son frère et sa sœur[5]. Dans cette soixante-deuxième année du règne libéral de l'empereur François-Joseph, il avait treize ans et partait pour Lemberg faire ses études. Cette année-là, le derby d'Epsom fut remporté par un cheval appelé Lemberg, dont le propriétaire, un célibataire anglais du nom d'Alfie Cox, n'avait apparemment rien à voir avec la ville[6].

Tandis qu'Aron s'occupait de la scierie dans les environs de la ville, son fils, un jeune homme talentueux et qui s'exprimait déjà avec aisance, fréquentait le lycée humaniste. Lauterpacht était un lecteur vorace, confiant, engagé politiquement et peu enclin à se soumettre à la rigueur de la religion. Ses pairs reconnaissaient en lui un leader, un jeune homme cultivé, volontaire et intransigeant, doté d'« un très gros intellect » et d'un sens moral affirmé. Les inégalités sociales manifestes dans les rues de Lemberg, nourries de xénophobie, de racisme, et d'identités communautaires en conflit, l'avaient touché dès son plus jeune âge.

À Żółkiew, Lauterpacht avait appris ce qu'étaient les frictions entre groupes, les déchirements de la vie quotidienne dus aux divergences de foi et d'opinions politiques. Lemberg offrit un tableau plus sanglant encore, la ville étant bâtie sur la ligne de faille du nationalisme et des ambitions impérialistes ; Leon avait lui aussi appris cela. Bien que formant une famille juive traditionnelle, nichée entre les civilisations catholiques romaine et orthodoxe, les Lauterpacht pensaient vivre dans une métropole au cœur de la civilisation libérale. Un firmament de mathématiciens inventifs et d'avocats courageux, une ville aux cafés peuplés de savants, de poètes et de musiciens, avec une belle gare toute neuve et un opéra magnifique, un endroit que Buffalo Bill Cody aurait visité (comme il le fit en effet en 1905 avec son spectacle du Wild West)[7].

C'était aussi une ville faite de sons et d'odeurs. « J'entends les cloches de Lwów sonner, chacune a un son différent », écrit Józef Wittlin. « J'entends le bruissement des fontaines de la place du marché, et le murmure des arbres odorants que la pluie du printemps a lavés de leur poussière. » Le jeune Lauterpacht aurait pu fréquenter les mêmes cafés que Wittlin, tous disparus depuis longtemps : l'Europejska au coin de Jagiellońska et de la rue du Trois-Mai (où « l'apparition d'un membre du beau sexe était d'une rareté déconcertante »), le Sztuka à l'étage du passage Andriolli (« où l'éclairage était réduit dès que Wasserman, le violoniste aux cheveux longs, jouait la *Träumerei* de Schumann »), et le Renaissance à l'angle de la rue du Trois-Mai et de Kościuszko (où les garçons des autres cafés se rendaient, par défi, arborant leurs vestes claires et leurs cravates colorées, ordonnant à leurs collègues de les servir)[8].

La guerre arriva à Lemberg trois ans après l'installation de la famille. Lauterpacht était là lorsque les Russes occupèrent la ville en septembre 1914. L'empereur Nicolas fut informé que les Autrichiens avaient été mis en déroute et qu'ils se « retiraient dans un désordre complet [9] » – il faisait référence à la grande bataille dans laquelle le frère aîné de Leon, Emil, avait probablement été tué. Le *New York Times* rapporta que les « envahisseurs » russes se montraient « obligeants », respectant les églises et « les petites chapelles sur le bord de la route », permettant à Lemberg d'être aussi paisible et industrieuse que Londres dans la dévastation sanglante de la guerre[10].

En juin 1915, l'armée austro-hongroise reprit la ville avec l'aide des soldats allemands, provoquant des « manifestations de joie sauvage à travers l'Autriche et l'Allemagne[11] ». Un mois plus tard, Lauterpacht fut enrôlé dans l'armée autrichienne, mais il semble qu'il ait passé la plupart de son temps de conscription dans la scierie de son père. Un ami l'avait observé dans la salle des machines, « insensible » à leur bruit et à celui de la guerre, plongé dans ses livres, apprenant seul l'anglais et le français[12]. Lauterpacht tenait un Journal détaillé – aujourd'hui en possession de son fils – dans lequel il consignait les livres qu'il lisait, d'une grande diversité. La liste allait des récits de guerre aux livres d'économie, en passant par des ouvrages sur la religion et la psychologie ; elle mentionnait également la *Richesse des nations* d'Adam Smith et un traité sur le marxisme. La musique lui permettait de s'échapper, en particulier Bach et Beethoven qui, toute sa vie, ont continué à susciter chez lui passion et réconfort. On disait de lui qu'il avait « une oreille phénoménale et une excellente mémoire musicale », mais son aptitude au piano n'allait pas au-delà d'une *Sonate de Kreutzer* jouée avec deux doigts[13].

Lorsque arriva le temps de se décider pour une carrière universitaire, ses parents le persuadèrent de faire comme son frère. À l'automne de 1915, il s'inscrivit à la faculté de droit de l'Université de Lemberg.

28

Les écrits sur la vie de Lauterpacht livrent peu de chose sur ses années d'université, sur ce qu'il avait étudié, les cours qu'il avait suivis, où il avait vécu ; j'ai donc décidé d'explorer les archives municipales de Lviv. Comme je ne maîtrise ni le polonais ni l'ukrainien, j'ai dû m'en remettre à Ihor et Ivan, deux étudiants admirables inscrits à la faculté de droit où Lauterpacht avait étudié un siècle auparavant (Ivan faisait sa thèse de doctorat sur la base navale soviétique de Sébastopol en Crimée à un moment opportun, puisque ses recherches coïncidaient avec l'incursion russe et l'occupation illégale de la presqu'île). Ivan finit par me mettre sur une piste menant à l'édifice sinueux que formaient les archives d'État de l'Oblast de Lviv.

Je connaissais la place Muzeina, elle se trouve juste au nord de l'hôtel de ville et abrite un marché aux puces, véritable bibliothèque en plein air de cartes postales, de journaux et de livres qui offrent une image exhaustive du XXe siècle douloureux de la ville. Mon fils acheta une pendule à coucou soviétique (en métal bleu et rouge) pendant que je fouillais parmi des vestiges de la période austro-hongroise, des cartes postales polonaises et quelques objets juifs ou yiddish. Les objets les plus recherchés – à en croire le prix – dataient des trois années de domination nazie : je repérai la forme caractéristique d'un *Stahlhelm* [casque en acier] vert foncé, svastika d'un côté, symbole SS de l'autre, mais le vendeur me chassa quand j'approchai de trop près.

Les archives de l'État occupaient un bâtiment décati du XVIIIe siècle qui jouxtait un ancien couvent dominicain dépendant de l'église baroque de la Sainte-Eucharistie. Durant l'ère soviétique, l'église avait servi de musée de la religion et de l'athéisme ; c'est aujourd'hui une église ukrainienne gréco-catholique. Une babouchka voilée gardait l'entrée. « C'est quoi, votre affaire ? » cria-t-elle. Ivan proféra le mot magique « archives » avec l'autorité suffisante, ce qui nous permit d'entrer. Le secret consistait à continuer de marcher, à ne pas s'arrêter.

On arrivait à la salle de lecture en passant par une roseraie luxuriante et en gravissant un escalier en métal sur lequel était posée une moquette détrempée par la pluie. Ivan et moi y entrâmes par le premier étage, un endroit sans indications, un hall obscur et un couloir tapissé de vestiges d'artéfacts de Lemberg. Les documents accrochés aux murs représentaient le retrait de l'armée austro-hongroise en novembre 1918 ; la proclamation de l'indépendance de l'éphémère République populaire d'Ukraine occidentale, à la même date ; le décret d'incorporation de la Galicie dans le Gouvernement général du gouverneur Hans Frank, en août 1941 ; un autre décret, ordonnant la fermeture de toutes les écoles et universités de Lemberg, en septembre 1941.

Au bout du couloir, un néon vacillait au-dessus de l'entrée de la salle de lecture. Là, le bibliothécaire prit nos commandes de livres en présence de cinq autres lecteurs, dont une bonne sœur et deux dormeurs. Tout était silencieux jusqu'à ce que l'électricité s'éteigne, un événement quotidien qui provoquait une douce agitation, même si, une fois, je remarquai que la bonne sœur parvenait à dormir durant toute la durée du dérangement. « Revenez demain à dix heures pour récupérer les livres », nous ordonna le conservateur. Le lendemain, une pile de volumes nous attendait, disposés avec soin sur les tables en bois, trois tours de poussière, de cuir et de papier qui s'effritait. C'étaient les registres des étudiants de la faculté de droit de 1915 à 1919.

Lemberg, 1917. La faculté de droit à gauche, deuxième photo en partant du haut ; la gare à droite, deuxième photo en partant du haut ; l'hôtel George, en bas à droite.

Nous commençâmes par l'automne de 1915, nous frayant un chemin à travers des centaines de formulaires remplis à la main, classés par ordre alphabétique, une fiche par étudiant identifié comme Polonais ou mosaïque (Juif) – il n'y avait que très peu d'Ukrainiens. C'était un travail pénible. Sur chaque fiche étaient précisés la liste des cours suivis, les horaires et les noms de professeurs. Chaque formulaire était daté et signé.

Aidé par les recherches de son ami Ihor, Ivan repéra un premier document Lauterpacht, datant de l'automne de 1915, peu de temps après le départ des Russes. On trouva un jeu presque complet, sept semestres d'études de 1915 à 1919 : les années de formation de Lauterpacht[14]. Il y avait une mention de domicile : 6, rue Rutowskiego, maintenant rue Teatralna, à quelques pas seulement de mon hôtel. J'étais passé devant, j'avais même remarqué les belles portes en métal avec les deux larges L au centre, sertis dans des cadres ronds métalliques. Lauterpacht ? Lemberg ? Lwów ?

J'appris donc que Lauterpacht avait commencé par étudier le droit romain et le droit public allemand, suivis d'un cours sur le corps et l'âme, et d'un autre sur l'optimisme et le pessimisme. Parmi ses premiers enseignants, un seul portait un nom familier, le professeur Oswald Balzer, qui enseignait l'histoire du droit polonais et autrichien, deux sujets distincts[15]. Balzer était avocat ; il plaidait des cas ésotériques pour les gouvernements d'Autriche et de Galicie. Le plus remarquable, que j'avais moi-même rencontré dans mes travaux sur les querelles de frontières, était un conflit datant du XIXe siècle relatif à la propriété de deux lacs dans les montagnes des Tatras. Balzer, un homme pragmatique, eut une influence certaine sur Lauterpacht.

Sa deuxième année, à partir de septembre 1916, fut marquée par la guerre et la mort de l'empereur François-Joseph, à l'issue d'un règne d'une durée record de soixante-huit ans. Les cours continuaient, alors que l'atmosphère changeait et que les batailles faisaient rage autour de la ville. Je fus étonné par l'importance des thèmes religieux (droit catholique chrétien, histoire et culture d'Israël) et par l'enseignement quotidien sur le pragmatisme et l'instinctivisme, les deux pôles entre lesquels le développement intellectuel de Lauterpacht oscillait comme un vif courant électrique. En avril 1917, il réussit son examen d'État en science historique et juridique avec la plus haute distinction (« bien »)[16].

Sa troisième année commença en septembre 1917, au moment où l'autorité autrichienne sur la ville devenait plus incertaine. Lauterpacht suivit un premier cours de droit pénal, dispensé par le professeur Julius Makarewicz, une sommité bien connue du droit pénal autrichien ; un deuxième portait sur la science pénitentiaire ; un troisième, sur les procédures accusatoires autrichiennes, était enseigné par le professeur Maurycy Allerhand. Je mentionne ces noms car ils reviendront par la suite.

La quatrième et dernière année s'ouvrit sur les changements dramatiques qui allaient affecter Lemberg, l'Europe et le monde. Lorsque la Première Guerre mondiale se termina en novembre 1918 – en même temps que l'Empire austro-hongrois –, le contrôle de Lemberg changeait toutes les semaines.

29

La vie de Lauterpacht fut transformée par une décision secrète de l'archiduc Guillaume d'Autriche, le « Prince rouge » de vingt-trois ans, qui allait provoquer un conflit sanglant entre les Polonais et les Ukrainiens de Lemberg. On était en novembre 1918, quatre ans après le départ de Leon pour Vienne[17]. Guillaume ordonna aux unités polonaises de l'armée austro-hongroise de se retirer de Lemberg, et les remplaça par deux régiments ukrainiens, les Ukrainische Sitschower Schützen*. Le 1er novembre, les Ukrainiens prirent le contrôle de Lviv et déclarèrent la ville capitale de la République populaire d'Ukraine occidentale, un nouveau pays.

Des combats féroces opposèrent les factions polonaise et ukrainienne. Les Juifs se trouvèrent coincés entre les deux camps, craignant, s'ils optaient pour la neutralité, de choisir le mauvais côté, celui des perdants[18]. Le conflit se prolongea après l'armistice signé entre les

* Nom original en allemand ; Українські січові стрільці, *Ukraïnski sichovi stril'tsi*, *Ukraïns'ki Sičovi Stril'ci*, USS, en ukrainien, des unités de soldats ukrainiens de l'armée austro-hongroise (*NdT*).

Allemands et les Alliés, le 11 novembre, le jour où la Pologne déclara son indépendance. La rue Teatralna, où habitaient les Lauterpacht, ne fut pas épargnée par le bain de sang, beaucoup de propriétés y furent détruites. Le camarade d'école de Lauterpacht, Joseph Roth (l'homonyme de l'auteur né tout près, à Brody), décrivit la période qui suivit comme une période « de friction et de conflit », qui vit la désintégration de l'Empire austro-hongrois. « Pour protéger la population juive », explique-t-il, « une milice de volontaires juifs » fut organisée. Dans ses rangs, il y avait Lauterpacht qui patrouillait dans les quartiers juifs « jour et nuit »[19].

En moins d'une semaine, les Ukrainiens se rendirent aux Polonais, et un cessez-le-feu entre les deux belligérants mit fin aux combats[20]. Lorsque Lviv devint Lwów, les pillages et les assassinats commencèrent.

J'ai trouvé la photo d'une barricade dans la rue où s'installeraient plus tard les Lauterpacht, saupoudrée des premiers flocons d'une neige précoce. Grâce à cette photo, il est plus facile d'imaginer les événements de ces trois jours décrits par le *New York Times* sous le titre « 1 100 Juifs assassinés dans les pogroms de Lemberg[21] ». L'article pressait le Président Woodrow Wilson d'intervenir pour arrêter le bain de sang.

Barricade dans la rue Sykstuska, Lemberg, novembre 1918.

Alors que ces événements sanglants soulignaient les dangers auxquels étaient exposés les minorités, que des dizaines de milliers d'individus se trouvaient pris en otage dans la lutte entre communautés, Lauterpacht s'investissait dans ses études. Confronté à cette dure réalité, il ne resta pourtant pas inactif. Maintenant leader de l'Organisation des universitaires sionistes de Galicie, il fonda un lycée juif *(Gymnasium)* et organisa le boycott des écoles polonaises. Les jeunes Juifs ne pouvaient plus « s'asseoir sur les mêmes bancs que ceux qui avaient participé aux pogroms contre les Juifs », dit l'un de ses amis[22].

La perspective d'un nouvel État polonais ou ukrainien et l'effondrement de l'autorité régulière libérèrent un nationalisme virulent. Au sein de la population juive, on assista à des réactions diverses. La communauté orthodoxe, antinationaliste, espérait une vie tranquille aux côtés des Polonais et des Ukrainiens ; d'autres souhaitaient la création d'un État juif indépendant quelque part dans l'ancien Empire austro-hongrois ; d'autres encore voulaient une plus grande autonomie pour les Juifs dans la Pologne nouvellement indépendante ; tandis que, pour les sionistes, un État juif autonome en Palestine était la seule solution[23].

Les questions d'identité et d'autonomie des groupes, l'émergence de nouveaux États et le développement du nationalisme à la fin de la Première Guerre contribuèrent à mettre le droit au cœur du politique. C'était une évolution d'une échelle et d'une importance nouvelles. Comment le droit pourrait-il protéger les minorités, se demandait-on ? Quelles langues celles-ci pourraient-elles parler ? Pourraient-elles éduquer leurs enfants dans des écoles spécifiques ? De telles questions se posent encore dans le monde d'aujourd'hui mais, à l'époque, aucune règle internationale n'offrait de solutions pour y répondre. Tous les pays, anciens ou nouveaux, étaient libres de traiter ceux qui vivaient à l'intérieur de leurs frontières comme bon leur semblait. Le droit international contraignait peu le traitement des minorités par les majorités et ne donnait pas de droits aux individus.

L'évolution intellectuelle de Lauterpacht coïncida avec ce moment déterminant. Engagé du côté du sionisme, il craignait pourtant le nationalisme. Le philosophe Martin Buber, qui vivait et enseignait à Lemberg, devint sa référence intellectuelle. Ce dernier s'opposait au sionisme, qui exprimait selon lui une forme déviante du nationalisme, et il pensait que l'établissement d'un État juif en Palestine opprimerait inévitablement la population arabe[24]. Lauterpacht, qui suivait les cours de Buber, se sentit proche de ces idées. Ce fut un signal précoce de son scepticisme à l'égard du pouvoir de l'État[25].

Entre-temps, les cours continuaient à la faculté de droit. Malgré le déclin de l'Autriche, Lauterpacht suivit un cours de droit privé autrichien donné par le professeur Roman Longchamps de Bérier. Le professeur Makarewicz faisait un cours quotidien sur le droit pénal autrichien, bien qu'il ne fût plus applicable dans la ville de Lwów devenue polonaise, ce qui donnait à son enseignement un caractère surréaliste. Lauterpacht suivit également un premier cours de droit international donné au semestre d'automne de 1918 par le Dr Józef Buzek, un homme engagé politiquement à Vienne et sur le point de devenir membre du Parlement polonais[26]. Le cours devait révéler la marginalité du droit international dans une université où la discrimination était répandue et où les professeurs pouvaient librement décider d'exclure les étudiants juifs et ukrainiens de leurs cours.

Lauterpacht pensait à s'expatrier, inspiré peut-être par l'un des livres mentionnés dans son journal de lecture, *Les Comédies du Ghetto*, d'Israel Zangwill, dont le portrait figura peu après* sur la couverture du *Time*, qui rassemblait une collection de nouvelles sur la gloire de l'« anglicisation ». Dans « Le Modèle de douleurs », Zangwill raconte l'histoire d'un aubergiste qui a quitté la Russie pour l'Angleterre à cause de la situation « intolérable » dans son pays. Une autre nouvelle, « Holy Wedlock », pose la question suivante : « Vous ne voudriez pas aller voir Vienne[27] ? »

30

En 1919, Vienne était la capitale d'un État croupion, le dernier territoire d'une monarchie de près de mille ans. Les bâtiments croulaient, la ville était remplie de soldats démobilisés et de prison-

* Le 17 septembre 1923 *(NdT)*.

niers de guerre qui rentraient chez eux; l'inflation était galopante, les couronnes autrichiennes «fondant entre les doigts comme gélatine[28]». Stefan Zweig décrit l'invasion inquiétante de la capitale autrichienne: «les yeux jaunes et dangereux de la famine», «le pain [qui] se désagrégeait en miettes noires et avait un goût de poix et de colle forte», les patates gelées, les hommes errant dans leurs vieux uniformes et leurs pantalons faits de sacs, un «effondrement généralisé de la moralité»[29]. Et pourtant, la ville continuait à donner espoir à Leon et à sa famille, qui y vivait depuis cinq ans. Pour quelqu'un comme Lauterpacht, l'attrait de la culture libérale, de la musique et des cafés, des universités ouvertes à tous devait être très puissant.

À l'été de 1919, après la fin des cours, Lauterpacht quitta Lwów alors que l'on redessinait les frontières de l'Europe et que le destin de la ville devenait incertain: en janvier 1918, le Président américain Woodrow Wilson avait présenté ses Quatorze Points au Congrès et exposé ses idées sur le «développement autonome» des «peuples d'Autriche-Hongrie» en tenant compte des aspirations à créer un nouvel État «habité par une population indiscutablement polonaise»[30]. Les propositions de Wilson eurent une conséquence inattendue: le concept moderne des droits de l'homme fut forgé sur l'enclume de Lwów et de ses environs.

En avril 1919, vers la fin des négociations de Versailles, une Commission intergouvernementale des affaires polonaises traça la ligne qui allait servir de frontière orientale à la Pologne. Connue sous le nom de «ligne Curzon», elle fut baptisée ainsi en l'honneur du ministre des Affaires étrangères britannique; Lauterpacht participa modestement à l'affaire (bien qu'il n'ait jamais écrit sur cet épisode) en qualité d'interprète[31]. Il connaissait le territoire et il avait les compétences linguistiques requises. «Hersch, alors âgé de vingt et un ans, a été choisi comme interprète et s'est acquitté de sa tâche de manière satisfaisante», raconte un ami. À l'époque, il parlait le français, l'italien, le polonais et l'ukrainien, avec des notions d'hébreu, de yiddish et d'allemand. Il parlait même quelques mots d'anglais. La ligne Curzon fut tracée à l'est de Lwów, ramenant la ville et ses environs, y compris Żółkiew, dans le giron polonais. On évita le contrôle russe[32].

Ces événements coïncidèrent avec des attaques contre les Juifs un peu partout en Pologne qui suscitèrent l'inquiétude des États-Unis et d'autres pays sur la capacité du nouvel État polonais indépendant à protéger ses minorités allemande et juive. Dans l'ombre de Versailles, on fit un marché : la Pologne obtenait son indépendance en échange de son engagement à protéger les minorités. Sur la demande du Président Wilson, un historien de Harvard, Archibald Coolidge, fit un rapport sur les conditions des minorités à Lwów et en Galicie, appelant à la protection de « la vie, de la liberté et de la poursuite du bonheur » de ces minorités[33].

Le Président Wilson proposa de poser comme condition à l'appartenance de la Pologne à la Société des Nations le respect d'un traité spécial garantissant le traitement égalitaire des minorités raciales et nationales. Il fut soutenu par la France, mais combattu par les Britanniques qui craignaient que des droits similaires soient aussi accordés à d'autres groupes comme les « Nègres américains, les Irlandais du Sud, les Flamands ou les Catalans ». La nouvelle Société des Nations n'a pas vocation à protéger les minorités de tous les pays, se plaignit un officiel britannique, car elle aurait alors « le droit de protéger les Chinois à Liverpool, les catholiques romains en France, ou les Français au Canada, très différents des problèmes plus sérieux [de celui des] Irlandais ». La Grande-Bretagne refusa toute réduction de souveraineté – le droit de traiter les autres comme on veut –, ainsi que toute ingérence internationale. Une position qu'elle assuma même si le prix à payer fut plus « d'injustice et d'oppression[34] ».

C'est dans ce contexte que les délégations pro-sionistes et juives nationales arrivèrent à Paris en mars 1919 pour demander une plus grande autonomie, des droits linguistiques et culturels, une représentation et le principe d'autogouvernement. Pendant que l'on débattait de ces sujets, un rapport circulait, signalant qu'à trois cent cinquante kilomètres au nord de Lwów, dans la ville de Pinsk, un groupe de soldats polonais avait massacré trente-cinq civils juifs[35]. L'événement fit pencher la balance : les négociations de Versailles aboutirent au projet de traité sur la protection des minorités en Pologne. Le 21 mai, on le soumit à la délégation polonaise ; il reflétait le désir du Président Wilson d'une « protection rigide » des minorités[36]. Le nouveau gouvernement polonais l'accueillit comme une ingérence illégitime dans ses affaires internes. Le pianiste Ignacy Paderewski, chef de la délégation polonaise, écrivit directement au Premier Ministre britannique, David Lloyd George, en contestant chaque clause du texte. Ne créez pas de « problème juif » en Pologne ou ailleurs, prévint-il. Craignant que Varsovie ne signe pas le traité, Lloyd George accepta des concessions[37].

Un mois plus tard, le Traité de Versailles fut signé. L'article 93 exigeait la ratification d'un second traité par la Pologne visant à protéger les « habitants » différents de la majorité de la population en termes de race, de langue ou de religion[38]. Les Alliés étaient autorisés à « protéger » ces minorités, une humiliation supplémentaire aux yeux des Polonais, car des obligations asymétriques leur étaient imposées : certains groupes bénéficiaient de droits, mais pas tous ; quant aux puissances victorieuses, elles échappaient aux mêmes obligations au regard de leurs propres minorités.

La Pologne fut contrainte de signer le document connu sous le nom de « Petit traité de Versailles ». L'article 4 conféra la nationalité polonaise à tous les habitants nés à Lwów et dans ses environs ; c'était le cas de Lauterpacht et de Leon. La Pologne fut par ailleurs appelée à prendre des mesures pour protéger tous ses citoyens « sans distinction de naissance, de nationalité, de langue ou de religion ». Les minorités pouvaient désormais établir leurs propres écoles, leurs institutions sociales et religieuses, et bénéficiaient de droits linguistiques et de la liberté religieuse. Le Traité des minorités polonaises allait même plus loin : il faisait du droit des minorités une « obligation de portée internationale », garantie par la Société des Nations. Les litiges relevaient de la Cour permanente de justice internationale qui venait d'être créée à La Haye[39].

Ces dispositions révolutionnaires offraient une protection internationale à certaines minorités, mais non à la majorité polonaise. Ce petit traité, cette petite bombe à retardement, conséquence involontaire d'une législation internationale bien intentionnée, allait provoquer un contrecoup. Quelques jours après la signature, le Président Wilson forma une commission d'enquête sur la situation des Juifs en Pologne, à la demande de Paderewski, disait-on ; elle fut présidée par Hans Morgenthau, l'ancien ambassadeur des États-Unis auprès de l'Empire ottoman[40]. Le maréchal Józef Piłsudski, chef du nouveau gouvernement polonais, se plaignait amèrement du Traité des minorités. « Pourquoi ne pas faire confiance à l'honneur polonais ? » demanda-t-il à Morgenthau. « Chaque faction en Pologne était d'accord pour rendre justice au Juif, et pourtant la Conférence de paix, à l'initiative des Américains, nous insulte en nous *ordonnant* de faire justice[41]. »

La commission se rendit à Lwów le 30 août 1919. Ses membres apprécièrent cette ville « extrêmement jolie et à l'allure moderne », largement épargnée par les événements du mois de novembre précédent, à l'exception du quartier juif, « incendié »[42]. La commission conclut que, malgré les « excès » qui avaient eu lieu, seulement soixante-quatre personnes avaient été tuées, bien moins que le millier rapporté par le *New York Times*. Elle constata également que les responsables étaient des soldats, non des civils, qu'il était donc « injuste de condamner la nation polonaise dans son ensemble » pour la violence de quelques soldats ou de bandes locales[43].

Peu de temps avant de quitter Lwów, le jeune conseiller juridique de la commission, Arthur Goodhart, gravit Vysoky Zamok, la grande colline qui domine la ville au nord, en compagnie du Dr Fiedler, le président de l'école polytechnique de Lwów. Vous allez au-devant de problèmes à cause des écoles séparées que les Juifs ont demandées, dit Fiedler à Goodhart. Assimilez-vous ou affrontez les difficultés.

31

PRESQUE un siècle plus tard, j'ai suivi le chemin qu'avaient emprunté Fiedler et Goodhart, je suis monté en haut de la colline pour regarder la ville qui, en 1919, était sur le point de subir de profonds changements. « Je n'ai pas pu passer mes examens de fin d'année », s'était plaint Lauterpacht, « parce que l'université avait fermé ses portes aux Juifs de Galicie orientale »[44]. Il avait suivi le conseil d'Israel Zangwill et était parti pour Vienne.

J'ai visité la maison de Lwów qu'il avait quittée, un bâtiment néoclassique de quatre étages rue Teatralna, encore indemne aujourd'hui, transformé en « Auberge cosaque ». Une photo de l'époque montre l'immeuble encadré par deux églises, la tour imposante de l'hôtel de ville à l'arrière-plan. Une plaque dans le hall donnant sur un escalier majestueux surplombé d'une coupole de verre indique le nom de l'architecte (l'ingénieur A. Piller, 1911). L'appartement du premier étage possède un balcon offrant une belle vue sur la ville.

J'imaginais Lauterpacht laissant cette vue derrière lui. Il avait dû emprunter ce chemin pour aller à la gare, traversant ces endroits pleins de vie, décrits par l'écrivain Karl Emil Franzos, où l'on rencontrait des officiers hussards aux côtés d'hommes élégants ; des boyards moldaves aux lourdes bagues d'or et aux « visages sombres et rusés » ; des femmes aux yeux sombres, vêtues « d'habits de soie lourds et de jupons sales » ; des prêtres ruthènes aux longues barbes ; des coquettes fanées, en chemin pour Bucarest ou Iasi pour y tenter leur chance. Peut-être avait-il aussi rencontré quelques « voyageurs civilisés », des Juifs polonais émancipés comme lui-même, en route pour l'Ouest[45].

Lauterpacht arriva au Nordwestbahnhof de Vienne, une ville dominée par Freud, Klimt et Mahler, qui traversait une crise économique et vivait le traumatisme de la fin de l'empire. Lauterpacht était dans le *Rotes Wien* – la Vienne rouge –, dirigé par un maire social-démocrate, grouillant de réfugiés en provenance de Galicie et où l'inflation et la pauvreté ne cessaient d'augmenter. La Révolution russe avait suscité de l'agitation chez certains, de l'espoir chez d'autres. L'Autriche était à genoux, son empire dissous. Le pays dépendait maintenant des Tchèques et des Polonais pour le charbon, du Banat pour le blé. Il n'avait plus d'accès à la mer, ayant perdu la plus grande partie de son territoire d'antan, les Sudètes germanophones, le Tyrol du Sud, la Hongrie, la Tchécoslovaquie et la Pologne, tout comme l'État des Slovènes, des Croates et des Serbes. La Bukovine, la Bosnie et l'Herzégovine avaient également disparu. Interdit de s'unir à l'Allemagne, le pays n'était même pas autorisé à s'appeler *Deutschösterreich* (Autriche allemande).

Le sentiment d'assujettissement et d'humiliation attisait davantage encore le nationalisme. Les *Ostjuden*, en provenance de Galicie – des jeunes gens comme Lauterpacht et Leon –, étaient des cibles faciles. En 1919, l'année de l'arrivée de Lauterpacht, cinq mille personnes réunies à l'hôtel de ville réclamèrent le départ de tous les Juifs de la ville. Deux ans plus tard, lors d'un rassemblement du *Antisemitenbund* [la ligue antisémite] en mars 1921, quarante mille manifestants applaudirent le directeur du Burgtheater, Hofrat Milenkovich, qui demandait une stricte limitation des emplois ouverts aux Juifs[46].

À la même époque, le journaliste Hugo Bettauer publia un best-seller, *Die Stadt ohne Juden*, imaginant la ville sans Juifs. « Si j'ai réussi à me sortir du ghetto incendié de Lemberg et à atteindre Vienne », déclare l'un des protagonistes, « j'imagine que je trouverai un endroit après Vienne »[47]. Dans le roman, la ville, sans ses Juifs, s'effondre ; elle les rappelle aussitôt, reconnaissant avoir fait une erreur en les expulsant. Bettauer paya le prix de ses idées : il fut assassiné en 1925 par le jeune national-socialiste Otto Rothstock, qui fut jugé mais acquitté pour folie (il devint dentiste plus tard). Le journal nationaliste *Wiener Morgenzeitung* prévint que l'assassinat de Bettauer était un message adressé à « tous les intellectuels qui se mobilisent pour une cause[48] ».

De tels événements faisaient partie de la vie de Lauterpacht à Vienne. Il était désormais inscrit à la faculté de droit de l'Université de Vienne, où Hans Kelsen, philosophe du droit renommé, ami et collègue de Sigmund Freud, était son professeur[49]. Kelsen combinait le travail académique et l'engagement pratique. Il avait été, pendant la guerre, le conseiller juridique du ministre de la Guerre autrichien. Il avait aussi contribué à rédiger la nouvelle Constitution autrichienne, révolutionnaire, qui avait servi de modèle à d'autres pays européens ; c'était la première Constitution prévoyant une cour constitutionnelle indépendante dotée du pouvoir d'interpréter et d'appliquer la Constitution et pouvant être saisie par tous les citoyens.

Devenu juge à la Cour constitutionnelle en 1921, Kelsen enseigna à Lauterpacht l'idée nouvelle, sinon aux États-Unis du moins en Europe, selon laquelle les individus possèdent des droits constitutionnels inaliénables et peuvent les faire valoir devant une cour de justice. C'était un modèle de protection des minorités différent de celui qui avait été appliqué en Pologne, par la considération de l'individu plutôt que du groupe, par l'application nationale plutôt qu'internationale. Ces deux différences cruciales influencèrent la pensée de Lauterpacht. En Autriche, c'est l'individu qui était placé au cœur de l'ordre juridique.

Par contraste, dans le monde conservateur et en perte d'influence du droit international – dominé par l'idée que le droit sert le souverain –, la notion même d'un individu porteur de droits opposables à l'État était inconcevable. L'État devait être libre d'agir comme bon lui semblait, à moins qu'il n'acceptât de se soumettre volontairement à certaines contraintes (ou que de telles contraintes lui fussent imposées, comme en Pologne par le Traité des minorités). En bref, l'État pouvait faire ce qu'il voulait à ses nationaux. Il pouvait discriminer, torturer, tuer. L'article 93 du Traité de Versailles, de même que le Traité des minorités polonais qui a privé mon grand-père Leon de sa nationalité polonaise en 1938, aurait pu protéger certaines minorités dans certains pays, mais il n'offrait aucune protection aux individus en tant que tels.

Lauterpacht fut remarqué par son professeur. Kelsen nota les « extraordinaires qualités intellectuelles » de ce jeune homme de Lemberg doté d'un « véritable esprit scientifique »[50]. Il remarqua également son allemand, parlé avec « l'accent incontestable de ses origines », car son élève était un *Ostjude*, « handicap sérieux » dans la Vienne des années 1920, et sans doute la raison pour laquelle il n'obtint son diplôme qu'avec la mention passable et non avec distinction.

Lauterpacht se plongea dans l'étude du droit international et entama une thèse de doctorat sur la nouvelle Société des Nations. Il fut encadré par deux directeurs de thèse : le professeur Leo Strisower, qui était juif, et le professeur Alexander Hold-Ferneck, qui ne l'était pas. En juillet 1922, il obtint son diplôme de docteur en science politique avec la mention « excellent ». La distinction étonna Kelsen, qui connaissait le virulent antisémitisme de Hold-Ferneck[51] (quinze ans plus tard, après l'*Anschluss*, celui-ci accusera publiquement – à tort – son collègue Eric Voegelin d'être juif, précipitant la fuite du philosophe émérite vers les États-Unis).

Dans un environnement qui obligea Gustav Mahler à recevoir le baptême catholique pour pouvoir diriger la Wiener Staatsoper[52], Lauterpacht fut, une fois de plus, exposé à la réalité des discriminations ethniques et religieuses ; ce qui l'incita à épouser une nouvelle idée, celle de la « nécessité vitale » des droits individuels. Ne manquant pas de confiance en soi, il se considéra comme un leader intellectuel. Ses contemporains reconnurent en lui un bon avocat, un jeune universitaire à l'humour « mordant », mû par un désir de justice. Cheveux foncés et lunettes, le visage volontaire et le regard perçant, Lauterpacht était pourtant un homme secret qui vivait « dans son monde », tout en étant politiquement engagé et activement impliqué dans la vie étudiante juive. Il devint président du Hochschulausschuss, le comité de coordination des associations étudiantes juives, et en 1922 il fut élu président de l'Union mondiale des étudiants juifs, dont le président honoraire était Albert Einstein[53].

Par ailleurs, il participait à des activités plus terre à terre, aidant notamment à la gestion d'une résidence pour étudiants juifs, ce qui impliqua l'embauche d'une gouvernante. On engagea une jeune femme du nom de Paula Hitler, sans savoir que son frère était le leader du Parti national-socialiste en pleine ascension. Adolf Hitler, encore inconnu, lui rendit une visite impromptue à Vienne en 1921, un visiteur « tombé des cieux », selon sa sœur[54].

32

ORATEUR apprécié, Lauterpacht fut, lors d'une cérémonie à l'université, présenté à Rachel Steinberg, étudiante en musique, une femme de tête séduisante, originaire de Palestine. Elle s'éprit du jeune étudiant en droit, « si calme, si doux – jamais un mouvement de trop –, si différent des autres étudiants d'Europe de l'Est ». Elle aima son caractère sobre, et ils tombèrent rapidement amoureux. Lors de leur premier rendez-vous, elle joua une sonate pour piano de Beethoven qu'elle avait apprise avec son professeur, dont elle ne précisa pas le nom mais qu'elle décrit dans une lettre comme « très jolie mais pas très facile à exécuter » (peut-être la sonate n° 8, la *Pathétique*?). Lauterpacht invita Rachel au Konzerthaus de Vienne ; le programme comprenait la Septième Symphonie de Beethoven, peut-être dirigée par Wilhelm Furtwängler. Elle fut fascinée par la musique et par son compagnon, qui était poli et correct et doté d'un sens de l'humour discret et aigu. Il s'habillait bien aussi[55].

Lorsque Lauterpacht lui demanda de l'accompagner à Berlin, elle accepta. Pendant les trois semaines de leur séjour, ils furent logés séparément (elle à l'hôtel Excelsior, lui dans une pension de famille à Charlottenburg). Le soir du 17 décembre 1922 – un jour après l'assassinat du Président polonais Gabriel Narutowicz par un critique d'art nationaliste –, Lauterpacht osa lui prendre la main, l'embrasser et lui déclarer son amour. Sachant qu'elle désirait étudier au Royal College of Music, il lui proposa de se fiancer rapidement, de se marier et de déménager à Londres. Elle répondit qu'elle y réfléchirait, se demandant s'il était sérieux[56].

Il l'était. Le lendemain matin, il revint à l'Excelsior avec un télégramme de ses parents de Lwów, qui se disaient heureux d'apprendre la nouvelle des fiançailles. Lauterpacht fut surpris, probablement même irrité que Rachel n'ait pas encore écrit aux siens. Elle accepta sa demande.

Un mois plus tard, depuis la Palestine, les parents de Rachel consentirent également à cette union. Lauterpacht écrivit de Berlin pour les remercier « de tout [s]on cœur ». En février, le couple retourna à Vienne ; ils se marièrent le mardi 20 mars. Deux semaines plus tard, ils traversèrent l'Allemagne en train puis prirent le bateau pour l'Angleterre.

Photo de fiançailles, Berlin, 18 décembre 1922.

33

LES JEUNES mariés débarquèrent le 5 avril 1923 à Grimsby, un port de pêche dans le nord-est de l'Angleterre. Lauterpacht voyageait avec un passeport polonais, Rachel avec un document établi par le gouvernement mandataire britannique en Palestine. Il s'inscrivit à la London School of Economics and Political Science (LSE), elle au Royal College of Music. Durant leurs premiers mois à Londres, ils vécurent à différentes adresses, un appartement non loin de Regent Street, un autre près de Caledonian Road. La LSE dont le campus animé se trouvait sur Houghton Street, face à ce qui allait devenir la maison de la Bush BBC, était alors sensible aux idées des socialistes progressistes Sidney et Beatrice Webb.

Après avoir échoué à se faire nommer à la chaire de droit international de Lwów, Lauterpacht commença ses cours en octobre à Londres. À la LSE, il fréquentait Arnold MacNair, professeur de droit international, originaire d'une famille distinguée d'intellectuels écossais[57]. McNair, un homme résolument pratique, sans goût pour la théorie ou la philosophie du droit, aida Lauterpacht à se familiariser avec la méthode anglo-saxonne, fondée sur l'étude de cas et le pragmatisme. McNair reconnut à son élève un intellect exceptionnel, mais le trouva quelque peu introverti. Ceux qui ne connaissaient pas bien Lauterpacht pourraient ne pas reconnaître ses « réelles qualités », nota McNair ; mais sa femme Marjorie et lui-même devinrent de « grands et loyaux amis » se rappellera Rachel : ils « m'admiraient beaucoup », dit-elle. Les enfants et petits-enfants des McNair l'appelaient « tante Rachel »[58].

L'approche pragmatique de McNair se retrouve dans ses écrits, sur les traités et sur la guerre notamment, qui sont encore à ce jour d'importantes références. C'était un homme équilibré, modéré et indépendant, autant de traits typiquement britanniques que son disciple appréciait, très éloignés des passions de Lwów et de Vienne.

Lorsque Lauterpacht arriva à Londres, son anglais était si mauvais qu'on le comprenait à peine, même lorsqu'il demandait son chemin. Il lisait peut-être l'anglais avant d'arriver à Londres, mais il ne l'avait manifestement jamais entendu parler. « Lors de nos premiers rendez-vous, nous avions du mal à communiquer », son anglais parlé était « quasiment inintelligible », se rappelait McNair. Mais, moins de deux semaines plus tard, McNair fut stupéfait de sa maîtrise de la langue et de ses phrases anglaises magnifiquement construites, comme celles qui allaient caractériser ses écrits[59]. Lauterpacht parvint à ce résultat en allant à une multitude de cours, jusqu'à huit par jour, afin de développer son vocabulaire et d'accoutumer son oreille à ces nouveaux sons. Les soirées se déroulaient « toujours au cinéma », mais on voit mal en quoi cela a pu l'aider : les grands films de l'année, *Monte là-dessus !* de Harold Lloyd et le western historique de James Cruze, *La Caravane vers l'Ouest*, étant des films muets.

Les gens qui le connaissaient m'ont dit que Lauterpacht avait une voix douce et gutturale et qu'il n'avait jamais perdu son accent bien particulier. Lui-même ne s'en rendit compte que beaucoup plus tard lorsqu'il enregistra une émission pour la troisième chaîne de la BBC, aujourd'hui Radio 3. Il fut « surpris » quand il écouta l'émission, consterné par « son lourd accent continental ». On dit qu'il éteignit la radio, se servit un généreux whisky et jura qu'on ne l'enregistrerait plus jamais[60]. De fait, nous n'avons aucun enregistrement de sa voix.

34

Au bout de quelques années, Lauterpacht se sentit chez lui à Londres, loin du tumulte permanent de l'Europe centrale. Rachel et lui vivaient dans une petite maison à Cricklewood, au 103, Walm Lane, une banlieue verte du nord-ouest de Londres, pas très loin de chez moi. Lorsque je m'y rendis, je remarquai que le carrelage de l'entrée avait disparu, mais que les décorations en bois de la porte d'entrée étaient toujours là – elles sont aujourd'hui peintes en vert. S'il était parfois fauché, McNair l'aidait en lui faisant un petit prêt.

L'été 1928 fut occupé par un voyage à Varsovie pour une conférence de l'*International Law Association*, désormais en qualité de membre britannique. Lauterpacht alla ensuite à Lwów rendre visite à sa famille. Son frère David avait épousé Ninsia, une étudiante en droit, et avait une fille, Erica. Sa sœur, Sabina, s'était également mariée, avec Marcele Gelbard (leur seul enfant, une fille nommée Inka, allait naître deux ans plus tard, en 1930). Pendant le voyage, Lauterpacht revit de vieux amis et surprit ses vieilles connaissances par la qualité de son polonais, sa première langue, celle de son enfance à Żółkiew et à Lemberg. Un membre senior de la magistrature polonaise lui demanda comment il se faisait qu'il parlât « un si bon polonais », « grâce à votre *numerus clausus* », répondit-il vertement (il faisait référence aux règles qui l'avaient empêché de poursuivre ses études à Lwów).

Entre-temps, Lauterpacht avait obtenu un troisième titre de doctorat sous la direction de McNair. Sa thèse s'intitulait « Sources du droit privé et analogies en droit international » *[Private Law Sources and Analogies of International Law]*, un titre pas très séduisant, mais une œuvre d'une réelle importance[61]. La recherche, qui portait sur les influences du droit interne sur le développement du droit international, tentait de dresser des ponts entre les deux systèmes et espérait combler des lacunes du droit international. L'auteur était toujours influencé par la foi que Kelsen mettait dans le pouvoir de la révision constitutionnelle, peut-être aussi par les idées de Sigmund Freud, attentif à l'individu et à son rapport au groupe. Lauterpacht allait en effet exploiter ce thème : le rôle de l'un dans son rapport au tout.

La création, à la suite du Traité de Versailles, de la première Cour de justice internationale fut déterminante dans l'orientation de son travail. Basée à La Haye, la Cour permanente de justice internationale, qui devait résoudre les conflits entre États, ouvrit ses portes en 1922. Parmi les sources du droit international qu'elle appliquait – dont les principales furent les traités et le droit coutumier – figuraient les « principes généraux du droit reconnus par les nations civilisées ». Ces principes devaient être puisés dans les systèmes légaux nationaux ; le contenu du droit international devait s'appuyer sur les règles de droit interne mieux établies. Lauterpacht était persuadé que le rapprochement entre les droits interne et international offrait une possibilité « révolutionnaire » de développer la législation en limitant le pouvoir « éternel et inaliénable » de l'État.

Lauterpacht, dont l'identité avait été façonnée par sa vie et ses cours de droit à Lemberg, était pragmatique et intuitif ; il croyait à la possibilité de limiter le pouvoir de l'État. On ne pouvait pas y arriver par l'aspiration rêveuse des écrivains ou des pacifistes, mais par des propositions rigoureuses et pratiques au service de la justice et du « progrès international ». Pour imposer ces propositions, il appelait de ses vœux un droit international moins isolé, moins élitiste, et plus ouvert à des « influences extérieures[62] ». Sa thèse – qui invitait à utiliser les principes généraux du droit national pour renforcer les obligations internationales – fut publiée en mai 1927 ; elle reçut un accueil très chaleureux au sein de la communauté académique. Elle est toujours reconnue aujourd'hui, presque un siècle plus tard, comme un texte fondamental.

Le livre lui apporta une reconnaissance encore plus large et, en septembre 1928, un poste de maître de conférences en droit à la LSE. McNair était persuadé que Lauterpacht avait fait un choix heureux en s'installant en Angleterre. « Je ne crois pas qu'il y ait beaucoup d'animosité envers les étrangers en dehors des compétitions sportives et de la bourse », disait-il avec optimisme, tout en mentionnant l'existence de « sentiments anti-étrangers » au Parlement et dans la presse. « Heureusement pour nous », pensait-il encore, Lauterpacht avait opté pour la vie en Grande-Bretagne. Il continuait néanmoins à le taquiner sur sa prétention toute continentale. Pourquoi utiliser le mot « normes », lui demanda-t-il, bien trop savant aux oreilles des béotiens britanniques[63] ? Pragmatique, McNair poussa Lauterpacht à devenir avocat et à prendre part à la vie juridique londonienne, à intégrer l'establishment en somme. Lauterpacht y parvint, mais jusqu'à un certain point seulement (le procureur général et député sir Lionel Heald s'opposa – sans succès – à sa candidature au poste de représentant britannique à la Cour internationale de justice en 1954, au motif que le « représentant britannique » à La Haye devait « être, et être considéré comme, entièrement britannique, alors que Lauterpacht ne peut rien au fait qu'il n'est pas cela, ni par son nom, ni par sa naissance, ni même par son éducation »[64]).

McNair disait de son protégé que c'était un homme qui n'avait pas « une once d'agitateur politique en lui », mais qui avait une « passion pour la justice » et pour « le soulagement des souffrances » d'autrui. McNair pensait que les événements dont Lauterpacht avait été témoin à Lemberg et à Vienne entre 1914 et 1922 avaient fait naître en lui la certitude que la protection des droits humains était une « nécessité vitale ». Les individus « devraient avoir des droits internationaux » : cette idée était alors, et est dans beaucoup d'endroits aujourd'hui encore, novatrice et révolutionnaire[65].

Si Lauterpacht regretta Lwów, ce fut à cause de sa famille, non de la ville. Sa mère n'apaisait pas ses inquiétudes lorsqu'elle lui écrivait que « les choses n'allaient pas trop bien à la maison pour le moment », faisant référence aux troubles économiques à Lwów[66]. En 1928, elle vint pour la première fois à Londres voir son premier petit-fils, Elihu, né cette année-là. Son fils fut heureux de son séjour, mais il fulmina contre la manière dont elle affirmait sa personnalité : il s'opposa avec véhémence à ses « ongles peints », la forçant même à enlever son vernis[67].

Il était tout aussi hostile à l'influence qu'elle tentait d'exercer sur Rachel, qui avait adopté une coupe de cheveux alors en vogue, à la Louise Brooks, avec bob et frange. « Enragé » lorsqu'il avait découvert ce nouveau style, Lauterpacht avait insisté pour qu'elle revienne au chignon, déclenchant une forte dispute, suivie par la menace de Rachel de le quitter. « Je peux et je dois pouvoir préserver ma vie privée sans que tu me rudoies. » À la fin, Rachel avait pourtant cédé : son chignon était bien en place lorsque je l'ai rencontrée plus de cinquante ans plus tard[68].

Des droits individuels, oui, mais pas pour la femme ou la mère.

35

CINQ ANS plus tard, en janvier 1933, Hitler accéda au pouvoir ; cet événement préoccupa grandement Lauterpacht. Lecteur assidu du *Times*, il avait peut-être lu les longs extraits de *Mein Kampf* que le journal avait publiés, décrivant les années viennoises de son auteur et reproduisant sa remarque selon laquelle la culture juive était « une pestilence spirituelle, pire que la mort noire ». Un extrait exposant les vues de Hitler sur les Juifs et le marxisme niait explicitement « la valeur de l'individu parmi les hommes », et soulignait l'importance de la « nationalité et de la race », ainsi que le rôle d'une destinée religieuse. « Par le combat contre les Juifs, je fais le travail de Dieu », écrivait Hitler[69].

Les nationaux-socialistes étaient en pleine ascension ; les conséquences pour Lwów et Żółkiew furent dramatiques. La Pologne signa un pacte de non-agression avec l'Allemagne et abandonna le Traité des minorités[70]. En septembre 1935, l'Allemagne vota les lois de Nuremberg pour protéger la pureté de la race aryenne. Le mariage ainsi que les relations sexuelles entre Juifs et Allemands furent interdits ; les Juifs furent destitués de leur citoyenneté et de la plupart de leurs droits, et bannis des métiers d'avocat, de médecin ou de journaliste[71]. On était loin de Cricklewood, dans le nord de Londres, où vivait Lauterpacht.

Rachel, Lauterpacht et Eli, Walm Lane, 1933.

En 1935, les parents de Lauterpacht, Aron et Deborah, vinrent à Londres ; d'après leur récit, la vie à Lwów était plus difficile que jamais, l'économie s'effondrait et les discriminations progressaient constamment. La famille avait quitté la rue Teatralna pour la rue du Trois-Mai. La mort du maréchal Piłsudski avait mis fin à une période de relative stabilité. Par contraste, la vie à Walm Lane était confortable. La carrière de Lauterpacht était lancée : il venait d'être promu professeur de droit à la LSE, sa réputation était florissante. Poursuivant ses recherches sur le rôle de l'individu dans le droit international, il avait publié un deuxième livre, qui avait reçu un excellent accueil en 1933 – *La Fonction de la loi dans la communauté internationale* –, ouvrage qu'il considérait comme sa contribution la plus importante[72]. Il avait lancé une collection pionnière de recueils de cas en droit international provenant de cours nationales et internationales – le *Annual Digest and Reports of Public International Law Cases* [« Résumé annuel et jurisprudence des affaires de droit international public »] –, appelée aujourd'hui les *International Law Reports* [« Recueil de jurisprudence internationale »]. Il acheva également une seconde édition du deuxième volume du *Traité de droit international* d'Oppenheim *[International Law]*, le texte de référence des ministres des Affaires étrangères dans le monde entier, notamment sur le droit de la guerre, où la protection des civils occupait une place centrale. « Le bien-être d'un individu est l'objet ultime de tout droit », écrit Lauterpacht dans la préface[73]. Ces termes étaient prémonitoires, c'était une vision radicale pour un membre de plus en plus important de l'establishment britannique.

Lauterpacht n'esquivait pas les grandes questions d'actualité. Il écrivit un article intitulé « La persécution des Juifs en Allemagne », encourageant la Société des Nations à agir pour prévenir les discriminations de race ou de religion[74]. Relu aujourd'hui, l'article paraît timide : le pragmatique Lauterpacht savait en effet que le droit international permettait alors à l'Allemagne de persécuter tous ceux qu'elle ne reconnaissait pas comme aryens. Il pensait pourtant que de telles discriminations perturbaient les relations internationales et devaient être interdites par « le droit public mondial ». Il espérait que l'Espagne, l'Irlande ou la Norvège se mobiliseraient pour une telle cause de moralité politique. Elles ne le firent pas, et l'article n'eut pas d'impact perceptible.

Lauterpacht subissait également des critiques. Tandis que les Juifs fuyaient l'Allemagne, James G. McDonald, l'officiel responsable des réfugiés auprès de la Société des Nations, décida de démissionner pour protester contre l'inaction gouvernementale. Pour donner du poids à son geste, il s'adressa à Oscar Janowsky, un historien du City College de New York, qui vint à Londres chercher le soutien de Lauterpacht[75]. La rencontre se solda par un échec. Lauterpacht est peut-être « un homme encore jeune, brillant et en pleine ascension », écrit Janowsky, mais il est « péremptoire », imbu de lui-même, et, au lieu de défendre une cause, il « pontifie comme un juge ». Lauterpacht refusa de travailler avec l'un des doctorants de Janowsky, ce qui lui valut une réplique sur son arrogance et son caractère pompeux, son absence de stature morale et de générosité d'esprit. Janowsky le décrivit comme le « stéréotype infâme du Galitzianer ».

Lauterpacht voulait « imposer » ses propres vues et, pour cela, il écartait celles des autres. « Nerveux et impatient » lors des réunions, on voyait bien qu'il « n'était pas un gentleman », devenant condescendant et coléreux quand les choses ne se passaient pas comme il le voulait. Sentant qu'il s'était mal comporté, Lauterpacht envoya une lettre d'excuses à Janowsky. « J'apprécie qu'on mette en pièces mon propre travail lorsque je le soumets à la critique », écrivit-il. « Je commets sans doute l'erreur de penser que d'autres peuvent avoir la même attitude »[76].

Malgré les pressions, Lauterpacht refusa de se joindre aux appels demandant que le traitement des Juifs en l'Allemagne relève de la compétence de la Cour internationale de La Haye. L'idée était « inadéquate, impraticable et hautement dangereuse ». Il n'était pas le plus facile des collègues, dans la mesure où il reconnaissait les limites du droit international et ses lacunes juridiques qui permettaient aux États d'opérer des discriminations ou d'adopter des mesures telles que les lois de Nuremberg.

En 1933, il fut admis au barreau. Il fut saisi d'une première affaire par Hailé Sélassié qui le consulta sur l'annexion de l'Éthiopie par l'Italie. Puis, en novembre 1936, un universitaire suisse de renom lui demanda de rédiger une note sur la protection des Juifs de Haute-

Silésie. S'ils ne pouvaient pas bénéficier de protection diplomatique, pouvaient-ils au moins quitter l'Allemagne avec leurs biens ? Lauterpacht refusa d'écrire la note demandée, qui était destinée à faire pression sur le gouvernement britannique : le but recherché par l'universitaire suisse était tout simplement impossible à satisfaire[77].

Dans les ténèbres de la politique internationale, Lauterpacht tenta de persuader ses parents de s'installer définitivement en Angleterre. La Pologne avait fait fi du Traité des minorités, laissant les Juifs et les autres minorités de Lwów sans protection légale internationale. Mais Aron et Deborah décidèrent de ne pas quitter leur foyer de Lwów.

36

Un beau jour d'automne, Eli, le fils de Lauterpacht, et moi-même étions dans son bureau tapissé de livres à Cambridge, à contempler les pommiers du jardin. Eli se rappelait Walm Lane, le tram et les trajets quotidiens de la maison à l'école maternelle avec son père « en route pour la LSE ».

Il se souvenait d'un père « totalement obnubilé par son travail », passant le plus clair de son temps dans son bureau à l'arrière de la maison, la « pièce silencieuse ». Un père qui travaillait « trop intensément » pour border son fils le soir, mais il y avait néanmoins une certaine proximité entre eux, une relation « aimante » sinon « intellectuelle », des moments plus légers aussi. Eli se rappelait ses parents dansant dans le salon sur un air de *Carmen* de Bizet, et les promenades dans le parc tout proche, consacrées aux déclinaisons et aux conjugaisons latines. « Il me les faisait répéter de manière très insistante. »

Que devenait la famille en Pologne ? Eli n'avait alors qu'une conscience vague de la situation. « Mes grands-parents sont venus nous voir deux fois », mais il se souvenait seulement de leur visite en 1935, lorsque son père « les supplia de rester ». Ils choisirent de ne pas quitter la Pologne, d'y rester avec leurs deux autres enfants. Le jeune Eli n'avait aucune idée de ce qui se tramait. « Mon père a dû être conscient du danger naissant, mais je ne m'en suis jamais vraiment rendu compte. »

Parlaient-ils de Lwów ?

« Jamais. »

De l'influence de la ville ?

« Pas vraiment, non. »

La peur de la guerre préoccupait-elle son père ? Ma question suscita un regard interloqué, puis un silence. « C'est intéressant, dit-il, mais non. Il garda cela pour lui. Peut-être en parlait-il avec ma mère, mais ce qui se passait en Pologne était complètement tabou. Nous ne parlions jamais de la situation à Lemberg. Il trouvait d'autres sujets de conversation. »

J'insistai.

« Bien sûr, c'était une période horrible », concéda Eli au bout d'un moment. « Il savait que quelque chose de terrible pouvait arriver, mais pas que ça allait nécessairement arriver ou que ça allait se passer comme ça s'est passé. »

Son père était détaché, il se protégeait. « Il s'occupait de sa vie, de son métier, il essaya de persuader ses parents de venir, expliqua Eli. Il y eut quelques lettres dont nous n'avons, hélas, pas de copie. Il n'est pas retourné en Pologne voir ses parents. Je ne sais pas s'il était véritablement détaché, mais la relation avec ses parents était ainsi faite, distante, même si je sais qu'il les aimait beaucoup. Je doute fort que ma mère et lui se soient assis un jour pour savoir "s'il faut raconter tout cela au garçon". »

Parlait-il de son passé polonais ?

« Non. Ce qui faisait partie de l'histoire familiale est qu'il a été élevé dans une maison juive orthodoxe en Pologne. Il faisait le Séder et chantait les chants traditionnels que j'aimais beaucoup et dont j'entends toujours la mélodie dans ma tête. Mais je n'ai aucun souvenir d'une conversation nourrie sur la vie en Pologne. »

Jamais ?

« Non, pas une seule fois. »

Eli se tut un instant, et dit : « Il faisait son travail », puis soupira, d'un soupir doux et las.

37

« Faire son travail » apporta à Lauterpacht de nouveaux succès puisque, à la fin de l'année 1937, ce garçon de Żółkiew fut élu à la prestigieuse chaire de droit international de Cambridge[78]. En janvier 1938, il prit le train à la gare de King's Cross pour aller occuper son nouveau poste, qui était associé au Trinity College. Kelsen et ses collègues de la LSE lui envoyèrent des lettres de félicitations. Philip Noel-Baker, le directeur, le congratula chaleureusement, tout comme William Beveridge[79], le collègue qui assistait les réfugiés allemands quand il ne réfléchissait pas à la création d'un système de *welfare* moderne.

« Mes sentiments à votre égard ont toujours été marqués par la plus profonde gratitude » pour votre aide aux universitaires réfugiés, répondit Lauterpacht à Beveridge, « et par une grande affection ».

La nouvelle de Cambridge suscita une réponse pleine de fierté et de bonheur en provenance de Lwów. « Mon cher fils aimé !, écrivait Deborah, je te remercie mille fois pour cette bonne nouvelle. » La lettre faisait par ailleurs allusion aux difficultés financières de la famille, Aron travaillant désormais dans la lointaine Gdansk. « On ne peut pas être heureux tous ensemble[80] », ajoutait-elle.

En septembre, la famille s'installa dans une maison plus grande, semi-mitoyenne, achetée aux McNair pour mille huit cents livres, au 6, Cranmer Road à Cambridge, une rue bordée d'arbres, avec de belles propriétés, dont la plupart disposaient d'une allée privée. Il y avait un salon, une salle à manger, un office pour les domestiques et une arrière-cuisine. Les repas étaient servis ponctuellement – le déjeuner à une heure, le dîner à sept heures – et annoncés par un gong de cuivre. Le thé était servi à quatre heures et demie, souvent accompagné d'une tranche de cake *[Victoria sponge cake]* de chez Fitzbillies, la pâtisserie locale qui existe toujours[81].

Au premier étage, il y avait une chambre à coucher pour chacun, Lauterpacht, Rachel et Eli, ainsi qu'un bureau pour Lauterpacht. C'est là qu'il travaillait, souvent accompagné de musique classique, installé dans un fauteuil en noyer, derrière un grand bureau en acajou revêtu de cuir et placé face au jardin. Il y avait des arbres fruitiers dans le jardin, qui donnaient des pommes, des prunes et, ce que Lauterpacht préférait, des reines-claudes ; des fleurs aussi, des marguerites, des roses et du muguet, sa fleur préférée. Il attachait de l'importance à ce que le gazon soit débarrassé de ses mauvaises herbes et tondu par un jardinier ; craignant d'attraper froid si ses pieds touchaient l'herbe mouillée, il marchait toujours sur ses talons, les orteils en l'air pour minimiser le contact avec le sol. « Pittoresque », se souvient Eli.

Les Lauterpacht étaient financièrement à l'aise sans être riches. La décoration de la maison était modeste et, pendant dix ans, il n'y a pas eu de chauffage central. Une rare concession à la prodigalité fut l'achat d'une automobile pour quatre-vingt-dix livres, une Standard 9 Saloon d'occasion, fabriquée à Coventry. Hersch n'était pas vraiment un conducteur décontracté et il devenait terriblement nerveux quand la vitesse excédait les cinquante miles par heure.

Les autres résidents de la rue étaient à l'image de ce nouveau monde varié des Lauterpacht. Leur voisin immédiat, au n° 8, était le Dr Brooke, un ecclésiastique à la retraite. En face, au n° 4, David Winton Thomas, *Regius Professor* d'hébreu et autrefois joueur de rugby dans l'équipe du pays de Galles. Plus loin, au n° 13, Sir Percy Winfield, *Rouse Ball* professeur de droit anglais, la plus grande autorité nationale en droit des responsabilités (son livre, *Winfield on Tort*, toujours utilisé aujourd'hui, ôta à l'historien Simon Schama tout l'intérêt qu'il pouvait avoir pour le droit)[82]. Au n° 17, Sir Ernest Barker, professeur de science politique, travaillait d'arrache-pied sur son *Britain and the British People*. Arthur B. Cook, professeur émérite d'archéologie classique, habitait au n° 19. Le n° 23 était occupé par Frank Debenham, professeur de géographie et premier directeur de l'Institut de recherche Scott Polar de l'Université (jeune homme, il avait accompagné Robert Falcon Scott dans sa dernière expédition en Antarctique, évitant par bonheur la dernière étape tragique vers le pôle Sud grâce à une blessure à la jambe contractée en jouant au football dans la neige trop profonde)[83].

Lauterpacht aimait marcher jusqu'à Trinity et la faculté de droit non loin de là. Soigné et toujours attentif à son apparence – il faisait ses cours en costume sombre et en robe –, on le voyait souvent coiffé de son feutre adoré. Une fois, lors d'un trajet en train de La Haye vers la Suisse, le chapeau bien-aimé « s'envola par la fenêtre et se retrouva joliment couché sur les rails », un événement digne d'être rapporté à Rachel, tout comme le temps passé au *Bureau des objets trouvés** à Lausanne. Le chapeau ne fut jamais retrouvé[84].

Rachel vivait encore à Londres lorsque son mari donna son premier cours à Cambridge. Comme la modestie de Lauterpacht n'était pas sa première qualité, il pensait que ce cours avait été « tout à fait éloquent ». Le journal étudiant *Varsity* le décrivit en effet comme un « conférencier de tout premier ordre à la technique bien rodée », quelqu'un qui faisait usage de ses mains « à bon escient ». S'il fallait mentionner une fausse note, ce serait sa manière de « fixer les fenêtres ». *Varsity* remarqua un autre trait caractéristique : « Mais quelle plaisanterie *[private joke]* provoque donc ce petit sourire qui plane éternellement sur ses lèvres[85] ? » L'étonnement peut-être d'avoir franchi la distance qui l'avait mené de Żółkiew à Cambridge.

Malgré cet environnement idyllique, le bruit de fond était de mauvais augure. L'Allemagne occupa les Sudètes, puis attaqua la Tchécoslovaquie. Lauterpacht pensait à Lwów et à Żółkiew.

38

L'Allemagne envahit la Pologne le 1er septembre 1939. Deux jours plus tard, un dimanche matin, le Premier Ministre Neville Chamberlain annonça à la radio que l'Angleterre déclarait la guerre à l'Allemagne. La famille Lauterpacht était réunie dans le bureau de la rue Cranmer pour écouter l'émission, Hersch assis sur une chaise à dossier, sa femme et son fils dans des fauteuils verts, carrés et profonds, face à la radio Pye. Eli avait onze ans. Il se rappelle l'excitation, sans comprendre cependant « ce que cela signifierait en matière de souffrance humaine ». Son père prit la nouvelle calmement. La maison fut équipée pour la guerre, on fit des réserves de nourriture et on accrocha des rideaux occultants. La vie se poursuivait, les pensionnaires continuaient d'arriver, Lauterpacht enseignait et travaillait.

* En français dans le texte *(NdT)*.

Trop vieux, à quarante-deux ans, pour être combattant, il devint cependant membre de la Garde nationale *[Home Guard]*, où il était connu sous le nom affectueux de « Lumpersplash[86] ».

Les Allemands entrèrent dans Lwów et Żółkiew en septembre, mais durent battre en retraite rapidement, conformément à ce que la vieille Olga m'avait raconté. Les Soviétiques s'emparèrent des villes ; la Pologne indépendante avait vécu, elle fut divisée par Hitler et par Staline. Les lettres de Lvov, puisque la ville fut appelée ainsi, décrivaient la vie sous les Soviétiques comme difficile mais pas vraiment dangereuse.

En juin 1940 l'Allemagne envahit la France, alors que Leon était encore séparé de sa fille, ma mère. L'occupation de Paris incita de son côté Lauterpacht à installer Rachel et Eli aux États-Unis. Il accepta un cycle de conférences organisées par la Carnegie Foundation et, en septembre, il prit avec sa famille le paquebot *RMS Scythia* de la ligne Cunard White Star[87]. Trois jours plus tard, un autre bâtiment en provenance de Liverpool, le *City of Benares*, fut torpillé par un U-Boot allemand, tuant 248 personnes, dont de nombreux enfants. Les Lauterpacht arrivèrent à New York au début d'octobre et s'installèrent dans le Bronx, à Riverdale, dans un appartement proche de l'Hudson River. Eli fut inscrit à l'école Horace Mann, l'établissement que fréquentait encore un an plus tôt Jack Kerouac. Lauterpacht se consacra à ses conférences.

À Washington, un Anglais, Harold Laski, professeur de science politique, présenta Lauterpacht aux personnes qui comptaient au sein de la communauté des juristes américains. Les États-Unis, qui n'étaient pas encore en guerre avec l'Allemagne, avaient l'intention d'aider Londres, mais seulement dans la limite des règles de neutralité. Lauterpacht passa du temps avec la hiérarchie de l'ambassade britannique et rendit visite au juge Felix Frankfurter à la Cour suprême[88]. La femme de Frankfurter, qui avait des liens avec Lemberg, remercia Laski de leur avoir présenté Lauterpacht. Laski exprima l'espoir que le bon sens et la sobriété de ce dernier aideraient les Américains à comprendre les valeurs au nom desquelles l'Angleterre se battait.

Lauterpacht fit des conférences aux quatre coins de l'Amérique pendant deux mois, parcourant plus de neuf mille kilomètres et s'exprimant dans quinze universités et facultés de droit. Dans ses exposés, il s'attachait à répondre au procès fait au droit international. Il en soulignait l'importance en temps de crise, pour la protection des individus en particulier. Les lettres qu'il adressa aux siens reflétaient pourtant ses doutes et son inquiétude sur le déroulement de la guerre. « Y aura-t-il un Cambridge où nous pourrons retourner ? » demanda-t-il à Rachel. À Eli, il conseilla simplement : « Fais de ton mieux ; sois modeste ; essaye de te faire des amis et de conserver leur amitié[89]. »

En décembre 1940, Laski présenta Lauterpacht à Robert Jackson, le procureur général des États-Unis nommé par Roosevelt. « Je serai à Washington durant la première semaine de janvier, puis-je vous faire une visite de courtoisie ? » lui écrivit Lauterpacht ; Jackson répondit positivement[90]. Quelques semaines plus tard, il se rendit à Washington où il rencontra le conseiller juridique du département d'État ainsi que le juge Frankfurter pour la deuxième fois.

Cherchant une manière d'aider les États-Unis à soutenir l'Angleterre sans qu'ils soient entraînés dans la guerre, Jackson avait ses propres raisons de rencontrer Lauterpacht. « Ce que nous voulons », lui dit-il, est une « philosophie » qui rendrait la politique américaine efficace « pour fournir toute l'aide aux Alliés, à l'exception d'une participation à la guerre »[91]. Jackson ne faisait pas confiance aux juristes internationaux ; beaucoup en effet rechignaient à s'engager.

Lauterpacht voulait apporter sa pierre à l'édifice, mais il savait que la situation était délicate. L'ambassade britannique à Washington lui donna le feu vert pour rédiger un mémorandum précisant les options légales dont disposaient les États-Unis pour aider la Grande-Bretagne sans violer les règles de neutralité[92]. Jackson introduisit certaines de ces idées dans son projet de loi prêt-bail *[Lend-Lease]* que le Président Roosevelt réussit à faire adopter par le Congrès quelques semaines plus tard, une législation controversée qui permit à l'Administration américaine de soutenir la Grande-Bretagne et la Chine[93]. Les premiers efforts de coopération entre Lauterpacht et Jackson furent ainsi couronnés de succès.

Lauterpacht fit d'autres suggestions, dont certaines furent reprises dans un discours de Jackson en mars 1941. Le procureur général plaida devant les juristes présents – un groupe conservateur – pour l'adoption d'une approche moderne inspirée des idées de

Lauterpacht. Ceux qui enfreignaient la loi devaient en payer le prix : l'Amérique devrait donc être autorisée à aider les victimes, expliqua Jackson dans ce discours que le *New York Times* qualifia d'« extraordinairement significatif », approuvant son opposition aux conceptions obsolètes du droit et de la neutralité datant du XIXe siècle[94]. Enchanté sans doute par le succès de ses idées, Lauterpacht refusa néanmoins les honoraires proposés par Jackson. Alors que ce dernier prononçait son discours, il était déjà sur la route du retour pour la Grande-Bretagne, laissant Rachel et Eli à New York.

39

Après un vol transatlantique *via* les Bermudes, les Açores et Lisbonne, Lauterpacht atterrit à Cambridge à la fin du mois de janvier 1941. Il avait voyagé avec Wendell Willkie, le candidat républicain battu par Roosevelt aux élections présidentielles quelques semaines plus tôt et, durant le trajet, ils avaient eu une conversation animée sur l'état du monde. Willkie n'a jamais honoré la proposition de visiter Trinity College qu'il avait pourtant acceptée[95].

À son retour, Lauterpacht eut des nouvelles – elles étaient de plus en plus rares – de Lvov. « Mon cher ! » écrivit son frère, qui lui fit savoir que la famille allait « relativement bien », mais aussi que « nos chers aînés ont vieilli de vingt ans en cette période ». Soumise à la censure soviétique, la lettre contenait des messages codés. « Nous aimerions te voir pour être à nouveau réunis », « à toi de voir comment », lui disait David. S'ils devaient être réunis, c'était donc à Lauterpacht de faire le nécessaire. La famille préférait « être ensemble en cette période », Lauterpacht pouvait-il venir les chercher à Lvov ? « Tu connais nos souhaits », conclut David de manière quelque peu cryptée à cause de la censure, « prends soin de toi, on t'envoie nos baisers »[96].

Si Lauterpacht fut ému par cette lettre, s'il prit des mesures pour rapatrier sa famille en Grande-Bretagne, il n'en reste pas de traces. Il s'investissait dans ses cours, dans le travail « difficile » mais divertissant du *Recueil annuel* et d'une nouvelle édition du *Traité de droit international* d'Oppenheim[97]. La nourriture le consolait ; comme les stocks étaient limités à Cambridge, il faisait de fréquents trajets à Cricklewood où se trouvait son magasin de Delicatessen favori, celui de M. Ziedman. Cet homme est une « bénédiction », disait-il à Rachel, capable de me trouver « toute l'huile de friture que je veux », ainsi que toute une série d'autres choses autrement impossibles à obtenir[98].

L'écriture aussi le consolait. À la mort de Virginia Woolf, il envoya une lettre de condoléances à Leonard, qu'il avait connu durant son passage à la LSE[99]. Dans une autre, adressée à Rachel à New York, il s'inquiétait de la tournure que prenait la guerre maintenant que la Yougoslavie s'était rangée aux côtés de l'Allemagne, mais se réjouissait de la reprise d'Addis Abeba, un succès inattendu pour son client d'un jour, Hailé Sélassié[100]. Dans une lettre à Eli, il lui reprochait de se plaindre de la vie à New York pendant que les gens vivaient en Grande-Bretagne « dans un état d'angoisse permanent et des soucis en tout genre[101] ».

En avril 1941, le Wellesley College l'invita pour enseigner dans le Massachusetts. En mai, il présenta un papier devant le Royal Institute of International Affairs sur « La réalité du droit des nations » dans lequel il soulignait une fois de plus la situation critique des individus. Il fulminait contre le découragement et le cynisme, plaidant pour un véritable droit international et, ce qui résonnait comme un réel défi, appelait à garder espoir malgré les rapports qui circulaient sur les « violations graves » perpétrées partout en Europe. De tels actes commis par des États sans loi devaient être contrés par les gouvernements, par les praticiens du droit international ainsi que par « la volonté et l'effort des citoyens », dit-il à son auditoire[102].

Lauterpacht exprimait une pensée nourrie par l'adversité, qui parlait des « droits et [des] devoirs de l'homme ». Sa passion avait été attisée par l'arrivée d'une courte lettre de son père, écrite le 4 janvier 1941. « Mon plus cher ! » écrivait-il affectueusement à son fils, tes lettres « nous ont extraordinairement réjouis ». Il était « totalement rassuré » de savoir que sa famille était en sécurité aux États-Unis. À Lvov, tout le monde était « en parfaite santé », mais il n'en dit pas plus. Ils espéraient que les choses allaient s'arranger. De Żółkiew, il transmettait les amitiés de l'oncle David. « Nous vous embrassons de bon cœur et vous saluons tous. » Sa mère avait ajouté des baisers[103].

Après, ce fut le silence. Lauterpacht exhorta Rachel à « écrire souvent à [sa] famille », lui transmettant une adresse à Lvov, maintenant situé en « Russie soviétique » : ulica Obrony Lwów, une rue baptisée en l'honneur des « "défenseurs de Lvov" »[104]. La famille habitait dans l'un des quartiers les plus pauvres de la ville.

40

En juin, Hitler rompit le pacte Molotov-Ribbentrop et ordonna aux troupes allemandes d'avancer vers l'Est, vers la Pologne occupée par l'Union soviétique. En l'espace d'une semaine, Żółkiew et Lvov furent occupés par les Allemands, et les universitaires arrêtés. Parmi les prisonniers se trouvait l'ancien professeur de droit privé autrichien de Lauterpacht, Roman Longchamps de Bérier. Arrêté parce qu'il avait commis le crime d'être un intellectuel polonais, il fut exécuté un jour plus tard, avec ses trois fils, durant le « Massacre des professeurs de Lwów[105] ».

Inka, la nièce de Lauterpacht, m'a fait le récit de ces journées, un témoignage de première main, semblable à celui de Clara Kramer sur l'arrivée des Allemands à Żółkiew. J'ai rencontré Inka – la seule fille de la sœur de Lauterpacht – à Paris, au cours de l'été de 2010, dans son petit appartement bien ordonné près de la tour Eiffel. Elle était vive comme un moineau et virevoltait dans l'appartement avec une grande énergie. Au bout d'un moment, nous nous sommes installés à la table de la salle à manger, couverte d'une nappe blanche toute propre, illuminée par un unique rayon de soleil net et brillant. Elle m'offrit du thé noir dans une tasse de porcelaine délicate, et me parla doucement, devant la fenêtre ouverte, sans émotion.

Nous avons étalé une carte de Lwów datant de 1938 sur la table. Elle avait alors huit ans, me dit-elle en pointant du doigt la maison de mon grand-père Leon, située dans une rue qu'elle avait l'habitude de fréquenter. Elle me demanda de lui montrer les quelques documents que j'avais apportés. Je sortis un certificat établi au nom du père de Leon, Pinkas Buchholz, datant de 1890. « Il est né en 1862 », s'exclama-t-elle avec un accent qui me rappela celui de mon grand-père. Pinkas avait réussi l'examen de la manufacture d'eau-de-vie, mais seulement avec la mention *« assez bon »** Elle sourit. « Pas aussi bien que "bon" ! »

Son père, Marcele Gelbard, était, suivant la tradition familiale, avocat, comme son père avant lui. Tous deux étaient blonds ; Gelbard signifie « barbe jaune » en allemand, un nom attribué à l'époque austro-hongroise. Les souvenirs qu'Inka a gardés de Lauterpacht à cette période sont vagues, puisqu'il était parti pour la Grande-Bretagne avant qu'elle ne naisse. Nous avons parlé de Żółkiew. « Oh, cher ami, dit-elle, vous prononcez mal. On ne prononce pas le z, on dit "Julkiev", le Z est comme un J. Un J doux. » Elle ajouta avec un soupir : « Je connais bien Żółkiew, la ville de ma mère, de mes oncles et de mes grands-parents, la ville où je suis allée après la guerre. »

Inka (à droite), avec Rachel et Hersch Lauterpacht, Londres, 1949.

* En français dans le texte *(NdT)*.

Nous nous sommes ensuite penchés sur la carte de Lwów de 1938. Bien qu'elle n'y soit jamais retournée après 1945, elle put me montrer où les parents de Lauterpacht, les grands-parents d'Inka, Aron et Deborah, avaient vécu : au 64, rue du Trois-Mai, où ils s'étaient installés après la rue Teatralna. C'était tout près de la rue Szeptyckich, à quelques minutes de marche de la maison où Leon était né, mais dans un « quartier moins huppé ». « On avait l'habitude de manger au Bristol ou au George », se rappela-t-elle, des hôtels de luxe.

« Jusqu'à ce que j'aie neuf ans environ, je pouvais me promener autour de Lwów, après ça a changé. Quand les Russes sont arrivés c'était la fin de la vie telle que nous la connaissions. »

Elle but une petite gorgée de thé, puis une autre.

« Laissez-moi vous montrer quelques photos. » Du placard, dans la chambre à coucher, elle alla retirer une petite boîte en bois contenant des photos de ses parents. Il y avait une lettre de Lauterpacht, envoyée dans les années 1950, et une photo prise devant le palais de Westminster à Londres la montrant avec sa tante et son oncle. Appointé depuis peu comme avocat conseil, Lauterpacht est coiffé de la perruque des conseillers du roi.

Nous retournâmes au salon. Avant l'occupation des Soviétiques en septembre 1939, la vie était belle à Lwów. Inka fréquentait une petite école privée et ignorait la discrimination. « Mes parents m'en protégeaient et à l'école on ne parlait pas de ces choses-là. » Son père était un avocat qualifié, respecté, il avait de bons amis, pour la plupart des Juifs. Quelques non-Juifs, des Polonais, « venaient pour l'apéritif » ; les Juifs venaient plus tard dans la soirée, pour le dîner. Il n'y avait pas d'Ukrainiens dans sa vie.

Les choses ont « immédiatement changé » avec l'arrivée des Soviétiques. « Ils nous ont permis de rester dans le même appartement, sauf qu'on ne pouvait plus l'occuper dans sa totalité. D'abord on a eu deux chambres, puis une seule et la cuisine, et le droit d'utiliser les toilettes et la salle de bains. » Elle se souvenait de l'adresse : 258, rue du Trois-Mai, ou peut-être était-ce le n° 87, près des Lauterpacht qui vivaient également dans cette rue, parallèle à la rue Sykstuska, celle de la photo des barricades prise durant les batailles de novembre 1918.

Sa mère, « follement charmante », était souvent invitée par les Russes. « Le colonel qui habitait dans l'appartement était même tombé amoureux d'elle », s'exclama Inka ; ces années n'étaient pas trop mauvaises. Puis les Allemands sont arrivés, en juillet 1941, et la situation a terriblement empiré.

« La vie continuait parce que mon père parlait l'allemand, mais pour la plupart des Juifs il en était autrement. Il fallait qu'ils quittent leurs quartiers, sauf s'ils vivaient dans les quartiers juifs. Sans véritable raison on nous avait autorisés à rester dans une des chambres de notre appartement ; il n'a jamais été totalement réquisitionné. »

De temps en temps, et sur une période de plusieurs jours, avaient lieu des *« Aktionen »*. Les Juifs étaient alors rassemblés dans les rues, ceux notamment qui ne portaient pas leur brassard avec l'étoile de David. Le père d'Inka était bien connu et devait faire attention ; sa mère en revanche l'était moins et sortait sans porter « *le truc** », c'est ainsi qu'Inka appelle le brassard.

« C'était déplaisant et dangereux. On ne nous aimait pas. Avant la guerre, ils ne savaient pas qui était juif ou pas dans les rues. Maintenant ils savaient. »

Inka et moi regardons alors quelques-unes des photos en noir et blanc que j'ai apportées. L'une d'entre elles est une carte postale de la célèbre synagogue du XVIIe siècle de Żółkiew dans un état de délabrement avancé. Se souvient-elle de ce bâtiment ? « Non. »

Pendant qu'Inka examine la carte postale en la rapprochant de son visage, une chose étrange se produit. On sonne à la porte. C'est le concierge, une lettre à la main. Inka la regarde puis dit : « C'est pour vous. » C'est curieux, puisque c'est la première fois que je vois Inka. Elle me tend la lettre, qui lui est pourtant adressée ; elle provient de l'Association des martyrs de Żółkiew. Je l'ouvre, j'en sors un fascicule que je place sur la table.

Sur la couverture, une photo de la vieille synagogue de Żółkiew, la même que celle que je viens de lui montrer, celle dont elle ne se souvient pas. Une simple coïncidence ; elle en a maintenant deux exemplaires.

---

* En français dans le texte *(NdT)*.

41

En août 1941, Lemberg et la Galicie furent incorporés dans le Gouvernement général allemand, Hans Frank en prit la direction. De son côté, Lauterpacht préparait son retour en Amérique : il devait donner des cours à Wellesley College et travailler à la bibliothèque de l'école de droit de Harvard.

Tandis que les journées précédant le départ traînaient en longueur, Lauterpacht commençait à comprendre les conséquences de l'occupation allemande. « Tu sais tout de Lwów », écrivit-il à Rachel. « Je n'aime pas exprimer mes sentiments, mais cette chose est constamment en moi, comme un cauchemar. » Il lui était impossible de cacher sa peur et pourtant sa vie continuait, comme s'il avait « dédoublé sa personnalité ». Il était « parfaitement normal » dans ses échanges quotidiens avec les gens, obéissait à la routine, aidait les collègues de Trinity, recevait des généraux. Mais il était plus engagé politiquement : avant de quitter Cambridge pour les États-Unis, il avait ajouté son nom à une lettre de soutien des universitaires de Cambridge à l'Académie soviétique des sciences et au « combat héroïque [de ce pays] contre l'ennemi commun[106] ».

En août 1941, Lauterpacht était de retour à New York. Il donnait ses cours du semestre d'automne à Wellesley, mais il passait ses week-ends à New York avec Rachel et Eli. Il était professeur résident à Harvard et, en octobre, il se rendit à Washington à l'invitation de Francis Biddle, procureur général et successeur de Jackson, qui le consulta sur les arguments juridiques qui pourraient permettre à l'Amérique d'attaquer les sous-marins allemands. Lauterpacht et Jackson étaient en effet restés en contact : Lauterpacht l'avait félicité lorsqu'il avait été nommé juge assesseur à la Cour suprême des États-Unis, et Jackson avait répondu d'un gentil mot accompagné d'une copie de son discours de La Havane. Lauterpacht lui proposa de l'aider à la rédaction d'un autre discours sur la fin du « non-droit international[107] », mais, au moment où il lui fit part de ses idées, la guerre avait déjà pris une nouvelle tournure : les États-Unis avaient déclaré la guerre au Japon après l'attaque, le 7 décembre, de leurs forces navales à Pearl Harbor. Le 11 décembre, l'Allemagne avait elle-même déclaré la guerre aux États-Unis. Lorsque les deux hommes se rencontrèrent à Washington au début de 1942, la situation militaire et politique était profondément transformée.

Au même moment, neuf gouvernements en exil – dont la Pologne et la France – se retrouvèrent au palais Saint-James à Londres pour coordonner leurs réactions aux informations sur le « régime de la terreur » allemand. Des histoires horribles circulaient, des récits d'emprisonnements de masse, d'expulsions, d'exécutions et de massacres. En janvier 1942, les gouvernements en exil réagirent par une déclaration, exprimant un désir commun de recourir au droit pénal pour punir les « coupables » et les « responsables » d'atrocités[108]. Les auteurs seraient « poursuivis, remis à la justice et jugés », perspective qui devint un des buts officiels de la guerre.

Les neuf gouvernements établirent une Commission des crimes de guerre *[War Crimes Committee]* afin de rassembler des informations sur les atrocités et sur leurs auteurs ; cette institution allait devenir la Commission pour les crimes de guerre des Nations unies[109]. Churchill autorisa les juristes du gouvernement britannique à enquêter sur les crimes de guerre allemands et confia la direction de l'enquête au procureur général David Maxwell Fyfe[110]. Quelques mois plus tard, le *New York Times* publia un article affirmant que le gouvernement polonais en exil avait identifié dix criminels de guerre importants[111]. Le premier nom sur la liste était celui de Hans Frank, juste au-dessus de celui du gouverneur Otto von Wächter, l'ancien camarade de classe de Lauterpacht à Vienne.

Sur la base de ces nouveaux développements, Jackson prononça, à la fin de janvier à l'hôtel Waldorf, un discours intitulé « Non-droit international » *[« International Lawlessness »]*. Écrit avec l'aide de Lauterpacht qui se trouvait dans la salle, le discours de Jackson décrivait la guerre et ses atrocités, la nécessité de recourir au droit et aux cours de justice, « les meilleurs instruments [...] jamais conçus pour endiguer la violence[112] ». Lauterpacht avait trouvé un allié pour défendre ses idées aux échelons les plus élevés du gouvernement américain. Ce que Jackson et lui-même ignoraient, c'était que les atrocités allaient atteindre le summum de l'horreur : trois jours plus tôt, dans une villa au bord du lac de Wannsee, dans la banlieue de

Berlin, un groupe de hauts gradés nazis s'était secrètement accordé sur la « Solution finale ».

Lauterpacht passa plusieurs semaines à New York où il travailla avec l'équipe de l'ambassade britannique. Il suivit des conférences, rencontra le gouverneur de New York, Herbert Lehman, trouva même le temps de se détendre un peu avec Rachel en allant au cinéma. Pas vraiment convaincu par Bette Davis dans *L'homme qui vint dîner*, le couple apprécia *Pimpernel Smith* donné au Rivoli Theater sur Broadway[113].

J'en ai compris la raison en regardant moi-même le film soixante-dix ans plus tard : le héros, un universitaire de Cambridge incarné par le célèbre Leslie Howard (dont l'avion fut abattu au-dessus de l'Atlantique par la Luftwaffe un an plus tard), s'en prend aux « voix gutturales et aux chemises brunes » et sauve des victimes de la terreur nazie, dont sa propre fille. « Singapour tombera peut être », écrivit le journaliste du *New York Times*, « mais les Britanniques sauront toujours faire des mélodrames qui vous font frissonner »[114].

42

EN MARS 1942, peu de temps après l'occupation de Singapour par le Japon, Lauterpacht retourna en Angleterre. L'Allemagne tentait alors d'étendre son contrôle sur l'Europe de l'Est. Lauterpacht était sans nouvelles de Lemberg, mais il écrivait fréquemment à Rachel et à Eli qui était inscrit à la Phillips Academy à Andover. « Je suis un peu déprimé [...] à cause des nouvelles de la guerre », leur dit-il, nous traversons « une très mauvaise période »[115].

Le rationnement de la nourriture, très sévère, ne contribuait pas à adoucir son humeur. « Je ne m'occupe plus du tout de la maison », et les magasins ne livrent plus. « Il faut tout faire soi-même. » Le jardin offrait bien un rayon de gaieté avec ses jonquilles « en majesté », mais c'était une modeste compensation après la perte de ses bagages en mer, quelque part entre l'Amérique et la Grande-Bretagne.

Il se concentrait sur une énième édition du *Traité de droit international* d'Oppenheimer et un neuvième volume des *Recueils de juris-*

prudence internationale, intégrant les affaires des premières années de guerre, la guerre civile en Espagne, la conquête de l'Abyssinie par l'Italie et les « législations et pratiques du régime nazi en Allemagne » avec leurs « caractéristiques générales inquiétantes »[116]. Lauterpacht sélectionna les affaires avec soin. L'une d'entre elles était une décision de la Cour suprême allemande, un jugement en appel d'un Juif qui, contrevenant aux lois de Nuremberg de 1935, avait eu des relations sexuelles avec une femme aryenne. L'affaire avait soulevé un problème juridique quelque peu nouveau, le méfait ayant eu lieu à Prague, en dehors de l'Allemagne. La Cour suprême avait décidé que les lois de Nuremberg devaient s'appliquer, à la faveur d'un raisonnement merveilleux de simplicité téléologique : le principe même des lois de Nuremberg serait subverti si elles ne s'appliquaient pas en dehors du territoire allemand. Par conséquent, un Juif allemand qui cohabite avec une citoyenne allemande de sang allemand en dehors du Reich « doit être puni [...] s'il a persuadé la femme allemande de le suivre en dehors du Reich pour cette raison ». Une telle décision, commenta Lauterpacht, confirme le besoin d'une cour internationale de révision[117].

Lauterpacht poursuivait son activité en dehors de ses recherches universitaires, notamment en conseillant Jackson, qui incarnait selon lui l'un des derniers bastions contre l'isolationnisme américain jusqu'à l'entrée du pays en guerre, et qui avait par ailleurs « l'oreille de l'administration[118] ». Il écrivit à Eli et à Rachel pour leur raconter son implication dans un nouveau projet : l'examen « desdits crimes de guerre » et de la manière de punir les Allemands coupables de crimes internationaux dans les territoires occupés[119]. Il commença à travailler sur le projet en juin 1942 après que Arnold McNair, nommé président du Comité sur les crimes de guerre appelé à mettre en œuvre la Déclaration de Saint-James, lui eut demandé de rejoindre son équipe. Début juillet, il se rendit à la première réunion du Comité, et McNair le pria de préparer un mémorandum sur les questions juridiques[120].

Lorsque le Comité décida de « modeler » son travail sur l'approche qu'il défendait, Lauterparcht confia à Rachel que « cela [lui était] monté à la tête ». La réunion était riche de promesses, dans la mesure où elle rassemblait les juristes des gouvernements exilés à Londres. Lauterpacht espérait ainsi, écrivit-il à sa femme, faire « beaucoup de bien [...] pour les minorités de la Pologne orientale », car les Polonais devaient être « les acteurs principaux » du règlement du problème des minorités après guerre[121]. Sa tâche au sein du Comité l'obligea à se concentrer sur une approche pragmatique du droit ainsi que sur la responsabilité des individus, au-delà des États au nom desquels ils agissaient.

Au cours de ce même été de 1942, un autre projet atterrit sur son bureau : le Comité des Juifs américains *[American Jewish Committee]* lui commanda un livre sur le droit international des droits de l'homme et lui proposa une belle rétribution (deux mille cinq cents dollars, plus les frais). C'était une proposition tentante, qu'il accepta. Il répondit qu'il écrirait un livre « sur la Charte internationale des droits de l'individu (ou quelque chose d'approchant) ». Il commença son travail le 1er juillet ; optimiste, il espérait pouvoir le terminer avant la fin de l'année[122].

En décembre, il testa de nouvelles idées sur son auditoire à Londres, lors d'une conférence donnée dans une atmosphère « solennelle ». Cela s'est bien passé, dit-il à Rachel, on sentait une « vénération quelque peu embarrassante pour ton mari ». La conférence avait pour objet central un appel aux gouvernements à reconnaître la « puissance révolutionnaire » d'un nouveau droit international qui protégerait les droits fondamentaux de l'homme[123].

43

LAUTERPACHT ignorait que les recherches pour son nouveau livre à l'été de 1942 coïncidaient avec la visite du Gouverneur général Hans Frank à Lemberg, venu célébrer le premier anniversaire de l'incorporation de la Galicie dans le Gouvernement général. Au moment où Lauterpacht esquissait sa Charte internationale des droits, Frank mettait en œuvre la « Solution finale » en Galicie telle qu'elle avait été prévue à la Conférence de Wannsee. L'impact sur la famille de Lauterpacht fut immédiat et dévastateur.

Inka Katz m'a raconté plus tard ce qui est arrivé. Elle se souvenait de la visite de Frank, de ses conséquences et de la peur qu'elle a engendrée. Son grand-père Aron avait été pris le premier, le 16 août, dans l'appartement qu'il partageait avec le frère de Lauterpacht, David. C'était un vieillard, qui fut brutalement sorti du placard de la salle de bains où il se cachait.

« Deux jours plus tard, le 18 août, la sœur de Hersch, ma mère Sabina, a été arrêtée par les Allemands. » Inka s'exprimait avec un calme absolu. « C'était dans la rue ; ma mère a été bousculée par des soldats ukrainiens et allemands. » Inka était seule à la maison, elle avait vu ce qu'il se passait depuis la fenêtre. Son père travaillait quelques maisons plus loin, dans leur ancien appartement. « Quelqu'un y est allé pour lui dire que ma mère avait été raflée », dit Inka ; c'est le concierge qui le lui a dit. « J'ai compris ce qui s'était passé. J'ai tout vu par la fenêtre. »

Quel âge avait-elle ?

« J'avais douze ans, plus vraiment une enfant. J'ai cessé d'être une enfant en 1939. J'ai compris ce qui se passait. Je connaissais les dangers et tout le reste. J'ai vu mon père courir après ma mère, derrière elle, dans la rue. »

Elle fait une pause et regarde Paris par la fenêtre élégante de son appartement, buvant du thé noir à petites gorgées. « J'ai compris que c'était fini. »

Elle avait tout vu depuis la fenêtre du haut, et se souvenait de ces détails pour lesquels une enfant a une mémoire particulière.

« J'observais discrètement ; je n'étais pas courageuse. Si je l'avais été, j'aurais couru après elle. Mais je savais ce qui se passait. Je peux aujourd'hui encore visualiser la scène, la robe de ma mère, ses talons hauts… »

Savait-elle qu'elle ne reverrait peut-être jamais sa mère ?

« Il n'y avait pas de "peut-être". Je le savais. »

La sœur de Lauterpacht a été raflée par les Allemands et sa fille a assisté à la scène.

« Mon père ne pensait pas à moi. Vous savez quoi ? J'ai plutôt apprécié. Pour lui, la seule chose qui comptait, c'était qu'ils avaient pris sa femme, la femme qu'il aimait tellement. Il ne pensait qu'à la ramener. »

Elle avait admiré le fait que son père, dans son costume gris foncé, soit allé chercher sa femme.

Puis son père a été pris. Il n'est jamais revenu. Inka était seule désormais.

« Je n'ai plus eu de nouvelles. Ils avaient pris des milliers de gens. Qui sait ce qu'ils sont devenus ? Mais je savais ce qui allait leur arriver. Au bout de quelques jours, comme je savais que les Allemands viendraient prendre mon père, j'ai quitté l'appartement. Ma grand-mère a rejoint le ghetto ; j'ai refusé, je ne pouvais m'imaginer là-bas. Je suis allée chez ma gouvernante, mon ex-gouvernante ; elle était restée proche de mes parents parce que mon père la traitait bien. Elle n'était pas juive, mais elle aurait pu l'être. Je lui ai raconté ce qui s'était passé et elle m'a répondu : "Viens et reste avec moi." Elle n'était pas seulement la gouvernante, elle était plus que cela. Elle était… comment dit-on, une nourrice ? Ma mère ne m'a pas nourrie au sein ; c'est elle qui l'a fait. Elle m'a donné le sein. »

Pendant notre conversation, Inka servait du thé noir russe.

« Je m'y suis installée, pas pour très longtemps, à cause des fouilles. "C'est ma petite nièce", disait la gouvernante à tous ceux qui la questionnaient. Je n'avais pas du tout l'air juif, mais je ne ressemblais certainement pas à sa nièce. Ils ne l'ont pas vraiment crue, c'est pourquoi elle m'a envoyée à la campagne, dans sa famille. » Inka ne pouvait y rester très longtemps.

« Je suis partie pour d'autres raisons. Il y avait là-bas un homme qui aimait les enfants. Je le savais ; j'avais lu des choses sur le sujet, je connaissais les blagues sur ces hommes-là. Donc je suis partie. Je me suis installée chez une autre personne que mon père avait aidée. C'était à la fin de l'année 1942, toujours autour de Lwów, mais pas dans le ghetto juif. Je ne suis pas restée longtemps. La femme prétendait que j'étais une cousine, ou une nièce, ou la fille de sa cousine. Ça n'a pas marché. Sa famille s'est inquiétée. Je les écoutais à travers la porte ; je les entendais dire "elle ne nous ressemble pas". C'était vrai. »

Inka a donc fini par partir. « C'était très difficile. Je ne savais plus où aller. J'errais dans les rues toute la journée et je dormais où je pouvais. À l'époque, en Pologne, on fermait les halls d'entrée des immeubles à clef, à dix ou onze heures, je pouvais donc y accéder avant, je grimpais très doucement dans les combles, dans les immeubles où l'on ne me connaissait pas. Je pouvais y dormir ; je me mettais dans les escaliers à côté du *grenier**. C'était effrayant quand quelqu'un rentrait la nuit. J'avais peur, j'étais seule, je craignais qu'on me livre à la police. »

Elle continua calmement. « Ça a duré un mois ou deux. C'était la fin de l'automne. Ma mère m'avait dit où elle avait caché ses bijoux et où était l'argent. Je vivais avec cet argent. Puis on me l'a volé. Un matin je me suis réveillée et tout avait disparu. Il ne restait rien. »

Seule et désespérée, cette jeune fille de douze ans alla trouver une cliente et amie de son père, une dame d'un certain âge, prête à l'accueillir pour deux mois.

« Les gens commençaient à jaser, il a donc fallu que je la quitte. Elle était catholique ; elle disait qu'elle allait me confier à un couvent. On y est allées ensemble. Les bonnes sœurs ont dit "oui, on la prend". »

Le couvent était à l'extérieur de la ville.

« Je ne me souviens plus du nom, dit Inka. C'était tout petit, pas très connu. Il y avait douze moniales, elles dépendaient des jésuites. »

Inka changea de ton : elle s'exprima avec douceur, en chuchotant, comme si elle approchait d'un dénouement embarrassant.

« Les bonnes sœurs m'ont dit qu'il y avait une condition à mon séjour parmi elles. Ma famille ne l'a jamais su. » Pendant un moment, Inka fut gênée, sur le point de rompre un silence qui avait duré toute une vie.

« Elles ont dit que je devais être baptisée. Je n'avais pas le choix. Peut-être était-ce une chance que je ne sois pas alors plus observante que je ne le suis aujourd'hui. J'avais eu de la chance de grandir dans une famille qui n'était pas très religieuse. »

Soixante-dix ans plus tard, elle était toujours aux prises avec un certain malaise. Inka se débattait encore avec le sentiment d'avoir, en quelque manière, abandonné son groupe pour sauver sa propre vie.

---

* En français dans le texte *(NdT)*.

44

LAUTERPACHT, qui ignorait tout de ce qui arrivait alors à cette nièce qu'il ne connaissait pas, décida de renoncer à l'alcool et d'entamer un régime. C'était plus par précaution que le résultat d'un conseil médical. C'est en tout cas ce qu'il se disait pendant qu'il continuait à faire son devoir au sein de la Garde nationale et qu'il réfléchissait au contenu de sa Charte des droits. Il ne savait pas que son père avait été raflé le 16 août. Ce jour-là, il envoya un mémorandum au Comité sur les crimes de guerre à Londres, expliquant combien était pauvre la pratique internationale sur la question de la poursuite des crimes de guerre[124].

Des bribes d'information et des rumeurs filtraient en provenance de l'Est. En septembre, un article du *Times* faisant état des atrocités nazies en Pologne provoqua chez Lauterpacht un sentiment immédiat de solidarité avec ses collègues juifs de Cambridge ; on en trouve la trace dans une lettre adressée à Rachel. « La nuit dernière je suis allé à la synagogue des réfugiés allemands en signe de solidarité avec leurs souffrances. » Il envoya des paquets de nourriture vers le néant de Lemberg, à l'adresse de David, ignorant la situation de la ville.

Dix-huit mois étaient maintenant passés sans qu'il ait des nouvelles de sa famille, et il lui était difficile de trouver du réconfort. Il écoutait de la musique, mais cela lui rappelait une vie révolue et le rendait sentimental.

« Il est six heures du soir un dimanche et j'ai jeûné toute la journée », écrivit-il à Rachel en décembre ; c'était un jour d'intercession et de jeûne à la mémoire des Juifs assassinés en Pologne. « J'ai eu envie d'y participer »[125].

Lwów occupait constamment son esprit. « Des êtes qui me sont chers sont là-bas, et je ne sais pas s'ils sont en vie. La situation y est tellement effroyable qu'il est tout à fait concevable qu'ils préfèrent la mort à la vie. J'ai pensé à eux toute la journée. »

45

L'ANNÉE SUIVANTE, le cours de la guerre changea. Rachel revint à Cambridge à l'été de 1943, mais Eli resta en Amérique. Lauterpacht passait beaucoup de temps seul dans son bureau, à écouter du Bach, écrire et contempler le jardin, observant le changement de la couleur des feuilles, s'inquiétant en silence du sort de sa famille retenue quelque part à Lwów. L'arbre perdait ses reines-claudes, le gazon était tondu moins souvent, et pourtant, malgré la noirceur des journées d'hiver qui l'enveloppait, Lauterpacht se focalisait sur les évolutions positives. En septembre, l'Italie capitula. Un « jour d'allégresse », s'exclama Lauterpacht. C'est « bon de se sentir vivant, écrivit-il, d'être le témoin » pour la première fois depuis très longtemps, de la « chute du mal ». C'était un signe tangible du « triomphe des forces du progrès »[126].

Il fit une série de cours pour tester ses idées encore tâtonnantes sur les droits de l'homme. Son projet lui prenait plus de temps que prévu, le principal défi étant de trouver les moyens pratiques de mettre l'individu au cœur d'un nouvel ordre légal. Il donna une conférence à Londres, puis une à Cambridge au cours de laquelle il fit une lecture « solennelle » de son projet de Charte internationale des droits de l'homme ; cette conférence fut décrite par un auditeur comme un « moment historique »[127]. Sa pensée avait évolué. « La Charte des droits, pour être efficace, doit être appliquée non seulement par les autorités de l'État, mais aussi par des acteurs internationaux. » C'était une allusion à la création possible d'une cour internationale[128]. Il décrivit ses conditions de travail à Eli de manière simple : « Imagine le bureau, les fenêtres ouvertes, les mesures de la *Passion selon saint Matthieu* de Bach emplissant l'air, et tu auras une idée de l'atmosphère[129]. »

Les Allemands battaient en retraite partout en Europe. Le travail du Comité sur les crimes de guerre devenait plus urgent, et les idées de Lauterpacht cheminaient jusqu'à la Commission sur les crimes de guerre des Nations unies, créée un an plus tôt par les gouvernements alliés. La nouvelle dimension, internationale, de la Commission permit à Lauterpacht de reprendre contact avec les membres américains de la Commission, avec son ancien collègue de la LSE notamment, Philip Noel-Baker, désormais membre du gouvernement britannique. Grâce à Noel-Baker, il put accéder aux sphères du pouvoir et de l'influence.

En mars 1944, Lauterpacht termina un « gros article » sur les crimes de guerre qui, il l'espérait, pourrait influencer les décisions des tribunaux. Il proposa son aide au Congrès juif mondial pour les enquêtes sur les atrocités commises, racontant à Rachel, de retour à New York, que le Congrès souhaitait un comité spécial pour enquêter sur « les crimes de guerre horribles dont l'Allemagne était coupable contre les Juifs ». Il se concentra cependant sur la protection des individus, non des groupes ou des minorités, sachant que le Traité des minorités polonais n'avait pas atteint son but. En même temps, le sort des groupes ne pouvait être ignoré, il en était conscient. Puisque les Juifs étaient « les victimes principales des crimes allemands », il était donc « raisonnable » que « les atrocités perpétrées contre les Juifs deviennent le sujet d'une enquête et d'un rapport spécifiques »[130].

Lauterpacht n'était pas le seul à réfléchir à ces problèmes. Un livre écrit par un ancien procureur polonais, Raphael Lemkin, fut publié aux États-Unis en novembre. Intitulé *Axis Rule in Occupied Europe* [« Le règne de l'Axe en Europe occupée »]*, l'ouvrage adoptait une approche différente de celle de Lauterpacht, cherchant à protéger les groupes. Pour qualifier le nouveau crime, Lemkin utilisait le terme de « génocide » : destruction d'un groupe. Lauterpacht rédigea une recension du texte pour le *Cambridge Law Journal*, laissant entendre qu'il n'était pas un grand amateur des idées de l'auteur.

Le livre est « imposant », il relève de l'étude « informée » des lois et des décrets allemands, et se compose d'« observations intéressantes et raisonnables », écrit Lauterpacht. L'ouvrage est le résultat « inestimable » d'un « travail prodigieux et ingénieux ». Le ton général de la recension reste pourtant détaché et un peu froid, en particulier à propos du nouveau terme, « ce qu'il appelle "génocide" – un nouveau mot pour désigner la destruction de nations et de groupes ethniques ».

---

* Lois de l'occupation, analyse du gouvernement, propositions pour la réparation *(NdT)*.

Le livre est peut-être un « compte rendu historique savant », conclut Lauterpacht, mais « on ne peut pas vraiment dire que cet ouvrage soit une contribution au droit ». Il recommanda néanmoins sa publication au Carnegie Endowment for International Peace[131], mais ne mentionna pas le nom de l'auteur. La recension montrait du scepticisme sur l'usage de ce nouveau terme, mais aussi sur son utilité pratique. Lauterpacht craignait à l'évidence que la protection des groupes n'entamât la protection des individus. Selon lui, la protection des groupes ne devait pas être l'objectif principal du droit[132].

Nous avons parlé de cela avec Eli. Selon lui, le fait de ne pas mentionner le nom de Lemkin tient à la nature du texte : un « compte rendu sec et académique ». « Mon père n'a jamais rencontré Lemkin et je ne crois pas qu'il soit jamais venu à la maison », a-t-il ajouté. J'ai à ce moment senti une certaine réticence chez Eli ; je l'interrogeai donc plus avant.

« J'ai le souvenir très vague que mon père ne le tenait pas en grande estime », finit-il par dire. « Il pensait que c'était un compilateur plutôt qu'un penseur. » Lauterpacht père n'aimait pas le terme de « génocide ». « Il a sans doute été indigné de l'intrusion d'une notion aussi personnelle, sans référence pratique, dans le droit international. Il a dû penser que c'était irréalisable. C'était un pragmatique, toujours prudent et attentif à ne pas pousser les choses trop loin. »

Je lui ai demandé s'il avait parlé d'une « notion personnelle » parce qu'elle rappelait la condition de sa propre famille.

« Il a sans doute pensé que "génocide" allait trop loin. »

Trop loin parce que c'était irréalisable juridiquement ?

« Exactement. Mon père était un homme très pratique, et il se souciait de savoir si les juges allaient pouvoir appréhender certains problèmes, il savait que les juges ne peuvent pas tout résoudre. »

Son père pensait-il que la mise en valeur du rôle des groupes allait affaiblir celui de l'individu ?

« Oui, cela aurait pu être l'un des facteurs », répondit Eli qui me recommanda la septième édition du *Traité de droit international* d'Oppenheim, écrit après la guerre, tout à fait hostile au terme de « génocide ». Le concept est gros de « lacunes, d'artifices et de dangers potentiels », jugeait Lauterpacht, ce serait un « recul » par rapport à la protection des droits humains individuels.

À la fin de l'année 1944, Lauterpacht envoya les épreuves corrigées de son livre sur les droits de l'individu à son éditeur. À peu près au même moment, Leon, sa femme et sa fille étaient réunis dans Paris tout juste libéré, et Eli était de retour à Cambridge ; c'étaient les retrouvailles d'une autre famille.

46

Réunis à Yalta en Crimée en février 1945, Churchill, Roosevelt et Staline prirent un certain nombre de décisions importantes. L'Europe serait divisée. Lvov, libérée par l'Armée rouge quelques mois plus tôt, ne ferait pas partie de la Pologne comme le souhaitaient les Américains, mais de l'Ukraine sous autorité soviétique[133]. Les responsables allemands seraient traités en criminels et jugés.

Trois mois plus tard, les combats en Europe cessèrent. Le 2 mai, Harry Truman, devenu Président à la mort de Roosevelt, nomma Robert Jackson à la tête de l'équipe chargée de l'accusation dans le procès des principaux criminels de guerre allemands. Quelques semaines plus tard, le 26 juin, fut signée la Charte des Nations unies à San Francisco. Les gouvernements acceptèrent d'y introduire un nouvel engagement envers les « droits humains fondamentaux » et promirent de respecter la « dignité et la valeur de la personne humaine[134] ».

En juin, Columbia University Press publia le livre de Lauterpacht sur une Charte internationale des droits de l'homme[135]. Exprimant son espoir d'un nouvel ordre légal international, il invoquait la détermination de Churchill à « introniser les droits de l'homme » et à placer la protection de l'individu au cœur de l'ordre juridique international. La préface de Lauterpacht annonçait son intention de mettre fin à « l'omnipotence de l'État ». Les réactions furent majoritairement positives : « convaincant », « pénétrant », « à couper le souffle », « plein d'idées », une combinaison « pragmatique et réaliste » de théorie juridique et de savoir politique. Quelques réserves pourtant s'exprimèrent, notamment sur l'espoir de Lauterpacht que la discrimination raciale

[Jim Crowism] ou les camps d'extermination échapperaient à la gestion exclusive des législations nationales. Ses idées, disait-on, étaient dangereuses, elles n'étaient rien de plus qu'un rappel nostalgique d'une constellation de principes disparus depuis le XVIIe siècle. Lauterpacht était « un écho du passé plutôt qu'un porteur d'avenir », disait-on encore[136].

Le livre proposait une ébauche des articles d'une Charte, présentée comme « une innovation radicale en droit international ». Lauterpacht ne pouvait s'appuyer sur aucun précédent, sur aucune référence en la matière, à l'exception des modestes efforts de l'*Institut du droit international**, de quelques idées de H. G. Wells, et des différents comités de guerre internationaux. Son projet de Charte comportait ainsi neuf articles relatifs aux droits civils (liberté, religion, expression, assemblée, vie privée, égalité, etc.). Certains sujets étaient laissés de côté ; quant à l'interdiction de la torture ou la discrimination contre les femmes, elles étaient tout simplement absentes. Tout aussi étonnante pour le lecteur d'aujourd'hui était son approche de la condition des non-Blancs en Afrique du Sud et « du problème épineux de la privation de droits d'une large part de la population nègre dans certains États des États-Unis », une concession à la Realpolitik nécessaire pour permettre à ces deux pays de ratifier une Charte internationale. Une série supplémentaire de cinq projets d'articles mentionnait les autres droits politiques (élections, autogouvernement, droits des minorités etc.) et, de manière limitée, quelques droits économiques et sociaux relatifs au travail, à l'éducation et à l'assistance publique en cas d'« accidents de la vie » *[undeserved want]*. Lauterpacht ne disait rien des droits de propriété, signe peut-être d'un vent politique soufflant depuis l'Est et d'une prise en compte de la situation politique en Grande-Bretagne.

Considérant son œuvre ainsi que la création de la Charte des Nations unies, il n'est donc pas étonnant que Lauterpacht se soit montré favorable à l'idée d'un procès pour crimes de guerre et à la nomination de Jackson comme procureur en chef. Le juge américain le pria en effet de l'aider, et les deux hommes se rencontrèrent à Londres le 1er juillet pour la première étape de la procédure : rédiger le texte du projet d'accord portant création du premier tribunal

* En français dans le texte *(NdT)*.

pénal international en vue de juger les dirigeants allemands[137]. Un an après la libération de Lemberg du joug allemand, Lauterpacht n'avait encore aucune information sur le sort de sa famille.

À la fin du mois de juillet, un dimanche matin ensoleillé, Jackson quitta l'hôtel Claridge à Mayfair pour se faire conduire à Cambridge où il avait rendez-vous avec Lauterpacht. Jackson avait besoin de l'aide de l'universitaire pour résoudre les difficultés auxquelles étaient confrontées les quatre puissances ; il fallait en particulier se mettre d'accord sur les termes de l'accusation. Il n'y avait jamais eu de procès semblable, et des différends « tenaces et profonds » persistaient avec les Soviétiques et les Français[138].

Les quatre puissances alliées étaient pourtant d'accord sur un certain nombre de points. Le tribunal exercerait sa juridiction sur des individus, et non sur des États ; les accusés ne pourraient ainsi se dissimuler derrière l'autorité de l'État. Il y aurait huit juges, deux de chaque pays allié, un juge principal et un suppléant. Les Américains, les Britanniques, les Français et les Soviétiques nommeraient chacun un procureur.

Les désaccords sur la procédure à suivre demeuraient cependant. Les accusés allemands seraient-ils interrogés par les juges comme dans le système français, ou par les procureurs comme dans le système anglo-américain ? De toutes les difficultés, la plus sérieuse portait sur la rédaction de la liste des crimes dont les prévenus seraient accusés. Les différences entre les alliés se focalisèrent sur la formulation de l'article 6 de la charte du Tribunal militaire international, le texte régissant la nouvelle cour internationale.

Aux trois crimes qui devaient, selon les Soviétiques, être poursuivis – agression, atrocités commises contre les civils par suite de l'agression, violations du droit de la guerre –, les Américains voulaient en ajouter deux : la conduite d'une guerre illégale et la criminalisation de l'appartenance à la SS ou à la Gestapo[139]. Jackson, qui revenait d'Allemagne où il avait visité les bureaux privés de Hitler, sollicita Lauterpacht afin de trouver un compromis. Il craignait que les Français, mais aussi les travaillistes, après la défaite de Churchill et des conservateurs aux élections générales, ne soutiennent la position des Soviétiques. De fait, à son retour à Londres, le samedi 28 juillet, il reçut de nouvelles propositions du gouvernement britannique que les Français – cela l'inquiétait – avaient eux-mêmes déjà acceptées[140].

Ces questions préoccupaient Jackson alors qu'il faisait route vers Cambridge le lendemain. Il fit le voyage avec son fils Bill, deux secrétaires et un avocat de l'équipe. Il invita Lauterpacht à déjeuner dans une « jolie auberge campagnarde », peut-être à Grantchester, puis ils retournèrent à Cranmer Road. En cette chaude journée d'été, ils s'assirent dans le jardin sur un gazon fraîchement tondu, aussi « doux et bien taillé qu'un court de tennis[141] ». Une odeur suave embaumait le jardin ; Lauterpacht fut ravi que les visiteurs la sentent. Pendant qu'ils discutaient, un enfant venant d'un jardin adjacent traversa le leur, et Rachel servit thé et café. On ne sait pas s'il y avait également du cake de chez Fitzbillies.

Jackson exposa les difficultés. Les Français et les Britanniques exprimaient une solidarité générale avec l'approche soviétique. Il fallait donc trouver une solution qui pouvait convenir à tous. Lauterpacht suggéra d'insérer des titres dans le texte de manière à introduire des compromis. Cela pourrait par ailleurs servir à faire évoluer le droit.

Il proposa également de remplacer le mot « agression » par « crime de guerre » ; il était préférable que les violations des lois de la guerre soient jugées comme des « crimes de guerre ». De tels titres permettraient au public de mieux comprendre la nature des crimes poursuivis, de gagner par conséquent son soutien et d'asseoir la légitimité de la procédure. Jackson fut séduit par cette idée de titres et l'adopta[142].

Lauterpacht proposa une autre idée. Pourquoi ne pas introduire un nouveau terme dans le droit international, un terme qui désignerait les atrocités commises contre les civils ? Sur ce sujet, les Russes et les Américains étaient en désaccord et lui-même y portait un intérêt personnel qu'il taisait. Il se lança. Pourquoi ne pas se référer aux atrocités contre les civils sous le terme de « crimes contre l'humanité » ?

La formule avait déjà été employée en 1915 par les Britanniques et les Américains pour dénoncer les actions des Turcs contre les Arméniens, mais la déclaration n'était pas juridiquement contraignante. Le terme avait été de même utilisé dans les travaux de la Commission des crimes de guerre des Nations unies mais, là encore, sous une forme qui n'était pas juridiquement contraignante[143]. Cette idée plut aussi à Jackson : un pas en avant pratique et utile auquel il promit de penser.

Plus tard, le petit groupe visita Trinity College, ainsi que la grande bibliothèque Christopher Wren, et fit un tour dans les jardins privés du collège. Jackson admira les arbres. Katherine Fite, l'une des avocates de l'équipe de Jackson, adora les « bacs » et les petits ponts de la rivière Cam, « la plus belle chose que je me rappelle en Angleterre », écrivit-elle à sa mère[144].

47

De retour à Londres le 31 juillet, Jackson diffusa un projet révisé du Statut. Le nouveau projet prenait en compte l'idée des titres de Lauterpacht, et ajoutait les nouvelles définitions des crimes. Là, noir sur blanc, pour la première fois, une référence était faite aux « crimes contre l'humanité ». « Il faudrait inclure des explications pour préciser que nous faisons référence à la persécution, etc., des Juifs et d'autres groupes en Allemagne, mais aussi en dehors de l'Allemagne », expliqua Jackson aux Alliés, « avant et après le début de la guerre »[145].

Une telle formulation permettait d'étendre le domaine de la protection couvert par le droit international. De faire entrer dans le procès l'action des Allemands contre leurs propres nationaux – Juifs et autres – avant même le début de la guerre. De prendre enfin en considération l'expulsion de Leon du Reich en novembre 1938, ainsi que les mesures prises contre des millions d'autres personnes avant septembre 1939. Les États ne pourraient plus traiter leurs populations comme ils le voulaient.

Le 2 août, les quatre puissances se réunirent dans un ultime effort pour s'accorder. Il y avait là l'opiniâtre Sir Hartley Shawcross, le nouvel avocat général britannique qui aimait ruer dans les brancards, « l'homme le plus beau de la vie publique anglaise », disait-on, ainsi que David Maxwelle Fyfe, son prédécesseur, également présent (Fyfe devait assurer la continuité des affaires à Londres après la victoire des travaillistes.) Hautement délicate, la discussion sur l'article 6 – dans lequel figuraient les titres de Lauterpacht – fut réservée pour la fin. Le général soviétique Iona Nikitchenko s'opposait fermement aux titres : on devrait les enlever, disait-il, ils « compliquent les choses ». Son suppléant, le professeur A. N. Trainin, appréciait de son côté les titres « d'un point de vue théorique », mais il les contestait en raison de leur imprécision : il fallait les retirer. Jackson désapprouva fermement cette position. La classification était utile. Les titres, suggérés par un éminent expert en droit international qu'il ne nommerait pas, étaient « pratiques ». Ils aideraient les gens à comprendre les différences entre les crimes, car le soutien populaire était important[146].

Les Soviétiques finirent par céder, et permirent ainsi que les crimes contre l'humanité, destinés à protéger les individus, fassent partie du droit international. Une semaine plus tard, le 8 août, le texte final fut adopté, signé, rendu public : un jour historique. L'article 6(c) de la Charte donna aux juges du tribunal le pouvoir de punir les individus qui avaient commis des crimes contre l'humanité. Ceux-ci étaient définis comme suit :

> L'assassinat, l'extermination, la réduction en esclavage, la déportation, et tout autre acte inhumain commis contre toutes populations civiles, avant ou pendant la guerre ; ou bien les persécutions pour des motifs politiques, raciaux ou religieux, lorsque ces actes ou persécutions, qu'ils aient constitué ou non une violation du droit interne du pays où ils ont été perpétrés, ont été commis à la suite de tout crime rentrant dans la compétence du Tribunal, ou en liaison avec ce crime[147].

Le paragraphe vaut d'être lu très attentivement. Regardez en particulier le point-virgule solitaire de la troisième ligne, il posera problème. Lauterpacht trouvait le texte trop général, mais il n'était pas inquiet de la lecture qui pourrait être donnée du point-virgule et du pouvoir que le tribunal pourrait avoir sur les crimes commis avant guerre. « Le paragraphe 6(c) de l'accord – crimes contre l'humanité – est incontestablement une innovation », avait-il dit au ministère des Affaires étrangères britannique, mais une innovation inspirée, qui offrait « à la législation internationale un élément fondamental ». Le paragraphe entérinait le fait que le droit international n'était pas seulement un droit « entre États », mais également « un droit de l'humanité ». Ceux qui le transgresseraient, dirigeants inclus, ne bénéficieraient d'aucune immunité. L'article 6(c), pensait-il, est le reflet de « la conscience indignée du monde[148] ».

Shawcross offrit à Lauterpacht un poste au sein du nouvel exécutif britannique des crimes de guerre *[War Crimes Executive]* qui remplaçait le comité de McNair. Pourrait-il assister à la préparation du procès, demanda Shawcross, et aiderait-il à rédiger les attendus britanniques ? Lauterpacht accepta. Quelques jours plus tard, il reçut un mot de Jackson le remerciant pour son hospitalité à Cambridge et pour le « mémorandum si méticuleux » sur les crimes. Toutes vos suggestions n'ont pas pu être retenues, écrivit Jackson, mais « toutes nous ont aidés à clarifier nos idées sur le sujet ». Jackson promit de futures collaborations. « Je serai à Londres de temps en temps et nous nous reverrons[149]. »

L'article 6 du Statut conféra à Lauterpacht une nouvelle autorité professionnelle et intellectuelle, mais il ne lui offrit aucun réconfort personnel. Quatre années s'étaient maintenant écoulées, et il était toujours sans nouvelles de Lemberg ou de Żółkiew. « Papa ne dit pas grand-chose », confia Rachel à Eli, « il n'affiche jamais beaucoup d'émotions »[150].

48

QUELQUES jours après l'adoption de la Charte, quelqu'un remarqua un petit décalage entre les différentes formulations de l'article 6(c) sur les crimes contre l'humanité : le problème du fameux point-virgule. Entre la version russe d'un côté et les versions anglaise et française de l'autre, il y avait une disparité. On s'accorda rapidement sur un amendement pour faire correspondre les textes anglais et français à la version russe. Un consensus fut trouvé le 6 octobre : une virgule remplaça le point-virgule[151].

Ce changement pouvait avoir des conséquences significatives. Le point-virgule semblait indiquer que la qualification de crime contre l'humanité valait pour les actes commis avant le début de la guerre en

1939, et faisait par conséquent partie des attributions du tribunal ; la virgule avait, en revanche, pour effet d'exclure les actes commis avant le début de la guerre de la juridiction du tribunal. Ces actes ne pouvaient être punis si les crimes contre l'humanité étaient limités à la période de guerre. Il appartenait dans ce cas aux juges de décider des intentions et des effets de la virgule.

Quelques jours après la disparition du point-virgule, Shawcross se plaignit auprès de Lauterpacht d'un autre changement, celui concernant notamment les accusations spécifiques retenues contre chacun des inculpés. Les quatre puissances étaient dans « une très grande difficulté » avec l'acte d'accusation, un texte que Shawcross n'aimait « pas du tout ». « Je pense que certaines des allégations contenues dans le document ne passeront jamais l'épreuve de l'histoire et encore moins celle des vérifications juridiques sérieuses ». Shawcross se référait peut-être à l'apparition inattendue du nouveau terme de « génocide » dans l'acte d'accusation. Il avait été ajouté tardivement, sur l'insistance des Américains et contre les objections fortes des Britanniques. Lauterpacht n'y aurait pas consenti, mais « il faudra faire au mieux avec ce document plutôt insatisfaisant », lui dit Shawcross[152].

Il fut décidé d'ouvrir le procès en novembre et de le tenir au palais de justice de Nuremberg. Les Alliés avaient identifié vingt-quatre dirigeants responsables parmi lesquels Hermann Göring (vice-chancelier de Hitler), Albert Speer (ministre des Armements et de la Production de guerre) et Martin Bormann (secrétaire personnel du Führer). Le septième nom de la liste représentait un intérêt particulier pour Lauterpacht : Hans Frank, Gouverneur général de la Pologne occupée dont le territoire comprenait Lemberg et Żółkiew.

« Si vous pouviez être des nôtres pendant quelques jours au début du procès », lui demanda Shawcross « nous vous serions très obligés ». Il n'y aurait pas d'honoraires, mais les frais seraient couverts.

Une fois de plus, Lauterpacht accepta l'invitation.

III.

Miss Tilney de Norwich

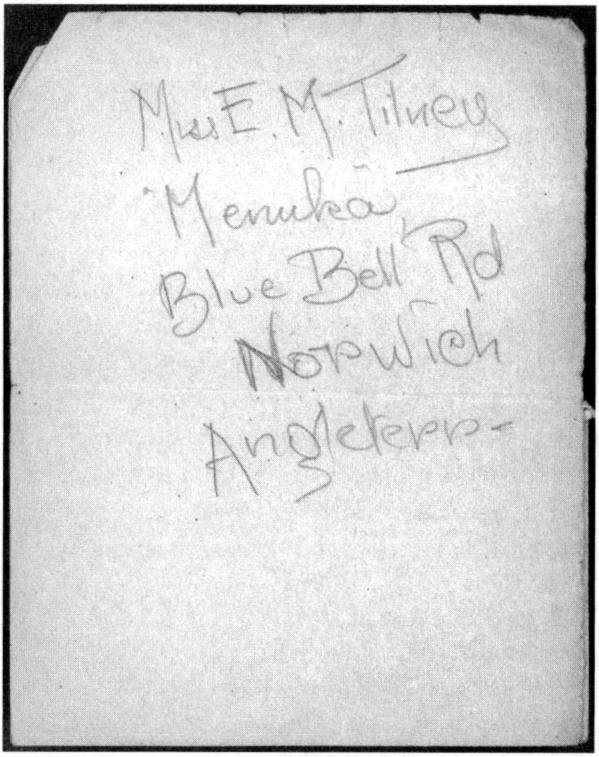

49

« Qui était Miss Tilney ? demandé-je à ma mère.

– Aucune idée », me répond-elle sans beaucoup d'enthousiasme.

Puis elle ajoute : « Je crois que c'était la femme qui m'a amenée de Vienne à Paris à l'été de 1939 », affirmant qu'elle n'avait pas plus d'informations. C'est ce que Leon lui avait dit, des années après l'événement. *« Pas important**. » Pas important.

Apparemment, Miss Tilney avait recueilli Ruth, alors âgée de un an tout juste. Elle lui avait été confiée par sa mère, Rita, au Westbahnhof à Vienne. Les adieux faits, Miss Tilney et l'enfant étaient montés à bord du train pour Paris, un moment incroyablement difficile pour une mère. Arrivées à la gare de l'Est, l'enfant avait été remis à Leon. Au crayon, Miss Tilney avait écrit son nom et son adresse sur un bout de papier. *Au revoir**. Ils ne s'étaient plus jamais revus.

« Elle t'a sauvé la vie ? »

Ma mère hoche la tête.

« Tu ne veux pas savoir qui elle était, la voir, en savoir plus, la remercier ?

---

* En français dans le texte *(NdT)*.

– Non.
– Tu ne veux pas savoir pourquoi elle a fait ce qu'elle a fait ?
– Non. »

50

LES CIRCONSTANCES du départ de ma mère de Vienne alors sous occupation allemande, trois jours après son premier anniversaire, et en l'absence d'un parent, étaient obscures. Je comprenais sa réticence à déverrouiller sa mémoire.

Personne, parmi ceux qui étaient encore en vie, ne connaissait les détails de cette histoire, et les documents que j'ai trouvés n'offraient que peu d'indices : un passeport au nom de ma mère datant de décembre 1938, sur lequel il y avait trois tampons délavés et quelques svastikas. L'un des tampons datait du 4 mai 1939 ; c'était un permis autorisant l'enfant à quitter le territoire autrichien, avec un droit de retour. Un autre, datant du 22 juillet, deux mois et demi plus tard, était un cachet de sortie apposé dans une ville autrichienne, Feldkirch, à la frontière suisse, à l'est de Zurich. Le cachet d'entrée en France datait du lendemain, le 23 juillet. Le passeport arborait un svastika sur la couverture, mais pas le gros *J* rouge. L'enfant n'était pas identifié comme *Jude*.

Que Rita soit restée à Vienne a toujours troublé ma mère ; elle s'est interrogée sur les circonstances qui avaient poussé sa mère à choisir – si elle avait eu le choix – de ne pas accompagner son unique enfant à Paris. Nécessité ou choix ? L'hypothèse de la nécessité avait ses avantages.

Le seul autre indice que je possédais en dehors du passeport était le bout de papier jauni qui attendait patiemment parmi les documents de Leon. Pas plus grand que quelques centimètres carrés, il était plié en deux, avec, au *recto*, quelques mots écrits d'un trait ferme au crayon. « Miss E. M. Tilney, "Menuka", Bluebell Rd., Norwich, *Angleterre**. » Pas de message, juste un nom et une adresse.

* En français dans le texte *(NdT)*.

Ce bout de papier jauni était resté deux ans accroché au-dessus de mon bureau. Je le regardais de temps en temps, me demandant où il avait été écrit, qui l'avait écrit, et ce qui avait pu motiver Miss Tilney à entreprendre un voyage aussi périlleux, si c'était bien l'accompagnatrice. Le nom et l'adresse devaient être importants, puisque Leon avait gardé le bout de papier toute sa vie, soixante années durant.

Passeport de Ruth.

Norwich se trouve à cent soixante kilomètres au nord-est de Londres, au-delà de Cambridge, non loin des Norfolk Broads. Je n'ai pas pu trouver de maison appelée Menuka, un nom qui connote la classe moyenne anglaise.

Je commençai par les recensements et les annuaires téléphoniques de Norwich du début du xxe siècle, et fus surpris de trouver pas moins de cinq femmes répondant au nom de E. M. Tilney. J'en éliminai deux pour des raisons d'âge : Edna M. Tilney était trop jeune pour avoir pris le train pour Vienne (née en 1924), et Edith M. Tilney trop vieille (née en 1866). Il restait donc trois noms :

1. E. M. Tilney, née en 1915, du village d'à côté, Blofield.

2. Elsie M. Tilney, née en 1893, demeurant avec ses parents au 95, Gloucester Street, Norwich, selon le recensement national de 1901.

3. Edith M. V. Tilney, sans date de naissance, mariée à M. Hill en 1940.

L'annuaire indiquait donc une E. M. Tilney à Blofield. Si c'était la même personne, elle aurait maintenant quatre-vingt-quinze ans. J'ai appelé le numéro plusieurs jours de suite et je réussis finalement à parler à Desmond Tilney, qui avait un accent du Norfolk. « Ma sœur

Elsie May est décédée il y a trois ans», m'annonça-t-il avec tristesse. A-t-elle fait un voyage à Vienne en 1939?

«Oh, je ne sais pas, je n'ai jamais entendu parler de ça.» Il se renseignerait, me dit-il. Il m'a appelé deux jours plus tard, pour m'annoncer, avec regret, que sa sœur n'avait pas fait de voyage sur le continent avant la guerre.

Je passai à Elsie M. Tilney, née en 1893. Le recensement de 1901 indiquait qu'elle habitait dans un pavillon avec ses parents, Albert (un employé en papeterie) et Hannah, ainsi que ses quatre frères et sœurs. En renseignant le nom et la date de naissance sur Internet, j'obtins deux informations supplémentaires. Le 1er janvier 1960, une femme du même nom et du même âge avait débarqué du *Stirling Castle* (de la ligne Union Castle) aux docks de Southhampton en provenance de Durban en Afrique du Sud. Le manifeste du bateau indique que Miss Tilney – deuxième prénom Maud – était une «missionnaire» de retour du Basutoland. Quatorze ans plus tard, en octobre 1974, une femme du même nom et du même âge est morte dans le comté de Dade en Floride.

La notice nécrologique de cette femme mentionnait un code postal. Pour une somme de six dollars, j'obtins cinq chiffres et une ville: 33134, Miami. Une recherche avec le nom de Tilney et le code postal me donna plusieurs Tilney dans la région, dont deux étaient morts en 1974. L'un des deux était Frederick, le nom du jeune frère d'Elsie Maud Tilney selon le recensement de 1901. Dans l'annuaire des Pages blanches de Miami, il y avait plusieurs autres Tilney dans la zone correspondant au code postal. La première, jointe au téléphone quelques jours plus tard, était Germaine Tilney.

51

«OUI, J'AI CONNU ELSIE TILNEY», me dit Germaine Tilney d'une voix claire. Elsie était en effet la tante de son mari défunt, la sœur aînée de son beau-père, le Dr Frederick Tilney. Elle était morte depuis quarante ans; Germaine ne se rappelait donc pas vraiment la tante Elsie, sinon que c'était une «dame gracieuse» qu'elle avait connue au milieu des années 1960. Chrétienne évangélique, elle s'était dévouée à son travail de missionnaire et s'était installée près de son frère Frederick lorsqu'elle avait pris sa retraite. Elle venait de temps à autre pour les repas de famille, généralement le dimanche.

Germaine n'avait pas de photo et peu de souvenirs de la vie antérieure d'Elsie, sinon qu'elle avait un frère à Norwich, un pasteur appelé Albert, et qu'elle était partie en missions dans des endroits inconnus. « Elle a peut-être séjourné en Afrique du Nord », se demanda Germaine, essayant de se souvenir, mais elle n'avait rien à dire sur les années de guerre ou sur un voyage à Vienne. La guerre était un sujet un peu délicat, parce que Germaine était d'origine allemande. « Très tôt, expliqua-t-elle, mon mari Robert a rassemblé la famille pour dire que nous ne parlerions jamais de la guerre. » Pendant la guerre, son beau-père, Frederick, et sa femme, Nora, avaient accueilli des soldats britanniques stationnés à Miami.

Germaine me demanda ce que je savais du frère de Miss Tilney, Frederick.

« Rien », lui dis-je. Il a eu une vie intéressante, me confia-t-elle. Il est venu en Amérique dans les années 1920, « est devenu un bodybuilder célèbre, et a rencontré Charles Atlas, qui était son ami ». Germaine me renvoya à la biographie de Fred, *Young at 73 – and Beyond*[1] *!* J'en ai obtenu une copie (que j'ai offerte à ma mère pour son soixante-treizième anniversaire), et ai trouvé une photo de Fred. Dans son livre, il décrit une enfance rude, difficile et pauvre à Norwich, un père dominateur (également pasteur), puis sa longue collaboration et son amitié avec Charles Atlas.

Germaine m'a présenté son neveu John. Notre seule conversation téléphonique a été malheureusement coupée, intentionnellement ou par accident, je ne sais pas, mais il m'a donné un indice, un seul, mais très précieux.

« Elsie Tilney haïssait les Allemands », m'a dit John brusquement et sans plus d'explication. « Elle les haïssait tout simplement. » Y a-t-il eu quelque chose pendant la guerre ? Aucun détail ne lui revenait en mémoire.

Les contours vagues d'une vie se dessinaient. Miss Tilney venait d'une famille de pasteurs, était partie en mission en Afrique du Sud, détestait les Allemands, avait passé ses dernières années à Coconut Grove, Miami. J'ai parcouru les archives de la Mission africaine (plus nombreuses et intéressantes qu'on ne l'imagine), jusqu'à ce qu'une référence me mette sur la piste de la bibliothèque de l'Université de Witwatersrand, où étaient conservés des documents sur Miss Tilney et ses missions en Afrique du Sud après la guerre. Plusieurs lettres manuscrites se trouvaient parmi les papiers[2].

En comparant l'écriture des lettres à celle du bout de papier de Leon, je constatai qu'elles étaient identiques. La missionnaire et Miss E. M. Tilney de Bluebell Road étaient bien la même personne. Les lettres témoignaient d'une forte personnalité et donnaient des indications sur ses séjours en France puis au Portugal. Je me suis donc tourné vers les archives françaises; elles contenaient une seule lettre, datée de février 1942, écrite par un officier français à un certain Otto Landhäuser, commandant du Frontstalag 121. Je découvris que c'était un camp d'internement allemand dans une ville d'eaux, Vittel. La lettre faisait mention de vingt-huit prisonnières que les Allemands souhaitaient échanger contre des prisonniers faits par les Britanniques. Parmi les noms figurait « Elsie M. Tilney, née en 1893 », propriétaire d'un passeport britannique, internée par les Allemands à Vittel[3].

Elsie Tilney, 1920.

Germaine avait mentionné un frère, le prêtre Albert Tilney, ce qui ouvrait une autre piste. Il se trouve qu'Albert faisait partie de la communauté de Surrey à Norwich, fondée par Robert Govett, un membre du Worcester College à Oxford. Govett avait fondé la chapelle, mû par le désir d'une plus grande fidélité aux Écritures. Il était motivé par la logique (« le courage de suivre une idée jusqu'à sa conclusion logique »), l'indépendance (le refus des « doctrines ordinaires du protestantisme post-réformateur »), et la simplicité (l'usage d'une « langue directe et simple que tous peuvent comprendre »)[4]. Je suis tombé sur un des fascicules commémoratifs de la chapelle, publié en 1954, mentionnant la création d'un groupe de missionnaires en 1903[5]. Il y avait là la liste de tous les missionnaires de la chapelle. L'un d'entre eux avait quitté Norwich pour l'Algérie en 1920 ; une photo granuleuse en noir et blanc montrait une jeune femme déterminée, au visage puissant et aux cheveux rebelles, vêtue d'une robe simple et élégante. Après deux ans de quête, je voyais enfin Miss Elsie Tilney.

52

SITUÉE au cœur de Norwich, la chapelle de Surrey abritait une communauté prospère dirigée par le pasteur Tom Chapman, à qui j'envoyai un e-mail. Il me répondit dans l'heure, excité par cette « enquête fascinante », espérant qu'il s'agissait bien de « la même Elsie Tilney ». Il transmit mon message au Dr Rosamunde Codling, l'archiviste de la chapelle. Le lendemain matin, je reçus un e-mail de Miss Codling qui était « presque certaine » que leur Miss Tilney et la mienne étaient la même.

Le Dr Codling fit l'intermédiaire entre Miss Tilney et son frère Albert, le pasteur (elle me renvoya d'ailleurs à l'une de ses professions de foi, *Les Croyants et leur jugement*, autrefois disponible auprès de « M. A. J. Tilney, 66, Hall Road, Norwich, pour 6 pence la douzaine, 3 shillings et 6 pence pour la centaine, "frais de port inclus" »). D'autres références à Miss Tilney suivirent, trouvées dans le bulletin de la chapelle. C'était une « adversaire vaillante » du modernisme, m'expliqua le Dr Codling. Sa « tâche » au sein de la communauté était renseignée en toute simplicité : « Juifs ».

Quelques semaines plus tard, je fis mon premier voyage à Norwich. Le Dr Codling était enthousiaste à l'idée de m'aider : c'était la première fois qu'elle (ou qu'un autre membre de la communauté de Surrey) entendait parler de cette histoire que je leur faisais partager, et elle était ravie que l'enfant d'un « Juif sauvé » les ait contactés. Le pasteur et le Dr Codling m'accueillirent avec une grande chaleur ;

ils associèrent Eric, l'un des membres plus âgés de la congrégation, à nos réunions. Eric se souvenait de Miss Tilney comme d'une « jolie jeune femme à la voix douce et mélodieuse ». Il dit cela avec un petit air espiègle. « On ne dit pas vraiment des missionnaires qu'elles sont jolies n'est-ce pas ? » ajouta-t-il, se demandant à haute voix si elle avait jamais été mariée (il n'y avait pas de preuve qu'elle le fût). Eric se souvint des cours de l'école du dimanche où Miss Tilney parlait de l'Afrique, un sujet exotique et inconnu des enfants. « Nous avions une carte de l'Empire britannique mais ne savions rien de la culture africaine, de sa population, ou de l'islam », expliqua Eric. « Tout ce que nous savions, c'est elle qui nous l'a appris, elle apportait des images et des toiles qu'elle avait peintes. » Elle était « spéciale », passionnée par l'Algérie. Cela se passait au milieu des années 1930.

Le Dr Codling m'accompagna aux archives de la chapelle de Surrey, au dépôt des documents de Norwich, où nous passâmes l'après-midi à parcourir un grand nombre de dossiers, cherchant des témoignages de l'activité de Miss Tilney[6]. Ils n'étaient pas difficiles à trouver : elle entretenait une correspondance volumineuse et rédigeait pour une variété de magazines protestants de courts articles qui témoignaient d'un esprit astucieux et observateur. Lorsque l'Europe s'était lancée dans le fascisme et l'antisémitisme, Miss Tilney avait choisi une autre voie. Les matériaux d'archives témoignent de son installation à Paris au printemps de 1939, l'année où Leon y est arrivé.

Elle avait rejoint la chapelle de Surrey en février 1903, à l'âge de dix ans, était partie en mission en Algérie puis en Tunisie en 1920 où elle était restée pendant plus d'une décennie. En novembre 1927, elle avait travaillé avec une certaine Mme Gamati à Nabeul, une petite ville de Tunisie. Ses lettres parlent de visites dans des foyers juifs, de l'accueil « grandiose » qu'elle y recevait lorsqu'elle tentait de sauver les Juifs en les ramenant à Jésus (il n'y a aucune mention de succès)[7]. Elle retournait quelquefois en Angleterre, à l'été de 1929 notamment, pour se rendre à la convention de la Mission nord-africaine à Bournemouth. Quelqu'un y avait pris une photo de groupe, l'une des rares que j'ai trouvées ; elle tient un bébé dans ses bras[8].

Dans les années 1930, elle avait rejoint la Mildmay Mission, une mission bien implantée, et s'y était consacrée au bien-être des Juifs.

La lettre d'adieu que lui avaient envoyée les membres de la chapelle commence par une référence au credo qui gouverne leurs actions : « Au Juif d'abord. » Elle était pourtant restée en contact avec le pasteur de Surrey, David Panton, un homme dont les écrits publiés dans le journal qu'il éditait, *The Dawn* [« L'Aube »], l'avaient influencée. Elle avait dû lire l'article de Panton réagissant à l'éditorial du *Times* du 25 juillet 1933 (celui-là même que Lauterpacht avait aussi dû lire à Cricklewood) sur le discours de Hitler intitulé « Par le combat contre les Juifs, je fais le travail de Dieu ». Dans son article, Panton attaquait « la fureur antisémite » du Führer, la qualifiant d'irrationnelle et d'insensée, fustigeant sa haine « purement raciale et fanatique » et dépourvue de fondement religieux. Les vues de Hitler sont « totalement indépendantes du caractère ou du comportement des Juifs », écrivait Panton. L'article avait sans doute stimulé Miss Tilney qui vivait alors à Djerba en Tunisie : un an plus tard, au printemps de 1934, elle était partie pour la France, afin de commencer une nouvelle activité, se dévouer au « travail parmi les Juifs à Paris[9] ».

Au mois d'octobre 1935, Miss Tilney était donc installée à Paris. Les « Lettres de la Mission » *[Missionary Notes]* faisaient référence à un article publié dans *Trusting and Toiling* [« Confiance et Travail »], relatant un accident auquel Miss Tilney avait échappé de justesse. Miss Tilney s'apprêtait en effet à descendre du trottoir d'une rue très animée de Paris, lorsqu'un « gentleman la retint juste à temps, lui évitant d'être renversée par une automobile ». L'intérêt particulier de cette histoire – et une source de joie – était que le sauveur était « un JUIF[10] !! ».

Parlant parfaitement le français ainsi que l'arabe, Miss Tilney avait rejoint la maison de la Mission nord-africaine en 1936. Le compte rendu de sa visite à la mosquée de Paris évoque un bâtiment dépourvu de charme du fait de sa « doctrine anti-évangélique ». Elle y avait cependant, dans un cadre arabe propice à la prière silencieuse, dégusté un excellent couscous et pris plaisir à enseigner l'Évangile selon Luc à un serveur tunisien « sincèrement ravi ». Elle décrivait l'intérieur de la mosquée, son « petit jardin aux fontaines baignées de soleil et son charme exotique fait de feuillages et de fleurs », mais elle en était repartie « triste, triste » car tout « semblait dénoter un déni insidieux de Notre Seigneur »[11].

Les années 1936 et 1937 furent partagées entre Tunis et Gabès, dans le sud de la Tunisie, où Miss Tilney fut confrontée à une épidémie de typhoïde. Elle passait ses journées avec les Arabes en quarantaine, s'occupait d'une « chère vieille Juive effrayée ». Elle put même apprécier le bon côté des choses, car une épidémie de typhoïde « ouvrait beaucoup de portes juives et musulmanes », lui permettant d'observer un « jeune homme juif [...] lisant intensément l'Évangile de Matthieu ». De retour à Paris, elle avait travaillé à l'église baptiste avenue du Maine dans le XIVe arrondissement. « J'avais le privilège de pouvoir aider et d'être témoin de la souffrance des réfugiés juifs allemands », écrivit-elle à ses amis de Norwich[12].

En septembre 1937, elle était donc de retour à Paris où elle interviewait des réfugiés juifs allemands et autrichiens à l'église baptiste, travaillant aux côtés du diacre André Frankl, le représentant du Conseil américain des délégués aux missions juives *[American Board of Missions to the Jews]*. Né en 1895, petit-fils d'un rabbin hongrois, Frankl s'était converti et avait combattu sur le front de l'Est dans l'armée austro-hongroise en 1914, tout comme le frère de Leon, Emil. Miss Tilney rapportait que le pasteur de l'église baptiste, M. Vincent, « ouvrait grandes les portes de son église et de son cœur aux personnes juives ». Elle s'exprimait dans des réunions juives, travaillait avec les réfugiés et assistait aux entretiens afin de préciser l'aide qui pouvait leur être apportée[13]. En janvier 1939, alors que Leon arrivait à Paris, elle travaillait toujours à l'église baptiste ; exilé, en quête d'assistance auprès de l'église, c'est là qu'il a dû la rencontrer. Les activités de Miss Tilney étaient régulièrement relayées par le *Trusting and Toiling*, mais le journal rendait également compte de la situation terrible à Lemberg, où « les étudiants juifs de l'Université de Lwów, en Pologne, étaient attaqués par des bandes antisémites[14] ».

L'église baptiste, avenue du Maine, était un havre pour les réfugiés en provenance d'Autriche et d'Allemagne ; il y avait là des intellectuels, des universitaires et des médecins, tous pris en charge par le *Service d'aide aux réfugiés**. L'église organisait une « soupe populaire » quotidienne pour des centaines de réfugiés comme Leon. Les réunions

* En français dans le texte *(NdT)*.

du vendredi soir étaient « particulièrement émouvantes, car la plupart des assistants étaient des réfugiés juifs d'Allemagne, d'Autriche et de Tchécoslovaquie[15] ». Soixante-dix ans plus tard, j'ai passé un après-midi à l'église baptiste en compagnie de son pasteur actuel, Richard Gelin. Celui-ci m'a montré son fonds d'archives, notamment les informations sur le grand nombre de baptêmes donnés aux Juifs qui espéraient ainsi échapper au danger imminent. Les archives regorgent de renseignements sur l'assistance portée aux réfugiés juifs et à leurs enfants ; plusieurs livres décrivent le travail héroïque d'Henri Vincent. Je n'ai pas pu trouver de référence à Leon ou à Miss Tilney, mais plusieurs photos représentant des réfugiés juifs d'Autriche et d'Allemagne m'ont fait une forte impression. Sur l'une d'entre elles, on voit un groupe assis dans le hall de l'église, « personnes en difficulté attendant leur tour[16] ». Je n'ai pas eu de mal à imaginer Leon dans ce lieu, sans le sou, seul et silencieux à Paris.

Le numéro de *Trusting and Toiling* du 15 juillet 1939 signale que Miss Tilney travaillait à Paris. Une semaine plus tard, en prenant de grands risques, elle monta dans le train pour Vienne où elle recueillit une enfant au Westbahnhof. Rita lui confia sa fille qui venait de fêter son premier anniversaire. D'après ma mère, Rita était allée à la gare accompagnée de la sœur de Leon, Laura, elle-même accompagnée de sa seule fille, Herta, âgée de onze ans. Tout comme Ruth, Herta devait prendre avec Miss Tilney le train pour Paris. La perspective d'une séparation fut cependant trop pénible, et Laura décida, à la dernière minute, que Herta ne voyagerait pas. La décision était compréhensible, mais elle eut des conséquences dramatiques : deux ans plus tard, en octobre 1941, la jeune Herta et sa mère furent déportées vers le ghetto de Litzmannstadt (Łódź). Elles furent assassinées quelques mois après.

Miss Tilney prit donc le train avec une seule des deux filles. Leon vint à sa rencontre à la *gare de l'Est**. Je ne sais pas comment il a exprimé sa gratitude, ni s'il l'a jamais revue. Elle nota son nom et son adresse sur un bout de papier.

---

* En français dans le texte *(NdT)*.

53

J'AURAIS pu arrêter les recherches sur Miss Tilney à ce stade, mais j'étais curieux de connaître la suite : pourquoi avait-elle agi de la sorte ? Qu'est-ce qui motivait ses actes de compassion ? Dans l'attente d'une *carte d'identité** qui lui permettrait de rester en France, elle travaillait toujours pour la Mission nord-africaine à Paris lorsque la guerre éclata un mois plus tard. Son rayon d'action était « grand » : prendre soin de « ses protégés juifs », dont elle se sentait proche. Elle fit de multiples voyages au Havre ou dans d'autres ports français pour dire adieu et souhaiter bon voyage à ses « protégés » en partance pour l'Amérique[17]. En juin 1940, l'armée allemande occupait Paris.

Elle resta coincée en ville pendant plusieurs mois, sans contact avec l'extérieur. Son silence inquiéta ses amis, qui invitèrent les lecteurs de *Trusting and Toiling* à prier pour elle, mais aussi pour tous ceux « dont le sort est maintenant plus amer que jamais[18] ». La communauté se cotisa et rassembla de l'argent pour elle – la somme considérable de dix livres –, mais l'argent mit plus d'un an à arriver à Paris, la laissant tributaire du bon vouloir de l'ambassade américaine. En septembre 1940, elle écrivit enfin ; elle avait été malade, mais elle se sentait mieux désormais, elle profitait du soleil et avait pu payer ses dettes. Elle « pensait constamment à sa famille, à ses amis, et à Surrey Road en particulier[19] ».

La communauté de Surrey était si inquiète qu'elle s'était adressée à Lord Halifax, le secrétaire aux Affaires étrangères de Churchill, sans succès. Le compte rendu note sèchement que le secrétaire d'État aux Affaires étrangères « avait présenté ses compliments à tous et à toutes, mais ce fut tout[20] ». Une nouvelle période de silence suivit. Les étrangers ennemis qui se trouvaient en France étaient internés ; au début du mois de mars 1941, Miss Tilney ainsi que des centaines d'autres femmes britanniques furent envoyées dans des baraquements militaires à Besançon. Elle-même fut transférée dans l'est de la France en

* En français dans le texte *(NdT)*.

mai, au Frontstalag 121 à Vittel, et internée au Grand Hôtel (qui fait aujourd'hui partie du Club Med) ; elle y resta quatre ans[21].

En février 1942, les Britanniques et les Allemands tentèrent de s'accorder sur un échange de prisonniers, mais les négociations n'aboutirent à aucun résultat. La chapelle de Surrey envoya deux livres à Miss Tilney pour payer des soins dentaires mais, au début de 1943, des nouvelles alarmantes arrivèrent : elle souffrait de malnutrition. Ses lettres étaient brèves ; elle « aspirait au jour de la paix[22] ». Des développements funestes coïncidèrent avec le troisième anniversaire de son internement. Deux mille cinq cents étrangers ennemis étaient emprisonnés dans les dix hôtels du camp, séparés du reste de la ville d'eaux par un mur haut de trois mètres et surmonté de barbelés. La plupart des femmes étaient originaires de Grande-Bretagne, du Canada et des États-Unis. Quatre cents hommes, femmes et enfants juifs, pour la plupart des Polonais du ghetto de Varsovie, arrivèrent au mois d'avril 1943 ; ils avaient été autorisés à quitter la Pologne car ils étaient porteurs de passeports sud-américains[23]. Ils racontaient des histoires incroyables de meurtres et d'assassinats de masse. Miss Tilney, qui travaillait dans le bureau central, la Kommandantur, où étaient stockés documents et archives, apprit que l'homme responsable du camp, le commandant Landhäuser, avait été chargé par Alois Brunner et Adolf Eichmann de rassembler tous les Juifs de Varsovie à Vittel pour les transporter vers l'Est. On disait que leurs passeports étaient faux[24].

En janvier 1944, le commandant Landhäuser transféra les Juifs de Varsovie de l'hôtel Providence vers l'hôtel Beau Site, à l'écart du camp principal, ce qui provoqua une grande confusion. En mars, un premier groupe de 169 Juifs de Varsovie fut chargé dans les wagons du transport n° 72 à destination d'Auschwitz[25]. Parmi eux, le poète Isaac Katznelson, qui cacha ses derniers poèmes dans une bouteille retrouvée plus tard à Vittel. L'un d'entre eux devint très célèbre, « Le chant du peuple juif massacré[26] ».

Il y eut de la résistance. Plusieurs Juifs de Varsovie se donnèrent la mort, sautant des étages supérieurs de l'hôtel, ou s'empoisonnèrent. D'autres tentèrent de fuir, comme ce jeune Polonais, Sasha Krawec, qui demanda l'aide de son professeur d'anglais, Miss Tilney. J'ai appris cet épisode dans *Sofka : l'autobiographie d'une princesse*[27], un livre écrit par Sofka Skipwith, l'une des prisonnières (qui était également, par un hasard étrange, la grand-tante de mon voisin à Londres). L'ouvrage raconte la disparition de Sasha Krawec peu de temps avant le transport pour Auschwitz. « Nous pensions que Miss Tilney, une employée d'un certain âge à la Kommandantur, toujours très gentille avec Sasha, avait joué un rôle dans cette disparition[28]. »

Sofka Skipwith avait raison. Miss Tilney avait caché Sasha Krawec pendant plus de six mois, jusqu'à l'arrivée des soldats américains le 18 septembre 1944. « Ce n'est qu'après la libération du camp qu'on a découvert qu'il avait passé tout ce temps dans sa salle de bains », écrit Sofka[29]. L'un des prisonniers a raconté à Albert, le frère de Miss Tilney, que sa sœur « prenait toujours sur elle », qu'elle avait sauvé les passeports de tout le monde « en prenant de grands risques pour elle-même [...], qu'elle avait caché pendant seize semaines un jeune Juif condamné à être déporté dans un camp d'extermination en Pologne. Qu'elle avait été dénoncée aux Allemands par un prisonnier, mais qu'il l'avait par chance accusée de cacher une fille et qu'elle avait donc pu démentir l'accusation »[30]. Un autre encore a dit à Albert que sauver Sasha Krawec avait été l'un de ces « actes de guerre remarquablement braves », qu'il n'avait jamais rencontré personne de « si courageux et [de] si dur à la tâche, qui ne rechignait jamais à faire du bon travail ». Miss Tilney était « l'une des personnes les plus courageuses que j'aie jamais connues »[31].

Elle fut l'une des dernières à quitter le camp de Vittel après la Libération ; elle travailla d'abord pour le 6ᵉ régiment de l'armée américaine, puis comme « secrétaire et hôtesse » à l'hôtel Ermitage, l'un des hôtels de repos de la VIIᵉ armée (où elle fut notée comme consciencieuse, capable, ingénieuse et loyale)[32]. Elle retourna ensuite à Paris, à l'église baptiste avenue du Maine, rapportant avec elle quelques biens d'autres internés. Miss Tilney quitta enfin la France pour une mission en Afrique du Sud où elle resta durant les années 1950. Puis elle s'installa en Floride, à Coconut Grove, où elle passa sa retraite ; elle y retrouva son frère Fred (un personnage, ce Fred : il fut condamné en 1955 pour fraude postale ; un juge de Miami lui ordonna de cesser son commerce de fausses « potions de body building », Vi-Be-Ion, une mixture de levure de brasseur et de parfum végétal). « Ils passaient leur temps ensemble ici à Cocunut Grove », m'a précisé Germaine Tilney : « le Dr Tilney, M. Atlas et Elsie. »

Miss Tilney est morte en 1974, ses papiers ont été détruits. Ne pouvant trouver sa tombe, j'ai contacté le responsable de la rubrique nécrologique du *Miami Herald*. Une rapide enquête a révélé que Miss Tilney avait été incinérée et que ses cendres avaient été dispersées dans la baie de Biscayne, sur la côte atlantique du sud de la Floride.

Elle n'a apparemment raconté à personne ce qui s'était passé à Vienne ou à Vittel. Ni à la communauté de Surrey, ni à ses proches en Floride.

54

RARES sont les internés encore en vie mentionnés dans *Sofka*, mais j'ai réussi à localiser Shula Troman qui, jusqu'en 1944, avait vécu trois ans enfermée dans le camp de Vittel. Elle était entrée dans sa quatre-vingt-dixième année lorsque je l'ai rencontrée. Elle habitait le petit village de Ploumilliau en Bretagne, à quelques pas de l'océan ; c'était une artiste. Nous nous sommes donné rendez-vous à Paris, dans le Marais, Chez Marianne, rue des Rosiers, son restaurant préféré. Elle est arrivée dans une tenue rouge vif, pleine d'énergie, un grand sourire aux lèvres. Je l'ai adorée dès que je l'ai vue, et je suis resté fidèle à cette première impression.

L'internement de Shula à Vittel était le résultat d'une erreur administrative. Elle vivait en France, dans un petit village, et elle avait fait une demande de *carte d'identité**. L'employé municipal avait constaté qu'elle était née en Palestine mandataire (où son père s'était installé après avoir quitté Varsovie en 1923). Shula ne l'avait pas contredit lorsqu'il avait renseigné sa nationalité, britannique, sur la carte. Des années plus tard – Juive, elle devait porter l'étoile jaune –, une référence fortuite à sa nationalité britannique lui avait sauvé la vie lors d'un contrôle allemand à Paris.

* En français dans le texte *(NdT)*.

On avait fini par l'envoyer à Vittel au printemps de 1941, au sixième étage du Grand Hôtel. « Une chambre spacieuse, magnifique, avec une vue sur la cour intérieure, une sorte de suite avec une salle de bains », me raconte-t-elle avec entrain. La vie dans le camp n'était pas trop pénible, même s'il y eut des périodes difficiles, notamment en 1943 lorsque les Juifs du ghetto de Varsovie sont arrivés avec leurs histoires « incroyables ». Elle avait pris des leçons de dessin auprès d'un jeune et fringant anglais, Morley Troman, dont elle était tombée amoureuse et qu'elle avait plus tard épousé. Elle faisait partie d'un groupe littéraire et politique qui comprenait également Sofka Skipwith, ainsi que son amie la plus proche, Penelope, « Lopey » Brierley.

Shula (à droite) avec Lopey Brierley, Vittel, 1943.

Elle me montra une photo où elle était avec son amie Lopey ; celle-ci avait écrit un vers de Charles Vildrac au dos : *« Une vie sans rien de commun avec la mort* »*.

De temps à autre, ils montaient des petits spectacles innocents et espiègles auxquels assistait Miss Tilney, il y eut même une soirée de « chansons orientales ». « C'était merveilleux », se rappelait Shula, les yeux brillants ; « au premier rang, il y avait tous les dignitaires, le commandant Landhäuser au centre, les gens de la Gestapo à ses côtés, invités d'honneur. On ne leur avait pas donné les paroles, ils n'avaient donc aucune idée de ce qu'on chantait. Ils ont beaucoup aimé une chanson

* En français dans le texte *(NdT)*.

en particulier, “Longue vie au peuple d’Israël ! Israël vivra toujours !” On chantait en hébreu, ils n’ont rien compris. Toute la première rangée s’est levée, a applaudi, nous a acclamés et nous a demandé de la chanter à nouveau. C’était fabuleux ».

Elle riait. « On chantait si fort ; ils applaudissaient si fermement. La véritable joie c’est qu’ils ont découvert plus tard de quoi il s’agissait. À partir de là on a été interdits de spectacle ! »

Shula se souvint avec un brin d’affection de Landhäuser, le tenancier de l’hôtel devenu commandant du camp, qui avait lui-même été interné dans un camp de prisonniers de guerre durant la Première Guerre en Angleterre. « Il aimait les détenus anglais, chrétiens et juifs, m’expliqua Shula, après la Libération il m’a donné sa carte et nous a invités à venir le voir. »

Elle avait très tôt remarqué la présence d’une vieille fille anglaise – elle prononça son nom : Mees Teel-nay – et elle s’en méfiait. « Miss Tilney travaillait à la Kommandantur, elle s’occupait des dossiers des internés ; elle m’effrayait et je me méfiais d’elle. » Elle était sans âge, c’était une femme aux cheveux gris, « très mince », « renfermée », qui restait dans son coin et qui était profondément religieuse. Elle était *rétrécie**, tendue, comme repliée sur elle-même. Shula craignait que l’Anglaise ne fût une informatrice, et elle espérait par-dessus tout garder secrète son identité juive.

Sa relation avec Miss Tilney changea de manière inattendue à l’été de 1941. « Je me promenais dans les couloirs quand j’ai vu Miss Tilney se diriger vers moi. Je n’étais pas rassurée puisque je savais qu’elle travaillait à la Kommandantur – je voulais donc garder mes distances. Plus elle approchait, plus je m’inquiétais. Une chose très bizarre est alors arrivée. Elle s’est jetée à mes pieds, s’est mise à genoux, a pris ma main et l’a embrassée. Ça m’a *estomaquée** – je ne savais pas quoi dire ou faire. Puis Miss Tilney m’a dit “je sais que tu fais partie du peuple qui sauvera le monde ; tu fais partie du peuple élu”. »

Penchée au-dessus de la table du restaurant, Shula me fixa : « Vous vous rendez compte à quel point c’était effrayant ? me demanda-t-elle.

---

* En français dans le texte *(NdT)*.

Me voici, espérant que personne ne découvre mon secret – que je suis juive et pas vraiment britannique. Vous imaginez à quel point c'était terrifiant, les conséquences que ça pouvait entraîner ? » Elle craignait évidemment d'être reclassée comme apatride avec tout ce que cela impliquait : une possible déportation. « Et puis Miss Tilney m'a dit "ne t'inquiète pas, je vais veiller sur toi, je vais tout faire pour te protéger". C'était vraiment très étrange. Pour tout le monde, être juif signifiait danger, pour Miss Tilney c'était spécial. »

Après une courte pause, Shula dit : « Elle était le contraire de cette époque. »

Miss Tilney a en effet gardé un œil protecteur sur Shula. Ce n'est que plus tard, après la Libération, que Shula a appris comment elle avait sauvé Sasha Krawec. « On était dans la cour du camp, libres, éblouis, dans une sorte de *no-man's-land* sous contrôle anglais. Mon amie Rabbit (Madeleine Steinberg) avait été bouleversée par le transfert des Juifs dans un autre hôtel. Puis ce furent les transports pour Auschwitz. On pensait que Sasha avait été pris. Et ensuite, d'un seul coup, six mois plus tard, le voilà, dans la cour, peau blanche, épuisé, à moitié fou, à bout de forces. Il était comme un fou, comme drogué, mais il était vivant, sauvé par Miss Tilney. Et puis on a appris comment elle l'avait sauvé, elle lui avait dit que s'il y avait un autre transport, il faudrait lui faire signe, ce qu'il a fait ; elle l'a convoqué, il est venu, habillé en femme. »

Shula garda le silence un moment puis dit doucement : « Voilà ce qu'a fait Miss Tilney. » Elle se mit à pleurer. « *Une femme remarquable**. » Les mots sont à peine audibles.

55

ROSAMUNDE Codling de la chapelle de Surrey organisa une rencontre avec un autre membre de la congrégation qui se souvenait d'Elsie. Grace Wetherley avait près de quatre-vingt-dix ans et avait d'abord refusé de me voir – elle ne faisait pas confiance aux

* En français dans le texte *(NdT)*.

avocats. Elle céda finalement et nous nous vîmes après la messe dominicale. Son visage était remarquable dans la foule, fort et marqué, les yeux clairs et alertes, la chevelure d'un magnifique blanc profond. Oui, elle se souvenait de Miss Tilney, elle l'avait connue au début des années 1930, à l'école du dimanche, lors d'un de ses retours d'Afrique du Nord.

« Je me souviens mieux de son frère, même si je ne le trouvais pas très séduisant », dit Grace sèchement. « Il n'avait pas le caractère de sa sœur, il était un peu erratique. » Sa mémoire revenait avec mes questions. « En 1935 on m'a demandé de l'aider », précisa Grace avec excitation. « Elle était absolument dénuée de crainte et dévouée aux enfants, c'était ça son carburant. » Elle fit une pause, « *notre* carburant ». Un sourire illumina son visage. « Jeune adolescente je ne dirais pas que je l'idolâtrais, ce n'est pas le bon terme, mais j'étais pleine d'admiration pour cette femme. Elle était sans peur. »

Grace était au courant des potins et des rumeurs qui circulaient dans la congrégation sur les activités de Miss Tilney. « On disait qu'elle sauvait des bébés juifs. » Elle ne connaissait pas les détails ; « je n'ai jamais vu de bébé à la chapelle ». « C'était pendant la guerre, je le sais parce qu'elle n'était pas là, et l'idée était de se débarrasser des Juifs. Elle était sans peur, elle voyait ces pauvres enfants et elle les sauvait. Elle a fait un travail colossal en risquant sa vie. »

Après un moment de contemplation, Grace dit en souriant : « Et maintenant vous êtes venu nous voir. » « Je ne crois pas que c'était seulement parce que c'étaient des enfants juifs qui mouraient », ajouta-t-elle. « Le véritable sujet c'est que Hitler avait tout faux, comme d'habitude. Elle faisait preuve d'une grande compassion. Après tout, les chrétiens sont censés sauver tous ceux qui sont dans la détresse. » Elle se remémora l'époque et ce qu'elle avait fait elle-même. « Quels défis ai-je relevés ? » demanda-t-elle à voix haute. « Rien d'extraordinaire. La Gestapo n'allait pas venir me prendre. Elle, en revanche, avait tout à perdre ; elle aurait pu perdre la vie à chaque minute. »

Grace savait que Miss Tilney avait été prisonnière. « Je ne sais pas pourquoi, poursuivit-elle, mais sur le continent c'était une sacrée enquiquineuse, essayant de sauver les vies de ceux que Hitler voulait morts. » Elle était fière d'avoir connu Miss Tilney, cette femme qui avait eu de « la chance d'en réchapper vivante ». Elle était sur le point de mettre fin à notre conversation. « Elle était miséricordieuse, brillante et généreuse. » Pause. « Et sacrément enquiquineuse. »

Grace était ravie que j'aie trouvé le chemin de leur congrégation. « Quelle joie que vous nous ayez trouvés, quelle joie que vous ayez vu la lumière. »

56

« Tu ne t'es jamais intéressée aux motivations de Miss Tilney ? » demandai-je à ma mère. « Quelle différence ça peut faire ? » rétorqua-t-elle. Pour ma part je ne pouvais me résoudre à laisser tomber. Je voulais comprendre pourquoi Miss Tilney avait fait ce qu'elle avait fait, son voyage à Vienne pour sauver un bébé juif, cacher Sasha Krawec en prenant tant de risques.

Il y avait bien des indices, Grace Wetherley et d'autres m'en avaient donné. Je décidai de poursuivre mes recherches et retournai voir Rosamunde Codling de la chapelle de Surrey.

Elle fouilla dans ses archives et revint avec quelques informations supplémentaires, un peu hésitante cependant. « C'est un peu délicat », dit-elle, mais elle avait une réponse, assez précise, presque au sens littéral. « Le grand amour de Miss Tilney était l'amour du Christ pour les Juifs. » Continuez, dis-je. « Il semble qu'elle ait été poussée par une interprétation littérale de l'épître aux Romains de Paul. »

Rosamunde me guida à travers les passages pertinents de la fameuse lettre, pointant les versets auxquels ma mère, et moi-même, par extension, sommes redevables. Nous lisons 1, 16 ensemble : « Car je n'ai point honte de l'évangile ; c'est une force divine pour le salut de tout homme qui croit, pour le Juif d'abord, puis le Grec. »

Elle me montra ensuite le verset 10, 1 : « Frères, le vœu de mon cœur et ma prière à Dieu pour Israël, c'est qu'ils soient sauvés. »

Rosamunde pensa que ces versets-là étaient la réponse à ma question, qu'ils avaient incité Miss Tilney à voir dans sa mission auprès des Juifs une manière de les « ramener vers le Christ ». Je compris mieux son hésitation à me faire part de son intuition, elle avait dû penser que je serais froissé de savoir que Miss Tilney avait agi par idéologie religieuse. Sa crainte n'était pas justifiée.

Tom Chapman était d'accord avec les conclusions de Rosamunde. Lui aussi pensait que Miss Tilney était motivée par la compassion, associée à une croyance forte – partagée par d'autres à Surrey – en la formule «Pour le Juif d'abord». Son prédécesseur, David Panton, donnait de même une interprétation littérale de l'épître aux Romains et exprimait une profonde sympathie pour les Juifs, pour le rôle crucial qu'ils avaient joué dans l'accomplissement de la volonté de Dieu. C'était, pour Tom, un credo tout à fait opposé à celui des nazis.

«Ce que dit Paul», m'expliqua Tom, «c'est que vous témoignez de votre foi chrétienne en Dieu en exprimant votre sympathie et votre bienveillance à l'égard du peuple juif».

Miss Tilney avait-elle fait le voyage à Vienne dans l'espoir de voir l'enfant devenir chrétien? La question était étrange. «Elle était animée par une certaine liesse à l'égard du peuple juif, un désir de faire du bien à ceux qui luttent», poursuivit Tom, «et ces sentiments étaient couplés avec une position théologique qui intensifiait sa sensibilité». Un mélange de compassion et de théologie, alors?

Oui, sa motivation principale était la compassion, mais avec une pincée de théologie. «Elle était au fait de la persécution des Juifs en Allemagne et en Autriche, et sa position était l'antithèse absolue de l'antisémitisme dominant en Allemagne.»

Je sais que l'épître aux Romains est un texte controversé et pas seulement parce qu'il traite d'homosexualité ou des droits des femmes dans l'Église. Mais je sais aussi que c'est un texte important par son caractère prophétique: le Christ ne reviendra pas avant la conversion des Juifs, sa Seconde venue n'aura pas lieu tant que tous les Juifs n'auront pas accepté le même Dieu. C'était une difficulté pour Miss Tilney, dont la doctrine chrétienne faisait du salut une affaire subjective; chaque Juif devait donc décider pour lui-même, individuellement, de sa foi. L'un et non le tout. Miss Tilney devait donc se décider: Martin Luther et la Réforme ou l'Église catholique. Le protestantisme valorise la conscience individuelle, le catholicisme s'intéresse au groupe.

« C'est cela l'origine de notre conception de l'individu dans le monde moderne, m'a expliqué une de mes connaissances, experte en matière de théologie : l'idée moderne des droits de l'homme et de l'importance de l'individu est née dans le protestantisme. »

Comme Tom Chapman, je pense que Miss Tilney n'était pas motivée seulement par l'idéologie. Ses écrits, sa décision de partir pour Paris, le fait qu'elle maîtrisait le français et l'arabe, tout cela suggérait autre chose. Dans son récit sur la visite de la mosquée, elle avait remarqué la beauté et le charme d'individus particuliers. Elle était sans doute idéologue et certaine de ses croyances, mais pas au point d'être insensible aux nuances et à la richesse des vies, aux individus qui ne pensaient pas comme elle, et c'est à ces vies qu'elle souhaitait se consacrer.

Miss Tilney était une femme bienveillante, pas une idéologue faisant le travail classique des missionnaires. Elle ne cachait pas seulement des gens, elle risquait sa vie pour le faire. Peut-être que « les gens ne sont capables de grand héroïsme que s'ils croient passionnément à une cause », comme me le dit une amie lorsque je lui racontai l'histoire de Miss Tilney. « Un principe abstrait n'est pas suffisant pour faire de vous une héroïne ; il faut de profondes motivations, et des émotions aussi. »

IV.

Lemkin

S'attaquer à des groupes nationaux, religieux ou ethniques devrait être un crime international.

Raphael Lemkin, 1944[1].

57

Un beau jour de printemps à New York, en 1959, Nancy Lavinia Ackerly, étudiante de Louisville, Kentucky, pique-niquait avec un ami indien sur la pelouse du Riverside Park, non loin du campus de Columbia University, lorsqu'un homme d'un certain âge, élégamment vêtu, en costume et cravate, s'approcha d'eux. Nancy remarqua ses yeux chaleureux : « Je connais les mots pour dire "je vous aime" en vingt langues, puis-je les partager avec vous ? » dit-il avec un lourd accent d'Europe centrale[2].

« Faites, dit Nancy, faites, je vous en prie. » Il s'installa auprès d'eux et, au cours d'une conversation à bâtons rompus, elle apprit qu'il était l'auteur de la Convention pour la Prévention et la Répression du Génocide, qu'il s'appelait Raphael Lemkin et qu'il était originaire de Pologne.

Nancy et Lemkin devinrent proches. Elle allait le voir dans son studio au 112, West Street, un endroit rempli de livres et de papiers, meublé d'un canapé-lit, mais dépourvu de téléphone et de toilettes. Nancy ignorait qu'il n'avait pas d'argent et qu'il était malade. Après quelques mois de relation amicale, Lemkin lui demanda si elle voulait l'assister dans la rédaction de ses Mémoires : serait-elle disposée à en « lisser la langue » ? Durant l'été, ils travaillèrent ensemble sur le manuscrit que Lemkin intitula *Totalement inofficiel [Totally Unofficial]*.

Lemkin ne parvenant pas à trouver d'éditeur pour ses Mémoires, son texte finit quelques douzaines de blocs au sud de Columbia, dans les entrailles de la New York Public Library[3]. Des années plus tard, un généreux universitaire américain mentionna le manuscrit et m'en fit parvenir une photocopie. Je le reçus à Londres où je le lus avec beaucoup d'intérêt et de soin. Les lacunes m'apparurent immédiatement, mais je pus savourer ce texte écrit à la machine, lourdement annoté par Lemkin. Un passage en particulier sur ses années d'études à Lwów me captiva, pas plus de quelques lignes, écrites sans doute avec le recul que permet le temps, et relatant une conversation avec un professeur dont il ne donne pas le nom (dans d'autres versions du texte, il est question de plusieurs professeurs). Le passage attira toutefois mon attention et m'apprit finalement que Lemkin et Lauterpacht avaient eu les mêmes enseignants à la même faculté de droit.

58

« Je suis né [...et] j'ai vécu les dix premières années de ma vie dans une ferme située dans un lieu appelé Ozerisko, à environ vingt-deux kilomètres de la ville de Wołkowysk », écrit Lemkin dans ses Mémoires[4]. Sa vie a commencé dans la clairière d'une forêt en juin 1900, non loin de Białystock. Un endroit situé à plusieurs centaines de kilomètres au nord de Lemberg, dans une région polonaise annexée par la Russie en 1795, un siècle plus tôt. La région était connue sous le nom de Russie blanche, Ruthénie blanche ou Litva. La Prusse orientale se trouvait au nord, l'Ukraine moderne au sud, la Russie à l'est, la Pologne moderne à l'ouest. Ozerisko, maintenant Azyaryska, en Biélorussie, est une localité si petite qu'elle n'a jamais vraiment été répertoriée sur une carte.

C'est donc là que Lemkin est né, deuxième des trois fils de Bella et Josef Lemkin, l'enfant au milieu de la photo, encadré de ses deux frères, Elias et Samuel. Son père travaillait comme métayer sur des terres où les Juifs se trouvaient pris entre les Polonais et les Russes qui, depuis longtemps, se disputaient la place. La vie était un combat quotidien, et, comme le disait le père de Lemkin, elle ressemblait à une seule couverture pour trois dormeurs. « Quand celui de droite tire la couverture à lui », seul celui du milieu peut être sûr de rester couvert[5].

Les Lemkin partageaient la ferme avec deux autres familles, les enfants formant une « bande heureuse ». Lemkin se souvient d'une enfance idyllique passée au milieu de coqs et d'autres animaux, d'un gros chien répondant au nom de Riabczyk, d'un grand cheval blanc, et du « chuchotement métallique » des faux que l'on agitait pour couper le trèfle et le seigle dans les champs. La nourriture était abondante : pain noir et oignons crus, flan aux pommes de terre. Lemkin apportait son aide dans la ferme située non loin d'un vaste étang bordé de bouleaux blancs sur lequel ses frères et lui naviguaient dans des barques qu'ils fabriquaient eux-mêmes, jouant aux pirates et aux Vikings. De temps à autre, l'idylle était interrompue par la visite d'un fonctionnaire tsariste qui venait faire respecter la loi interdisant aux Juifs de posséder des fermes. Josef Lemkin contournait la règle en versant des pots-de-vin à l'officier de police moustachu, en uniforme et bottes cirées noires, qui se déplaçait sur un grand cheval[6]. Ce fut le premier personnage officiel qui fit peur à Lemkin.

Il commença à étudier la Bible à l'âge de six ans ; pour Lemkin, ce fut une première rencontre avec les prophètes qui prêchaient la justice parmi les hommes et la paix parmi les nations. Il poursuivit ses études dans un village voisin où ses grands-parents avaient une pension de famille ; c'est sa mère Bella, une lectrice vorace, qui lui fit découvrir les fables d'Ivan Krylov, des histoires de justice et de désillusion. À la fin de sa vie, il récitait encore la fable de la cigogne et du renard : le renard invite la cigogne à déjeuner et lui présente son repas sur une assiette plate ; la cigogne rend l'invitation et sert le repas dans une bouteille au col étroit[7]. L'injustice ne paie pas, telle était la leçon de cette fable pour enfants.

Bella chantait souvent des chansons à son fils, des mélodies simples, peut-être des variations sur les poèmes de Semyon Nadson, un auteur romantique russe du XIXe siècle dont le poème musical « Le triomphe de l'amour » condamnait la violence. « Regarde comme le mal opprime l'humanité », le monde est « malade de torture et de sang », note Nadson[8]. Les écrits du poète ont inspiré Serguei Rachmaninov : l'année de la naissance de Lemkin, le compositeur utilisa un autre poème (« Melodiya ») pour son opus 21, n° 9, un morceau romantique pour piano et ténor chantant l'espoir en une humanité meilleure.

À ma demande, un collègue biélorusse s'est rendu à Azyaryska, à trois heures de voiture de Minsk. Il y a découvert un ensemble de maisons en bois, chacune occupée par une veuve âgée. L'une d'entre elles, dans sa quatre-vingt-cinquième année, lui a dit en souriant qu'elle était trop jeune pour se rappeler Lemkin. Elle lui a conseillé de se rendre au cimetière juif abandonné : « cela pourra peut-être vous aider », lui a-t-elle dit.

Azyaryska, Biélorussie, 2012.

Non loin du hameau, mon ami a découvert le village de Mižeryčy, le foyer d'une famille noble biélorusse, les Skirmunt, autrefois célèbres pour leur collection de livres français et polonais. « Peut-être est-ce pour cela que la mère de Lemkin parlait autant de langues », a suggéré mon ami.

Ces années-là n'étaient pourtant pas purement idylliques. Lemkin entendait parler de pogroms et de violences contre les Juifs. À Białystock en 1906, lorsqu'il avait six ans, cent Juifs avaient été assassinés. Il s'imaginait des corps éventrés, bourrés de plumes d'oreiller, mais il est probable que cette imagination macabre trouvait plutôt sa source dans un poème de Bialik, « La ville du massacre », où l'auteur donne un compte rendu imagé d'une atrocité commise plus de mille kilomètres au sud. L'un des vers évoque en effet « l'histoire du ventre ouvert et de plumes rembourré[9] ». Lemkin connaissait l'œuvre de Bialik dont il avait traduit en polonais, en 1926, le premier livre, une nouvelle intitulée *Noach i Marynka*[10]. J'ai réussi à en trouver une copie à la bibliothèque de l'Université hébraïque de Jérusalem. C'est l'histoire d'un amour adolescent entre un jeune Juif et une Ukrainienne, une histoire de conflit entre groupes.

En 1910, les Lemkin quittèrent Ozerisko pour une autre ferme dans la localité proche de Wołkowysk. Les parents voulaient en effet donner une meilleure éducation à leurs enfants, et permettre à leur fils de fréquenter un collège en ville. Lemkin y devint un lecteur admiratif de Tolstoï (« croire en une idée signifie la vivre[11] », aimait-il à dire), et de *Quo vadis*, un roman historique de Henryk Sienkiewicz sur l'amour et la Rome antique. Il raconta à Nancy Ackerly qu'il l'avait lu à onze ans et qu'il avait demandé à sa mère pourquoi la police n'était pas intervenue quand les Romains avaient jeté les chrétiens aux lions. Des histoires analogues jalonnaient ses Mémoires : un compte rendu par exemple d'un « meurtre rituel » juif qui aurait eu lieu à Kiev en 1911 – le genre d'événement qui lui avait valu, ainsi qu'aux autres élèves juifs, d'être raillé pour son appartenance religieuse.

59

En 1915, la Première Guerre toucha Wołkowysk. Dans ses Mémoires qui, je m'en suis aperçu, sont non seulement incomplets mais aussi enjolivés d'épisodes inventés, ou imaginés, Lemkin écrit que les Allemands avaient saccagé la ferme familiale en arrivant, puis en repartant en 1918, mais qu'ils n'avaient pas touché aux livres de Bella. Excellent élève, doté d'un don phénoménal pour les langues, il fut admis au lycée de Białystock. À la fin de la guerre, Wołkowysk devint polonaise, et Lemkin, comme Lauterpacht et Leon, obtint la nationalité polonaise.

Lemkin, Białystock, 1917.

À la fin de la Première Guerre, un drame d'une autre nature s'était abattu sur la famille Lemkin. En juillet 1918, l'épidémie de grippe espagnole avait atteint Wołkowysk et avait fait de nombreuses victimes, dont le jeune frère de Lemkin, Samuel.

Lemkin dit avoir commencé à réfléchir au sens que prend la destruction des groupes à peu près à ce moment-là, quand il avait environ dix-huit ans. Relayé par la presse de l'époque, le massacre des Arméniens, à l'été de 1915, avait retenu son attention. « Plus de 1,2 million d'Arméniens tués, dit-il, pour avoir eu le tort d'être chrétiens[12]. » Henry Morgenthau, l'ambassadeur américain auprès de l'Empire ottoman, rédacteur du rapport sur les tueries de Lwów en 1918, avait vu dans ces massacres « le plus grand crime de tous les temps[13] ». Pour les Russes, c'étaient des « crimes contre la chrétienté et la civilisation », une formule que les Français avaient reprise mais transformée, parlant de « crimes contre l'humanité et la civilisation » par égard pour la sensibilité des musulmans[14]. « Une nation a été assassinée et les coupables sont libres », écrit Lemkin, accusant Talaat Pacha, ministre ottoman, d'être le « criminel le plus effroyable »[15].

60

LE RÉCIT de Lemkin saute allégrement les années qui ont suivi la Première Guerre mondiale et passe rapidement sur ses études à Lwów. Il a, selon plusieurs biographes, étudié la philologie, mais on sait peu de choses de ce cursus. Avec mes assistants ukrainiens, Ivan et Ihor, nous sommes retournés aux archives de Lviv, mais nos recherches ont été vaines. Le récit était-il faux ? Lemkin était-il un affabulateur ? Après un été stérile, je suis tombé par hasard sur une référence, un annuaire universitaire mentionnant un titre de docteur en droit qu'il avait obtenu à l'été de 1926, et le nom de son directeur, le professeur Dr Julius Makarewicz, l'homme qui avait enseigné le droit pénal à Lauterpacht. C'était curieux, remarquable même : les deux hommes qui avaient introduit les crimes contre l'humanité et le génocide dans le droit international et dans le procès de Nuremberg avaient eu le même enseignant.

Nous avons donc poursuivi nos recherches aux archives municipales. Ivan dépouillait systématiquement chaque volume ayant un rapport avec les étudiants de la faculté de droit entre 1918 et 1928, une tâche éreintante. La table était chargée de plusieurs piles de livres, trente-deux volumes reliés, chacun contenant des centaines de pages de dossiers d'étudiants.

Nous avons ainsi parcouru des milliers de pages. Certains volumes n'avaient pas été consultés depuis des années ; d'autres portaient la trace d'une recherche récente, un bout de papier inséré en guise de marque-page. Après plusieurs heures, nous avons ouvert le volume 207, le catalogue décanal de l'année académique 1923-1924, *H* à *M*[16]. Ivan a tourné une page et a poussé un cri de joie, il avait trouvé une signature : « R. Lemkin ».

Le gribouillis noir au trait sûr confirmait que Lemkin avait bien fait ses études à Lwów. Ivan et moi nous sommes embrassés ; une vieille dame en chemisier rose nous a souri. Lemkin avait signé en 1923, indiqué ses lieu et date de naissance (24 juin 1900, Bezwodne), le nom de ses parents (Josef et Bella), leur ville natale (Wołkowysk), une adresse à Lwów, ainsi qu'une liste complète des cours qu'il avait suivis.

Nous avons reconstitué un dossier universitaire complet, depuis son inscription en octobre 1921 jusqu'à son diplôme en 1926. Un document datant de 1924 – le *Absolutorjum* – numérotait tous les cours suivis, et le *Protokol egzaminu*[17] de 1926 (certificat d'examen) confirmait l'obtention d'un titre de docteur en droit le 20 mai. Les documents contenaient des informations nouvelles : un diplôme de fin d'études du Gymnasium de Białystok datant du 30 juin 1919 ; l'inscription trois mois plus tard à l'Université Jagellon à Cracovie ; l'arrivée à la faculté de droit de Lwów le 12 octobre 1921.

Dans ce parcours, il y avait pourtant un trou d'une année entière, de l'été de 1920 à l'été de 1921. Lemkin ne mentionnait nulle part son séjour à Cracovie. Il y avait étudié l'histoire du droit et différents sujets polonais, mais ni le droit pénal ni le droit international. Un chercheur polonais affirme qu'il avait participé à la guerre polono-soviétique, et Lemkin lui-même mentionne une blessure contractée en 1920, lorsque le maréchal Piłsudski avait bouté les forces bolcheviques hors de la Pologne orientale. Mais ses Mémoires étaient muets sur ces événements. Le professeur Marek Kornat, un historien polonais, m'a raconté que Lemkin avait été renvoyé de l'Université de Cracovie lorsqu'on s'était aperçu que les informations qu'il avait fournies sur son statut dans l'armée polonaise en 1919 étaient fausses (il avait seulement servi d'assistant volontaire à un juge militaire). Découvrant la supercherie, les autorités de l'Université de Cracovie l'auraient exclu (un « endroit très conservateur[18] » comparé au libéralisme de Lwów, m'a dit le professeur Kornat).

61

« Je me suis inscrit à Lwów, écrit Lemkin dans ses Mémoires, pour suivre des études de droit. » Il n'en dit pas beaucoup plus mais, armé du dossier universitaire que nous avons découvert, j'ai pu reconstruire son cursus ainsi que les différentes adresses où il a vécu.

Il a passé cinq ans à l'Université de Lwów. Arrivé en 1921, l'année où Lauterpacht partait, il y est resté jusqu'en 1926. Durant ces huit semestres de scolarité, il a suivi quarante-cinq cours portant sur des sujets aussi différents que le droit canon, le système judiciaire polonais et le droit romain ; les cours étaient généralement donnés par les enseignants que Lauterpacht avait eus. Lemkin a vécu la première année dans la partie occidentale de la ville, au 6, rue Stebona (aujourd'hui rue Hlyboka). La Pologne sortait alors d'une longue guerre avec la Russie, qui s'était conclue par un accord sur le tracé d'une nouvelle frontière, deux cent cinquante kilomètres à l'est de la ligne Curzon (un tracé sur lequel Lauterpacht avait lui-même travaillé en 1919) : quatre millions d'Ukrainiens revenaient ainsi dans le giron polonais.

J'ai visité l'immeuble de quatre étages dans lequel Lemkin a vécu. Une sculpture de jeune femme ornait le dessus de l'entrée, des fleurs joliment taillées décoraient les fenêtres. Il semblait que la façade reflétait le marché aux fleurs très fréquenté qui occupait l'espace délaissé situé en face du bâtiment. L'immeuble se trouvait près de l'école polytechnique de Lemberg présidée par le Dr Fiedler. Lors d'une promenade sur la colline de Vysoky Zamok (connue également sous le nom de Colline du Château), celui-ci avait accompagné, en 1919, Arthur Goodhart, le jeune juriste au service du Président Woodrow Wilson, et l'avait prévenu de troubles imminents dans la région.

L'année suivante, Lemkin a étudié le droit pénal polonais avec le professeur Dr Julius Makarewicz, qui avait auparavant enseigné le droit pénal autrichien à Lauterpacht. Les autres cours portaient sur le droit commercial international (dispensé par le professeur Allerhand) et le droit de la propriété (donné par le professeur Longchamps de Bérier), deux enseignants tués lors de l'arrivée des Allemands en 1941. Lemkin vivait alors au 44 de la rue Grodecka (maintenant Horodotska), une large artère menant à l'Opéra, imposant bâtiment palladien tapi dans l'ombre de la cathédrale Saint-Georges, à une courte distance de la rue Szeptyckich, le lieu de naissance de mon grand-père Leon.

21, Zamarstynivs'ka, Lviv, 2013.

La troisième année d'études de Lemkin a débuté à l'automne de 1923. Il a suivi un enseignement de droit pénal, deux cours donnés par le professeur Makarewicz, et un premier cours de droit international délivré par Ludwik Ehrlich (Ehrlich occupait la chaire que Lauterpacht a convoitée plus tard sans succès[19]). Lemkin, qui avait encore déménagé, vivait maintenant dans un quartier ouvrier plus pauvre, situé du mauvais côté du chemin de fer. On y accédait en passant sous les arcades du pont qui, vingt ans plus tard, a marqué l'entrée du ghetto juif de la ville de Lemberg occupée par les Allemands. Aujourd'hui, le 21 de la rue Zamarstynowska (maintenant Zamarstynivs'ka) dégage un air lugubre ; l'immeuble aurait besoin d'entretien et d'attention.

Les logements de Lemkin étaient de plus en plus petits, comme pour symboliser une trajectoire descendante.

62

Dans ses Mémoires, Lemkin ne mentionne aucun des endroits où il a vécu à Lwów. Il parle en revanche du procès « le plus pittoresque et le plus sensationnel » qui s'était déroulé à Berlin en juin 1921, trois mois avant le début de ses études. L'accusé, un jeune Arménien nommé Soghomon Tehlirian, avait assassiné un ex-ministre du gouvernement ottoman, Talaat Pacha, dans la capitale allemande. Le tribunal était présidé par un juge répondant au nom opportun de Dr Erich Lehmberg. Tehlirian, un étudiant « au visage étroit, pâle, malgré sa peau sombre » qui aimait les cours de danse et la mandoline, affirmait avoir tué Talaat Pacha pour venger le meurtre de sa famille et des Arméniens d'Erzurum, sa ville natale.

Devant une salle comble (Robert Kempner, un jeune étudiant en droit allemand qui, un quart de siècle plus tard, assisterait Lemkin à Nuremberg, se trouvait dans l'assistance), l'avocat de Tehlirian avait joué la carte de l'identité de groupe, et fait valoir que l'accusé avait vengé la « grande et patiente » famille des Arméniens. Témoin vedette, Johannes Lepsius, un missionnaire protestant allemand de soixante-deux ans, avait accusé les Turcs d'avoir fomenté le massacre des Arméniens en 1915. Le juge Lehmberg avait demandé au jury d'acquitter Tehlirian s'il pensait que celui-ci n'avait pas agi librement, mais en raison d'un « tourment intérieur ». Après une courte délibération – moins d'une heure –, les jurés avaient déclaré l'accusé « non coupable », ce qui avait provoqué une certaine agitation[20].

Le procès avait reçu un écho important dans la presse et était devenu l'objet de débats dans les salles de cours. « J'ai débattu du procès avec mes professeurs[21] », écrit Lemkin dans ses Mémoires. Il ne donne aucun indice sur l'identité des professeurs, mais il exprime son inquiétude sur l'équité de règles qui ont permis à la Turquie de maltraiter impunément tant de ses citoyens arméniens. Lemkin doute des motivations de Tehlirian, « justicier auto-déclaré de la conscience de l'humanité », qui voulait assurer un ordre moral global. Mais il est encore plus préoccupé par l'idée que l'assassinat d'Arméniens innocents demeurât impuni.

Plus tard, il a fréquemment évoqué ses conversations avec ses professeurs. Tehlirian avait agi de manière juste, leur avait-il dit. Qu'en est-il alors, avait objecté l'un de ses enseignants, de la souveraineté, du droit des États de traiter leurs citoyens comme ils le souhaitent ? À proprement parler, le professeur avait raison : le droit international ne limitait pas le pouvoir des États. De manière tout à fait surprenante, aucun traité ne pouvait empêcher la Turquie de faire ce qu'elle avait fait : tuer ses propres citoyens. La souveraineté n'était pas un vain mot, elle était totale et absolue.

Là n'est pas le but de la souveraineté, avait répondu Lemkin, elle doit être au service de la politique étrangère, de la construction d'écoles et de routes, elle doit assurer le bien-être des gens. Elle ne devrait pas « permettre à l'État de tuer des millions de personnes innocentes ». Et si l'État avait ce pouvoir, le monde aurait besoin d'une loi pour l'interdire. D'après le compte rendu, impossible à vérifier, que Lemkin en a donné, l'échange avec l'un de ses enseignants avait pris de l'ampleur et avait été un moment fondateur.

« Les Arméniens ont-ils jamais tenté d'arrêter le massacre commis par les Turcs ?

– Il n'y avait pas de loi pour le faire, répliqua le professeur.

– Bien qu'ils aient pris part à l'assassinat de tant de personnes ? objecta Lemkin.

– Prenons le cas d'un homme qui possède des poulets, rétorqua le professeur. Il les tue. Pourquoi pas ? Ce n'est pas votre affaire. Si vous intervenez, c'est une ingérence non autorisée.

– Les Arméniens ne sont pas des poulets », répondit Lemkin vertement.

Le professeur attendit que ce moment de fougue soit passé, puis avança un autre argument. « Lorsque vous intervenez dans les affaires internes d'un pays, vous violez sa souveraineté.

– Dans le cas de Tehlirian, c'est donc un crime d'abattre un homme, mais ce n'en est pas un lorsque le même homme en tue un million ? » demanda Lemkin.

Le professeur haussa les épaules. Lemkin était « jeune et excité ». « Si vous connaissiez le droit international… »

Le récit est-il véridique ? Lemkin a constamment fait référence à cet échange, expliquant que le procès de Tehlirian avait changé sa vie[22]. Bob Silvers, l'éditorialiste de la *New York Review of Books*, se souvient de l'avoir entendu raconter l'histoire en 1949 dans un cours à l'école de droit de Yale (Silvers garde l'image d'un homme « solitaire, déterminé, compliqué, émotif et volubile », quelqu'un qui n'était pas véritablement charmant, mais qui « *essayait* de charmer les gens »[23]). Lemkin a raconté cet échange à un auteur de théâtre, à des diplomates et à des journalistes. J'étais cependant curieux de connaître le nom de ce professeur qui ne figure pas dans ses Mémoires. Un indice apparaissait assez clairement : dans un environnement aussi formel qu'une salle de cours, Lemkin devait bien connaître l'enseignant pour le défier ainsi.

63

Je me suis donc tourné vers le professeur Roman Shust, doyen de la faculté d'histoire de l'Université de Lviv, l'homme dont on disait qu'il savait « tout » sur le passé de l'institution. Nous nous sommes vus le jour où la Cour européenne des droits de l'homme réexaminait le cas qui avait tant excité Lemkin. Elle a conclu, on le sait, que la Turquie ne pouvait pas criminaliser l'usage du terme « génocide[24] » en référence aux assassinats des Arméniens, dans la mesure où le terme n'avait pas encore été inventé lorsqu'ils se produisirent en 1915.

Le doyen Shust occupait un petit bureau dans le bâtiment de l'ancien Parlement austro-hongrois qui fait aujourd'hui partie de l'université. C'était un homme imposant aux cheveux gris, arborant un sourire amical. Il était affalé sur sa chaise, amusé qu'un universitaire du lointain Londres puisse s'intéresser aux vieilles histoires de sa ville. Il avait entendu parler de Lemkin mais pas de Lauterpacht, et sembla vivement intéressé par les pièces d'archives que nous avions dénichées avec Ivan.

« Saviez-vous que les nazis ont également épluché les dossiers d'étudiants lorsqu'ils étaient ici en 1941 ? » dit le doyen, songeur. Il me montra la rubrique « nationalité » dans le dossier de Lemkin, où celui-ci avait écrit « mosaïque ». Les étudiants venaient aux archives pour se débarrasser de leurs papiers, les enseignants aussi : le professeur Allerhand, par exemple, dont Lemkin et Lauterpacht avaient suivi les cours.

« Savez-vous ce qui est arrivé au professeur Allerhand ? » me demanda le doyen.

Je secouai la tête négativement.

« Assassiné au camp de Janowska, poursuivit-il, ici même, en plein milieu de cette ville[25]. Un officier de police allemand était en train de tuer un Juif, dit-il. Le professeur Allerhand a tenté d'attirer son attention, il s'est donc approché de lui et lui a posé une question simple : "Vous n'avez donc pas d'âme ?" L'officier s'est retourné vers Allerhand, a levé son revolver et l'a abattu. Le compte rendu est dans les Mémoires d'un autre prisonnier. »

Il soupira.

« Nous essaierons de vous aider à trouver ce professeur qui discutait avec Lemkin. » Le doyen m'expliqua que les enseignants professaient une gamme d'opinions politiques très large dans les années 1920, et que cela n'avait pas changé aujourd'hui. « Certains n'ont jamais accepté des étudiants juifs ou ukrainiens dans leurs cours ; d'autres faisaient asseoir les Juifs au fond de la salle de classe. » Le doyen Shust jeta un coup d'œil au dossier de Lemkin. « Mauvaises notes », s'exclama-t-il, dues probablement à sa « nationalité », qui a provoqué une « attitude négative » de la part de certains professeurs, sans doute sympathisants du Parti national-démocrate. Il m'expliqua que le dirigeant du parti, Roman Dmowski, était un ultra-nationaliste aux « sentiments ambivalents » envers les minorités[26]. Je me suis rappelé la conversation de Henry Morgenthau avec Dmowski à Lwów en août 1919. La Pologne appartient aux Polonais et à eux seuls, aurait dit Dmowski au diplomate américain ; selon Morgenthau l'« antisémitisme [de Dmowski] n'était pas religieux mais politique ». Dmowski avait en outre prétendu n'avoir aucun préjugé, politique ou autre, à l'égard des Juifs non polonais.

Le doyen est revenu sur les événements de novembre 1918, les « éliminations » des Juifs, comme il dit. Les étudiants étaient exposés aux « avis négatifs » de certains enseignants, des plus jeunes généralement, moins tolérants que les professeurs de l'ère autrichienne. « Quand Lemkin était ici, Lwów était une société multilingue et multiculturelle, un tiers de la population de la ville était juif. » Souvenez-vous toujours de cela, dit le doyen.

Ensemble nous avons admiré une photo des professeurs de Lemberg prise en 1912[27].

Le doyen m'a montré Juliusz Makarewicz, au centre du groupe ; c'était celui qui avait la plus longue barbe. « Il est probable, dit le doyen,

Faculté de droit, Lemberg, 1912 : Juliusz Makarewicz, barbu,
est le deuxième au centre en partant du bas (n° 15).

que c'est le professeur sans nom dont parle Lemkin, car c'est lui qui enseignait le droit pénal à Lauterpacht et Lemkin. » Il a passé un rapide coup de fil et, au bout de quelques minutes, une collègue a franchi la porte. Zoya Baran, professeur associée, était l'experte locale de Makarewicz. Élégante, péremptoire, intéressée, elle m'a résumé le long article en ukrainien qu'elle lui avait consacré peu de temps auparavant[28].

Elle ne pouvait affirmer « avec certitude » que Makarewicz était le professeur sans nom, dit le professeur Baran, mais que c'est « vraisemblable ». « Makarewicz est né juif, puis il a été baptisé catholique. Il a publié des travaux sur les minorités nationales qui sont devenus la plate-forme idéologique du parti politique qu'il soutenait, le Parti chrétien-démocrate polonais, connu sous le nom de Chadecja. »

Quelles étaient ses opinions sur les minorités, les Juifs et les Ukrainiens?

« Les minorités nationales qui ne prétendaient pas gouverner le pays étaient tolérées », dit-elle sans ménagement. « La minorité slave? Détestée. Les Juifs? Émigration. » Elle esquissa un geste de mépris.

Makarewicz pensait que les minorités nationales étaient « dangereuses », poursuivit-elle, en particulier lorsqu'elles constituaient la « plus grosse partie » de la population de certaines régions et, plus encore, « quand elles étaient installées à la frontière de l'État ». Lwów étant considéré comme une ville frontière, Makarewicz a donc dû penser que les Juifs et les Ukrainiens de la ville présentaient un « danger » particulier pour la Pologne, indépendante depuis peu. Elle nous dit aussi que Makarewicz avait des « idées politiques de droite »; il détestait le Traité des minorités polonaises de 1919 parce qu'il était discriminatoire envers les Polonais. Les minorités pouvaient se plaindre auprès de la Société des Nations si leurs droits étaient violés, mais les Polonais ne pouvaient faire de même. Makarewicz était un nationaliste et un survivant. En 1945, le KGB l'a arrêté et déporté en Sibérie. Libéré grâce à l'intervention d'un groupe de professeurs polonais, il est revenu, a repris son enseignement à la faculté de droit de Lvov, ville désormais sous contrôle soviétique. Il est mort en 1955[29].

« Voulez-vous visiter les salles de cours où Lauterpacht et Lemkin ont étudié? me demanda le doyen.

– Oui, dis-je, avec grand plaisir. »

64

LE LENDEMAIN MATIN, j'ai retrouvé Zoya sur Prospekt Shevchenka, à l'ombre du monument dédié à Mykhaïlo Hrouchevsky, le plus grand historien ukrainien du XXe siècle. Nous nous étions donné rendez-vous près de l'immeuble qui avait abrité autrefois le Café Écossais où les mathématiciens se retrouvaient, dans les années 1930, pour résoudre d'obscures équations. Zoya était accompagnée d'un doctorant, Roman, qui avait trouvé la liste de tous les cours donnés par le professeur Makarewicz entre 1915 et 1923 dans la salle N13 du vieux bâtiment de la faculté de droit, au 4 de la rue Hrushevskoho (autrefois rue Mykolaja Sw). La faculté se trouve à quelques pas : c'est une bâtisse imposante de trois étages, une construction bicolore du XIXe siècle austro-hongrois – blanc crème au rez-de-chaussée, ocre aux étages supérieurs. Sur le mur extérieur, quelques plaques rappellent le nom des sommités qui y ont enseigné ; on n'y trouve aucune mention de Lauterpacht, de Lemkin, ou d'autres juristes.

L'ancien bâtiment de la faculté de droit, 4, rue Hrushevskoho, 2012.

Schlegelia wilsonii, département de biologie, Lviv, 2011.

L'intérieur sombre est éclairé par des globes en verre suspendus au plafond, donnant juste assez de lumière pour éclairer les salles de cours décrépies et la peinture écaillée qui se décolle des murs. Il n'est pas difficile d'imaginer les étudiants en droit s'abriter du froid et des combats de rue dans ce temple de la loi et de l'ordre. La faculté de droit est devenue la faculté de biologie : son doyen nous accueille et nous accompagne au musée zoologique situé à l'étage supérieur. Sa collection remarquable date de la période austro-hongroise, cinq salles pleines d'artéfacts. Des papillons et des mites, et aussi des poissons, dont l'effrayant *Lophius piscatorus*, le poisson-grenouille aux dents acérées, connu sous le nom de baudroie. Une bande de lézards et de reptiles, suivis de squelettes de mammifères, gros et petits. Un pélican empaillé contemple la ville par la fenêtre, d'improbables singes escaladent les murs, des oiseaux de toutes teintes, couleurs, formes et tailles sont suspendus au plafond ou perchés dans des vitrines en verre. Des milliers d'œufs, méticuleusement disposés par genre, taille et provenance géographique. Un aigle descendant en piqué, observé par des chouettes blanches. On peut admirer *Schlegelia wilsonii*, un oiseau de paradis capturé en Papouasie-Nouvelle-Guinée, une créature du XXe siècle d'une beauté et d'une couleur exquises.

« Les Autrichiens se sont inspirés de ces oiseaux pour la confection de leurs chapeaux », nous explique le directeur. On remarque un petit oiseau jaune et noir arborant deux plumes vrillées sur la tête, l'une tournée vers la gauche, l'autre vers la droite. Un endroit aussi incongru rappelle de manière frappante que Lviv n'a pas de musée dédié à ses anciens résidents, ses communautés depuis longtemps disparues, les Polonais, les Juifs et les Arméniens. La ville a en revanche une superbe collection zoologique, en souvenir des chapeaux portés par les disparus.

Notre halte suivante est la salle de classe où a étudié Ivan Franko, le célèbre auteur ukrainien. Franko, écrivain et activiste, est mort à Lemberg en 1916 dans un état de pauvreté abjecte. Aujourd'hui, une grande statue à son effigie se trouve face au bureau du doyen Shust, de l'autre côté de la rue, et une salle de cours porte son nom. Nous frappons, puis entrons dans la salle. Les étudiants sont assis comme l'ont peut-être été Lauterpacht et Lemkin, derrière des rangées de bureaux en bois donnant sur la cour intérieure ; ils lèvent la tête, le cours est interrompu. La lumière inonde la pièce, ses rayons traversant les lanternes en cuivre suspendues au plafond. La salle est simple et élégante, claire et aérée, c'est un endroit propice à l'étude, au calme, à l'ordre et à la hiérarchie.

Dans cette salle, ou dans une autre qui lui ressemble, Lauterpacht et Lemkin ont appris le droit. Dans ce bâtiment, Makarewicz a délivré son dernier cours sur le droit pénal de l'Empire austro-hongrois à l'automne de 1918. En novembre de la même année, lorsque la violence a gagné la ville, Lauterpacht a quitté les barricades pour prendre place dans une salle semblable ; le pouvoir changeait alors de camp toutes les semaines, passant des Austro-Hongrois aux Polonais, puis aux Ukrainiens, puis à nouveau aux Polonais. Et, pendant ce temps, le professeur Makarewicz a continué d'enseigner le droit pénal d'un empire qui avait cessé d'exister.

Quatre ans plus tard, alors que Lemkin était assis sur les mêmes bancs en bois, Makarewicz enseignait le droit pénal polonais. L'horaire avait peut-être changé – le cours de Makarewicz auquel Lauterpacht assistait commençait à dix heures du matin, Lemkin suivait celui de dix-sept heures – mais non la salle. C'était un peu comme dans la nouvelle de Joseph Roth, « Le buste de l'empereur », où le comte Morstin, le vieux gouverneur galicien, continue, des années après la mort de François-Joseph, de s'adonner à un rituel quotidien devant le buste de l'empereur. « Seule mon ancienne patrie, la monarchie austro-hongroise, était une grande maison, avec beaucoup de portes et beaucoup de pièces… » s'amusait à réciter Morstin, mais désormais « on a partagé cette maison, on l'a morcelée, on l'a détruite »[30].

Malgré la succession des pouvoirs, Makarewicz a continué à creuser son sillon. Le pays changeait, le gouvernement changeait, les étudiants changeaient, les lois elles-mêmes changeaient, mais la salle N13 demeurait. Dans les années qui ont suivi, sous les lois soviétiques, puis sous les décrets allemands de Hans Frank, puis à nouveau sous les lois soviétiques, Makarewicz a ajusté son enseignement pour s'accorder aux nouvelles réalités. Après chaque cours, le grand survivant quittait la faculté de droit, prenait la rue Drahomanova, passait devant la bibliothèque universitaire, et montait doucement la colline vers la maison qu'il s'était fait construire, au numéro 58. Arrivé chez lui, il pouvait se couper du monde extérieur.

65

Lemkin a obtenu son diplôme en 1926. Il terminait alors la traduction de la nouvelle de Bialik, et mettait la dernière main à son livre sur le droit pénal russe et soviétique que Makarewicz a préfacé[31]. Les temps étaient durs, économiquement mais aussi politiquement : le coup d'État du maréchal Piłsudski avait réussi, le gouvernement élu avait été renversé. Lemkin pensait que l'alternative – les nationaux-démocrates antisémites de Dmowski – aurait été bien pire.

Deux semaines après le coup d'État, Lemkin s'était passionné pour un autre assassinat politique, qui le concernait cette fois de plus près, puisque la victime était le président antibolchevique de l'éphémère République populaire d'Ukraine occidentale de 1918, le général Symon Petliura, abattu d'un coup de revolver rue Racine à Paris. Circonstance aggravante, l'assassin, Samuel Schwartzbard, était un horloger juif qui voulait venger les meurtres des Juifs de

Russie, semble-t-il ordonnés par Petliura. Le procès de Schwartzbard avait soulevé un engouement médiatique semblable à celui qu'avait provoqué l'affaire Tehlirian, et Lemkin y avait prêté une attention minutieuse[32]. Parmi les témoins figuraient des auteurs célèbres, Israel Zangwill pour la défense et Maxime Gorki pour l'accusation, mais le témoin vedette était une infirmière de la Croix-Rouge ukrainienne, Haia Greenberg. Celle-ci affirmait en effet avoir assisté à un pogrom en février 1919 et, selon son témoignage, les soldats assassins de Petliura perpétraient les tueries au son d'un orchestre militaire.

Le jury délibéra pendant moins d'une heure, puis déclara Schwartzbard « non coupable », ses actes n'ayant pas été prémédités. Selon le compte rendu du *New York Times*, quatre cents personnes s'étaient entassées dans la salle d'audience parisienne – « des Juifs d'Europe centrale et orientale à la barbe blanche », « des garçonnes à la coupe au bol », des « Ukrainiens aux traits slaves » – et avaient accueilli le verdict avec des « vivats pour la France »[33]. Lemkin s'en était réjoui. « Ils ne pouvaient ni acquitter Schwarzbard *[sic]* ni le condamner », avait-il écrit. On ne pouvait pas punir le vengeur de la mort de « centaines de milliers d'innocents, dont mes [ses] parents », mais la Cour ne pouvait pas non plus acquitter « celui qui se substitue au droit pour faire respecter les principes moraux de l'humanité »[34]. La sentence ingénieuse, selon Lemkin, aurait été de déclarer Schwartzbard fou, puis de le libérer.

Lemkin avait suivi le procès depuis Varsovie où il travaillait comme secrétaire à la Cour d'appel après avoir été greffier puis procureur à Brzeżany, à quatre-vingts kilomètres au sud-est de Lwów. Les deux procès et le parrainage de Makarewicz avaient contribué à affiner sa pensée. « Progressivement mais sûrement », explique-t-il, la décision « mûrissait » en lui de faire quelque chose pour développer de nouvelles règles internationales destinées à protéger les groupes. Sa « carrière judiciaire » auprès des tribunaux de Varsovie ainsi que les nombreux ouvrages qu'il avait écrits lui offraient une tribune pour s'assurer un « public et une influence »[35]. La recherche était un tremplin pour la mobilisation.

Lorsque Hitler prit le pouvoir, Lemkin avait déjà à son actif une expérience de six années comme procureur. Le garçon de ferme de

Wołkowysk était désormais en contact avec les plus grands avocats, juges et hommes politiques de Pologne. Il publiait des livres, généralement plus descriptifs qu'analytiques, sur le code pénal soviétique, le code pénal fasciste italien et la loi polonaise révolutionnaire sur les amnisties[36]. Il avait trouvé un nouveau mentor, Emil Stanisław Rappaport, juge à la Cour suprême polonaise et fondateur de l'Université libre de Pologne à Varsovie, où lui-même enseignait.

Dans le même temps, Lemkin participait aux efforts de la Société des Nations pour développer le droit pénal ; il assistait à des conférences et constituait un réseau de contacts à travers l'Europe. Au printemps de 1933, anticipant une réunion qui allait se tenir à Madrid en octobre, il rédigea un court texte proposant de nouvelles règles internationales qui permettraient d'interdire la « barbarie » et le « vandalisme »[37]. Selon Lemkin, celles-ci étaient d'autant plus nécessaires que les attaques contre les Juifs et les autres minorités se multipliaient dans l'ombre de Hitler. Il craignait que *Mein Kampf*, un « plan d'action pour la destruction », ne fût mis en pratique, que la nouvelle loi d'habilitation adoptée par un Reichstag soumis ne donnât des pouvoirs dictatoriaux à Hitler.

Idéaliste pragmatique, Lemkin pensait que de véritables lois pénales pouvaient réellement prévenir les atrocités. Les traités des minorités étant selon lui inadaptés, il imaginait de nouvelles règles pour protéger « la vie des peuples » : pour prévenir la « barbarie », la destruction des groupes, le « vandalisme » et les atteintes à l'héritage culturel des groupes. Ses idées n'étaient pas entièrement originales, puisqu'elles s'inspiraient des écrits de Vespasian V. Pella, un universitaire roumain, promoteur de la « justice universelle » et défenseur d'un principe qui devait permettre aux juridictions nationales de poursuivre les responsables des crimes les plus graves[38] (comme ce fut le cas, soixante ans plus tard, avec l'incrimination de Pinochet pour crime de torture par une « juridiction universelle » devant une cour anglaise). Lemkin ne citait pas les travaux plus précoces de Pella sur les « actes de barbarie ou de vandalisme susceptibles de produire un danger universel », mais il rendait bien justice au Roumain pour la liste des crimes auxquels la « juridiction universelle » devrait s'appliquer (la piraterie, par exemple, le trafic de femmes, d'enfants ou de drogues). Le texte de Lemkin fut publié par Pedone, une maison d'édition située rue Soufflot, à Paris, l'éditeur officiel de la Société des Nations.

Lemkin pensait participer à la délégation polonaise à la Conférence de Madrid mais, au moment où il se préparait pour le voyage, Emil Rappaport l'appela pour lui dire qu'il y avait un problème : « le ministre de la Justice s'oppose à votre venue », lui dit le juge[39]. Cette décision faisait sans doute suite à la campagne menée contre Lemkin par la *Gazeta Warszawska*, le quotidien associé au Parti national-démocrate de Dmowski. Lemkin n'alla donc pas à Madrid, mais il espérait que son texte serait discuté à la conférence, et qu'il susciterait un « mouvement d'idées ». Le compte rendu de la conférence mentionne la distribution du texte, mais il ne fait pas état de sa discussion.

Quelques jours après la fin de la conférence, l'Allemagne annonça sa sortie de la Société des Nations et la *Gazeta Warszawska* publia une attaque *ad hominem* contre le « procureur Lemkin ». « Il n'est pas difficile d'imaginer ce qui a motivé M. Lemkin à présenter son projet, écrivit le quotidien le 25 octobre, considérant qu'il appartient au "groupe racial" le plus menacé par la "barbarie" et le "vandalisme" pratiqués par certaines nations[40]. » Le journal estimait que c'était un « honneur douteux » pour la Pologne de compter M. Lemkin, « auteur de ce type de projet », parmi ses représentants.

En l'espace d'un an, la Pologne signa le pacte de non-agression avec l'Allemagne et dénonça le Traité des minorités. Le ministre des affaires étrangères, Beck, dit à la Société des Nations que la Pologne n'avait pas tourné le dos aux minorités mais cherchait à obtenir un traitement analogue à celui accordé aux autres pays : si ceux-ci n'étaient pas tenus de protéger leurs minorités, il n'y avait pas de raison que la Pologne le fasse. Au moment où le *New York Times* signalait une « dérive vers le Reich », Lemkin démissionna de ses fonctions au Ministère public[41].

66

LEMKIN s'installa comme avocat spécialisé en droit commercial dans un bureau situé avenue Jerozolimskie (Jérusalem) à Varsovie. Gagnant bien sa vie, il put en peu de temps s'offrir une petite maison à la campagne, commencer une collection d'œuvres d'art et emménager enfin dans un quartier moderne, plus proche du centre-ville, au 6 de la rue Kredytowa, où il ouvrit son cabinet. Lorsqu'on y a posé en 2008 une plaque célébrant cet « éminent juriste polonais de réputation internationale », l'immeuble abritait les bureaux du Parti de la renaissance nationale de Pologne – Narodowe Odrodzenie Polski –, un obscur parti néo-fasciste.

Lemkin, qui s'intéressait à la réforme juridique et au terrorisme, essayait de publier un livre par an[42]. Il traitait des sujets en lien avec l'actualité, marquée par les assassinats politiques de personnalités connues (notamment le meurtre du roi Alexandre Ier de Yougoslavie – le tout premier assassinat filmé en direct –, dont le fils Pierre, prince héritier, eut plus tard Lauterpacht comme tuteur à Cambridge). Le réseau de Lemkin s'étendait, il recevait des visiteurs du monde entier. Certains venaient avec des propositions concrètes. Le professeur Malcolm McDermott de l'Université Duke en Caroline du Nord, par exemple, venu à Varsovie pour traduire en anglais l'un des livres de Lemkin[43], lui offrit un poste dans son université. Lemkin refusa, sa mère souhaitait qu'il reste en Pologne.

Bella venait souvent le voir à Varsovie ; elle s'occupa notamment de lui lorsqu'il contracta une double pneumonie à l'été de 1938. De retour à Wołkowysk, elle raconta les histoires de Varsovie à son petit-fils Saul, parla de l'appartement de l'oncle Raphael avec son ascenseur moderne fabuleux, de la réputation de Lemkin au sein de l'intelligentsia varsovienne, de son impressionnant cercle d'amis. Grâce à sa campagne contre la « barbarie » et le « vandalisme », Lemkin avait désormais l'oreille d'hommes importants, expliqua-t-elle au jeune garçon. Selon Saul, certains interlocuteurs étaient en effet sensibles aux écrits de son oncle, mais celui-ci se heurtait aussi à des oppositions féroces : ses idées appartenaient « au passé », disait-on ; Hitler n'utilisait la haine que par stratégie politique et n'avait pas vraiment pour objectif de détruire les Juifs. Lemkin ferait mieux, en somme, de tempérer ses « prédictions invraisemblables ».

En mars 1938, l'Allemagne annexa l'Autriche. Six mois plus tard, lorsque le Premier Ministre britannique Neville Chamberlain céda à l'exigence de Hitler – la cession des Sudètes par la Tchécoslovaquie à l'Allemagne –, Lemkin entama un voyage professionnel à Londres. Le vendredi 23 septembre, il dîna au Club de la Réforme *[Reform Club]* sur Pall Mall, avec Herbert du Parcq, un juge de la Cour d'appel ; ils furent rejoints par John Simon, chancelier de l'Échiquier*. Simon leur raconta l'entrevue de Chamberlain et de Hitler, et leur expliqua que le gouvernement britannique avait accepté de négocier parce qu'il n'était pas prêt pour la guerre[44].

Une semaine plus tard, après un autre entretien avec Hitler, Chamberlain déclara depuis le fameux perron du 10, Downing Street : « Voici la paix pour notre époque » ; le peuple de Grande-Bretagne pouvait dormir tranquillement. Moins de un an plus tard, l'Allemagne était en guerre avec la Pologne. Un million et demi de soldats de la Wehrmacht envahirent le pays en compagnie de la SS et de la Gestapo, tandis que la Luftwaffe bombardait Varsovie, Cracovie et d'autres villes de l'Est, dont Lwów et Żółkiew. Lemkin resta à Varsovie cinq jours, puis, à l'approche des Allemands, quitta la ville le 6 septembre.

Lorsqu'il arriva à Wołkowysk, dans le nord de Lwów, en ayant traversé la région marécageuse de Polésie, les cieux se turent brusquement. Lemkin était pris en tenailles entre les Allemands à l'ouest et les Soviétiques qui approchaient depuis l'est. L'indépendance polonaise avait vécu : le pays fut coupé en deux à la suite du pacte passé entre les ministres des Affaires étrangères soviétique et allemand, Molotov et Ribbentrop. Tandis que la Grande-Bretagne et la France entraient en guerre, Lemkin continua sa route vers le Nord ; avec ses habits de ville et ses lunettes aux montures luxueuses, il craignait que les Soviétiques ne l'identifient comme un intellectuel polonais ou comme un « citoyen aisé ». Il fut arrêté par un soldat russe, mais réussit à obtenir qu'on le relâche.

Il se reposa dans la petite ville de Dubno, dans la province de Wolynia, en se réfugiant dans la famille d'un boulanger juif. « Pourquoi les Juifs voudraient-ils fuir les nazis ? », demanda le boulanger. Lemkin lui parla de *Mein Kampf* et de l'intention de son auteur de détruire les Juifs comme « des mouches ». Le boulanger se moqua ; il ne connaissait pas ce livre et ne pouvait croire que de tels propos fussent véridiques.

* Ministre des Finances et de l'Économie *(NdT)*.

« Comment Hitler peut-il détruire les Juifs s'il doit faire du commerce avec eux ? On a besoin de gens pour faire la guerre. »

Cette guerre n'était pas comme les autres, lui expliqua Lemkin. C'était une guerre pour « détruire des populations entières » et les remplacer par des Allemands. Le boulanger ne fut pas convaincu. Il avait vécu sous l'autorité allemande pendant trois ans lors de la Première Guerre, ce n'était pas brillant, mais « on avait réussi à survivre ». Le fils du boulanger, un jeune homme d'une vingtaine d'années, au visage vif, enthousiaste et anxieux, n'était pas d'accord. « Je ne comprends pas l'attitude de mon père et des gens comme lui[45]. »

Lemkin passa deux semaines dans la famille du boulanger. Le 26 octobre, Hans Frank fut nommé Gouverneur général de la Pologne occupée par les Allemands, un territoire qui s'étendait à l'ouest de la nouvelle frontière et laissait Lwów, Żółkiew et Wołkowysk sous contrôle soviétique. Échoué du côté soviétique, Lemkin prit un train pour Wołkowysk transportant des voyageurs apeurés. Le train étant arrivé pendant le couvre-feu, Lemkin dut passer la nuit dans les toilettes de la gare pour ne pas être arrêté. Tôt le lendemain matin, il évita les rues principales et se rendit à la maison de son frère, Elias, au 15 de la rue Kościuszko. Il tapa doucement à la fenêtre, posa ses lèvres sur la vitre et chuchota : « Raphael, Raphael. »

Bella manifesta une joie que Lemkin n'a jamais oubliée. On le mit au lit et il s'endormit enroulé dans sa vieille couverture familière, en se demandant quel désastre s'était abattu sur la Pologne. Il fut réveillé par l'odeur de crêpes aussitôt dévorées avec de la crème fraîche. Bella et Josef se sentaient en sécurité à Wołkowysk ; ils ne voulaient pas partir avec lui. Je suis à la retraite, lui expliqua Josef, je ne suis pas un capitaliste, Elias n'est qu'un employé, il a cédé la propriété du magasin, les Soviétiques le laisseront tranquille. C'est donc seul que Lemkin partirait pour l'Amérique où vivait Isidor, le frère de son père.

Bella pensait aussi qu'il devait partir, mais elle avait un autre sujet de préoccupation. Pourquoi n'était-il pas marié ? C'était une question délicate. Des années plus tard, Lemkin a raconté à Nancy Ackerly qu'il avait été tellement absorbé par son travail qu'il n'avait eu ni « le temps ni les moyens de mener une vie maritale ». L'une des caractéristiques frappantes de la biographie de Lemkin est en effet l'absence de référence à toute relation intime. De tous les documents que j'ai dépouillés, aucun ne mentionne une femme, bien que certaines aient apparemment manifesté un intérêt pour lui. Bella insista, rappela à son fils que le mariage était un moyen de se protéger, qu'un homme « solitaire et sans amour » aurait besoin d'une femme, une fois « privé » du soutien de sa mère. Lemkin ne l'encouragea pas à poursuivre. Un vers de Goethe, extrait du poème épique *Hermann et Dorothée* lui revint à l'esprit, comme cela se produisait chaque fois que sa mère abordait le sujet : « Mène une fiancée dans ta demeure afin que la nuit devienne pour toi la belle moitié de la vie*. » J'ai lu le poème, incapable de comprendre la pertinence qu'il avait pour Lemkin ou ce qu'il disait de sa solitude[46]. Il répondit aux efforts de Bella avec affection, prit dans ses mains la tête de sa mère, caressa ses cheveux, baisa ses yeux, mais ne fit aucune promesse. « Tu as raison. » C'est tout ce qu'il put lui offrir, espérant que sa vie de nomade lui sourirait davantage à l'avenir.

Il quitta Wołkowysk le soir même. Les adieux s'éternisèrent, on fit comme s'ils n'étaient pas irrévocables, un baiser léger, un regard, le silence.

67

LE NEVEU de Lemkin, Saul, avait assisté aux adieux de Wołkowysk. Après quelques recherches, je le localisai à Montréal. Il vivait dans un appartement au rez-de-chaussée d'un immeuble qui avait vu des jours meilleurs, situé dans un quartier peuplé d'immigrants. Son allure était frappante, il avait des yeux profonds et tristes, taillés dans un visage intelligent, et une barbe grise hirsute qui le faisait ressembler à un personnage de Tolstoï. Le temps n'avait pas été généreux pour ce petit homme doux et instruit.

* « Mon fils autant tu souhaites ardemment de mener une fiancée dans ta demeure afin que la nuit devienne pour toi la belle moitié de la vie, que le travail du jour te pèse moins et t'appartienne davantage, autant le souhaitent ton père et ta mère » (Goethe, *Hermann et Dorothée*, B. Lévy [trad.], Paris, Librairie Hachette, 1890, p. 62) *(NdT)*.

À quatre-vingts ans passés, il est installé sur un canapé encombré et entouré de livres. Il pleure la mort récente de son amie, et c'est d'elle qu'il veut parler, ainsi que de ses problèmes oculaires ou de la vie avec un seul rein (l'autre avait été « perdu » en 1953, me dit-il sans plus d'explications). Oui, il se souvient de la visite de l'oncle Raphael à l'automne de 1939, il avait douze ans et vivait dans une rue «qui portait le nom d'un héros polonais célèbre». Quand Raphael était reparti, ils savaient qu'ils ne se reverraient peut-être pas.

Jusqu'en 1938, Saul et ses parents habitaient dans la même maison que Bella et Josef à Wołkowysk. Lemkin leur avait ensuite acheté une maison pour environ cinq mille zlotys (environ mille dollars). Une somme pour l'époque, dit Saul, il devait avoir du succès comme avocat. Ses grands-parents, des fermiers originaires des alentours de Wołkowysk, étaient « merveilleux ». Bella était la plus littéraire du couple, elle lisait tout le temps, tandis que Josef était intéressé par la politique, les journaux en yiddish et la vie de la synagogue. « Raphael n'était pas croyant », dit Saul sans que j'ai eu besoin de l'interroger.

Son oncle leur rendait visite deux fois par an, lors des fêtes. À Pessah, c'est Saul que Bella envoyait « faire des provisions pour l'oncle ». L'arrivée du « professeur et avocat », comme on disait avec respect, était toujours une occasion de faire entrer la politique et « un peu de friction » dans le foyer. Lors d'une de ses visites, en avril 1939, Lemkin était venu avec un journal français, une chose inhabituelle. Il y avait eu des désaccords à propos d'un article relatant la nomination du maréchal Pétain, un homme de droite, envoyé comme ambassadeur à Madrid pour calmer Franco. « Mon oncle n'aimait ni Pétain ni Franco. »

Saul était persuadé que Lemkin était « très connu » en Pologne. L'oncle Raphael vivait après tout dans un grand immeuble situé dans une rue célèbre – avec un ascenseur fabuleux ! –, or Saul n'avait jamais visité Varsovie ou rencontré « ses amis de la haute société ». Je me suis renseigné sur la vie amoureuse de son oncle, mentionnant le passage de ses Mémoires où il raconte une visite à Vilnius et une promenade dans les collines avec une fille en uniforme d'école marron, quand il était adolescent. Lemkin avait voulu l'embrasser, mais il avait été arrêté dans son élan par « quelque chose en moi que je ne comprenais pas ». Les mots étaient ambigus.

« Je ne sais pas pourquoi mon oncle ne s'est jamais marié », dit Saul avec indifférence. « Je suppose qu'il aurait pu, puisqu'il avait des connaissances », mais il n'a jamais été question d'amies. Saul se souvient vaguement d'un événement qui avait eu lieu à Vienne, lors d'une visite d'Édouard VIII et de *Madame** Simpson, mais des amies ? Non, Saul ne sait rien. « Il y avait sans doute une amie », ajoute-t-il, mais il ne peut me donner aucune information précise. « Pourquoi au juste ne s'est-il pas marié ? Je ne sais pas. »

Les Soviétiques ont exproprié la famille, mais lui ont permis de rester dans la maison. Un officier a emménagé ; Saul a fréquenté une école russe. « Lorsque mon oncle est venu en octobre 1939, après s'être échappé de Varsovie, nous avons parlé. Que les Russes et les Allemands se liguent signifiait que ça irait très mal. C'est ce que j'ai entendu, ce que je me souviens l'avoir entendu dire. »

Saul a un air de regret.

A-t-il une photo de Bella et Josef ? « Non. »

De son oncle ? « Non. »

D'un quelconque membre de la famille datant de cette époque ? « Non, dit-il tristement. Il ne reste plus rien. »

68

LEMKIN prit le train de Wołkowysk à Vilnius, occupée par les Soviétiques, la ville du presque-baiser. Vilnius débordait de réfugiés polonais et était envahie de produits du marché noir : des visas, des passeports et les « nouilles » (dollars) que Lemkin, pensant à l'Amérique, voyait comme un symbole de liberté. Il rencontra ses connaissances du temps de la Société des Nations, dont Bronisław Wróblewski, un criminologue distingué. J'ai échoué dans mes efforts concernant la « barbarie » et le « vandalisme », dit-il à Wróblewski, mais « je *vais* essayer à nouveau[47] ».

---

* En français dans le texte *(NdT)*.

Bella et Josef lui écrivirent pour dire la joie qu'ils avaient ressentie en compagnie de leur fils. Leur lettre, écrite sur un ton familier, dégageait un optimisme tempéré mais une inquiétude aussi, à peine voilée. Elle annonçait également la venue d'un ami de Lemkin, Benjamin Tomkiewicz, porteur d'un cadeau : un petit gâteau qui avait l'odeur du four de Bella. Le pessimisme profond de Tomkiewicz contrasta avec l'état d'esprit plus léger de Lemkin ; la situation difficile offrait à la fois, selon Lemkin, des opportunités et de réels défis, elle impliquait la perte notamment de son train de vie confortable à Varsovie, de ses honoraires généreux, de ses beaux meubles et de sa maison de campagne. Il s'était trop habitué à son autorité et à ses relations, à une vie de « faux prestige ». Cela appartenait désormais au passé, mais il ne le regrettait pas.

Lemkin put quitter Vilnius grâce aux lettres qu'il rédigea : le 25 octobre, il demanda un visa temporaire pour la Norvège ou la Suède. « C'est un miracle que j'aie réussi à sauver ma vie », écrivit-il en français, ajoutant qu'il était vital qu'il puisse quitter la ville. « Je serai éternellement reconnaissant », poursuivit-t-il, soulignant que tout ce dont il avait besoin était un visa ; « ma situation financière n'est pas mauvaise » (il donna comme adresse de retour le consulat de Lettonie à Vilnius)[48]. Il expédia une autre lettre à Karl Schlyter, l'ancien ministre de la Justice suédois, demandant un visa pour la Suède ; une autre encore au comte Carton de Wiart, un diplomate belge, se renseignant sur les conditions d'entrée en Belgique ; une troisième au professeur McDermott en Caroline du Nord, lui demandant un poste d'enseignant à l'Université Duke. Il s'adressa enfin à l'équipe mère-fille qui dirigeait la maison Pedone à Paris, leur faisant savoir qu'il était vivant et qu'il se portait bien. Avaient-elles reçu le manuscrit envoyé avant que les Allemands atteignent Varsovie, son nouveau livre sur le droit des contrats internationaux ? La vie continuait.

Il quitta Vilnius en direction de l'Ouest et de la côte baltique, vers la Suède. À Kaunas, il raconta à une connaissance que la vie de réfugié l'attristait, qu'il était comme un fantôme en quête de certitude et d'espoir. Les trois choses qu'il avait voulu éviter étaient toutes arrivées : « devoir porter des lunettes, perdre ses cheveux et devenir réfugié ». Une autre connaissance, le Dr Zalkauskas, un juge à la retraite, lui demanda comment la « Pologne avait pu disparaître en trois semaines ». Ces choses-là arrivent, répondit Lemkin stoïquement[49]. (Lemkin revit le juge des années plus tard à Chicago, il était devenu liftier à l'hôtel Morrison.)

Les Pedone lui renvoyèrent les épreuves de son nouveau livre accompagnées de plusieurs tirés-à-part de son texte sur la barbarie et le vandalisme. Les épreuves furent corrigées et réexpédiées à Paris ; le livre parut quelques mois plus tard. Lemkin quitta Kaunas avec un visa pour la Suède. Lors d'une halte à Riga, la capitale de la Lettonie, il prit le thé avec l'historien Simon Dubnow, l'auteur de l'*Histoire des Juifs en Russie et Pologne*[50]. Dubnow l'alerta : « C'est le calme avant la tempête », Hitler sera bientôt en Lettonie.

69

LEMKIN arriva en Suède au début du printemps de l'année 1940. Stockholm était une ville neutre et libre ; il découvrit avec plaisir les coutumes et la nourriture locales en compagnie de ses hôtes, les Eberstein, tout en attendant l'invitation espérée en provenance de Caroline du Nord. Il n'y avait plus moyen de rejoindre l'Amérique en bateau depuis la Belgique : les Allemands avaient occupé la Belgique et les Pays-Bas en mai 1940 ; la France tomba le mois suivant, puis le Danemark et la Norvège, et plus tard la Lituanie, la Lettonie et l'Estonie. Tous les amis auxquels il avait rendu visite en route étaient – ou seraient bientôt – sous domination nazie. Le pessimisme de Simon Dubnow était justifié : il fut assassiné près de chez lui, deux ans après le passage de Lemkin à Riga.

Les semaines d'attente à Stockholm se transformèrent en mois. Karl Schlyter proposa à Lemkin d'enseigner dans son université, il prit donc des cours intensifs de suédois. En septembre 1940, il était devenu suffisamment bon pour faire cours sur le contrôle des échanges internationaux en suédois ; il écrivit même un livre sur le sujet, également dans la langue qu'il venait d'apprendre. Les lettres de Bella et de Joseph lui procurèrent de rares moments de bonheur, voilés cependant par l'inquiétude quant à leur sort sous le joug soviétique.

Déterminé, incapable d'indolence ou de repos, Lemkin cherchait un projet plus ambitieux. La carte de l'Europe lui donna une idée alors que « le carré d'étoffe rouge sang, avec l'araignée noire sur fond blanc » étendait son emprise sur le continent[51]. La curiosité insatiable de Lemkin le poussa à étudier la nature de l'occupation allemande. Comment exactement la domination nazie s'était-elle imposée ? Pensant que la réponse se trouvait peut-être dans le détail des textes législatifs, il commença à rassembler les décrets et ordonnances nazis comme d'autres pouvaient collectionner des timbres. Juriste, il savait que les documents officiels reflètent souvent des objectifs sous-jacents mais non explicitement mentionnés ; qu'un document unique pouvait être moins révélateur qu'une collection entière. L'ensemble avait plus de valeur que les parties prises individuellement.

Il passa du temps à la Bibliothèque centrale de Stockholm, rassemblant, traduisant et analysant, cherchant les principes explicatifs du comportement allemand. Les Allemands étaient ordonnés, ils rédigeaient un grand nombre de décisions, produisaient des textes et laissaient des traces, des indices d'une vision plus large. Tout cela le conduirait peut-être à une « preuve irréfutable » de leurs crimes[52].

Il chercha à se faire assister dans sa tâche. L'une de ses sources de renseignements fut une entreprise suédoise ayant des bureaux à Varsovie qui avait déjà sollicité ses services d'avocat dans le passé. Il se rendit au siège de Stockholm et demanda si les succursales européennes de l'entreprise gardaient des copies de la gazette publiée par les Allemands dans les pays occupés, et si elles pouvaient les lui faire parvenir à Stockholm. Son interlocuteur acquiesça[53].

Décrets, ordonnances et autres documents provenant de toute l'Europe arrivèrent à Stockholm. Lemkin lut chaque texte, prit des notes, annota les documents et les traduisit. Les piles se multipliaient, augmentées de matériaux obtenus par le relais de la Bibliothèque centrale de Stockholm qui, de son côté, possédait les documents produits à Berlin.

En parcourant les décrets, il trouva des thèmes communs, les éléments d'un « complot coordonné ». Ses découvertes, menées parallèlement aux efforts de Lauterpacht pour asseoir la protection des individus – une entreprise dont Lemkin ignorait tout à l'époque –, permirent d'identifier l'objectif principal des Allemands : la destruction totale de toutes les nations tombées sous leur contrôle. Certains documents étaient signés par Hitler lui-même et mettaient en œuvre les idées contenues dans *Mein Kampf*, notamment sur le *Lebensraum*, la création d'un nouvel espace de vie destiné aux seuls Allemands.

Hitler signa un premier décret relatif à la Pologne le 8 octobre, un mois après le départ de Lemkin de Varsovie. La Pologne occupée par les Allemands reçut d'abord un nouveau nom : les Territoires incorporés de l'Est *(Eingegliederte Ostgebiete)*, puis fut absorbée par le Reich. Le sol de cette région comme ses habitants pouvaient être « germanisés », les têtes des Polonais « coupées ou privées de cerveau », l'intelligentsia liquidée et les populations réduites en esclavage[54]. Un autre document, daté du 26 octobre, signé par le Gouverneur général Hans Frank qui venait d'être nommé, précisa allègrement que la région serait bientôt libérée des « agitateurs politiques, des trafiquants véreux et des exploiteurs juifs ». Des « pas décisifs » allaient être franchis, annonçait Frank[55]. Une copie d'un troisième décret, daté du 1er août 1941, portait sur l'incorporation de la Galicie et de Lemberg dans le Gouvernement général ; elle se trouve dans les papiers de Lemkin conservés dans les archives de l'Université de Columbia.

Lemkin a suivi la trace, les « pas décisifs » qui ont formé la trame de cette politique. Le premier pas était généralement la privation de nationalité, qui rendait les individus apatrides, coupait le lien de nationalité entre les Juifs et l'État afin de limiter leur protection par le droit. L'étape suivante était la « déshumanisation » qui privait de leurs droits les membres de groupes ciblés. Ce mouvement en deux temps fut appliqué partout en Europe. Le troisième pas consistait à tuer les nations dans leur essence « spirituelle et culturelle » : Lemkin découvrit en effet des décrets du début de l'année 1941 portant sur la « destruction complète » des Juifs par « étapes successives ». Pris individuellement, chacun des décrets semblait inoffensif, mais, pris dans leur ensemble et dans une perspective internationale, un dessein plus large apparaissait. Les Juifs étaient sommés de se faire enregistrer, de porter une étoile de David apparente, un signe d'identité aisément reconnaissable, de déménager, enfin, dans des endroits spécifiques, les ghettos. Lemkin trouva les décrets à l'origine de la création du ghetto de Varsovie (octobre 1940) puis de celui de Cracovie (mars 1941), et prit note de la condamnation à mort de ceux qui quittaient les ghettos sans permission. « Pourquoi la peine de mort ? » se demandait Lemkin. Était-ce un moyen de hâter ce qui était prévu ?

La confiscation des propriétés rendait le groupe « démuni » et « dépendant du rationnement ». Comme les décrets limitaient les rations de glucides et de protéines, les membres du groupe étaient réduits à l'état de « cadavres vivants ». Les esprits étaient brisés, les individus devenaient « indifférents à leur propre vie » ; l'assujettissement aux travaux forcés causait de nombreuses morts. Pour ceux qui réussissaient à survivre, d'autres mesures de « déshumanisation et de désintégration » étaient prévues dans l'attente de « l'heure de l'exécution »[56].

Alors qu'il était immergé dans ces matériaux, Lemkin reçut une lettre du professeur McDermott lui offrant un poste d'enseignant en Caroline du Nord ainsi qu'un visa.

70

Bella et Josef approuvaient maintenant pleinement son départ, mais Lemkin était déchiré de ne pas pouvoir garder « un œil sur eux » depuis la lointaine Amérique. Le voyage lui-même était un défi, la route de l'Atlantique était rendue impraticable par la guerre, et Stockholm grouillait de rumeurs selon lesquelles le passage par l'Union soviétique serait bientôt fermé lui aussi. Lemkin décida de partir aussitôt, par la route la plus longue, parcourant l'Union soviétique depuis Moscou, passant ensuite au Japon, puis rejoignant Seattle par le Pacifique, traversant enfin les États-Unis en train.

Il décida de voyager avec peu d'objets personnels mais emporta beaucoup de décrets et de notes personnelles entassés dans plusieurs grosses valises en cuir. Il obtint ses visas et les Eberstein organisèrent un dîner d'adieu en son honneur. Il garda longtemps le souvenir de la fête d'adieu et des petits drapeaux polonais rouges et blancs[57].

Après une courte halte en Lettonie où il regarda pour la dernière fois dans la « direction générale » de Wołkowysk, il arriva à Moscou. Il logea dans un hôtel désuet au hall froid, dans une chambre immense. Il se promena, admira la place Rouge et le Kremlin ; les dômes pointus de la cathédrale Saint-Basile lui rappelèrent des livres de son enfance, du poète Nadson notamment, et la douce voix de sa mère. Il dîna seul dans cette ville où les gens avaient l'air misérable et ne souriaient pas beaucoup.

Le lendemain matin, il était couvert de piqûres, car la Révolution de 1917, dont il n'était pas un grand admirateur, n'avait pas « aboli les puces ». Il partit du terminal ferroviaire de Yaroslavsky pour le voyage en train le plus long au monde : dix jours jusqu'à Vladivostok, près de six mille kilomètres vers l'est. Il partageait son compartiment avec un couple de Polonais et leurs jeunes enfants. Pendant des heures interminables, le train chemina à travers des petites villes soviétiques mornes et un paysage mélancolique, gris et enneigé. Seule la voiture-restaurant offrait quelque distraction : Lemkin aimait attendre qu'un passager à l'apparence russe y prenne place, puis il se précipitait dans le fauteuil d'en face pour engager la conversation dans la langue de son enfance. Lemkin était une créature sociable, et il savait que les Russes étaient « terriblement grégaires » lorsqu'ils mangeaient.

Au bout de cinq jours, le train fit halte à Novosibirsk, environ à mi-distance de sa destination, en plein milieu de l'Union soviétique ; la gare était aussi animée que la gare du Nord à Paris ou Victoria Station à Londres. Deux jours plus tard, le soleil brillant et la vue d'une eau d'un bleu profond sur fond de montagnes annoncèrent le lac Baïkal, au nord de la Mongolie, un site dont Lemkin apprécia la pureté et la grandeur[58]. Deux jours passèrent encore avant que le train ne fasse halte dans une petite gare dont le nom était affiché en russe et en yiddish. Lemkin était arrivé dans la région autonome juive créée en 1928 par Joseph Staline, alors commissaire aux Minorités. À côté de Lemkin, sorti pour se dégourdir les jambes, deux hommes pauvrement vêtus lisaient *La Voix du Birobidzhan*. « Une poignée de personnes déplacées et coupées de leurs racines », se dit Lemkin. Soixante-dix ans après, leur condition demeure difficile, mais au moins ils sont encore là.

Quarante-huit heures plus tard, le train entra enfin en gare de Vladivostok, une ville « peu portée sur la beauté ». Lemkin passa la nuit dans un hôtel affreux puis prit le bateau pour Tsuruga, port situé sur la côte ouest du Japon, à un millier de kilomètres de navigation sur l'océan. Dans l'atmosphère de fatigue et d'inquiétude du bateau, Lemkin reconnut l'un de ses compagnons de voyage, un banquier polonais de renom, ancien sénateur, d'une famille autrefois fortunée. Débraillé, échevelé, le nez coulant, il ressemblait à un personnage de *La Marche de Radetzky* de Joseph Roth, à cet homme qui ignorait la « goutte cristalline » continûment suspendue au bout de son nez[59].

Le bateau accosta à Tsuruga dans les premiers jours d'avril 1941, deux mois après le début du voyage à Stockholm, un an et demi après sa dernière étreinte avec Bella et Josef. Lemkin fit la connaissance d'un jeune couple et poursuivit son voyage à destination de Kyoto, capitale historique du Japon, en leur compagnie. Arrivé à Kyoto, il admira les bâtiments et les kimonos, le vieux cerisier dans le jardin public face au grand Bouddha. Ils allèrent au théâtre, ne comprirent pas un traître mot, mais ils apprécièrent « l'impression de torture et de souffrance » transmise par « les expressions des visages et les tremblement du corps ». Le spectacle fut précédé par une cérémonie du thé, conduite en silence par des geishas, toutes vêtues d'un kimono au dessin unique, signe de leur individualité. Le thé vert ne fut pas à la hauteur de la beauté de la cérémonie, trop amer au goût de Lemkin. Il visita les quartiers d'habitation des geishas, surpris que la plupart des hommes présents fussent mariés.

À Yokohama, il s'acheta un kimono, se reposa sur la terrasse de son hôtel, scruta les lumières du port et songea à Wołkowysk. Le lendemain, il embarquait sur le *Heian Maru*, un bâtiment moderne, pour la dernière étape de son périple vers l'Amérique. Lemkin se détendit, assuré que ses valises et ses décrets allemands étaient entreposés dans la cale, et se lia d'amitié avec un passager, Toyohiko Kagawa, le leader chrétien japonais dont l'arrestation avait fait beaucoup de bruit l'année précédente : Kagawa avait en effet demandé pardon pour le traitement que les Japonais avaient infligé aux Chinois ; il était en route pour les États-Unis où il allait plaider contre la guerre. Les deux hommes partagèrent leurs tourments sur l'état du monde[60].

71

Après une brève escale à Vancouver, les lumières du port brillant telles un « présage de sécurité », le *Heian Maru* prit la mer pour Seattle, dernière étape de la traversée. Le vendredi 18 avril, le bateau entra dans le port entouré de sommets enneigés ; Lemkin se tenait sur le pont, sous un ciel aussi clair et bleu que le jour du bombardement de Varsovie. On déchargea les valises, les passagers firent la queue pour passer devant l'aimable officier des douanes. Celui-ci posa son regard sur les valises de Lemkin puis sur Lemkin lui-même. « Comment était-ce en Europe ? Terrible ? » Lemkin hocha la tête. L'officier ouvrit les valises, surpris par la masse de papiers qu'elles contenaient, mais ne posa pas de questions. « Je suis de là-bas moi-même. Ma mère est toujours à Shannon », dit-il, posant sa main sur l'épaule de Lemkin. « Okay l'ami – vous y êtes[61] ! »

Lemkin passa une journée à Seattle, puis monta à bord d'un train de nuit pour Chicago. Il voyagea dans un wagon-observatoire équipé d'une coupole de verre, une expérience nouvelle qui lui permit de voir le changement d'horizon, d'apercevoir Leavenworth, une ville au style bavarois, les montagnes Rocheuses, le Parc national de Glacier, enfin, et les plaines du Montana, non loin de Fargo dans le Dakota du Sud. Comparés aux Européens effrayés et aux Japonais timorés, les Américains lui apparurent détendus. À Chicago, il visita le Loop et le quartier des affaires, où il eut l'impression d'être à « l'intérieur du ventre d'une baleine industrielle géante ». Tous ses efforts pour engager la conversation échouèrent : « L'homme à ma droite s'est contenté de grogner *huh* très fort, tandis que mon voisin de gauche ne m'a prêté aucune attention, le nez plongé dans sa soupe. » Le train de nuit l'emmena à travers la chaîne merveilleuse des Appalaches, une vue paradisiaque. Lors d'une brève escale à Lynchburg en Virginie, il fut surpris de voir des toilettes avec deux entrées, l'une « pour Blancs », l'autre « pour gens de couleur ».

Il demanda à un porteur noir si les « gens de couleur » étaient censés utiliser des toilettes spéciales. À Varsovie, se souvint-il, il n'y avait « qu'un Négro dans toute la ville », un danseur dans une boîte de nuit populaire, mais on ne lui demandait pas d'utiliser des toilettes séparées. Le porteur fut décontenancé par la question[62].

Le train arriva à Durham Station le 21 avril, un jour de printemps déjà chaud ; une odeur de tabac et de transpiration flottait dans l'air. Lemkin aperçut McDermott. Cinq années s'étaient écoulées, et pourtant les deux hommes reprirent leur conversation là où ils l'avaient laissée : voyages, articles, gouvernements, économie, minorités. McDermott fut stupéfait par le nombre et le contenu des bagages de Lemkin. Celui-ci pleura en arrivant sur le campus, c'était la première fois qu'il se permettait une telle effusion. Le campus était si différent d'une université européenne : sans méfiance ni peur, une odeur d'herbe fraîchement tondue, des garçons aux chemises blanches ouvertes, des filles en robes d'été légères, tous portaient des livres, et tous souriaient. Il retrouva un soupçon d'idylle[63].

Lemkin n'eut pas le temps de se reposer. Le président de l'université lui demanda en effet de faire un discours le soir même, avant le dîner, sur le monde qu'il avait laissé derrière lui. Il parla d'un endroit lointain où un homme appelé Hitler s'appropriait des territoires et détruisait des groupes d'êtres humains. Il parla d'histoire, d'Arméniens et d'oppression, s'adressant à une dame d'un certain âge, aux yeux brillants et au sourire bienveillant, assise au premier rang. « Si les femmes, les enfants et les vieillards étaient assassinés à cent kilomètres d'ici, n'iriez-vous pas en courant leur porter secours ? » demanda-t-il, la fixant du regard. La question provoqua un tonnerre d'applaudissements inattendu[64].

C'était la fin du semestre, et Lemkin n'eut pas l'occasion d'enseigner. Il retourna à ses valises et à ses décrets. Comme il laissait la porte de son bureau ouverte, il accueillait un flux ininterrompu de visiteurs bavards. Collègues, étudiants, bibliothécaires allaient et venaient, curieux de rencontrer cet homme courtois à la tête carrée venu de Pologne. Il assista à quelques cours, surpris par la différence entre une école de droit américaine – où les enseignements étaient consacrés aux cas, aux discussions et aux débats contradictoires – et la tradition européenne des facultés, engoncée dans les codes et le respect de l'autorité. Ici, on encourageait les étudiants à s'engager et à faire preuve d'esprit critique plutôt que de les nourrir à la petite cuiller. Il est tout à fait remarquable, et si différent de ce qui se passe à Lemberg, se dit-il, qu'un professeur puisse se soucier de l'avis d'un étudiant.

Lemkin apprécia la générosité du doyen H. Claude Thorack qui lui proposa de l'aider dans le dépouillement des décrets allemands. L'équipe de la bibliothèque l'assista également, tout comme les collègues avec lesquels il se lia d'amitié et qui avaient des liens improbables avec la Pologne. Le juge Thaddeus Bryson, par exemple, lui apprit qu'il devait son prénom à un héros militaire polonais – Tadeusz Kościuszko – qui s'était battu pour l'indépendance de l'Amérique[65]. Incroyable, répondit Lemkin : à Wołkowysk, son frère Elias vivait dans une rue qui portait le nom de Kościuszko.

72

L'UNIVERSITÉ organisa à son intention une tournée de conférences en Caroline du Nord, à peu près au moment où Lauterpacht faisait sa propre tournée. Lemkin s'acheta un beau costume blanc qu'il portait avec des chaussures blanches, des chaussettes blanches et une cravate en soie avec un soupçon de couleur. Sa tenue fringante – j'ai retrouvé une photo – devint vite sa marque distinctive, sur le campus et dans la Caroline tout entière. Il parlait de l'Europe en s'exprimant de manière précise, mais avec émotion. La passion était sensible, tout comme son lourd accent d'Europe centrale.

McDermott proposa à Lemkin de l'accompagner à Washington, lui permettant ainsi de renouer avec les collègues du temps de la Société

Lemkin dans son costume blanc, Washington D.C., s.d.

des Nations et de créer un comité de soutien pour son travail sur les décrets. Lemkin aima la ville, « l'élégance discrète » de la Seizième Rue, l'extravagance de Massachusetts Avenue, la simplicité des monuments, l'absence de prétention. Il visita l'ambassade de Pologne et la Bibliothèque du Congrès où il rencontra le conservateur responsable de la section de droit, John Vance[66], qu'il avait connu lors d'une conférence à La Haye quatre ans plus tôt. C'était un homme aimable, élancé, avec une moustache généreuse et des rouflaquettes, doté d'une voix au timbre apaisant, une voix qui vous réconciliait avec l'existence. Vance permit à Lemkin d'accéder aux ressources de la bibliothèque ainsi qu'à son propre carnet d'adresses. Une rencontre importante s'ensuivit, celle du colonel Archibald King, un juge militaire haut placé, chef de la division des plans de guerre de l'armée au bureau du juge-avocat général[67].

Lemkin fit part à King de ses idées sur la barbarie et le vandalisme. Le colonel l'écouta patiemment avant de répondre que les juristes allemands respecteraient certainement le droit de la guerre. Lemkin lui expliqua les mesures prises en Allemagne, l'occupation de territoires, preuves documentaires à l'appui. King demanda à les voir. La guerre de l'Allemagne est dirigée « contre les peuples », lui dit Lemkin, en violation du droit international. L'Allemagne a-t-elle officiellement rejeté les dispositions de La Haye ? « Pas officiellement, répondit Lemkin, mais officieusement. » Il lui apprit le nom d'Alfred Rosenberg, le principal théoricien de Hitler ; King n'en avait pas entendu parler.

L'Allemagne veut « entièrement transformer la structure de la population européenne, et cela pour mille ans », expliqua encore Lemkin, elle veut faire « disparaître [complètement] certaines nations et races ». King fut stupéfait et promit de vérifier tout cela de plus près.

73

De retour en Caroline du Nord, alors que Lemkin continuait de travailler sur les décrets, une lettre de Bella et Josef arriva. Ayant mis du temps à lui parvenir, l'enveloppe, usée, contenait un petit bout de papier daté du 25 mai 1941. Josef remerciait Lemkin pour ses lettres, lui disait qu'il se sentait mieux, que la saison des pommes de terre était finie et qu'il pouvait donc passer plus de temps à la maison. « Pour l'instant, nous ne manquons de rien. » Josef donnait à son fils quelques noms et adresses en Amérique, Bella ajoutait que « tout allait parfaitement bien », et qu'ils avaient tout ce dont ils avaient besoin. C'était un message de survie. « Écris plus souvent, lui demandait Bella, sois heureux et en bonne santé[68]. »

Quelques jours plus tard, le 24 juin, tandis que Lemkin écoutait de la musique à la radio, le programme fut interrompu. « L'armée allemande a envahi la Pologne orientale. » Les Allemands avaient donc rompu le pacte avec Staline, et envoyé des troupes vers l'Est, vers Lvov et Żółkiew, vers Wołkowysk et au-delà. Lemkin savait ce qui allait suivre.

« Avez-vous entendu les nouvelles à propos de l'opération Barbarossa ? » lui demanda quelqu'un lorsqu'il arriva à l'école de droit. Ce jour-là et ceux qui suivirent, il entendit le mot « désolé » un certain nombre de fois ; ses collègues et ses étudiants, sombres et silencieux, comprenaient les implications des récents événements. Bouleversé et plein d'appréhension, il continua pourtant de travailler. « Gardez la tête haute, soyez fort », l'encouragea McDermott[69].

La Wehrmacht avançait vers l'Est, les SS dans son sillage, étendant l'empire du gouverneur Frank. Żółkiew fut prise en une semaine, Lvov occupée quelques jours plus tard. Le professeur Roman Longchamps de Bérier et ses trois fils furent assassinés. Plus au nord, le même jour, juste en dehors du territoire du Gouvernement général de Frank, Wołkowysk fut prise par les Allemands. La famille de Lemkin était maintenant assujettie aux décrets allemands que Lemkin connaissait bien.

Une autre nouvelle tomba le même jour : Ignacy Paderewski, le fondateur de la Pologne moderne, l'homme qui s'était opposé au Traité des minorités de 1919, était mort à New York pendant une tournée de concerts (il fut enterré au cimetière national d'Arlington, et ses restes seront transférés à la cathédrale Saint-Jean de Varsovie un demi-siècle plus tard). Peu de temps avant de tomber malade, Paderewski avait fait une allocution publique rappelant à ses auditeurs la distinction entre le bien et le mal, ainsi que les rôles respectifs de l'individu et de la communauté. « Il est certainement important pour les individus ainsi que pour les groupes d'individus de garder le cap », pour éviter les souffrances et les destructions inutiles[70].

En septembre, cinq mois après son arrivée en Amérique, Lemkin donna son premier cours à l'école de droit de Duke University. Le même mois, il se rendit à Indianapolis pour assister au congrès annuel du barreau américain ; il y présenta un papier sur le contrôle totalitaire et signa une résolution, préparée par John Vance, condamnant les atrocités allemandes[71]. Robert Jackson, juge à la Cour suprême, s'exprima après le dîner ; son discours, « Le défi du non-droit international », était émaillé d'idées suggérées par Lauterpacht, un homme dont Lemkin commençait à connaître les travaux. Mais il ne savait pas, alors, que cet ancien étudiant de Lwów avait joué un rôle dans la rédaction du discours de Jackson.

« L'Allemagne est entrée en guerre en violation de ses engagements internationaux », déclara Jackson, déchargeant par conséquent les États-Unis de leur obligation de traiter les belligérants comme des égaux. Il termina son discours avec des mots d'espoir, appelant de ses vœux « un règne de droit auquel les nations souveraines se soumettront et destiné à protéger la paix de la Société des Nations »[72]. Ces mots ont dû résonner dans la tête de Lemkin.

74

UN AN APRÈS son arrivée à Durham, Lemkin prononça lui-même un discours devant le congrès annuel du barreau de Caroline du Nord. Norman Birkett, un juge anglais, le rejoignit sur l'estrade. Il m'a fallu un peu de temps pour trouver le compte rendu complet du congrès.

Le doyen de l'école de droit, Thorack, présenta Lemkin en rappelant brièvement sa fuite de Pologne. Le Polonais avait récemment appris que la maison de sa famille avait été confisquée par les Allemands, expliqua le doyen, et que sa belle collection de peintures représentant des procès de justice, dont les premières « remontent au Moyen Âge », avait été saisie et expédiée à Berlin. Le doyen donna ensuite lecture d'une courte biographie. « La fondation de l'université du Dr Lemkin » remonte loin, à 1661, elle s'appelle « Université de Lvov, et cela s'écrit L-v-o-v ». Si quelqu'un dans la salle avait une meilleure prononciation à proposer, il était invité à rencontrer Thorack et Lemkin à la fin de la soirée.

Lemkin parla du « droit et des juristes dans les pays occupés d'Europe ». Il évoqua le « tableau sombre » de la vie en Europe imposée par les décrets nazis, les mesures qui anéantissaient l'autorité judiciaire et conduisaient à l'emprisonnement des avocats et à la violation du droit international. Il mentionna Hans Frank entre les mains duquel, pensait-il, se trouvait le destin de ses parents et de millions de Polonais. Frank allait-il protéger le droit des civils dans la Pologne occupée ? La réponse était contenue dans la question. Il se référa à un papier que Frank avait présenté à l'Académie pour le droit allemand* en décembre 1939, où il avait déclaré que le droit n'était rien de plus que « ce qui était utile et nécessaire pour la nation allemande ». Ce type de remarque était un « déni cynique du droit international », et provoquait en lui « la plus profonde aversion », déclara Lemkin. La conception de Frank subordonnait l'individu à l'État et était faite pour « subordonner la terre entière à l'Allemagne ».

Lemkin profita également de l'occasion pour rappeler ses idées sur la barbarie et le vandalisme, ainsi que le rôle qu'il avait joué à la Conférence de Madrid en octobre 1933. Le président du congrès lui avait demandé de ne pas parler de l'Allemagne, mais Lemkin ignora ce conseil : « Lorsque je lus cette proposition [sur le besoin d'une nouvelle législation], la délégation allemande formée du président de la Cour suprême d'Allemagne et du président de l'Université de Berlin, le professeur Kohlrausch, quitta la salle de réunion[73]. »

Ce récit m'a surpris. Le compte rendu officiel de la Conférence de Madrid confirme que Kohlrausch et le président de la Cour suprême allemande, Erwin Bumke, étaient effectivement présents. Ce der-

---

* Akademie für deutsches Recht, fondée en 1933 à l'initiative de Hans Frank *(NdT)*.

nier présidait la Cour lorsqu'elle avait décidé d'interdire les relations sexuelles entre une Allemande et un Juif, y compris les unions en dehors du territoire ; c'est ce même jugement que Lauterpacht avait commenté plus tôt dans l'année. Les collègues de Lemkin, Vespasian Pella et le juge Schlyter, étaient également à Madrid, tout comme le juge Rappaport, à la tête de la délégation polonaise. Mais Lemkin n'était pas sur la liste des conférenciers présents[74].

Il n'avait pas été à Madrid, il n'avait pas donné de papier et n'avait pas assisté au départ des deux Allemands. C'était un léger enjolivement de la réalité, sans conséquence, mais un enjolivement quand même.

75

LORSQUE LA NOUVELLE des recherches de Lemkin sur les décrets se propagea, on lui offrit un poste de consultant au *Board of Economic Warfare* [Conseil de guerre économique] à Washington D.C.[75]. C'était au printemps de 1942, le rôle du Conseil consistait à coordonner les efforts de guerre américains après l'attaque de Pearl Harbor et l'entrée en guerre des États-Unis. Son travail au Conseil, présidé par le vice-président Henry Wallace, lui assura un accès direct aux hautes sphères de la vie politique américaine.

Il leva le camp pour Washington ; la ville, peuplée d'uniformes militaires, était absorbée par l'effort de guerre et bouillonnait d'énergie. Le travail était stimulant ; personne ne semblait bien savoir ce qui se passait dans l'Europe occupée ou ce que les Allemands voulaient exactement. Les collègues de Lemkin n'étaient pas très sensibles aux informations qu'il tentait de leur transmettre ; trop absorbés par leurs propres missions, ils étaient indifférents aux inquiétudes d'un Polonais solitaire et quelque peu émotif. Ils estimaient que ses craintes étaient « théoriques » ou « fantaisistes ». « Les nazis ont-ils réellement commencé à mettre en œuvre leurs plans ? » demanda l'un de ses collègues. On connaissait les histoires des atrocités allemandes commises pendant la Première Guerre, or la plupart s'étaient révélées erronées. Pourquoi en serait-il autrement à présent[76] ?

Découragé, Lemkin trouva néanmoins le temps de nouer des contacts ; il aimait en effet la ronde des cocktails. Il rencontra quelques âmes sœurs, dont Katherine Littell, la femme de l'assistant du procureur général, Norman Littell (le nombre de femmes mariées auxquelles il s'associa est une caractéristique notable que révèlent les archives). Les Littell présentèrent Lemkin au vice-président Wallace, dont ils étaient proches (Norman Littell note dans son Journal que le vice-président fut « très intéressé par sa collection de décrets nazis »). On demanda à Lemkin d'assister le vice-président dans la rédaction d'un discours qu'il devait prononcer au Madison Square Garden à New York (dans la première version du texte, on pouvait lire que l'Amérique ne serait une véritable démocratie que si elle était prête à élire « un homme de couleur à la tête des États-Unis » ; la phrase prémonitoire fut rayée lorsque Littell fit remarquer à Wallace que ces mots le poursuivraient s'il décidait un jour de se présenter aux élections présidentielles[77]). Lemkin et Wallace se voyaient parfois dans le grand bureau de ce dernier au Sénat ; Lemkin espérait en effet obtenir le soutien du vice-président pour ses travaux sur les lois et décrets nazis. Mais, selon lui, Wallace était davantage motivé – telle fut en tout cas son interprétation – par les champs de maïs de l'Ohio : « Nous avons une dette envers les paysans de cette terre », lui dit le vice-président, c'est à cela que nous devrions nous consacrer. Lemkin n'était pas impressionné par Wallace et fut incapable de comprendre les « rêves solitaires » de celui-ci ; il décida donc de viser plus haut et, encouragé par les Littell, d'approcher le Président Roosevelt.

Lemkin prépara un mémorandum – beaucoup trop long. Réduisez le texte à une page, lui dit-on, si vous voulez que Roosevelt le lise. Mais comment résumer autant d'atrocités ? Il changea de tactique et décida de soumettre une autre idée à Roosevelt : proscrivez les meurtres de masse, écrivit-il, faites-en un crime, faites-en même le « crime des crimes ». Lemkin proposa un traité faisant de la protection des groupes un objectif de la guerre, et destiné à envoyer un avertissement clair à Hitler. Le mémorandum partit, des semaines passèrent, puis une réponse négative arriva. Le Président reconnaissait le danger, mais ce n'était pas le moment d'agir. Soyez patient, disait-on à Lemkin, un avertissement viendra, mais pas tout de suite[78].

Comme un homme en deuil assistant à son propre enterrement, sans nouvelles de Wołkowysk, Lemkin sombrait dans la mélancolie. Une fois de plus pourtant, il se ressaisit et décida d'oublier les politiciens et les hommes d'État. Il allait écrire un livre et en appeler directement au peuple américain.

76

Les documents provenant de Stockholm, de la Bibliothèque du Congrès, mais aussi d'amis européens continuaient à arriver en Caroline du Nord. Ils donnaient des détails sur les mesures allemandes (sur les rations de nourriture et le nombre de calories alloués aux individus selon leur appartenance à tel ou tel groupe, par exemple) ainsi que sur les rumeurs d'extermination de masse et de déportations. Les lois et décrets faisaient partie d'un schéma plus large, d'un système pour tuer, que le corpus réuni par Lemkin mettait en évidence. Il utilisa ces documents pour un cours qu'il donna à l'École d'administration militaire à Charlottesville. Les étudiants furent impressionnés.

L'idée du livre était de rendre ce genre de matériaux plus largement accessibles. « Je suis du Missouri, montrez-les-moi » était la réaction qu'il espérait, ne perdant jamais son optimisme. Dans son livre, il voulait persuader le peuple américain par son plaidoyer, en apportant des preuves avec objectivité et érudition. Il envoya une proposition au Carnegie Endowment for International Peace à Washington ; elle atterrit sur le bureau de George Finch qui donna aussitôt son feu vert[79]. On demanda à Lemkin de produire le manuscrit, la Fondation se chargeant ensuite d'en faire une version publiable. Les parties se mirent d'accord sur un texte de deux cents pages, sur les honoraires (cinq cents dollars) et de modestes frais. Le timing était parfait : après la Déclaration de Saint-James, les crimes de guerre étaient à l'ordre du jour international. En octobre 1942, le Président Roosevelt parla de « crimes barbares » commis dans les pays occupés, et appela à « traduire » les coupables « devant les cours de justice ». Il déclara que les « criminels de guerre » seraient contraints à capituler, que les responsabilités individuelles seraient établies par toutes les « preuves disponibles » et qu'une commission des Nations Unies destinée à enquêter sur les crimes de guerre était en cours de création[80].

Lemkin possédait des sources précieuses pour appuyer cette initiative. Il accepta de rendre publics ses documents, mais insista sur une condition : l'origine de chacun devait être mentionnée. La première page de chaque pièce comportait en effet une brève note explicative indiquant que la collection avait été compilée par Raphael Lemkin, lorsqu'il était professeur aux Universités de Stockholm et de Duke, et au cours de son activité de consultant auprès du Conseil de guerre économique.

Le moral de Lemkin s'était amélioré, mais son inquiétude pour sa famille restait vive ; il était également perturbé par des problèmes de santé. À quarante-deux ans, sa tension était dangereusement élevée, mais il ignorait les avis médicaux lui conseillant de ralentir le rythme de ses activités. Les documents sur les meurtres de masse continuaient en effet d'affluer à Washington. En décembre, le ministre des Affaires étrangères polonais en exil publia un texte intitulé « Les exterminations de masse de Juifs dans la Pologne occupée par l'Allemagne » et s'appuyant sur des sources fournies par Jan Karski (un autre diplômé de la faculté de droit de Lwów) qui travaillait pour la résistance polonaise à Varsovie [81].

La rédaction du manuscrit prit une année entière. Lemkin s'autorisa cependant quelques pauses. En avril 1943, il assista à l'inauguration du Jefferson Memorial à Washington en compagnie des Littell ; ils bavardèrent avec les acteurs Edward G. Robinson et Paul Muni. Le Président Roosevelt, vêtu d'une grande cape noire, fut accueilli par une foule en liesse ; accompagné de sa femme, Eleanor Roosevelt, il se trouvait à quelques pas seulement de Lemkin. « Comme il n'avait jamais vu le Président auparavant », « les impressions de Ralph étaient les meilleures », note Littell dans son Journal. Lemkin fut en effet frappé par « la rare qualité spirituelle » des Roosevelt : « Quelle chance vous avez, dit-il aux Littell, d'avoir deux personnes dotées d'une capacité de leadership spirituel aussi unique à la tête de votre pays »[82].

Lemkin termina son manuscrit en novembre. Même en renonçant à certains matériaux, il dépassait les sept cents pages, bien plus que ce qui avait été convenu avec Carnegie, ce qui irrita Finch. Ils se mirent d'accord sur un titre : *Axis Rule in Occupied Europe*. Il était peu probable qu'il devienne un best-seller, dans le Missouri ou ailleurs. Dans la préface, Lemkin expliquait qu'il souhaitait que les hommes et les femmes de bonne volonté dans le monde anglo-saxon soient informés sur la base « d'informations objectives et de preuves », de la cruauté impitoyable des Allemands à l'égard de certains groupes ; qu'il s'attachait en particulier au traitement des « Juifs, Polonais, Slovènes et Russes ». D'un groupe au moins il ne faisait aucune mention : les homosexuels. Il parlait des crimes des « Allemands » plutôt que des nazis, ne faisait qu'une seule référence aux « nationaux-socialistes » et affirmait que le « peuple allemand » avait « librement accepté » ce qui avait été planifié, participant de manière volontaire aux mesures et profitant largement de leur application. Le désir de protéger les groupes ne l'empêchait pas de singulariser les Allemands en tant que groupe. Lemkin remerciait enfin un petit nombre d'amis, et signait le tout sans aucune dédicace le 15 novembre 1943.

Axis Rule n'est pas d'une lecture facile. Conçu pour documenter « chaque phase de la vie » sous l'Occupation, le livre est divisé en trois sections. Les huit premiers chapitres traitent des « techniques allemandes d'occupation » et abordent les problèmes administratifs, le rôle du droit et des tribunaux, ainsi que divers autres sujets tels que la finance, l'emploi et la propriété. Un bref chapitre évoque le « statut légal des Juifs ».

Dans le chapitre suivant, le chapitre IX, Lemkin renonce aux notions de « barbarie » et de « vandalisme » au profit d'un nouveau terme, amalgamant le mot grec *genos* (« tribu » ou « race ») et le suffixe latin *-cide* (« tuer »).

Il intitula ce chapitre « Génocide ».

J'ai trouvé quelques papiers de Lemkin dans les archives de l'Université Columbia. Parmi ceux-ci se trouve une feuille jaune, lignée, avec des gribouillages de Lemkin au crayon. Il y avait griffonné le mot « génocide » plus de vingt-cinq fois avant de le biffer et de tester d'autres termes. « Extermination ». « Cuturelle ». « Physique ». Il avait joué avec d'autres possibilités aussi, comme *« met-enocide*[83] ».

Au milieu de la feuille, presque dissimulé sous un fouillis de termes, se trouve un autre mot, biffé, d'où part une flèche. Ce mot se révèle être « Frank ».

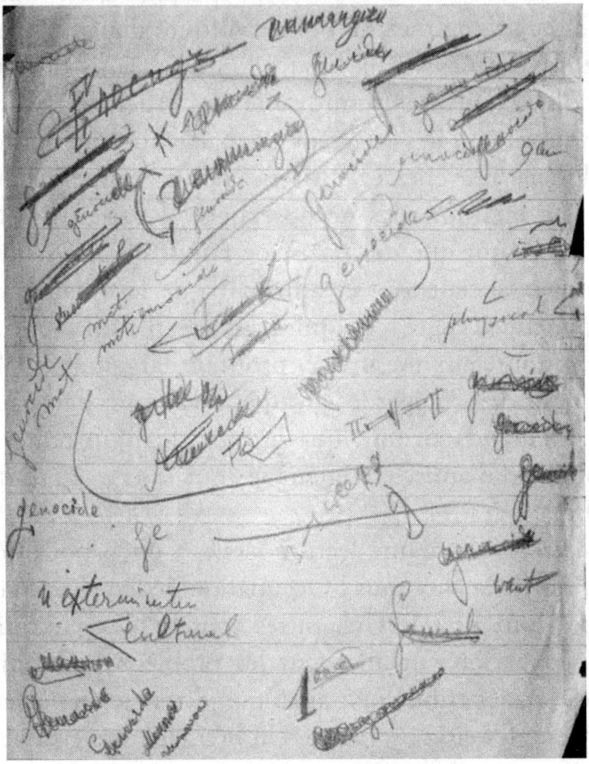

Le gribouillage de Lemkin, *ca.* 1945.

Le génocide, écrit Lemkin au chapitre IX, concerne les actes « dirigés contre des individus, non pas en tant qu'individus, mais comme membres d'un groupe ». « De nouvelles conceptions demandent de nouveaux termes »[84]. Les étapes qui l'ont poussé à choisir ce mot ne sont pas claires. Un an plus tôt, il avait proposé un terme polonais au gouvernement polonais en exil à Londres, *ludobójstwo*, traduction littérale du mot allemand *Völkermord* (« assassinat d'un peuple »), une formulation qui avait été utilisée par le poète August Graf von Platen (en 1831), puis par Friedrich Nietzsche dans *La Naissance de la tragédie* (1872)[85]. Il lui a préféré le mot « génocide » sans fournir d'explication. Le terme était choisi en réaction contre le « plan gigantesque » des Allemands visant à transformer l'identité génétique de la population des territoires occupés de manière permanente. L'« extermination de nations et de groupes ethniques » exigeait que l'intelligentsia soit éliminée, la culture détruite et les richesses captées et transférées. Des territoires entiers devaient être dépeuplés, par l'affamement ou par d'autres formes d'assassinats de masse. Lemkin décrit les étapes de la destruction, exemples à l'appui, comme un procureur qui expose son cas.

La deuxième partie du livre relate les mesures prises dans dix-sept pays occupés, de A (Albanie) à Y (Yougoslavie). Pour chacun des territoires, le texte détaille les étapes de l'oppression des groupes, des Juifs, des Polonais et des Tsiganes. Les handicapés sont mentionnés en passant. Lemkin affine ici son analyse antérieure. Une fois le pays occupé, le groupe ciblé se voit assigner un statut défini ; chacun de ses membres doit ensuite s'identifier ; dans le cas des Juifs, par le port d'un brassard avec une étoile de David, d'une taille « d'au moins dix centimètres ». L'étape suivante est l'interdiction de certaines activités, puis la confiscation des propriétés, l'interdiction de se déplacer librement et enfin d'utiliser les transports publics. Les groupes sont ensuite confinés dans les nouveaux ghettos, menacés de mort s'ils les quittent. Ces mesures sont suivies du transport en masse depuis les territoires occupés vers une zone centrale spécifique, en l'occurrence le Gouvernement général de Hans Frank. C'est une zone de liquidation : au début par la réduction des rations de nourriture jusqu'à la famine, puis par le meurtre par balles dans les ghettos, enfin par divers autres moyens. Lemkin était informé de l'utilisation des transports, des « trains spéciaux » à destination de lieux « inconnus ». Selon ses estimations, près de deux millions de personnes avaient déjà été tuées[86].

L'analyse était détaillée et inédite, soutenue par les preuves fournies dans la dernière partie du livre, quatre cents pages de lois et décrets, traduits en anglais. Il y avait là tous les détails, le compte rendu précis des instruments de mort, enregistrés, accessibles, irréfutables. Un grand nombre de documents venaient de Pologne et étaient signés par Frank, dont sa première proclamation. « L'établissement du Gouvernement général », avait décrété Frank, « a sécurisé les territoires de Pologne au sein de la sphère d'intérêt allemande »[87]. Frank était dans la ligne de mire de Lemkin : les opinions de cet avocat étaient à l'opposé de tout ce en quoi il croyait lui-même en tant que juriste.

Physiquement et émotionnellement épuisé, Lemkin demeura cependant pragmatique. Les règles existantes étaient inadéquates ; on avait besoin de quelque chose de nouveau. Il associa le terme qu'il proposait à une nouvelle idée : un traité global destiné à protéger les groupes de l'extermination, à punir les coupables et à les traduire en justice devant n'importe quelle cour dans le monde. Ainsi les pays ne pourraient plus traiter leurs citoyens comme bon leur semblait.

77

LEMKIN passa les cinq premiers mois de l'année 1944 à Washington, à rédiger des articles, à travailler comme consultant, et à parachever sa formation en suivant des cours à l'école de droit de Georgetown University (il réussit mieux en droit pénal qu'en droit constitutionnel où il obtint un lamentable D)[88]. Cet été-là, dans l'attente de la sortie de son livre, un tournant décisif dans le cours de la guerre lui fut profitable. Avançant rapidement vers l'Ouest, l'Armée rouge avait repris Lemberg, Żółkiew et Wołkowysk à la fin du mois de juillet. Lors de son avancée, ses soldats avaient découvert de terribles atrocités. En août, le journaliste russe Vassili Grossman rédigea un article pour le compte du magazine de l'Armée rouge, intitulé « L'enfer de Treblinka », décrivant ce qu'ils avaient vu. « Comment cela a-t-il pu arriver ? » demanda Grossman. « Doit-on en chercher la cause dans certains traits organiques, l'hérédité, l'éducation, le milieu, les conditions extérieures, une fatalité historique, la volonté criminelle des dirigeants[89] ? »

De telles interrogations et de tels reportages, précédés par les mises en garde de Jan Karski et, dans une moindre mesure, de Lemkin lui-même, commencèrent à produire leurs effets en Amérique. Le Président Roosevelt commanda un rapport à Henry Morgenthau Jr., le fils de l'homme qui avait rendu compte du pogrom contre les Juifs de Lemberg en novembre 1918, l'événement qui avait incité Lauterpacht à rejoindre les barricades. Contrairement à son père, mais avec d'autres, le jeune Morgenthau demanda des mesures immédiates pour prévenir « l'extermination complète des Juifs dans l'Europe contrôlée par les Allemands ». En l'absence de réaction, l'administration américaine serait accusée d'être coresponsable de tels actes[90]. Le *New York Times* publia ses premiers articles sur les camps de la mort en Pologne ; l'un d'entre eux relatait les meurtres du camp de Janowska à Lwów[91]. Le Conseil des réfugiés de guerre, créé quelques mois plus tôt par Roosevelt, publia un rapport plus détaillé intitulé *Les Camps d'extermination allemands d'Auschwitz et de Birkenau*[92].

C'est dans ce contexte fertile que le livre de Lemkin parut enfin en novembre 1944. Une première recension fut publiée dans le *Washington Post* le 3 décembre et, un mois plus tard, le *New York Times* lui consacra la première page de sa section littéraire, dans un article laudateur, mais néanmoins critique. « Un guide très utile », écrivit Otto Tolischus, ancien correspondant du journal à Berlin et lauréat du prix Pulitzer, mais le style « sèchement légaliste » du livre risquait de le priver d'un lectorat plus large. Tolischus adressait des objections plus sérieuses aux tirades de Lemkin contre les Allemands, affirmant notamment que ces actes terrifiants étaient le reflet d'un « militarisme lié au caractère inné et vicieux du racialisme Allemand ». Il contestait également la thèse de Lemkin selon laquelle la « vaste majorité du peuple allemand avait porté Hitler au pouvoir au moyen d'élections libres », et notait l'ironie qui conduisait Lemkin à protéger des groupes tout en en accusant un autre[93].

Les recensions étaient majoritairement favorables, même si toutes n'appréciaient pas que Lemkin se focalise sur les groupes. J'ai trouvé dans les archives une lettre furieuse, envoyée par un réfugié universitaire autrichien, Leopold Kohr (un individu remarquable, inventeur de la formule *« small is beautiful »*, largement reprise et popularisée par l'un de ses disciples, E. F. Schumacher). Une recension, que Kohr avait décidé de ne pas publier, était jointe à la lettre. *Axis Rule*, écrit Kohr, est « extrêmement utile », mais « dangereux »[94] : Lemkin utilise les faits de manière sélective, il aurait dû attaquer les nazis, non les Allemands (« Dr Lemkin ne mentionne pas une seule fois le national-socialisme », regrette Kohr ; ce qui n'est pas tout à fait exact, puisque Lemkin utilise le terme dans le chapitre sur le génocide, une fois seulement, il est vrai).

Kohr se plaignait également que le livre relevât du journalisme politique plutôt que de la science, puisque l'auteur se concentrait uniquement sur les faits qui confirmaient ses préconceptions, présentant ainsi un récit partial: c'était la « méthode prussienne d'écrire l'histoire ». Il réservait toutefois sa critique la plus virulente au chapitre IX, le « plus intéressant » peut-être, mais profondément biaisé. En faisant du groupe le « bénéficiaire principal » de la protection accordée par le droit international, Lemkin tombait dans un piège. Il adoptait une « pensée biologisante » de même nature que celle qui avait conduit à l'antisémitisme et à l'antigermanisme. Kohr affirmait en outre que l'auteur avait tort de se concentrer sur la responsabilité des groupes, plutôt que sur celle des individus: il aurait dû adopter une approche qui fait de « l'individu, non du groupe, l'objectif principal de ses préoccupations ». Le chemin qu'il avait emprunté « même s'il n'aboutit pas toujours à Hitler, condui[sait] [cependant] vers lui ».

Cette critique brutale était faite en privé. Je ne me réjouis pas d'« attaquer des amis », écrivait Kohr. Il ignorait que ses réserves trouveraient une résonance à Cambridge, en Angleterre, où Lauterpacht était en train de terminer son livre sur le droit des individus.

78

SIX MOIS après la parution de *Axis Rule*, la guerre en Europe était finie, Roosevelt était mort et Wołkowysk à nouveau sous contrôle soviétique. Sans nouvelles de sa famille, Lemkin se concentra sur les aspects pratiques permettant d'honorer le souhait de Truman: intenter un procès pour crimes de guerre aux principaux dirigeants allemands, avec Robert Jackson dans le rôle du procureur général.

Lemkin contacta Jackson le 4 mai, à peu près au moment où Hans Frank fut arrêté en Bavière par l'armée américaine[95]. Il informa Jackson que son livre était disponible à la bibliothèque de la Cour suprême et joignit une copie de son article « Génocide: un crime moderne » (ainsi qu'une note où il se décrivait comme un Polonais développant un point de vue international). L'article retraçait les efforts acharnés qu'il avait déployés, depuis sa contribution à la

Conférence de Madrid jusqu'à son livre, afin que soit arrêté tout nazi qui « met un pied sur le sol étranger[96] ».

Jackson lut l'article et l'annota. Il surligna une citation que Lemkin attribuait au maréchal Gerd von Rundstedt, profondément impliqué dans l'opération Barbarossa ; il aurait déclaré, lors de l'avancée vers l'Est, que l'une des plus grandes erreurs de l'Allemagne, en 1918, avait été d'« épargner la vie des civils dans les pays ennemis », et que un tiers de la population aurait dû être tué « en organisant la famine »[97]. Ces mots seuls, suggérait Lemkin, justifiaient une mise en accusation du maréchal[98].

Le 6 mai, le *Washington Post* publia un éditorial sur le châtiment et cita l'ouvrage de Lemkin[99]. Le livre avait entre-temps été emprunté à la bibliothèque de la Cour suprême et apporté dans le bureau de Jackson, où il est resté plus d'un an ; il ne fut rendu qu'en octobre 1946. Jackson remercia Lemkin pour son envoi, qu'il avait reçu au moment où il recrutait une équipe de juristes pour les procès, y compris au département de la Guerre où Lemkin avait travaillé comme consultant[100]. L'avocat principal de Jackson, le brillant et génial Sidney Alderman, conseiller du Réseau des Chemins de fer du Sud, passa un week-end entier plongé dans le livre[101].

Le 14 mai, les collaborateurs de Jackson avaient finalisé un projet de mémorandum destiné à préparer le procès. Le texte rappelait les preuves nécessaires à la poursuite des individus accusés d'« élimination de minorités raciales », mais il ne mentionnait pas le « génocide ». Deux jours plus tard, le projet en main, Jackson rassembla son équipe à la Cour suprême et ajouta lui-même le terme de « génocide » à la liste des crimes passibles de poursuite[102]. Le rapport détaillé qu'il envoya aux délégations de la Conférence de Londres reposait sur cette liste et comportait le mot « génocide », que Jackson décrivait comme la « destruction des minorités raciales et des populations assujetties[103] ».

Lemkin multiplia les démarches pour être intégré dans l'équipe. Le vendredi 18 mai, il fut présenté à Alderman, un ancien élève de l'Université Duke. Ce dernier dit à Lemkin (qu'il avait pris à tort pour un Allemand) que *Axis Rule* était « exhaustif », « très intéressant », et qu'il servirait de « texte de base » à l'équipe de Jackson. En parlant de la manière dont la référence au génocide serait utilisée, lors du procès, Alderman comprit que Lemkin était « très fier » du terme qu'il avait inventé et du rôle qu'il lui assignait[104]. À la fin du mois, Lemkin assista à une réunion au département de la Justice. La réunion fut tendue, car il y était question du rôle que devait jouer le Bureau des services stratégiques *[Office of Strategic Services]* (OSS)[105] – précurseur de la CIA – dans la collecte des preuves. Ce fut l'occasion pour le fils de Jackson, Bill, âgé de trente-six ans, membre de l'équipe et présent à la réunion, de faire la connaissance de Lemkin (Bill Jackson fut l'une des rares personnes à travailler avec Lemkin et Lauterpacht ; quelques semaines plus tard, il assista aussi à la réunion de Cranmer Road qui décida de l'introduction des « crimes contre l'humanité » dans la Charte de Nuremberg). Bill ne fut pas plus impressionné que cela par Lemkin, un homme passionné et un « érudit » mais qui manquait d'esprit pratique et n'avait aucun sens des affaires sur lesquelles l'équipe travaillait. Malgré tout, le jeune Jackson et Alderman durent penser que Lemkin était suffisamment qualifié pour être invité à rejoindre l'équipe, ne serait-ce que pour garder un œil sur l'OSS[106].

Le 28 mai, Lemkin commença à travailler au Bureau des crimes de guerre *[War Crimes Office]* en qualité de membre officiel de l'équipe de Jackson[107]. Mais on réfuta ses idées et il en fut vite déçu. On ne contestait pas son savoir sur les atrocités allemandes, mais son style et son tempérament posaient un problème. Certains membres du groupe de Jackson estimaient qu'il ne jouait pas collectif, d'autres qu'il lui manquait l'instinct de l'avocat et qu'il ne maîtrisait pas la situation. Alderman, l'un des avocats du groupe, en conclut que Lemkin n'était pas qualifié pour la tâche et demanda à son confrère Telford Taylor, également membre du Bureau, qu'il soit écarté.

Ils s'accordèrent pour l'« éliminer » du cercle restreint et le cantonner à des tâches secondaires, notamment la préparation d'une « encyclopédie » pour le procès. Malgré sa position au « sommet des réfugiés » et la confiance que l'on mettait dans ses matériaux, Lemkin fut relégué à la périphérie[108]. L'équipe de Jackson partit pour Londres en juillet, sans lui. Déçu, il demeura à Washington et travailla avec un « groupe de travail d'arrière-garde » chargé de réfléchir aux crimes dont les Allemands seraient inculpés[109].

79

J'AI TROUVÉ la référence à une première édition signée de *Axis Rule* sur Internet. Vendue, me dit le libraire ; mais lorsque je lui dis que j'étais intéressé par la dédicace de Lemkin, il me mit en contact avec l'acquéreur. Un mot aimable me parvint quelque jours plus tard, signé d'un avocat du département de la Justice de Washington D.C. Eli Rosenbaum, chasseur légendaire de fugitifs nazis, m'envoya une photo de la dédicace : « Au Dr Robert Kempner, avec mes compliments, R. Lemkin, Washington D.C., 5 juin 1945 ».

Le nom m'était familier. Jeune étudiant en droit, Kempner, plus tard collègue de Lemkin au Bureau des crimes de guerre, avait assisté, à l'été de 1921, dans la tribune réservée au public, au procès de Tehlirian à Berlin. Étant mêlé aux procédures judiciaires contre Hitler, il avait été expulsé du Reich en 1933. Sa relation avec Lemkin à Washington offrait un lien direct avec le procès qui avait autrefois inspiré Lemkin. La date du 5 juin était aussi significative : c'était le jour où les Alliés s'étaient accordés à Berlin sur le découpage de l'Allemagne et sur la punition réservée aux « principaux dirigeants nazis », appliquant ainsi un accord conclu trois mois plus tôt à Yalta, l'engagement de procéder à « une punition rapide et juste de tous les criminels de guerre[110] ».

En juillet, l'équipe de Jackson travailla avec ses homologues britanniques, français et soviétiques à Londres sur la liste des crimes à inclure dans la Charte de Nuremberg. Ils parvinrent à un accord qui fut signé le 8 août. La liste des crimes figurant à l'article 6 comportait les crimes contre l'humanité – suivant la suggestion de Lauterpacht – mais non le génocide. Lemkin fut amèrement déçu et soupçonna les Britanniques d'avoir joué un jeu sournois. Bob Silvers se souvient de Lemkin disant : « Vous savez comment ils sont », à propos des Britanniques lors d'un cours à Yale dix ans plus tard.

Le génocide était donc exclu de la Charte de Nuremberg, mais Lemkin savait que les crimes énumérés à l'article 6 devaient maintenant être transformés en accusations spécifiques, ce qui lui laissait encore une chance d'introduire l'accusation de génocide. Je n'ai pas pu vérifier comment exactement il s'est procuré une invitation à rejoindre Londres pour aider l'équipe de Jackson à préparer les actes d'accusation, mais il semble que cela se soit fait à l'instigation du colonel Murray Bernays[111], directeur de cabinet de Jackson, qui appréciait le savoir encyclopédique de Lemkin. Bernays était l'un des rares soutiens de Lemkin, et il était persuadé qu'il pourrait être utile à la réflexion sur les crimes commis dans la Pologne occupée.

Bernays se heurta cependant à la résistance du commandant James Donovan, avocat-conseil de l'OSS. Celui-ci s'opposa à la venue de Lemkin et envoya un mémorandum secret au cercle restreint de l'équipe de Jackson, jugeant les travaux de Lemkin « inadéquats », et faisant valoir que de meilleurs chercheurs polonais étaient disponibles. Donovan pensait que Lemkin était trop passionné, que son approche était « émotionnelle », inadaptée à des sujets juridiques aussi complexes. Il estimait aussi qu'il avait des « problèmes de personnalité », une opinion qui trouva un certain écho auprès des destinataires mais qui ne fut finalement pas retenue[112]. Le colonel Bernays proposa de s'occuper du Polonais, mais retourna à Washington peu de temps après l'arrivée de Lemkin à Londres[113]. Personne d'autre n'était prêt à prendre celui-ci sous son aile, mais il réussit pourtant à rester au sein de l'équipe, en franc-tireur échappant largement à la surveillance, sans bureau et sans numéro de téléphone attitrés[114].

80

À LONDRES, Lemkin parlait à qui voulait l'écouter, ce qui causa finalement sa perte. On se plaignit de plus en plus de sa personnalité incontrôlable et de ses bavardages non autorisés. Les rumeurs allaient bon train : on disait qu'il avait organisé des sessions informelles avec des membres de la Commission pour les crimes de guerre des Nations Unies, qu'il avait participé à des réunions interdites avec des personnalités proches de l'Organisation sioniste mondiale. Selon les plaintes qui arrivèrent aux oreilles du commandant Donovan à Washington, Lemkin poursuivait son propre plan et n'hésitait pas à revendiquer la paternité du travail des autres[115]. La rumeur selon laquelle Lemkin informait la presse en privé, tout en se plaignant auprès de l'équipe de Jackson de ce que les membres de la Commission pour les crimes de guerre des Nations Unies n'aient pas reçu d'exemplaires de son livre, lui asséna un coup fatal.

« Plus tôt Lemkin aura quitté Londres, mieux ce sera », dit Donovan à Telford Taylor[116]. Mais Lemkin ne se laissa pas faire et résista suffisamment longtemps pour obtenir gain de cause. Un « bougre » entêté, observera Bill Jackson plus tard[117]. Il était toujours là en septembre, puis en octobre, alors que le travail sur le projet d'accusation avançait. Il réussit même à retourner Sidney Alderman et à s'en faire un allié sur la question du génocide, malgré la forte opposition des autres membres de l'équipe de Jackson, soumis à la pression de politiciens des États fédérés qui exigeaient que Blancs et Noirs utilisent des toilettes différentes[118]. Les Britanniques s'opposaient aussi à l'inclusion du crime de génocide, en particulier sous l'impulsion de Geoffrey Dorling « Khaki » Roberts, un avocat énorme aux sourcils broussailleux, conseiller du roi et proche de Hartley Shawcross, futur procureur britannique à Nuremberg[119]. Les Américains aimaient Roberts, admiraient son passé de joueur de rugby dans les équipes d'Oxford et d'Angleterre, mais ils ne l'estimaient guère en tant qu'avocat.

L'opposition de Khaki Roberts a peut-être finalement aidé Lemkin. Alderman se saisit en effet de la cause, et le « génocide » fit son entrée dans une version préliminaire du projet d'accusation. Les Britanniques s'opposèrent au terme, jugé trop « fantaisiste » et trop « exotique » pour figurer dans un document juridique sérieux. Même les diplômés d'Oxford « ne peuvent comprendre le sens du mot », dit Alderman à un collègue[120]. Lemkin de son côté fut « grandement satisfait » que les Britanniques ne soient pas parvenus à se débarrasser du terme qu'ils jugeaient offensant.

Le 6 octobre, les quatre puissances alliées s'accordèrent sur un acte d'accusation comprenant quatre chefs d'accusation, dont le dernier était celui de crimes contre l'humanité. Au grand dam de Lemkin, le génocide n'était pas l'un de ces chefs d'accusation, mais il figurait dans la rubrique numéro 3 relative aux crimes de guerre. Celle-ci incluait le mauvais traitement et le meurtre de civils dans les territoires occupés ainsi que l'acte de « génocide délibéré et systématique ».

L'étrange entêtement de Lemkin avait payé. C'était la première fois que le terme était employé dans un document international, accompagné d'une définition plus ou moins directement empruntée au livre de Lemkin.

Le génocide était défini comme :

> [...] l'extermination préméditée et systématique de groupes raciaux et nationaux parmi la population civile de certains territoires occupés, afin de détruire des races ou classes déterminées de populations et de groupes nationaux, raciaux ou religieux, particulièrement les Juifs, les Polonais, les Tsiganes et d'autres[121].

Que la destruction de groupes soit retenue au procès de Nuremberg fut un triomphe personnel pour Lemkin. Les années passées à transporter des documents autour du monde étaient récompensées, mais elles eurent un prix. Trois jours avant l'accord sur l'acte d'accusation, le médecin de l'armée américaine, le capitaine Stanley Vogel, diagnostiqua à Lemkin une rhinopharyngite ; il avait attrapé froid[122]. C'était l'excuse parfaite pour le renvoyer à Washington, au moment même ou Lauterpacht se préparait à voyager en sens inverse, de Cambridge à Nuremberg. Lorsque l'acte d'accusation fut présenté au tribunal, le 18 octobre, Lemkin était de retour aux États-Unis, épuisé mais satisfait. « Je suis allé à Londres et j'ai réussi à faire inscrire l'accusation de génocide contre les criminels de guerre nazis à Nuremberg », écrivit-il plus tard. « J'ai fait entrer "génocide" dans l'acte d'accusation du procès de Nuremberg »[123].

Les crimes contre l'humanité et le génocide étaient tous deux cités au procès.

V.

L'homme au nœud papillon

81

PARMI LES PAPIERS de mon grand-père, j'ai trouvé une petite photo en noir et blanc, pas tout à fait carrée, prise en 1949. Un homme d'âge mûr regarde intensément l'objectif, un vague sourire aux lèvres. Il est vêtu d'une chemise blanche et d'un costume à rayures ; une pochette blanche est soigneusement pliée dans la petite poche de sa veste. Un nœud papillon à pois souligne son air légèrement espiègle.

La photocopie de cette photo est restée accrochée au-dessus de mon bureau pendant deux ans, rivalisant avec celle de Miss Tilney. Le rôle de celle-ci ayant été élucidé, c'était maintenant cet homme que je regardais quotidiennement, frustré. Il me narguait : « Si tu es bon, tu me trouveras », semblait-il dire. Poussé de temps à autre à relever le défi, je voyais ce que je pouvais faire mais, en l'absence de nom, mes efforts se soldaient inévitablement par un échec. Je scannai la photo, tentai la reconnaissance faciale sur Internet. Rien.

À de nombreuses reprises, je suis revenu à l'information laconique du dos de la photo : *« Herzliche Grüsse aus Wien, September 1949 »* (« Vœux chaleureux de Vienne, septembre 1949 »). La signature était ferme et indéchiffrable.

« Vœux chaleureux de Vienne, septembre 1949 ».

Je tentai d'extraire ce que je pouvais de ces mots et du petit tampon rouge portant le nom et l'adresse du studio où la photo avait été prise : « Foto F. Kintschel, Mariahilferstrasse 53, Wien VI ». La rue existait toujours, mais le studio avait disparu depuis longtemps. Je passai des heures à essayer de déchiffrer la signature, sans résultat ; j'examinai attentivement les deux autres photos du même homme. Celle qui était annotée « Londres, 8 août 1951 » était de la même taille et venait aussi du studio Kintschel, mais on y avait apposé un tampon bleu. En ce jour d'été, il portait une cravate classique avec des rayures diagonales, et toujours une pochette dans la poche de sa veste. Peut-être louchait-il légèrement ?

La troisième photo était plus grande que les autres, de la taille d'une carte postale. Elle ne comportait ni signature ni marque de studio. L'homme portait une cravate sombre à losanges et une pochette. Une note manuscrite figurait au dos : « *Wien – London, Oktober 1954* ». Il avait pris un peu de poids, les contours d'un double menton étaient maintenant visibles. Il louchait *effectivement*. À l'encre bleue, il avait écrit « *Zur freundlichen Erinnerung an einen Grossvater* » (« en amicale mémoire à un grand-père »). Un grand-père était-il mort ? Était-il devenu grand-père ?

La première fois que je l'ai interrogée au sujet de cet homme, ma mère m'a dit qu'elle ne savait pas vraiment qui c'était. J'insistai. Oui, dit-elle, elle avait bien demandé une fois à Leon qui il était. « Il a dit que ce n'était pas important, c'est tout. » Elle avait donc abandonné, mais elle avait eu des doutes.

Leon savait donc qui était cet homme, et il avait gardé deux autres photos de lui, l'une prise en août 1951, l'autre en octobre 1954. Pourquoi les avait-il conservées si cet homme n'était pas important ?

En fait, a précisé plus tard ma mère, elle avait trouvé ces photos parmi les papiers de Rita, après sa mort en 1986. Elle les avait ensuite rangées avec celles de Leon dans un endroit où elles étaient restées durant une décennie. Parce que j'ai insisté un peu, ma mère a finalement évoqué un vague souvenir de son enfance, obscur mais réel. Elle se rappelait peut-être une visite de cet homme dans l'appartement de Paris, rue Brongniart, après la guerre. Il y avait eu une dispute entre Leon et Rita, ils avaient élevé la voix, puis à la colère avait succédé une réconciliation. « Mes parents ont eu un certain nombre de disputes comme celle-ci. » Intenses puis oubliées.

L'information a mis du temps à se frayer un chemin dans mon esprit. Peut-être l'homme au nœud papillon était-il la cause du départ solitaire de Leon de Vienne, en janvier 1939 ? Les événements – l'arrivée des Allemands, le bannissement du Reich – étaient clairs, mais la décision de Leon de quitter Vienne seul, sans sa femme et sa petite fille, était bien plus difficile à expliquer. Peut-être l'homme au nœud papillon était-il en quelque manière lié à la vie de Rita à Vienne après son départ ? Peut-être était-il un nazi ? Rita avait passé trois ans loin de son mari et de son enfant, ne fuyant Vienne qu'en octobre 1941, un jour avant qu'Eichmann ne referme les portes.

82

Le temps passait et je n'avançais pas. J'avais mis les trois photos de côté, prêt à abandonner. Je me concentrai sur Lemberg, Lwów, Lvov, Lviv, Lauterpacht, Lemkin. Et puis arriva, venue de nulle part, une révélation inattendue.

Peu de temps après ma première visite à Lviv, je me suis rendu à la fête d'anniversaire d'un ami qui célébrait ses quatre-vingt-dix ans au Wigmore Hall, le temple de la musique classique à Londres. Milein Cosman[1] était au centre des festivités ; c'était une artiste peintre connue pour ses miniatures, une femme distinguée, incroyablement intelligente et chaleureuse, veuve du grand musicologue Hans Keller[2]. Réfugiés, elle et son mari étaient arrivés en Grande-Bretagne avant la guerre, séparément, elle depuis l'Allemagne, lui depuis l'Autriche. Dans les années 1950, ils avaient emménagé dans une petite maison sur Willow Road, dans le nord de Londres, pas loin de Hampstead Heath. Quarante ans plus tard, ma femme et moi avons acheté cette maison, et nous y vivons toujours (en face des Willow Cottages où habite le neveu de Sofka Skipwith).

Hans Keller travaillait pour la troisième chaîne radiophonique de la BBC, ce qui lui permettait de rencontrer quantité de grands musiciens et de chefs d'orchestre du XXe siècle. Le couple connaissait Furtwängler (« très certainement pas un nazi », me dit Milein avec passion) et Karajan (« un sympathisant nazi et un opportuniste », là ses idées étaient plutôt claires). Peu de temps avant la mort de Richard Strauss, en 1947, Milein avait dessiné son portrait, aujourd'hui encore accroché au Wigmore Hall – là où elle fêtait son anniversaire avec plus d'une centaine d'invités, amis et membres de la famille – à côté d'un ensemble de ses autres dessins.

Milein me présenta une amie, une parente de son mari décédé. Inge Trott avait quatre-vingt-dix ans, elle était d'une intelligence vive et s'avéra d'une aimable espièglerie[3]. Elle était née à Vienne et avait rejoint Londres en 1938, à l'âge de dix-sept ans. Après la guerre, elle avait été, au King's College de Londres, laborantine pour le professeur Maurice Wilkins qui, des années plus tard, a partagé le prix Nobel avec Francis Crick et James Watson ; Inge leur livrait des échantillons de sperme à Cambridge. Elle était fière de sa contribution en tant que convoyeuse de matières qui avaient permis de percer les secrets de l'ADN.

Notre conversation tourna autour de Vienne, du caractère des Autrichiens, de l'*Anschluss*. Elle se rappelait l'arrivée des Allemands, les défilés, les humiliations, la réquisition de la maison familiale par un soldat allemand en uniforme gris. Je mentionnai la photo de l'homme au nœud papillon, son écriture et la signature indéchiffrable.

« Envoyez-moi une copie, je vais voir si je peux déchiffrer la signature. Elle doit être en vieil allemand », ajouta-t-elle.

« Je la mettrai au courrier. »

« Non, dit Inge fermement, scannez-la et envoyez-la par e-mail, ça ira plus vite. »

Le soir même, je suivis ses instructions et reçus une réponse le lendemain. « Je peux lire tout ce qu'il y a sur le dos de la photo à l'exception de la signature parce qu'elle est à l'envers. » Scannez-la à nouveau, « à l'endroit cette fois-ci ».

83

Un jour passa, puis le téléphone sonna.

« Le nom est Lindenfeld », dit Inge avec une grande certitude, avant que je ne décèle un petit doute.

« Bon, ça pourrait être Lindenfels, avec un *s*, mais je ne crois pas. »

Elle pesta contre Herr L. « Je ne comprends pas pourquoi les gens veulent rendre leur signature illisible. »

Le moment me parut étrangement dramatique. Avec un nom, de nouvelles pistes d'exploration s'ouvraient à moi. J'allais pouvoir vérifier tous les Lindenfeld (ou Lindenfels) qui habitaient à Vienne en 1949, puis les comparer avec ceux du même nom qui y vivaient en 1939. Avec une série d'annuaires de ces années-là, cela paraissait assez simple, me suis-je dit. Un doctorant en droit de l'Université de Vienne m'a aidé dans la phase initiale de mes recherches, j'ai pu ensuite bénéficier du concours d'une détective privée. Frau Katja-

Maria Chladek, spécialiste de la généalogie viennoise, installée à Vienne, était joyeuse, affable et extraordinairement efficace.

Le doctorant avait déniché l'annuaire de Vienne de l'année 1939. Pas de Lindenfels, dix Lindenfeld. Neuf d'entre eux étaient des hommes aux noms très wagnériens : Bela, Emil, Erwin, Kurt, Max, Mendel, Rudolf et Siegfried.

Il fallait ensuite trouver l'annuaire de 1949 pour recouper les noms. Cela s'est révélé plus compliqué, mais Frau Chladek, la détective privée, finit par trouver une copie de l'annuaire et me fit part de ses trouvailles. En 1949, sur les dix Lindenfeld qui habitaient à Vienne en 1939, il n'en restait qu'un seul. Il s'appelait Emil, me dit Frau Chladek ; d'après elle, ce n'était pas un nom juif. Elle semblait insinuer que quelque chose nous échappait.

Emil Lindenfeld habitait Gumpendorferstrasse 87, dans le VIe arrondissement de Vienne, pas loin du studio Foto Kintschel sur Mariahilferstrasse. Il lui fallait donc marcher environ dix minutes de son appartement au studio pour aller chercher ses portraits, expliqua Frau Chaldek. L'annuaire, qui le désignait comme « membre de l'administration publique », le mentionnait jusqu'en 1969, puis son nom disparaissait. « Je pense qu'il est mort en 1968 ou 1969 », dit Frau Chaldek.

Elle poursuivit ses recherches à la bibliothèque de la mairie de Vienne où elle découvrit que, vingt ans après 1949, Emil vivait encore à la même adresse. « Je dirais qu'il y a de bonnes chances pour que ce soit notre homme. » Elle était optimiste, encourageante même, mais cela ne voulait pas dire que l'homme au nœud papillon fût Emil Lindenfeld. Il s'agissait maintenant de trouver la date de sa mort. Forte de ce renseignement, Frau Chaldek pensait qu'elle pourrait obtenir sa *Verlassenschaftsabhandlung*, le dossier de succession contenant les informations sur sa famille, peut-être même une photo. Voulais-je la charger de faire cette recherche ? Oui, je le voulais.

Je prenais plaisir à lire ses messages, vivants et enthousiastes. Quelques semaines après notre dernier échange, elle m'envoya un autre e-mail avec de nouvelles informations, dont certaines étaient à ses yeux « très surprenantes ». Emil Lindenfeld était un commerçant, il était né le 2 février 1896 dans la ville de Kopyczynce en Pologne. Dans le dossier, la référence à la Pologne était biffée et remplacée par « URSS ». Il mourut le 5 juin 1969 à Vienne.

« Voici maintenant la nouvelle très surprenante. »

Frau Chladek avait trouvé le *Totenbeschauprotokoll* de Herr Lindenfeld, le dossier officiel de son état civil au moment de sa mort. « Le prénom Emil a été enregistré puis annulé », dit-elle. À la place, une « personne inconnue » a inscrit un prénom différent, Mendel. C'était tout à fait exceptionnel de changer un nom, une pratique qu'elle n'avait que très peu rencontrée dans son travail. Son interprétation ? « Il était juif », mais cela ne se savait pas. Frau Chladek pensait que c'était un « Juif secret ».

Le *Protokoll* nous a fourni d'autres renseignements ; Frau Chladek me dit que nous devrions demander le dossier d'état civil complet de Herr Lindenfeld. Elle le fit aussitôt, et ce fut effectivement utile. « Sa mère s'appelait Sara Lindenfeld, et sa dernière résidence enregistrée était à Londres, Grande-Bretagne », m'écrivit Frau Chladek. Cela pouvait expliquer les références à Londres au dos des photos de 1951 et 1954, des visites à sa mère peut-être.

Frau Chladek avait découvert autre chose. Lorsque la guerre a éclaté en 1939, Emil Lindenfeld était marié avec Lydia Sturm, une Juive. Ils avaient un enfant, une fille, Alice. Au cours de l'année 1939, la femme de Lindenfeld et leur fille Alice ont quitté Vienne pour Londres. Voilà un parallèle direct avec la vie de Rita : à la fin de l'année 1939, Emil et Rita étaient tous deux seuls à Vienne, leurs enfants et leurs époux partis, affrontant la guerre, les nazis et la solitude.

Frau Chladek avait encore mieux. À la mort d'Emil Lindenfeld, sa fille Alice vivait à Flushing, à New York, mariée à Alfred Seiler. Alice et Alfred avaient deux enfants, Sandra et Howard, nés dans les années 1950. Des liens commençaient à se tisser. La naissance de Sandra en 1952 pouvait en effet expliquer la référence au nouveau statut de grand-père au dos de la photo de 1954.

J'avais maintenant besoin d'une photo d'Emil Lindenfeld. Frau Chladek m'apprit qu'il n'y en avait pas dans les dossiers, mais j'avais d'autres pistes : grâce aux noms des petits-enfants, ma recherche se déplaçait vers New York.

84

Aucune Alice Seiler n'était enregistrée à Flushing, à New York. Et, sur place, je n'ai pas trouvé de trace des petits-enfants, Sandra et Howard Seiler, ni à Flushing ni dans les environs de New York.

C'est Facebook qui a permis de faire un bond en avant. Parmi ses centaines de millions d'utilisateurs, il y avait, en Floride, un Howard Seiler qui avait été élève au lycée de Flushing. Je tenais ma piste. La photo sur Facebook montrait un homme d'une petite cinquantaine d'années, ce qui correspondait à la date de naissance trouvée par Frau Chaldek. Howard comptait parmi ses amis une Sandra, dont le nom de famille était Garfinkel.

J'envoyai un message à Howard ; pas de réponse. J'ai donc cherché une Sandra Seiler Garfinkel et j'ai trouvé dans l'annuaire une adresse à Massapequa, à Long Island, pas très loin de Flushing. Le numéro de téléphone n'était pas disponible dans l'annuaire mais, en payant une modeste somme, je pus obtenir un numéro à dix chiffres. Un soir d'été à Londres, je composai le numéro, non sans appréhension.

Une femme avec un accent new-yorkais prononcé répondit. Je lui dis que je cherchais Sandra Seiler, la petite-fille d'Emil Lindenfeld de Vienne. Un long silence suivit. « C'est elle-même. » Un nouveau silence, puis : « Cela est assez étrange. Que voulez-vous ? »

Je lui racontai l'histoire en bref, je lui dis que ma grand-mère aurait pu connaître son grand-père à Vienne avant la guerre. « Mon grand-père était Emil Lindenfeld ; il vivait à Vienne », dit Sandra. Elle était sceptique, ni hostile, ni aimable, ni inamicale. Elle me fit un résumé de l'histoire de sa famille.

« Emil était marié à Lydia, ma grand-mère. Après l'arrivée des nazis à Vienne, en mars 1938, mais avant que la guerre ne commence, Lydia a quitté Vienne avec sa fille, ma mère, Alice, qui avait à l'époque quatorze ans. Ils sont allés à Londres où ma grand-mère a travaillé comme domestique. Après la guerre, Alice et Lydia sont venues en Amérique, mais Emil est resté à Vienne. On nous a dit qu'il ne pouvait pas voyager parce qu'il avait contracté la tuberculose. En 1958, ma grand-mère Lydia est morte et Emil est venu en Amérique. J'avais six ans. Il est resté six semaines, m'a appris l'allemand et est reparti. C'est la seule fois où je l'ai vu. »

Avait-elle des photos d'Emil ? « Oui bien sûr. » Elles sont peut-être même sur Internet, ajouta-t-elle. Sa mère était morte en 1986, elle avait perdu son père récemment. « Il a écrit un livre sur ses expériences de guerre ; c'est sur le Net, avec des photos. » Elle me donna les références et, pendant que nous parlions, je cherchai le livre de son père. Il est apparu immédiatement sur mon écran, avec un titre réjouissant : *Des camps de mort de Hitler au goulag stalinien*[4]. Le lecteur était invité à « regarder à l'intérieur » et, en même temps que nous parlions, je regardai. Le livre était court, moins de deux cents pages ; je le parcourus, à la recherche des photos. À la page 125, mon écran me renvoya un visage familier, un homme en costume sombre, avec une pochette et une cravate classique, sombre également. Un nom était inscrit sous la photo, Emil. Sur la page suivante, il y avait une photo de sa femme, Lydia, ainsi que des photos de Sandra et Howard, ses petits-enfants.

Je priai Sandra d'excuser mon silence. Les trois photos d'Emil se trouvaient parmi les papiers de mon grand-père depuis des décennies, et j'avais tenté de découvrir l'identité de cet homme. Sandra était sensible ; elle comprit. Pouvais-je lui lire le texte accompagnant la photo dans les Mémoires de son père ? me demanda-t-elle. Elle n'avait pas pu se décider à lire le livre, il n'avait été publié qu'après la mort de son père.

Je lus le texte. Emil Lindenfeld-Sommerstein était l'ami d'enfance du père d'Alfred. Il avait épousé Lydia Sturm, la fille du propriétaire d'une entreprise de « passementerie », à Jägerndorf, dans les Sudètes, qui fabriquait des « nappes, des couvre-lits fantaisie et autres ». Du mariage était issue une fille, Alice, envoyée en Angleterre en 1939 par « un de ces fameux *Kindertransporte* » (transports d'enfants). Lydia avait suivi peu de temps après, une fois obtenu le permis de travailler comme domestique. Une seule phrase donnait une indication sur la vie d'Emil à Vienne après le départ de sa femme et de sa fille : « Emil put rester à Vienne comme "sous-marin" pendant l'occupation nazie, se cachant parmi des proches et des amis non juifs. Les parents d'Alice ne se sont jamais retrouvés, et le père a continué de vivre à Vienne »[5].

Emil Lindenfeld était resté seul à Vienne et s'était caché, comme Rita, « parmi des proches non juifs ». Cela voulait peut-être dire qu'il n'était pas entièrement juif ou qu'il était resté à Vienne comme non-Juif. Après la guerre, Emil et Lydia s'étaient séparés, contrairement à Leon et Rita qui s'étaient retrouvés à Paris.

Le compte rendu du gendre d'Emil me rappela le souvenir de ma mère : l'homme que je connaissais maintenant sous le nom d'Emil Lindenfeld avait rendu visite à Rita et Leon à Paris après la guerre. Lorsqu'il avait quitté leur appartement, ses parents s'étaient disputés. Une conclusion logique – mais pas la seule – était que Rita et Emil étaient amants, qu'il était venu la retrouver à Paris après la guerre pour la persuader de revenir à Vienne. Sur le moment, je n'ai rien dit de tel à Sandra, nous avons partagé cette idée plus tard, alors que nous nous connaissions mieux.

Je remerciai Sandra d'avoir répondu à mon appel. Elle me demanda de lui envoyer une copie de la photo de son grand-père, celle qui était accrochée au-dessus de mon bureau, ce que j'ai fait. Quelques jours plus tard, elle m'a écrit. Notre conversation téléphonique l'avait incitée à fouiller dans les papiers d'Emil, ceux qui lui avaient été expédiés de Vienne après sa mort. Elle possédait ses albums de photos, certains datant peut-être d'avant la guerre. Si mes grands-parents avaient des photos d'Emil, peut-être Emil avait-il des photos de Leon et Rita ?

« Envoyez-moi une photo de vos grands-parents », me demanda Sandra. Je lui ai envoyé les photos d'identité de leurs passeports de l'époque nazie. La photo de Rita, celle où je lui trouvais un air triste, avait dû être prise aux alentours de 1941. J'avais longtemps cru que cet air tenait à l'éloignement de son mari et de sa fille ; je me demandais maintenant s'il n'avait pas une autre raison, peut-être liée à Emil.

85

Le lendemain matin, je reçus une série de messages de Sandra. Elle avait consulté les albums d'Emil et avait trouvé plusieurs photos de Rita, m'écrivait-elle, mais il n'y en avait qu'une de Leon (une photo de lui avec Rita et ma mère prise dans les rues de Paris dans les années 1950, photo que ma mère avait elle-même dans son album).

Impatient, j'ouvris les messages de Sandra. Les photographies permettraient peut-être d'expliquer le silence qui avait entouré cette période. Elles étaient toutes en noir et blanc, il y en avait huit, préservées de l'usure du temps. Je n'avais jamais vu ces clichés de Rita que Sandra m'envoyait. Chacun d'eux comportait son lot de surprises.

Le premier était un portrait studio de Rita, un flou artistique. Elle souriait avec une séduction que je ne lui avais jamais vue. Elle était belle, son visage soigneusement maquillé, son rouge à lèvres d'un rouge profond et éclatant.

Le cliché suivant était encore plus surprenant. Sans date, il représentait Rita avec Malke, la mère de Leon, et devait être l'une des toutes dernières photos prises de mon arrière-grand-mère. Il me parut familier. Malke était élégante, ses lourdes paupières, tombantes et inclinées, semblables à celles de Leon. Elle était vêtue d'un chemisier foncé aux boutons simples, ses cheveux argentés étaient coiffés en arrière. Son visage avait une dignité fanée et calme, c'était avant qu'elle ne sache ce qui allait arriver.

Rita et Malke, Vienne, *ca.* 1938.

Cette photo, que je reconnaissais à moitié, avait pourtant quelque chose d'étrange. Puis je pris conscience que je l'avais déjà vue, mais seulement une partie, celle qui montre Malke. Ma mère en avait gardé une copie, déchirée par le milieu ; l'autre moitié, avec la souriante Rita, avait été retirée. C'est alors seulement que je me rendis compte que la Malke de l'original n'était pas seule, que Rita était avec elle.

La photo suivante, la troisième, montrait Rita allongée sur une chaise longue, dans un jardin, au printemps ou peut-être en été ; sur une quatrième, elle était vêtue d'un pull à rayures et portait des chaussures de ville, seule dans un jardin. Peut-être le même jardin.

Les quatre dernières photos formaient une série. Elles semblaient avoir été prises le même jour, encore une fois dans un jardin tranquille. Les feuillages des buissons et des arbres étaient pleins de vigueur, jeunes et vibrants. Cela sentait le printemps. Les protagonistes avaient l'air paisible et détendu. Sur l'une, Rita était assise seule sur un banc ; trois femmes et Emil Lindenfeld étaient allongés sur l'herbe derrière elle. Ils souriaient, riaient, parlaient. Tous regardaient l'appareil et le photographe inconnu, insouciants.

La photo suivante montrait Rita sur le même banc, coiffée d'un chapeau. Sur la troisième, une femme inconnue, encore sur le même banc, ainsi qu'un homme avec un chapeau vêtu de *Lederhosen* (culottes de cuir) et de *Weißstrümpfe* (chaussettes blanches), signe, je le sais maintenant, de sympathie pour les nazis. Dans un tel contexte, ces chaussettes prenaient une allure sinistre.

Rita et Emil (à droite), avec un inconnu, Vienne.

Sur la dernière image, Rita était encadrée par deux hommes. Je ne reconnaissais pas celui qui se tenait à sa droite, mais l'homme à sa gauche était Emil, en *Lederhosen* et chaussettes blanches, leurs bras étaient entrelacés. Elle souriait, élégante et calme, plus belle que je ne l'avais jamais vue (quand je montrai la photo à ma tante plus tard, elle eut la même réaction : « Je ne l'ai jamais vue comme ça, jamais »). Emil avait les mains dans ses poches. Il arborait un air espiègle, la tête légèrement penchée vers l'arrière avec un vague sourire, comme s'il avait été pris au dépourvu.

Rita avait une robe sombre à fleurs. En regardant de plus près, mais la photo n'était pas très claire, je voyais qu'elle avait une alliance à sa main droite, probablement celle que je porte moi-même aujourd'hui.

Quand ces photos avaient-elles été prises ? Peut-être étaient-ce des images innocentes, d'avant 1937, d'avant le mariage de Rita et de Leon. Peut-être avaient-elles été prises après janvier 1939, après le départ de Leon de Vienne pour Paris. J'ai souvent pensé à cette période où Rita était seule à Vienne, sans son mari et sans sa fille, s'occupant de sa mère. C'était la raison pour laquelle elle était restée à Vienne, nous avait-on dit, dans une période noire, de tristesse accablante. La photo dégage pourtant une sérénité qui n'était pas en accord avec l'époque, une époque où la guerre faisait rage et où les Juifs de Vienne étaient traqués, mis dans des ghettos ou en route pour l'extermination.

Y avait-il des dates sur les quatre photos ? Sandra me dit que oui, mais que les photos étaient collées aux pages de l'album, qu'elle pouvait les décoller, mais craignait de les abîmer. Venez nous voir la prochaine fois que vous serez à New York, dit-elle.

« Nous pourrons les décoller ensemble. »

86

QUELQUES SEMAINES PLUS TARD, je montai à bord d'un train à Penn Station, à Manhattan, en route pour Massapequa, sur la côte de Long Island, afin de passer une journée avec Sandra Seiler, la petite-fille d'Emil Lindenfeld.

Le trajet de la Long Island Rail Road prit moins de une heure. Sandra m'attendait à la gare, dans sa voiture, blonde, lunettes de soleil noires. Elle m'invita à déjeuner au bord de l'eau, dans un restaurant de fruits de mer. Après le repas, nous allâmes chez elle et je fis la connaissance de son mari et de sa fille. Les albums de photos d'Emil étaient déjà là, prêts à être examinés. Elle sortit le volume qui contenait les images de Rita. Nous voulions des dates.

Les photos étaient petites et collaient fermement aux pages foncées de l'album, comme l'avait dit Sandra, aussi fermement que le jour où elles avaient été fixées aux pages. Nous les décollâmes aussi précautionneusement que possible pour éviter de les endommager. J'espérais que les photos aient été prises au milieu des années 1930, avant le mariage de Rita et Leon. Cela aurait été plus simple.

Les quatre photos de la première série – celle qui comportait le portrait de Malke au côté de Rita – se décollèrent de la page sans révéler de date. Nous passâmes à la deuxième série, que Sandra avait baptisée le « quartet du jardin ». Plus prudemment encore, pour ne pas en abîmer le dos, je décollai les quatre photos de la page.

Au dos de chacun des clichés figurait une signature de studio, Foto-Kutschera, dans le IVe arrondissement de Vienne. Il n'y avait qu'une fine trace au crayon, dans le coin supérieur droit, presque illisible, quatre chiffres : 1941.

En l'espace de quelques semaines, j'avais trouvé l'adresse où vivait Emil Lindenfeld en 1941, un endroit prospère au centre de Vienne, à l'extérieur du quartier juif, un endroit où Emil n'aurait pas pu vivre en tant que Juif. À cette adresse, au 4, Brahmsplatz, se trouvait un immeuble magnifique datant de la fin du XIXe siècle, à quelques maisons seulement de l'ancienne propriété des Wittgenstein.

J'y suis allé. À côté du numéro 4, il y avait un grand jardin, un banc, de la pelouse, comme dans la scène des quatre photos. Était-ce le jardin où Rita et Emil avaient été photographiés en 1941 ? Je me souvenais de leur air détendu, de l'impression d'intimité qui se dégageait de la photo.

Emil Lindenfeld et Rita étaient ensemble en 1941, peut-être dans ce même jardin. Le mois n'était pas indiqué sur les photos, mais Rita était partie en octobre et les photos du jardin avaient plutôt un air printanier. J'optai pour avril 1941. Était-elle restée à Vienne pour ne pas quitter Emil ? C'était impossible à savoir, peut-être cela n'avait-il pas d'importance. En novembre, elle avait quitté Vienne.

Leon, lui, était parti précipitamment en janvier 1939, seul. Quelques mois plus tard, il avait fait venir sa fille, bénéficiant de l'assistance de Miss Tilney. Rita était restée à Vienne. Pourquoi Leon avait-il d'abord laissé sa fille à Vienne puis l'avait ramenée à Paris, je ne le sais pas. Mais les nouvelles photos semblaient indiquer que le départ de Leon avait quelque chose à voir avec Emil Lindenfeld.

VI.

Frank

La communauté est plus importante que les tendances libéralistes et atomisantes de l'individualisme égoïste.

Hans Frank, 1935[1].

87

TANDIS que Lemkin réussissait, grâce à son lobbying, à se faire admettre dans l'équipe des procureurs de Jackson, et que Lauterpacht travaillait avec les juristes britanniques sur l'instruction des crimes, le Gouverneur général Hans Frank attendait l'arrivée des Américains dans le salon de sa chancellerie, désormais installée dans le café Bergfrieden de la petite ville bavaroise de Neuhaus am Schliersee. On était en mai 1945, quelques jours après le suicide de Hitler. Frank était entouré de ses collaborateurs, un groupe réduit à trois personnes, dont son chauffeur, Herr Schamper. Après son règne brutal en Pologne, il était revenu tout près de la maison familiale, située à une cinquantaine de kilomètres au sud de Munich.

Les Alliés préparaient alors les poursuites contre les principaux dirigeants nazis. Frank était l'un d'eux[2]. Il avait été l'avocat de Hitler et l'un des principaux juristes du national-socialisme. Motivé par une idéologie qui mettait l'amour du Führer et l'idée de la communauté nationale au-dessus de tout le reste, il avait combattu le droit des individus et des groupes. Il avait été, pendant cinq ans, le roi d'une Pologne occupée, avait une femme et une maîtresse, cinq enfants, trente-huit volumes d'un Journal détaillé, et une collection de toiles qui comprenait un portrait célèbre peint par Léonard de Vinci. À son départ de Pologne, il avait emporté *La Dame à l'hermine* ; elle reposait maintenant à Schliersee dans un petit oratoire, son *Andachtsraum**.

Le vendredi 4 mai, une jeep militaire de l'armée américaine s'arrêta devant le café Bergfrieden. Le lieutenant Walter Stein sortit d'un bond, s'avança vers le bâtiment, entra par la porte principale et demanda : « Lequel d'entre vous est Hans Frank ? »

88

FRANK était né le 23 mai 1900 à Karlsruhe, non loin de la Forêt Noire, d'un père protestant et d'une mère catholique. Comme Lauterpacht et Lemkin, il était le deuxième de trois enfants. Frank suivit sa scolarité à Munich où sa famille s'était installée. En juin 1916, son frère aîné, Karl, succomba brusquement à une maladie. Après le divorce de ses parents, Frank passa un an à Prague auprès de sa mère, mais s'installa ensuite à Munich avec son père, qui travaillait comme avocat, avant d'être révoqué pour fraude[3].

À la fin de la Première Guerre mondiale, Il servit dans la Wehrmacht, puis devint membre d'une milice privée de droite. Il rejoignit ensuite une organisation conservatrice anticommuniste et antisémite, la Société Thulé, qui lui permit d'assister à des réunions animées par un profond dégoût pour le Traité de Versailles. En janvier 1920, à la brasserie Mathäser à Munich, Frank, qui était l'un des premiers membres du Parti des travailleurs allemands (*Deutsche Arbeiterpartei*, ou DAP), précurseur du parti nazi (NSDAP), put entendre un discours de Hitler. Le mois suivant, il participait à un meeting avec Hitler au Hofbräuhaus ; il était encore présent lors de la proclamation du programme politique du NSDAP, auquel il avait adhéré.

Frank était étudiant lorsqu'il devint, en 1923, membre de la *Sturmabteilung*, la section d'assaut connue sous le nom de SA. La même année, il soutint avec enthousiasme le putsch de Hitler, tentative de renversement du gouvernement de Weimar, en participant à

* Lieu de recueillement *(NdT)*.

une marche dans le centre de Munich ; à cette occasion, il positionna une mitrailleuse sur la rive orientale du pont du musée de la ville. L'échec du putsch et l'arrestation de Hitler renforcèrent son intérêt pour la politique nationaliste *(völkisch)*. Craignant des poursuites juridiques, il s'enfuit alors vers l'Italie. Deux ans plus tard, en 1925, il rencontra Hitler dans une rue de Munich, signe avant-coureur d'un futur riche d'opportunités[4].

Après son diplôme de fin d'études en droit à l'Université de Kiel en 1924, Frank travailla comme avocat dans un cabinet privé et enseigna au département de droit de l'Université technique de Munich. Solide et opportuniste, ce n'était pas un intellectuel, et il n'était pas particulièrement doué, mais sa carrière connut une brusque réorientation en octobre 1927 lorsqu'il vit une annonce dans le *Völkischer Beobachter* : on cherchait un avocat pour défendre des accusés nazis dans un procès à Berlin. Frank se présenta, fut embauché et finit par se faire une place dans le monde des grands procès politiques.

Il devint l'une des sommités juridiques des nazis, représentant le parti dans des douzaines de procès. L'un des plus célèbres fut un procès pour trahison à Leipzig, en septembre 1930, impliquant trois officiers accusés d'avoir créé une cellule nazie dans la Reichswehr. Avocat de la défense, Frank appela Hitler à la barre des témoins. Avec son aide, Hitler utilisa la salle du tribunal pour attirer l'attention des médias, affirmant qu'il ne chercherait à conquérir le pouvoir politique que par des moyens légaux, faisant de fait allégeance publique au serment de légalité *(Legalitätseid)*. La publicité donnée au procès scella l'amitié entre les deux hommes, bien que Hitler n'eût jamais beaucoup prêté attention aux détails juridiques ou aux juristes, fussent-ils aussi flexibles que Frank.

Sa carrière était lancée : Frank, qui, en 1925, avait épousé Brigitte Herbst, secrétaire au Parlement de Bavière et de cinq ans son aînée, fut élu au Reichstag. Sa chérie, son véritable amour était cependant Lily Weidert (plus tard Lily Grau), fille d'un banquier munichois, mais la famille de Lily avait mis fin à la relation, estimant que Frank ne convenait pas à leur fille. Brigitte était une femme quelconque, mais dotée d'une forte volonté ; elle lui donna rapidement deux enfants. Trois autres suivirent ; Niklas, né en 1939, était le dernier.

Tandis que de larges pans de la population allemande adoptaient Hitler, Frank mit à profit ses relations avec la direction du parti et endossa le rôle de « théoricien » légal. En 1931, il publia un long article sur la « jurisprudence décadente » juive, une manière d'appréhender le droit, affirma-t-il, qui empêchait les Allemands de faire la différence entre le bien et le mal. Faisant partie du cercle des intimes après la nomination de Hitler comme chancelier, Frank devint, en 1933, ministre d'État de la Justice en Bavière[5].

89

Quatre mois après l'accession au pouvoir de Hitler, Frank embarqua le matin du dimanche 13 mai à bord d'un trimoteur du gouvernement à destination de l'aérodrome d'Aspern, à l'est de Vienne, situé non loin du magasin de spiritueux de Leon à Leopoldstadt[6]. Un journal de l'époque décrivit l'arrivée de l'avion, l'ouverture de la porte et la descente des sept ministres allemands menés par un Frank rayonnant ; c'était la première visite de représentants du nouveau gouvernement nazi en Allemagne. Le Reichstag avait été incendié peu de temps avant, les élections fédérales avaient eu lieu (les nazis avaient obtenu la majorité), et une nouvelle législation avait été adoptée, permettant au gouvernement de Hitler de promulguer des lois contraires à la Constitution. Ces mesures étaient scrutées avec inquiétude par beaucoup d'Autrichiens, notamment par leur chancelier au pouvoir mal assuré, Engelbert Dollfuss.

On savait que, grâce à son statut d'avocat officiel, Frank était un proche du Führer. Les nombreuses apparitions de Hitler devant les tribunaux avant 1933 avaient bénéficié d'une large couverture par la presse ; une photo au moins le montre sur les marches d'un tribunal aux côtés d'un Frank en toge noire.

De telles images servaient Frank. Des années de bons et loyaux services rendus aux nationaux-socialistes faisaient de lui une figure connue – et redoutée. Après sa nomination comme ministre de la Justice, il n'avait mis que quelques semaines à signer un ensemble de mesures visant à réformer le système légal bavarois. Les principales

Hitler en compagnie de Hans Frank à l'extérieur
d'un tribunal allemand, 1928.

victimes étaient les Juifs, à qui il était désormais interdit de pénétrer dans les cours de justice ; Frank avait également fait révoquer tous les juges ainsi que tous les procureurs juifs[7]. Le rôle qu'il avait joué dans l'adoption de ces mesures ainsi que sa relation avec Hitler en faisaient un visiteur indésirable en Autriche : le chancelier Dollfuss s'opposa à ce qu'il considérait comme un acte hostile. Frank ne contribua pas à calmer la situation : dans un discours prononcé peu de temps avant cette visite, il menaça en effet de recourir à une intervention violente si l'Autriche ne s'alignait pas sur le nouveau gouvernement allemand[8].

Deux mille sympathisants accueillirent Frank à l'aérodrome de Vienne en chantant *Deutschland über Alles* et le *Horst Wessel Lied*, l'hymne nazi. Les rues étaient pleines de monde lorsqu'on conduisit Frank et son entourage à la Maison brune de Vienne, la foule l'acclamant ou le sifflant selon l'affiliation politique des uns et des autres. Les supporters de Frank arboraient des chaussettes blanches, symbole du soutien à la cause des nazis. Dans la soirée, Frank s'adressa à une grande foule de partisans pour marquer le 250e anniversaire de la libération de Vienne du joug turc (une victoire obtenue par Jean III Sobieski, roi de Pologne, célébrée par la construction du château de Żółkiew, sur les murs duquel j'ai découvert les photos et la plaque apposées par une courageuse conservatrice ukrainienne). Frank transmit les salutations personnelles de Hitler. Le Führer serait bientôt avec eux pour « aller sur la tombe de ses parents[9] ».

Plus tard, en privé, Frank s'entretint avec des journalistes. Le correspondant du *New York Times* remarqua le style du ministre bavarois, posant devant un groupe de vingt personnes « comme si elles avaient été 20 000[10] ». Élevant continuellement la voix, il répondait, en criant, aux remarques négatives exprimées sur lui ou sur Hitler. Si l'Autriche ne s'alignait pas sur l'Allemagne, des mesures seraient prises, « il s'agira seulement de déterminer quel *genre* de mesures », menaça-t-il.

Après Vienne, Frank partit pour Graz. Devant une large foule, il y affirma qu'une insulte proférée à son encontre équivalait à une insulte contre Hitler. Sa tournée se poursuivit à Salzbourg ; le gouvernement Dollfuss l'ayant déclaré indésirable en Autriche, sa visite provoqua des troubles. Elle fit en effet l'objet de reportages dans le monde entier. Les citoyens informés de Lemberg et Żółkiew, dont beaucoup suivaient les développements politiques en Autriche, en prirent certainement note, de même que Lauterpacht, à Londres, et Lemkin, à Varsovie.

Une semaine après le départ de Frank, le chancelier Dollfuss, dont le discours fut traduit et transmis aux États-Unis, s'adressa aux citoyens autrichiens pour les rassurer[11]. L'Autriche n'imiterait pas le gouvernement allemand et ne prendrait pas de mesures contre les Juifs ; le pays resterait fidèle à une conception moderne où « tous les citoyens ont des droits égaux ». Il faisait allusion à la garantie des droits individuels inscrite dans la Constitution autrichienne rédigée par Hans Kelsen, professeur de Lauterpacht.

Mais la visite de Frank laissa des traces en Autriche et elle encouragea tous ceux qui avaient des sympathies pour l'idéologie hitlérienne. Un an plus tard, Dollfuss fut assassiné par un groupe de sympathisants nazis mené par un homme de trente-trois ans, Otto von Wächter, autrefois condisciple de Lauterpacht à l'Université de Vienne. Wächter s'enfuit en Allemagne[12].

90

1935 FUT une bonne année pour Frank. Il acheta une grande maison de campagne en Bavière (le Schoberhof, près de Schliersee) ; je l'ai visitée quatre-vingts ans plus tard, peu avant sa démolition – les armoiries de Frank avec ses intiales étaient toujours visibles dans son bureau situé sous les combles. Cette année-là, Frank contribua à la préparation des lois de Nuremberg, ces lois antisémites qui privaient les Juifs de leurs droits de citoyens et prohibaient les relations sexuelles hors mariage entre Allemands et Juifs. En août, il présida une conférence commune de l'Académie pour le droit allemand (qu'il avait fondée quelques années auparavant) et du XIXe Congrès international pénal et pénitentiaire à l'Opéra Kroll où siégeait le Reichstag après l'incendie[13].

Frank avait fondé l'Académie afin de proposer une perspective intellectuelle et idéologique aux juristes allemands. Président de l'Académie, il prononça le discours inaugural du Congrès sur la « politique pénale internationale » et profita de l'occasion pour esquisser quelques idées sur l'orientation future du droit criminel ; il s'opposa à Lemkin et à tous ceux qui militaient en faveur d'une nouvelle liste de crimes internationaux et défendaient la création d'une cour pénale internationale. Excellent orateur, il captiva les foules, même si (comme le Führer) il parlait d'une voix curieusement aiguë, conséquence sans doute de son excitation, de l'intensité du moment et d'un sentiment de puissance.

Le discours de Frank porta sur les sujets de prédilection de Lauterpacht et de Lemkin, bien qu'aucun de deux ne fût dans le public, contrairement à Vespasian Pella, ce professeur roumain qui avait écrit des textes sur la barbarie et le vandalisme. Le juge Emil Rappaport, mentor de Lemkin, membre du comité d'organisation du congrès, était aussi absent[14]. Frank s'opposa fermement à une juridiction universelle, soutenant qu'une telle instance détruirait le droit pénal international au lieu de le renforcer. Aucune loi, aucune organisation internationale ne réduirait les différences entre le bolchevisme et le national-socialisme ; il ne pouvait y avoir de politiques communes aux États qui ne partageaient pas « les mêmes principes moraux ». Il s'en prit aux idées du professeur Henri Donnedieu de Vabres, un autre collègue de Lemkin, qui n'assistait pas au congrès mais qu'il cita nommément. Quelques semaines plus tôt, Frank avait pourtant convié Donnedieu à l'Académie pour faire une conférence sur les crimes internationaux et « la guerre agressive[15] ».

Frank balaya les idées de Donnedieu car elles auraient exigé la création d'un super-État. Qu'en était-il de la proposition du Français de créer une « cour internationale de justice pénale » ? Un mythe. Un droit mondial ? « Un doux rêve. » Élargir la liste des crimes internationaux ? Jamais. Une idée, en revanche, plaisait à Frank : criminaliser le boycott juif global contre l'Allemagne.

Que voulait Frank ? La belle idée de la « non-ingérence dans les affaires internes d'États étrangers » qu'il défendit avait pour but de protéger l'Allemagne de toute critique. Celle de l'indépendance des juges également, dans une certaine mesure. Il voulait un gouvernement fort, fondé sur des valeurs qui protégeraient la « communauté nationale », un système juridique reposant sur « l'idée de communauté » qui devait primer sur toute autre considération : il n'y aurait pas de droits individuels dans la nouvelle Allemagne. Il exprima par conséquent sa totale opposition aux « tendances libéralistes et atomisantes de l'individualisme égoïste » (« égalité complète, soumission absolue, perte absolue de l'individualité », nota l'écrivain Friedrich Reck dans son Journal, citant *Les Possédés* de Dostoïevski, pour illustrer le genre d'idées exprimées par Frank[16]).

Frank énuméra tous les développements positifs intervenus depuis 1933, notamment la nouvelle approche de la politique pénale de Hitler, une politique qui devrait servir d'exemple au monde entier. Les innovations portaient sur la « prophylaxie eugénique », la « castration des criminels moralement dangereux » et la « détention préventive » de tous ceux qui menacent la nation ou la « communauté nationale ». Ceux qui ne devaient pas avoir d'enfants seraient stérilisés (un « processus naturel d'élimination », selon ses termes) ; les indésirables seraient déportés ; et de nouvelles lois raciales seraient adoptées pour prévenir « le mélange des races absolument incompatibles ». Devant cet auditoire international, il ne mentionna pas explicitement les Juifs ou les Tsiganes, mais les personnes présentes savaient parfaitement de qui il parlait. Il ne dit rien non plus du fléau de l'homosexualité, le sujet ayant été résolu plus tôt dans l'année par le code pénal du Reich (qu'il avait contribué à rédiger) qui criminalisait tous les actes homosexuels. La nouvelle Allemagne serait « racialement intacte », déclara-t-il encore ; elle « se débarrasserait du criminel comme un corps sain se débarrasse des germes d'une maladie ». Les métaphores étaient puisées dans les écrits de Julius Streicher, l'éditeur du journal antisémite *Der Stürmer*, avec lequel Donnedieu et lui-même avaient dîné en février.

On imagine aisément sa voix monter au sommet des aigus. « Le national-socialisme a abandonné le faux principe de l'humanité », proclama-t-il d'une voix stridente, et s'opposera à tous les comportements « excessivement humains ». Des peines adaptées étaient en cours de préparation, elles sanctionneraient les violations du devoir de loyauté envers la communauté. Les nazis feraient « la guerre au crime pour tous les temps ».

La réaction du public fut mitigée. La majorité des 463 délégués présents étaient allemands et ils l'acclamèrent bruyamment. D'autres furent moins convaincus. Geoffrey Bing, un jeune avocat anglais, devenu plus tard député travailliste (et le premier procureur général du Ghana indépendant), rédigea un compte rendu témoignant de l'horreur que lui inspiraient les officiels étrangers, criminologues ou réformistes qui acclamaient les « propos monstrueux » de Frank[17]. Bing exprima une ferme mise en garde : méfiez-vous de la nouvelle lignée de juristes qui prennent le contrôle de l'Allemagne, des hommes comme le Dr Frank, un « représentant fanatique des principes de représailles et d'intimidation ».

91

Quatre ans plus tard, après que l'Allemagne eut envahi la Pologne et se fut partagé le pays avec l'Union soviétique, Frank fut dépêché en Silésie pour un rendez-vous privé avec Hitler[18]. À l'issue de l'entretien, Frank fut nommé Gouverneur général de la Pologne occupée, c'est-à-dire représentant personnel du Führer dans une région connue sous le nom de Gouvernement général pour les territoires occupés polonais, comprenant une population de 11,5 millions d'individus et un territoire allant de Varsovie, au nord, à Cracovie, à l'ouest. Il prit ses fonctions le 25 octobre 1939 : le décret de nomination indiquait que Frank devait personnellement rendre compte de son action à Hitler – une mention relevée par Lemkin – et ordonnait que l'ensemble de l'administration fût « dirigé par le Gouverneur général[19] ». Frank était désormais le maître ; sa femme Brigitte devint la reine.

Dans l'une de ses premières interviews, Frank expliqua que la Pologne était désormais une « colonie », et que ses habitants étaient les « esclaves du grand Empire allemand mondial »[20] (les juristes berlinois cherchaient à s'assurer que les lois internationales gouvernant les territoires occupés ne seraient pas applicables – le Gouvernement général fut en effet traité comme une annexe du Reich, soumis donc à la loi allemande et non au droit international). Frank installa son gouvernement à Cracovie dans le château du Wawel, ancien siège des rois de Pologne, ce qui était une humiliation suprême pour la Pologne. Brigitte et leurs cinq enfants allaient le rejoindre là-bas ; le plus jeune, Niklas, était né quelques mois auparavant à Munich. Otto von Wächter, tout juste arrivé de Vienne, fut nommé gouverneur de Cracovie, l'un des cinq vice-gouverneurs de Frank.

Frank se comporta en souverain ; on fit savoir aux Polonais qu'ils étaient pleinement soumis à son pouvoir : la Pologne occupée n'était pas un « État constitutionnel » dans lequel les gens auraient des droits, et il n'y aurait pas de protection pour les minorités. Varsovie avait été sévèrement endommagée durant la courte guerre, mais Frank décida de ne pas reconstruire la ville. Il signa, en revanche, une ribambelle de décrets et d'ordonnances, dont une bonne partie se retrouva dans les bagages emportés par Lemkin à travers le monde. Le pouvoir de Frank s'exerça sur un large territoire et sur beaucoup de sujets, depuis la faune (protégée) jusqu'aux Juifs (non protégés). À partir du 1er décembre, tous les Juifs de plus de douze ans durent porter à la manche droite un brassard blanc d'au moins dix centimètres de large sur lequel figurait une étoile bleue de David, à l'intérieur comme à l'extérieur de chez eux[21]. Pour faire des économies publiques, les Juifs furent sommés de confectionner eux-mêmes leurs brassards.

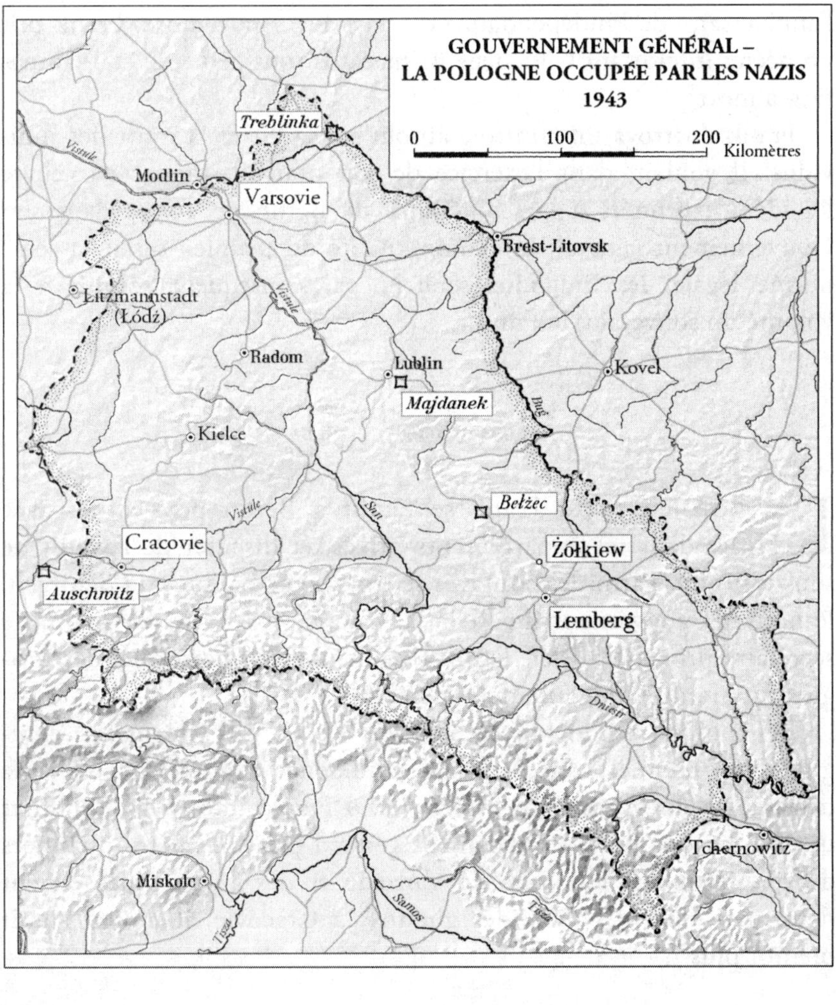

Dès le début de son règne, Frank tint un Journal *(Diensttagebuch)* où il consigna ses activités et ses réalisations[22]. Pas moins de trente-huit volumes datant de son séjour à Cracovie ont été conservés, onze mille pages d'écolier remplies d'entrées quotidiennes l'incriminant ; toutes dactylographiées par deux secrétaires masculins[23].

Le régime tablait sur l'éternité, et les premières entrées du Journal en témoignaient. La Pologne serait le lieu où se réaliseraient les désirs de Himmler, « évacuer » notamment « tous les Juifs des territoires nouvellement acquis du Reich »[24]. Les Polonais devaient être traités avec brutalité : inquiet que ceux-ci puissent vouloir commémorer l'anniversaire de l'indépendance du pays le 11 novembre, Frank prit un décret interdisant l'affichage de placards sous peine de condamnation à mort[25].

Frank s'octroya un contrôle absolu sur la vie et la mort des individus. Il voulait, dans l'exercice de son pouvoir, mettre en œuvre les idées exprimées à la Conférence de Berlin de 1935 : dans son Gouvernement général, la « communauté du peuple » serait la seule norme légale, les individus seraient par conséquent soumis à la volonté du souverain, le Führer.

92

En octobre 1940, Frank se rendit à Berlin pour dîner avec Hitler dans ses appartements privés, et discuter de l'avenir de son territoire. Parmi les convives se trouvaient Baldur von Schirach, le nouveau gouverneur du Reich à Vienne, et Martin Bormann, le secrétaire privé de Hitler. Frank leur fit un récit personnel des progrès au sein du Gouvernement général.

Le compte rendu de la réunion établi par Bormann enregistre les premiers succès : « La conférence commença par une déclaration du ministre du Reich, le Dr Frank, informant le Führer que les actions du Gouvernement général pouvaient être qualifiées de très fécondes. Les Juifs de Varsovie et des autres villes étaient désormais enfermés dans des ghettos ; à Cracovie, il n'y en aurait bientôt plus[26]. »

On loua les efforts de Frank. Mais qu'en était-il des Juifs – comme Rita et Malke – qui étaient restés en Allemagne ou en Autriche ? Les quatre hommes discutèrent du rôle de Frank et de son gouvernement, en particulier de sa proposition bien accueillie de faciliter la « transportation » de ces Juifs vers l'Est. Après avoir exprimé quelques réserves, Frank capitula rapidement :

> Le gouverneur du Reich *[Reichsleiter]* von Schirach qui a pris place face au Führer remarque qu'il avait toujours plus de 50 000 Juifs à Vienne que le Dr Frank allait devoir lui reprendre. Le membre du parti Dr Frank répond que c'est impossible. Le *Gauleiter* Koch fait alors remarquer qu'il n'a pas encore lui-même transféré des Polonais ou des Juifs du district de Ziechenau, mais que ces Juifs et ces Polonais devront bien sûr être maintenant acceptés par le Gouvernement général.

La décision de transférer les Juifs viennois dans le territoire de Frank fut arrêtée. Ayant échoué à faire valoir son point de vue, Frank retourna à Cracovie, conscient que sa population était sur le point de connaître un afflux important de nouveaux habitants. Mais il ferait ce qu'on lui avait ordonné de faire.

93

LE TERRITOIRE de Frank s'étendit rapidement. Après l'opération Barbarossa, l'attaque des Soviétiques lancée par Hitler en juin 1941, l'armée allemande envahit le territoire polonais sous contrôle soviétique (ainsi que la province de Galicie, autrefois austro-hongroise). Le territoire fut incorporé au Gouvernement général le 1er août. Frank prit le contrôle de Lemberg ; la ville devint la capitale du Distrikt Galizien, avec pour gouverneur Karl Lasch[27]. Frank qui, à Cracovie, avait permis à quelques intellectuels d'échapper à la prison, n'eut aucune pitié pour Longchamps de Bérier, le professeur de Lauterpacht et de Lemkin à Lemberg.

Avec l'expansion territoriale, Frank fut confronté à de nouveaux défis. Les succès faciles de la Wehrmacht, avançant vers l'Est, des régions riches en Juifs, lui assurèrent le contrôle sur plus de

2,5 millions de Juifs au sein du Gouvernement général. Les chiffres étaient plus importants encore – 3,5 millions – si l'on comptait les « mélanges » juifs. Frank travailla sur leur avenir avec Himmler et, même si les deux hommes étaient parfois en désaccord, Frank, toujours prêt à s'adapter, choisit généralement de ne pas faire de difficultés. Himmler décidait et Frank suivait.

En décembre, lors d'une réunion au château du Wawel, Frank informa les membres de son cabinet qu'une conférence sur l'avenir des Juifs aurait lieu prochainement à Berlin. Celle-ci devait se tenir à Wannsee, sous l'égide de l'*Obergruppenführer* SS Reinhard Heydrich ; elle inaugurerait une « grande migration juive[28] ». Frank y serait représenté par le secrétaire d'État, le Dr Josef Bühler, dit-il à son cabinet, mettant ses collègues en garde contre « tout sentiment de pitié » et ne laissant subsister aucun doute sur la signification du terme « migration ». Pour maintenir la structure du Reich, « il nous faut exterminer tous les juifs, où que nous les trouvions et partout où c'est possible[29] », expliqua-t-il. Lisant cette entrée de son Journal, si fidèlement retranscrite, je me suis demandé si les secrétaires avaient trouvé sage de consigner de tels propos par écrit.

La Conférence de Wannsee eut lieu en janvier 1942. À la même époque, Lauterpacht dînait avec Robert Jackson au Waldorf Astoria à New York, et Lemkin examinait les lois et décrets de Frank dans son petit bureau de l'université, à Durham en Caroline du Nord[30]. Les minutes de la conférence, rédigées par Adolf Eichmann[31], attestent la décision de « purger l'espace vital allemand des Juifs par des moyens légaux » ; la technique pour y parvenir fut baptisée « émigration forcée ». On prépara une liste de Juifs, onze millions au total, dont vingt pour cent vivaient sous le contrôle de Frank. « L'Europe sera passée au peigne fin d'ouest en est », dit Bühler à Frank à son retour de Berlin. Les « Juifs évacués » d'Autriche – il n'en restait que 43 700 – seraient amenés dans des « ghettos de transit », puis transportés vers l'Est dans l'espace du Gouvernement général contrôlé par Frank. Les plus âgés d'entre eux vivant en Autriche ou en Allemagne seraient d'abord envoyés dans un ghetto pour vieux à Theresienstadt. Malke Buchholz et Rosa Landes, mes arrière-grands-mères, en firent partie.

Désireux de se rendre utile, Frank exprima son enthousiasme à Bühler. Celui-ci confirma le soutien de son supérieur à Heydrich et aux autres responsables présents à Wannsee. Le Gouverneur général serait ravi, leur dit Bühler, si « la Solution finale de cette question pouvait commencer au sein du *Gouvernement général* ». Son territoire offrait de nombreux avantages avec son réseau efficace de transport et son abondance de travailleurs ; l'élimination des Juifs pourrait ainsi se faire « rapidement ». Les agents administratifs du Gouvernement général apporteraient toute l'assistance nécessaire, dit Bühler, qui conclut son intervention à Wannsee par une requête.

Grossièrement traduites, les minutes d'Eichmann transcrivent ainsi ses paroles sans équivoque : faites en sorte que la question juive soit résolue aussi rapidement que possible, et faites-nous l'honneur de nous laisser commencer.

94

De retour à Cracovie, Bühler informa Frank que l'offre d'assistance du Gouvernement général avait été acceptée avec une vive gratitude. Son retour coïncida avec l'arrivée du journaliste italien Curzio Malaparte, envoyé par le *Corriere della Sera* à Cracovie pour interviewer Frank. Celui-ci appréciait l'Italie et Mussolini (un ami personnel) ; il fut donc ravi de recevoir Malaparte à Wawel et de le régaler avec un dîner privé en compagnie de quelques dignitaires et de leurs femmes. Otto von Wächter, le gouverneur de Cracovie, ainsi que Josef Bühler, tout juste rentré de la Conférence de Wannsee, faisaient partie des hôtes.

Malaparte fut impressionné par une foule de détails, les uniformes gris impeccablement ajustés, les brassards rouges et les svastikas. Connu pour la qualité de ses vins, Frank présidait : il était assis au haut bout de la table sur une chaise à dossier, à proximité de Bühler. Malaparte remarqua les cheveux noirs gominés de Frank, son front haut blanc ivoire, ses yeux proéminents aux paupières lourdes et épaisses. Il remarqua aussi les joues rosies de Bühler, la transpiration sur ses tempes et ses yeux brillants de déférence pour Frank. Chaque fois que son supérieur posait une question, Bühler était le premier à répondre, et criait en flagornant : « Ja, ja[32] ! »

Frank (au centre), hôte d'un dîner au château du Wawel, s.d.

Malaparte savait-il que Bühler revenait de la Conférence de Wannsee à Berlin ? Bühler a-t-il parlé d'Heydrich et de l'accord sur les mesures concernant « la Solution finale de la question juive en Europe » ? L'Italien n'en dit rien dans l'article que le *Corriere della Sera* publia le 22 mars 1942[33]. L'article ne fait quasiment pas mention des Juifs – en dehors d'une remarque faite en passant sur certaines difficultés liées à la confiscation des biens ; en revanche, Malaparte couvrit Frank de louanges. « C'est un homme de grande stature, fort, agile, écrit-il, doté d'une bouche subtile, d'un nez fin et aquilin, de grands yeux et d'un front haut, mis en valeur par une calvitie précoce[34]. »

Frank, qui parlait très bien l'italien, a sans doute été satisfait de la manière dont il était décrit, en véritable dirigeant « installé sur le trône des Jagellon et des Sobieski ». La renaissance de la grande tradition polonaise, royale et chevaleresque, avait commencé.

« Mon unique ambition, aurait dit Frank, c'est d'élever le peuple polonais à la hauteur de la civilisation européenne[35]. » Après le dîner, ils se retirèrent dans les appartements privés de Frank. Affalés dans de profonds canapés et fauteuils viennois aux accoudoirs recouverts de cuir souple, les hommes parlèrent, burent, fumèrent. Deux valets en livrées bleues s'affairaient dans la pièce et leur offrirent du café, des liqueurs et des douceurs dans une grande opulence : des tables vénitiennes laquées vert et or étaient chargées de bouteilles de vieux cognac français, de boîtes de cigares de La Havane, de plateaux en argent recouverts de montagnes de fruits confits, et de chocolats de la célèbre maison Wendel.

Frank invita Malaparte dans son bureau privé orné d'une double loggia ; celle de l'extérieur dominait la ville, tandis que celle de l'intérieur donnait sur la cour intérieure du château, d'époque Renaissance. Une grande table simple en acajou, reflétant la lumière des bougies, trônait au centre du bureau ; elle avait disparu depuis longtemps lorsque j'ai visité la pièce, soixante-dix ans plus tard.

« C'est ici que je réfléchis à l'avenir de la Pologne », dit Frank à Malaparte.

Les deux hommes se rendirent sur la loggia extérieure pour admirer la ville étendue à leurs pieds.

« C'est la Burg allemande », expliqua Frank, pointant le doigt en direction de l'ombre du Wawel qui se découpait nettement sur les reflets aveuglants de la neige. Dans son article, Malaparte évoque les aboiements des chiens de la meute qui garde la tombe du maréchal Piłsudski, au loin, en contrebas.

La nuit était d'un froid mordant, au point que les yeux de Malaparte s'emplissaient de larmes. Les deux hommes rentrèrent et s'installèrent dans le bureau de Frank où Frau Brigitte Frank les rejoignit. Elle s'approcha de l'Italien, posa la main sur son bras avec douceur. « Venez avec moi, dit-elle. J'aimerais vous révéler son secret. » Ils passèrent une porte, à l'autre bout du bureau, et entrèrent dans une petite pièce aux murs blanchis et nus. C'est son « nid d'aigle » à lui, dit Brigitte, un endroit où il peut réfléchir, prendre des décisions. La pièce était vide, à l'exception d'un piano Pleyel et d'un tabouret en bois.

Frau Frank ouvrit le piano et effleura le clavier. Malaparte remarqua ses gros doigts qui dégoûtaient tant son mari.

« Avant de prendre une décision cruciale, ou lorsqu'il est très fatigué ou déprimé, quelquefois au milieu d'une réunion importante, raconta-t-elle à l'Italien, il s'enferme dans cette cellule, s'installe devant le piano et cherche la paix ou l'inspiration auprès de Schumann, Brahms, Chopin ou Beethoven. »

Malaparte se taisait. « C'est un homme extraordinaire n'est-ce pas ? » chuchota Frau Frank, un regard plein de fierté et d'affection traversant son visage rude, cupide et rempli d'adoration. « C'est un artiste, un grand artiste à l'âme pure et délicate, ajouta-t-elle. Seul un artiste comme lui peut régner sur la Pologne. »

Frank ne joua pas ce soir-là à Cracovie, mais Malaparte eut l'occasion de l'entendre à Varsovie quelques jours plus tard, lors d'une visite que Frank rendit à Himmler pour discuter des revers sur le front russe et des remplacements de personnel sur son territoire. C'est alors que Himmler et Frank se mirent d'accord pour envoyer Otto von Wächter, le gouverneur de Cracovie, 290 kilomètres plus au sud, à Lemberg, pour prendre la place de Karl Lasch comme gouverneur du Distrikt Galizien. Ce dernier était accusé de corruption, et les rumeurs disaient qu'il avait une liaison avec Frau Frank ; d'aucuns prétendaient même qu'il était le père de Niklas Frank.

Niklas Frank avec ses parents, Wawel, 1941.

95

Mon premier rendez-vous avec Niklas Frank a eu lieu dans la banlieue de Hambourg, sur la terrasse de l'hôtel Jacob surplombant l'Elbe. C'était au début du printemps, j'avais passé la journée au Tribunal – le Tribunal international du droit de la mer est à Hambourg. Nous nous sommes installés à l'ombre d'un arbre à l'odeur suave avec une bouteille de riesling et un copieux plateau de fromages allemands.

Niklas, un homme barbu au visage vulnérable, avait alors soixante-douze ans, mais j'ai pu le reconnaître grâce à ses photos d'enfance. Il avait une allure d'universitaire, il était courtois et délicat, mais aussi déterminé, avec son tempérament et ses priorités. Il était âgé de trois ans lorsque Malaparte était venu visiter le château du Wawel au printemps de 1942 ; il ne se souvenait donc pas de lui, mais il savait ce qu'il avait écrit sur son père. Je l'ai appris grâce au livre que Niklas avait publié dans les années 1980 et qui était le prétexte de notre rencontre. Niklas était journaliste au magazine *Stern* depuis de longues années lorsqu'il publia, en 1987, *Der Vater* [« Le père »], un réquisitoire contre son père, sans pitié ni pardon. L'ouvrage brisa le tabou d'honorer la mémoire de leurs parents (et de ne pas faire trop de révélations) qui prévalait parmi les enfants des dirigeants nazis. Une version abrégée du livre fut publiée en anglais sous le titre *In the Shadow of the Reich* [« Dans l'ombre du Reich »], mais Niklas me dit qu'il était mécontent de la traduction et que des passages entiers avaient été coupés. J'ai acheté un exemplaire sur Internet – pour quinze cents, plus les frais d'expédition –, que j'ai lu en un week-end. J'ai ensuite retrouvé le traducteur – Arthur Wensinger, professeur émérite de langue et littérature allemandes à la Wesleyan University –, c'est lui qui m'a présenté Niklas. Par une autre coïncidence étrange, le traducteur de Niklas Frank avait passé les années de guerre à la Phillips Academy à Andover, où il avait été le condisciple d'Eli Lauterpacht.

Niklas et moi nous sommes donc rencontrés quelques semaines plus tard à Hambourg. Je l'ai tout de suite apprécié : c'était un homme généreux, doté d'un solide sens de l'humour, et qui n'avait pas la langue dans sa poche. Il m'a parlé de son enfance à Cracovie et à Varsovie, de la vie au château du Wawel, de la difficulté d'avoir un père comme Hans Frank. Lorsqu'il avait rencontré Lech Wałesa au début des années 1990, il l'avait interviewé au palais du Belvédère, dans la pièce où Malaparte avait vu Frank jouer du piano.

« Je me souviens que je courais autour de la table, tandis que mon père était installé du côté opposé. Mon unique souhait était qu'il me prenne dans ses bras. Je pleurais parce qu'il ne cessait de m'appeler *Fremdi* – étranger – comme si je ne faisais pas partie de la famille. "Tu n'appartiens pas à cette famille", me disait mon père, et je pleurais. » J'ai dû avoir l'air surpris, alors Niklas m'a expliqué :

« J'ai appris seulement plus tard que mon père pensait que je n'étais pas son fils, mais celui de son ami Karl Lasch, gouverneur de Galicie et amant de ma mère pendant un court laps de temps. » Niklas finit par comprendre ce qui s'était passé en lisant les journaux intimes et les lettres de sa mère. « C'était une véritable écrivaine, m'a-t-il dit, toujours en train de noter ses conversations, y compris celles qu'elle a eues avec mon père lorsque Lasch a été tué. » (Accusé de corruption, Lasch avait été révoqué, Otto von Wächter l'avait remplacé au poste de gouverneur de Galicie ; il a été exécuté ou s'est donné la mort[36].)

De fait, les lettres de Brigitte Frank indiquent clairement que Frank était le père de Niklas. Celui-ci en a eu confirmation des années plus tard lorsqu'il a rendu visite à Helene Winter (née Kraffczyk) qui avait été la secrétaire personnelle de Frank dans les années passées au Wawel. « Lorsque j'approchai de sa maison, je remarquai un léger mouvement de rideaux. Je lui ai demandé plus tard : "Frau Winter, est-ce que je ressemble à M. Lasch ?" », Frau Winter est devenue blême. Elle s'était effectivement demandé si Niklas allait ressembler à Frank ou à Lasch, et elle était soulagée de constater qu'il ressemblait plutôt à Frank.

« Elle aimait mon père ; elle était amoureuse de lui. » Niklas a fait une pause, puis a dit de son ton ferme et définitif que j'ai appris à aimer : « C'était sa dernière maîtresse, une femme très agréable. »

Les sentiments de Niklas à l'égard de son père ou du reste de sa famille ne se sont pas améliorés avec le temps. La sœur de Frank, Lily, faisait commerce de leur parenté. « Elle aimait se rendre au camp de concentration de Płaszów », à côté de Cracovie, où ils habitaient, dit Niklas. « Après la démolition du ghetto de Cracovie, des milliers de

Juifs ont été déportés à Auschwitz, d'autres à Płaszów. Notre tante Lily allait à Płaszów et disait : « "Je suis la sœur du Gouverneur général ; si vous avez des objets précieux à me donner, je peux peut-être sauver votre vie." » Comment le savait-il ? ai-je demandé. « Les lettres de ma mère », m'a-t-il répondu.

Niklas m'a dit que Brigitte Frank avait entretenu de bonnes relations avec les Juifs jusqu'en 1933. Même après la victoire des nazis, elle avait continué de commercer avec eux, achetant et revendant les fourrures et les colifichets que son nouveau statut l'obligeait à porter. « Elle traitait encore avec les Juifs plusieurs mois après leur prise de pouvoir. » Cela agaçait son père. « Tu ne peux pas faire ça, disait-il. Je suis ministre de la Justice et tu fais des affaires avec les Juifs, et, moi, je les expulserai tous. »

Quelle était sa relation avec son père ? Niklas ne se souvenait que d'un seul moment d'affection, au château du Wawel, dans la salle de bains de son père, près de la baignoire encastrée dans le sol.

« J'étais à côté de lui ; il se rasait. Brusquement il m'a mis un peu de mousse à raser sur le bout du nez. C'est le seul moment privé, *intime*, dont je me souviens », a dit Niklas avec mélancolie.

Niklas et moi avons visité le château du Wawel, fait le tour des appartements privés de Frank, du salon, de la salle de bains. Devant le miroir, Niklas m'a montré comment son père s'était penché pour lui mettre de la mousse sur le bout du nez.

« Ça n'a pas changé », a dit Niklas, admirant la baignoire en contrebas qui jouxtait la chambre à coucher de son père. Au-dessus de la porte, taillés dans le linteau de pierre du XVIe siècle, nous avons lu les mots inscrits dans la pierre : *tendit in ardua virtus.* « Courage dans les temps difficiles. »

96

MALAPARTE dîna une autre fois avec Frank, cette fois-ci à Varsovie, au palais de Brühl, qu'il avait visité en 1919 lorsque le nouveau Premier Ministre polonais, Ignacy Paderewski, avait joué les Préludes de Chopin. Installé dans un canapé de la partie privée du palais, il se rappelait le visage fantomatique de Paderewski, baigné de larmes. Que de changements en un quart de siècle ! C'était maintenant Frank qui jouait, penché sur le piano, le front pâle et moite de transpiration. Malaparte observa l'expression de souffrance sur les traits « fiers » du Gouverneur général, entendit son souffle lourd, il le vit se mordre la lèvre. Les yeux de Frank étaient fermés, ses paupières tremblantes d'émotion. « Un homme malade », se dit Malaparte. À cet instant, les notes pures et séditieuses d'un prélude de Chopin coulaient sous les doigts de l'Allemand. Malaparte dit avoir ressenti un sentiment de honte et de rébellion.

Cela ne transparaît pas dans les articles qu'il a rédigés pour le *Corriere della Sera* en 1942. Il en parle, en revanche, dans son ouvrage *Kaputt*, publié en 1944 ; la chance de Frank avait déjà tourné. Dans la version de *Kaputt*, dont on ne sait si elle était ou non véridique, Malaparte observe Frau Brigitte Frank assise au côté de son mari, une pelote de laine sur ses genoux.

« Oh, il joue comme un ange[37] ! » murmura la reine de Pologne.

La musique cessa ; Frank vint vers eux. Brigitte lâcha sa pelote et s'approcha de son mari, elle lui prit la main et la baisa. Malaparte pensa que Frau Brigitte allait s'agenouiller en signe de vénération ; mais elle souleva la main de Frank et se tourna vers les invités.

« Regardez ! dit-elle d'une voix triomphante, comment sont faites les mains des anges[38] ! »

Malaparte vit les mains de Frank, petites, délicates et blanches, en rien semblables à celles de sa femme.

« Je regardai les mains de Frank ; elles étaient petites, délicates, et très blanches. Je fus étonné mais content de ne pas y voir une seule tache de sang », dit-il dans un passage du roman, rédigé à un moment où il était sûr de pouvoir coucher de telles idées par écrit[39].

Au château du Belvédère, la résidence varsovienne de Frank, Malaparte assista à un déjeuner en l'honneur de Max Schmeling, le boxeur allemand qui, en juin 1936, avait mis K.-O. Joe Louis au douzième round de leur combat au Yankee Stadium. Frank voulait lui dire ce qu'il avait sur le cœur.

Dans le roman de Malaparte, Frank dit : « *Mein lieber* [mon cher] Malaparte, le peuple allemand est victime d'abominables calomnies. Nous ne sommes pas un peuple d'assassins, nous. [...] Votre devoir d'honnête homme impartial est de dire la vérité. Eh bien, vous pourrez dire en toute sérénité de conscience qu'en Pologne les Allemands forment une grande, une pacifique, une laborieuse famille. [...] Il en est ainsi de la Pologne ; c'est une honnête maison allemande[40]. »

Et les Juifs ? demanda Malaparte.

« Songez donc », s'exclama Ludwig Fischer, gouverneur de Varsovie. « Dans ce même espace où trois cent mille personnes vivaient, avant la guerre, maintenant, il y a plus d'un million et demi de Juifs. »

« Les Juifs aiment vivre comme ça ! », dit en riant Emil Gassner, l'attaché de presse de Frank.

« Nous ne pouvons pas les obliger à vivre d'une façon différente », expliqua Frank[41].

« Ce serait contraire au droit des gens ! », insinua Malaparte en souriant[42].

Frank convint que l'endroit où étaient installés les Juifs de Varsovie était quelque peu réduit, mais la « saleté » dans laquelle ils vivent est leur « assaisonnement naturel »[43].

« Il est douloureux de constater qu'ils meurent comme des rats », ajouta-t-il, réalisant que ces paroles pourraient être mal interprétées ; il les clarifia aussitôt, disant que c'était « une simple constatation »[44].

La conversation porta ensuite sur les enfants.

« Quel est le chiffre de la mortalité infantile dans le ghetto de Varsovie ? » demanda Frank au gouverneur Fischer.

« Cinquante-quatre pour cent », répondit Fischer avec une redoutable précision[45]. Les Juifs sont des dégénérés, ils ne savent pas comment s'occuper des enfants, contrairement aux Allemands. À l'extérieur de la Pologne, une perception négative subsiste cependant, et il faut faire quelque chose.

« À écouter les journaux anglais et américains, on croirait que les Allemands en Pologne n'arrêtent pas de tuer des Juifs du matin au soir », poursuivit-il. « Vous êtes pourtant en Pologne depuis plus d'un mois et vous ne pouvez pas dire que vous ayez vu un Allemand faire le moindre mal à un Juif[46]. »

Malaparte ne consigna pas sa réponse ; Frank souleva son verre en cristal de Bohème rempli de *Türkischblut*, le « sang du Turc[47] », d'un rouge profond.

« Buvez sans crainte, *mein lieber* Malaparte, ce n'est pas du sang de Juif. *Prosit*[48] ! »

On aborda la question du ghetto de Varsovie tout proche.

« À l'intérieur des ghettos, ils jouissent de la plus grande liberté, dit Frank. Je ne persécute personne. »

Et il ne tuait personne, en effet.

« Tuer les Juifs n'est pas dans le style allemand, dit Frank, c'est un travail stupide, un gaspillage de force et de temps. Nous, nous les déportons en Pologne et nous les enfermons dans les ghettos. Là-dedans, ils sont libres de faire ce qu'ils veulent. Dans les ghettos des villes polonaises, les Juifs vivent comme dans une libre république[49]. »

Puis Frank eut une idée.

« Vous avez bien été voir le ghetto, *mein lieber* Malaparte[50] ? »

97

J'ai acheté un exemplaire de la première édition de *Kaputt* en italien ; il est indiqué que la traduction anglaise est fidèle au texte original dans lequel Malaparte donne un compte rendu complet de sa visite au ghetto de Varsovie[51]. Je sais qu'il ne faut pas prendre Curzio Malaparte à la lettre, mais le récit de l'excursion vaut d'être rapporté. Malaparte raconte son départ du Belvédère dans la voiture de tête en compagnie de Frau Wächter et du Gouverneur général Frank ; la seconde voiture était occupée par Frau Frank et Max Schmeling, les autres convives étant répartis dans deux voitures supplémentaires. À l'entrée de la « Cité Interdite », face au portail du mur en brique rouge que les Allemands avaient construit autour du ghetto, les voitures s'étaient arrêtées et tous étaient descendus.

> – Regardez ce mur, me dit Frank. Voyez-vous réellement cette terrible muraille de ciment hérissée de mitrailleuses dont parlent les journaux anglais et américains ? Et il ajouta en riant : Les Juifs, les pauvres gens, sont tous malades de la poitrine ; ce mur, au moins, les abrite du vent ! [...]
>
> – Et pourtant, dit Frank en riant, bien que la violation de l'interdiction de sortir du ghetto soit punie de mort, les Juifs entrent et sortent à leur gré.
>
> – En escaladant le mur ?

– Oh non! répondit Frank. Ils sortent par de petites ouvertures, semblables à des trous de rats, qu'ils creusent la nuit à la base du mur et cachent le jour avec un peu de terre et des feuilles. Ils s'enfilent dans ces trous et s'en vont en ville acheter des vivres et des vêtements. Le marché noir du ghetto se pratique en grande partie à travers ces trous. De temps en temps quelques-uns de ces rats tombent dans la souricière : ce sont des enfants de huit ou dix ans, pas davantage. Ils risquent leur vie avec un véritable esprit sportif. Cela aussi, c'est du cricket, *nicht wahr* ?

– Ils risquent leur vie ? m'écriai-je.

– Au fond, répondit Frank, ils ne risquent rien d'autre !

– C'est ça que vous appelez du cricket ?

– Naturellement. Chaque jeu a ses règles.

– À Cracovie, dit Frau Wächter, mon mari a construit autour du ghetto un mur à l'orientale, avec des courbes élégantes et de jolis créneaux. Les Juifs de Cracovie ne peuvent certainement pas se plaindre. Un mur tout à fait élégant, de style juif.

Tous se mirent à rire, en tapant des pieds sur la neige glacée.

– *Ruhe !* Silence ! dit un soldat qui, le fusil en joue, était agenouillé à quelques pas de nous, caché par un tas de neige.

Le soldat visa un trou, creusé dans le mur à fleur de terre. Un autre soldat, agenouillé derrière lui, surveillait par-dessus l'épaule de son camarade. Tout à coup celui-ci tira. La balle atteignit le mur juste au bord du trou.

– Manqué, s'écria gaiement le soldat en rechargeant.

Frank s'approcha des deux soldats et demanda sur quoi ils tiraient.

– Sur un rat !, répondirent-ils en riant bruyamment.

– Sur un rat ? *ach so !* dit Frank en s'agenouillant pour regarder par-dessus l'épaule du soldat.

Nous nous étions approchés, nous aussi, et les dames riaient et se trémoussaient en relevant leurs jupes à mi-jambe, comme font habituellement les femmes quand on parle de rats.

– Où est-il ? Où est le rat ? demanda Frau Brigitte Frank.

– *Achtung !* dit le soldat en visant. Par le trou creusé au pied du mur, on vit paraître une touffe de cheveux noirs ébouriffés : puis deux mains émergèrent du trou, se posèrent sur la neige.

C'était un enfant.

Le coup partit. Cette fois-là encore, il manqua le but de peu. La tête de l'enfant disparut.

– Donne ça, dit Frank d'une voix impatientée. Tu ne sais même pas te servir d'un fusil ! Il s'empara du fusil – et visa.

La neige tombait dans le silence[52].

Ce fut une visite de ghetto mondaine, en compagnie d'épouses et d'amis, peut-être même d'enfants. Je pensais à Sasha Krawec, le jeune homme qui avait passé six mois caché dans la chambre d'Elsie Tilney à Vittel, un de ces « rats » de Frank qui avait survécu. J'ai demandé à Niklas ce qu'il pensait du compte rendu de Malaparte et de la visite supposée au ghetto de Varsovie. Frank avait-il pu prendre le fusil et viser un Juif ?

Sa mère avait bien lu *Kaputt*. « J'ai un souvenir d'elle, installée sur le canapé, très remontée contre le livre de Malaparte. Il avait écrit que mon père avait de très longs doigts ; c'est vrai, ils étaient vraiment longs. À moins qu'il ne s'agisse des doigts de ma mère ?

– Les doigts de votre père », dis-je. Malaparte a écrit que les doigts de Brigitte étaient gros. Niklas hocha la tête, puis arbora son sourire carnassier. « Ma mère était agitée, elle n'arrêtait pas de bouger, vraiment en colère. "Ce n'est pas vrai", disait-elle. Des mensonges, rien que des mensonges. »

« La visite au ghetto avait vraiment eu lieu ?

– Nous avons visité tous les ghettos », dit Niklas doucement. Il se remémora une de ces visites, peut-être au ghetto de Cracovie, celui qui avait été construit par Wächter. « Mon frère Norman allait au ghetto de Varsovie, ma sœur Sigrid à celui de Cracovie. J'ai moi-même visité le ghetto de Cracovie avec ma mère. » Plus tard, il me montra des extraits d'un film amateur conservé par son père et intitulé « Kraków ». Intercalées entre les scènes de famille et les images de Frank au travail, il y avait des scènes dans le ghetto. Dans une brève scène, la caméra s'était arrêtée sur une fille vêtue d'une robe rouge.

Elle fixait la caméra et souriait – un large sourire, magnifique et plein d'espoir, dont le souvenir ne m'a jamais quitté. La robe rouge aussi m'est restée en mémoire. On retrouve cette image dans *La Liste de Schindler* de Steven Spielberg. Même ghetto, même robe, même fiction, même fait. Est-il possible que Spielberg ait vu ce film, dont Niklas m'avait pourtant dit qu'il n'était pas dans le domaine public, ou était-ce une simple coïncidence ?

Je demandai à Niklas si son père et Malaparte auraient pu visiter le ghetto de Varsovie ensemble.

« C'est possible, dit Niklas. Je ne crois pas qu'il ait personnellement tué des Juifs, et ma mère ne le croyait certainement pas non plus. »

Sur cette question importante il y avait un différend familial. Le frère aîné de Niklas, Norman, mort aujourd'hui, avait un souvenir différent.

« Norman a visité le ghetto avec Schamper », le chauffeur de Frank, a ajouté Niklas. « Il m'a dit qu'il imaginait tout à fait notre père se saisir du fusil d'un soldat. »

La petite fille en robe rouge.

98

À L'ÉTÉ DE 1942, Frank s'était fait des ennemis haut placés et dut se tenir sur ses gardes. En juin et juillet, il prononça quatre grands discours sur des sujets juridiques, sur les règles de droit et leur importance[53]. Pour contrer Himmler, qui maintenant travaillait activement sur les plans d'extermination des Juifs, et avec lequel il était en conflit ouvert sur l'exercice du pouvoir dans la Pologne occupée, il insista sur la nécessité d'un système juridique respectueux des règles de droit, comportant des tribunaux et des juges indépendants. Prononcés dans les grandes universités, à Berlin, Vienne, Heidelberg et Munich, ses discours répondaient à la pression des juges allemands qui redoutaient la destruction du système juridique du Reich. Frank voulait un Reich conforme au droit.

« L'esprit légal reconnaîtra toujours que la guerre prévaut sur tout le reste », affirma-t-il devant un auditoire berlinois le 9 juin. Cependant, même en temps de guerre, il nous faut des garanties juridiques, car les gens doivent avoir un « sens de la justice ». Considérant les mesures qu'il mettait en œuvre en Pologne, il y avait dans ses propos une remarquable absence d'ironie. Il avait des idées personnelles sur la justice, ordonnées autour de deux thèmes distincts : « la gouvernance autoritaire » d'un côté, « l'indépendance judiciaire » de l'autre. La loi doit être autoritaire, mais elle doit être appliquée par des juges indépendants[54].

Frank aurait peut-être dû choisir ses mots de manière plus judicieuse. Les quatre discours furent mal reçus par Himmler, qui s'en plaignit auprès de Hitler. Sa réaction, violente, ne se fit pas attendre. Frank fut d'abord interrogé par la Gestapo, puis, lors d'une visite au Schoberhof, il apprit qu'il avait été démis de toutes ses fonctions, à l'exception d'une seule.

« Brigitte, le Führer m'a laissé le Gouvernement général », dit-il à sa femme. D'après Niklas, Frau Frank fut soulagée qu'il puisse garder sa place.

Si Frank avait véritablement des inquiétudes sur le gouvernement du Reich, ce dont Niklas doutait, ce n'était rien au regard de l'autre problème qui occupait sa vie. Ses affaires de cœur prenaient en effet le pas sur la politique : Lily Grau, son amour d'adolescence, la femme qu'il avait voulu épouser, avait resurgi du passé de manière inattendue, par une lettre qu'elle lui avait adressée et où elle lui apprenait que son fils unique avait disparu sur le front russe. Pouvait-il l'aider ? La demande provoqua chez Frank une forte réaction et un désir irrésistible. Il rendit visite à Lily chez elle à Bad Aibling, en Bavière ; c'était la première fois qu'ils se revoyaient depuis près de vingt ans.

« Nous nous sommes immédiatement enflammés de manière incontrôlable », note-t-il dans son Journal. « Nous fûmes réunis une fois encore, si passionnément qu'il n'y avait pas de retour possible. » Une semaine plus tard, ils se rencontrèrent à Munich. Frank avait réussi à s'échapper de Cracovie assez longtemps pour lui accorder un jour et une nuit. « Une réunion solennelle et transfigurée de deux êtres humains qui se sont embrasés et à qui rien ne peut résister longtemps », écrit-il[55]. Ce passage me fit éclater de rire lorsque je le lus pour la première fois.

Pour se rapprocher de Lily, Frank décida de s'extraire d'un mariage sans amour avec Brigitte. Une semaine après la conflagration munichoise, il concocta le plan le plus original et le plus terrible pour se libérer de Brigitte : il invoqua les décisions prises à la Conférence de Wannsee pour obtenir le divorce. Malke Buchholz était alors sur le point d'être transportée à Treblinka, les Lauterpacht étaient pris au piège à Lemberg, les Lemkin étaient extraits du ghetto de Wołkowysk comme des bêtes : Hans Frank se servit de ces faits – « les choses les plus horribles » – pour dire à sa femme qu'il était profondément impliqué dans des actes criminels et qu'elle devrait prendre ses distances pour se protéger. Il lui confia les détails d'un projet secret et terrible, qui serait bientôt connu sous le nom de « Solution finale ». L'horreur lui ouvrait la voie vers le bonheur personnel, un moyen de quitter son quotidien auprès d'une femme dominatrice et cupide. Pour la sauver de l'association avec le Gouverneur général, il était prêt à faire le « plus grand des sacrifices », divorcer, pour lui éviter ainsi d'être entachée par la Solution finale. L'extermination de masse traçait le chemin vers Lily et le bonheur[56].

Hitler et Himmler avaient rejeté les idées défendues par Frank dans ses quatre discours ; Brigitte Frank, de son côté, ne fut pas plus convaincue. La reine de Pologne aimait l'opulence de sa vie de château, la protection dont elle jouissait ; elle ne voulut pas y renoncer. Elle préféra prendre le risque, payer le prix, s'accrocher. « Je préfère être la veuve d'un ministre du Reich qu'une femme divorcée ! » dit-elle à des amis. Hans m'a dit « les choses les plus épouvantables », écrivit Brigitte, des choses qu'on ne dit pas ouvertement. Un jour elle en parlerait peut-être, elle donnerait « les détails plus tard, mais seulement en privé[57] ». Niklas m'a raconté ces détails, consignés noir sur blanc dans son Journal.

Quelques jours plus tard, Frank changea de tactique. Dans la salle de musique du château du Wawel où il l'avait fait venir, il apprit à Brigitte que Karl Lasch s'était donné la mort par balle. Elle fut surprise par la réaction de son mari. « Il déclare que le divorce n'est plus nécessaire maintenant », écrit-elle dans son Journal. La soirée fut « harmonieuse », le changement de cap « totalement incompréhensible ». Mais le grand huit de l'été n'était pas fini. Deux semaines plus tard, Frank lui demanda à nouveau de mettre fin à leur mariage, rendant Brigitte responsable de son malheur. « Quelqu'un lui a dit que je n'étais pas une bonne national-socialiste », note-t-elle, « et il a fait comme si on lui avait conseillé de divorcer ».

Le lendemain, tout était à nouveau paisible. Frank lui offrit un bijou, un talisman pour compenser la douleur qu'il lui avait infligée. Mais moins d'un mois plus tard, il changea encore d'avis, exigeant à nouveau un divorce immédiat.

« Il n'y a plus de relation physique entre nous », dit-il à Brigitte. Ses besoins étaient pris en charge par Lily (et apparemment aussi par une autre dame, une certaine Gertrud).

Brigitte conserva une contenance parfaite durant toute cette période difficile, peut-être parce que son contrôle sur Frank était total. Selon Niklas, elle écrivit à Hitler, le suppliant d'intervenir pour empêcher le divorce. En matriarche protectrice de ses trois fils et de ses deux filles, elle envoya au Führer une photo de cette belle famille, véritable modèle de la famille nazie.

Photographie envoyée par Brigitte Frank à Hitler, 1942.

La photo dut convaincre Hitler qui intervint et interdit à Frank de divorcer. Brigitte Frank tenait son mari. « Mon père aimait le Führer plus que sa famille », m'avait confié Niklas à une autre occasion.

99

VOILÀ DONC la crise personnelle qui tourmentait Frank lorsqu'il fit le trajet pour Lemberg à l'été de 1942. Il contrôlait le territoire de la Galicie, mais il n'avait aucune prise ni sur sa femme, ni sur ses émotions, et encore moins sur ses pulsions physiques.

C'était l'anniversaire de l'incorporation de Lemberg dans le Gouvernement général comme capitale du Distrikt Galizien, germanisé depuis peu. Frank arriva le matin du vendredi 31 juillet, à l'issue d'une tournée de trois jours qui avait commencé à Tarnopol, puis fait une boucle par les villes du Sud, Chortkiv et Zalischyky, et celles de l'Est, Kosiv et Yaremche. La dernière étape, un bref détour vers le Nord-Est, avait pour destination la Ville aux Lions. Frank voyagea en voiture et en train blindés, du fait des nombreuses rumeurs annonçant des attaques. La *Gazeta Lwowska* rapporta qu'en sa présence les visages de ses nouveaux sujets « s'illuminaient de bonheur » et que beaucoup lui exprimaient leur gratitude : les enfants en lui offrant des fleurs ; les femmes en lui remettant des bouquets de roses, des paniers de pain, de sel et de fruits[58].

Lemberg était désormais fermement contrôlé par les Allemands. Le principal objectif de Frank était de restaurer un régime civil sous la houlette ferme du gouverneur Otto von Wächter qui avait remplacé Lasch quelques semaines auparavant[59]. Il avait ses propres plans pour la ville dont les Soviétiques avaient été évincés. Enlisé dans de sérieux conflits avec Himmler sur les politiques à conduire, il entendait participer pleinement à toutes les décisions importantes. Plus il avait de responsabilités et plus il contrôlait les opérations, plus il serait reconnu comme leader. À cette fin, il mit en œuvre le principe de « l'unité dans l'administration », qu'il avait déjà expliqué aux dirigeants du parti à Cracovie. Au faîte de cette pyramide des pouvoirs, il se décrivit lui-même comme un « fanatique ». « Les strates les plus élevées de la hiérarchie SS ainsi que le chef de police me sont subordonnés, la police est une composante du gouvernement, les SS et le chef de la police dans le district sont subordonnés au gouverneur[60]. » Frank dominait la pyramide, Wächter était relégué au rang inférieur.

L'idée était simple. Au sein du Gouvernement général, Frank était censé tout savoir et assumer la responsabilité de tout. Il recevait des rapports sur tous les mouvements, y compris ceux des *Einsatzgruppen*, de la police de sûreté et du SD [*Sicherheitsdienst*, service de renseignement]. Il recevait une copie de tous les documents importants. Sachant tout, il était responsable de tout, et pensait que son pouvoir serait éternel et qu'il n'aurait jamais à rendre de comptes.

Son train arriva à la gare centrale de Lemberg, précisément celle d'où étaient partis Lauterpacht et Lemkin. Il était neuf heures du matin lorsqu'il rejoignit son collègue Otto von Wächter, le gouverneur de Galicie, grand et blond, au maintien militaire, et parfaite incarnation du dignitaire nazi, au contraire de Frank. Les cloches des églises sonnaient, une fanfare militaire jouait. Les deux hommes cheminèrent ensemble de la gare au centre-ville, à travers les rues décorées de drapeaux du Reich. Ils passèrent devant la première maison de Leon, devant la résidence d'étudiants où avait habité Lemkin, non loin de l'endroit où avait vécu Lauterpacht. Les écoliers, alignés tout le long de l'Opernstrasse (la rue Operowa), agitèrent des petits fanions lorsque Frank déboucha sur la place centrale en face de l'Opéra, rebaptisée Adolf-Hitler-Platz[61].

Ce soir-là, Frank inaugura le « sanctuaire des arts », l'ancien théâtre Skarbek, nouvellement restauré[62]. Il se tint fièrement devant un auditoire de dignitaires, leur parla de Beethoven et leur présenta le chef d'orchestre Fritz Weidlich, peu connu et qui s'est évanoui dans l'obscurité autrichienne après la guerre. Frank aurait préféré que le concert fût dirigé par Karajan ou Furtwängler, en souvenir de cette merveilleuse soirée de février 1937 où il avait assisté au concert de la Philharmonie de Berlin en présence d'un Führer radieux. Le concert de Berlin avait suscité une émotion indescriptible, et le souvenir de l'événement l'avait fait « trembler d'une extase de jeunesse, de force, d'espoir et de gratitude », confia Frank à son Journal[63].

Opéra de Lemberg, le jour de la visite de Frank, août 1942.

Ce soir-là, il parla avec une même passion, debout au milieu de l'orchestre. « Nous, les Allemands, n'allons pas à l'étranger avec de l'opium ou de semblables substances comme le font les Anglais, déclara-t-il. Nous apportons l'art et la culture aux autres nations », la musique notamment, signe de « l'immortelle nation du *Volk* allemand »[64]. L'auditoire dut se contenter de Weidlich qui commença avec l'ouverture Léonore n° 3, opus 72 de Beethoven, suivie de la Neuvième Symphonie, accompagnée par le chœur de l'Opéra de Lviv.

100

LE LENDEMAIN MATIN, samedi 1er août, Frank assista aux événements commémorant l'anniversaire de l'incorporation du Distrikt Galizien dans le Gouvernement général, à l'Opéra et dans le grand hall de l'ancien parlement de Galicie[65]. Lorsque l'université m'a invité à faire une conférence sur cette commémoration, soixante-dix ans plus tard, j'ai parlé dans la même salle, devant une photo de Frank prise lors d'un de ses discours célébrant le transfert du gouvernement militaire au gouvernement civil contrôlé par Wächter.

Le bâtiment de l'université était alors orné de drapeaux rouges, blancs et noirs. Pour accéder au grand auditorium, Frank dut emprunter l'escalier central. Il prit place ensuite au centre de la tribune. Une fois annoncé, il avança vers le lutrin en bois décoré de guirlandes de feuilles surmonté d'un aigle chevauchant un svastika. La salle était comble, et le discours fut loué par la *Gazeta Lwowska* comme l'annonce du retour de la civilisation dans la ville. « Les règles européennes de l'ordre social » s'appliquaient à Lemberg. Frank remercia le gouverneur Wächter pour sa « superbe direction » en tant que gouverneur de Cracovie durant les deux années passées. « Je suis venu ici pour vous remercier et vous exprimer ma gratitude au nom du Führer et du Reich », dit Frank à Wächter qui était assis sur une estrade surélevée à sa droite[66].

Frank, Grand auditorium, 1er août 1942.

Frank rappela à l'auditoire composé de dirigeants du parti que l'antisémitisme de Hitler était justifié, que la Galicie était la « source originelle du monde juif, que le contrôle de Lemberg et de ses environs lui permettait de s'attaquer au cœur du problème juif.

« Nous apprécions le geste du Führer qui nous a donné le district de Galicie, et je ne parle pas ici de ses Juifs », cria-t-il, une fois de plus trop fort. « Oui, nous en avons toujours quelques-uns dans la région, mais nous nous en occuperons. » C'était assurément un bon orateur capable de maintenir l'attention du public.

« À ce propos », dit-il, marquant une pause pour ménager son effet, puis s'adressant à Otto von Wächter, « je n'ai pas l'impression qu'il y ait de telles ordures dans la salle aujourd'hui. Que se passe-t-il ? On me dit qu'il y avait autrefois des milliers et des milliers de ces primitifs aux pieds plats dans la ville – mais je n'en ai vu aucun depuis que je suis arrivé ». Un tonnerre d'applaudissements accueillit ses paroles[67]. Frank connaissait la réponse à sa question. L'entrée du ghetto de Lemberg n'était qu'à quelques centaines de mètres de son pupitre. Cela, il le savait, car son administration avait préparé le plan « *Umsiedlung der Juden* » (« déplacement des Juifs ») un an auparavant. Une carte indiquait les sept emplacements de ghettos dans lesquels tous les Juifs de la ville vivaient désormais. Son décret précisait que mettre un pied hors du ghetto sans permission était passible de la peine de mort[68].

S'il ne savait pas exactement qui était dans ce ghetto, il savait en revanche comment enflammer son auditoire.

« Ne me dites pas que vous les avez maltraités ? » ajouta-t-il. Avez-vous fini par être exaspérés par la présence des Juifs ? Frank apprit au public qu'il était en train de résoudre la question juive. Les Juifs ne pourraient plus aller en Allemagne. Le message était clair, ses paroles furent accueillies par de « vifs applaudissements ».

Il passa une grande partie de la journée et la soirée en compagnie de Frau Charlotte von Wächter, la femme du gouverneur, comme en témoigne le Journal de cette dernière :

> Frank est venu pour le petit-déjeuner à neuf heures, mais il est reparti aussitôt avec Otto. [J']aurais dû y aller, je ne l'ai pas fait. Je suis à la maison avec Mlle Wickl. Après j'ai dormi profondément. Très fatiguée. À quatre heures […] [j'ai été envoyée] à Frank qui voulait rejouer aux échecs. J'ai gagné deux fois. Après cela il est allé se coucher fâché. Puis il est revenu, mais il est reparti immédiatement[69].

Le Journal ne mentionne pas les autres événements de la journée, les décisions prises, et bientôt exécutées, par son mari, sous l'œil vigilant du Gouverneur général Frank.

101

LA GRANDE RAFLE de Lemberg commença une semaine après le départ de Frank. *Die grosse Aktion* débuta tôt le matin du lundi 10 août. Les Juifs qui restaient, à l'intérieur comme à l'extérieur du ghetto, furent rassemblés ; on les retint d'abord sur un terrain de jeux pour enfants avant de les envoyer au camp de Janowska au centre de la ville[70]. « Il y a beaucoup à faire à Lemberg », écrivit le gouverneur Wächter à sa femme le 16 août, mentionnant en une ligne la « *grosse Aktion* contre les Juifs » et, dans un autre passage, les parties de ping-pong disputées « avec un grand enthousiasme »[71]. Heinrich Himmler arriva à Lemberg le 17 août pour rencontrer le gouverneur Wächter et Odilo Globocnik, responsable de la construction du camp de la mort de Bełżec, situé à quatre-vingts kilomètres au nord-ouest de Lemberg[72]. Au cours du dîner chez les Wächter, la conversation tourna autour de l'avenir des Juifs de Lemberg et des villes environnantes, dont Żółkiew. Moins de deux semaines après, plus de cinquante mille personnes étaient dans les wagons en direction de Bełżec.

Parmi les milliers de personnes piégées par la *grosse Aktion*, se trouvait la famille de Lauterpacht. Sa nièce, Inka, a observé l'arrestation de sa mère par la fenêtre, un moment dont elle s'est souvenue plus tard, aussi clairement que de la couleur de la robe de sa mère et de ses chaussures à hauts talons. Les parents de Lauterpacht, de même que tous les autres membres de la famille élargie, furent également raflés. C'est sans doute au même moment que fut anéantie la famille de mon grand-père Leon : l'oncle Leibus, sa femme et ses filles ; tout ce qui en reste est un télégramme de vœux de bonheur envoyé à Rita et Leon pour leur mariage en 1937.

À la même période, la *Krakauer Zeitung* fait mention d'un autre discours de Frank annonçant le « succès réel » de son administration. « On ne voit plus guère de Juifs », déclara Frank, que ce soit à Lemberg, à Cracovie ou dans quelque autre hameau ou village placé sous son contrôle[73].

102

Niklas Frank, qui savait mon intérêt pour Lemberg, m'a confié qu'il connaissait le fils d'Otto von Wächter, gouverneur du Distrikt Galizien et condisciple de Lauterpacht à l'Université de

Vienne en 1919. Horst a « une attitude assez différente de la mienne concernant la responsabilité de nos pères », m'a dit Niklas, ajoutant que ce n'était pas inhabituel : la fille de Himmler « n'a plus jamais voulu [me] parler après la publication de [mon] livre ».

Grâce à Niklas, j'ai été invité à Schloss Hagenberg où vivait Horst von Wächter, un imposant château du XVIIe siècle situé à une heure environ au nord de Vienne. Construit autour d'une cour fermée, ce *Schloss* [château] baroque à quatre étages est une structure en pierre imposante, impénétrable, qui a connu des jours meilleurs. Horst et sa femme Jacqueline y occupaient quelques chambres à peine meublées. J'ai apprécié Horst, un homme aimable et doux, bien bâti, vêtu d'un tee-shirt rose et de sandales. Il avait les cheveux gris, portait des lunettes et, à en juger d'après les photos, il avait le même grand sourire que son père. Il était accueillant et cordial, captivé (ou peut-être paralysé) par la gloire fanée du *Schloss* acheté un quart de siècle auparavant grâce à un petit héritage. Dans ce lieu froid aux murs décrépits et sans chauffage central, le feu de la cheminée baroque peinait à éloigner le froid mordant de l'hiver.

Dans l'une des chambres, sous les poutres soutenant le toit de la tourelle, Horst avait installé la bibliothèque de son père, le « département national-socialiste » de l'histoire familiale. Il me proposa d'y jeter un coup d'œil. Je pris un livre au hasard sur une des étagères bien remplies. Une dédicace manuscrite en allemand rédigée en petits caractères soignés figurait sur la première page. Au *SS-Gruppenführer* Dr Otto von Wächter, « avec mes meilleurs vœux d'anniversaire ». La signature, couleur bleu profond et légèrement floue, ne laissait pas de doute : « H. Himmler, 8 juillet 1944 ».

Le choc ressenti à la découverte de cette signature était amplifié par le contexte : ce livre n'était pas un objet de musée, mais un trésor familial, offert au père de Horst en signe de considération. Pour services rendus. C'était un lien direct entre la famille de Horst et les dirigeants nazis de l'Allemagne. (Lors d'une visite ultérieure, j'ai pris un exemplaire de *Mein Kampf*, un cadeau que sa mère avait fait à son père au temps où ils étaient fiancés. « Je ne savais pas qu'il était ici », m'a alors dit Horst avec un plaisir évident.)

Dans la pièce qu'il utilisait comme bureau, Horst avait rassemblé quelques albums de famille. Il était tout aussi à l'aise avec les albums qu'avec les livres, souvenirs classiques d'une vie de famille normale : les photos des enfants et des grands-parents, des vacances au ski, des balades en bateau, des anniversaires. Mais, au milieu de ces clichés attendus, il y avait d'autres images. Août 1931, un homme inconnu taillant un svastika dans un mur ; une photo non datée d'un homme quittant un bâtiment sous une haie de bras levés en salut nazi, avec en légende « Dr Goebbels » ; trois hommes en pleine conversation dans un hall de gare couvert, cliché non daté, avec les initiales « A.H. ». Je regardai de plus près. L'homme au centre était Hitler, à ses côtés Heinrich Hoffmann, le photographe qui avait présenté Eva Braun à Hitler. Je ne reconnaissais pas le troisième homme. « C'est peut-être Baldur von Schirach, dit Horst ; ce n'est pas mon père. » J'en étais moins certain.

Hitler avec Heinrich Hoffmann et un inconnu, *ca.* 1932 (source : Album d'Otto von Wächter).

Je tournai les pages. Vienne, automne 1938. Wächter en uniforme à son bureau de la Hofburg, pensif, examinant des papiers. Une date était inscrite sur la page, 9 novembre 1938. La Nuit de cristal allait commencer quelques heures plus tard.

Une autre page : Pologne, fin 1939 ou début 1940, des images d'immeubles brûlés, de réfugiés. Au centre de la page, une petite photo carrée montrait un groupe inquiet. Peut-être dans un ghetto. Selon le récit de Malaparte, Charlotte, la femme de Wächter, appréciait le mur du ghetto de Cracovie avec son style oriental fait de « courbes élégantes et de remparts gracieux » ; le ghetto lui-même était un lieu de confort offert aux Juifs selon Frau Wächter (la photo avait effectivement été prise dans le ghetto de Varsovie, entre le 35 de la rue Nowolipie et un petit passage qui mène vers la place du marché).

Le groupe était composé d'un jeune garçon et d'une vieille femme en vêtements d'hiver. Un brassard blanc attira mon regard, il identifiait son porteur, la vieille dame avec son foulard, comme juive. Un peu derrière elle, au centre de l'image, un garçon regardait directement l'objectif, fixait le photographe, très probablement la femme de Wächter, Charlotte, lors d'une visite au ghetto semblable à celle qu'a décrite Malaparte. Elle avait fait ses classes au cabinet d'architecture Josef Hoffmann's Wiener Werkstätte et avait le sens de la perspective.

Scène de rue, ghetto de Varsovie, *ca.* 1940 (source : Album d'Otto von Wächter).

Ces albums de famille contenaient d'autres images remarquables. Les Wächter avec Hans Frank. Wächter avec sa Division Galicie de la Waffen-SS. Wächter avec Himmler à Lemberg. D'après les photos, Otto von Wächter était au cœur des opérations allemandes. Les images exprimaient autant de souvenirs personnels d'un crime international commis sur une grande échelle. La conclusion était inévitable, bien que Horst semblât peu disposé à l'admettre.

Né en 1939, la même année que Niklas, Horst n'avait que de vagues souvenirs de son père qui était souvent absent. Les sentiments que lui inspirait ce dernier, un dirigeant politique inculpé pour crimes de guerre par le gouvernement polonais en exil, étaient très différents de ceux de Niklas ; il luttait pour composer avec l'héritage d'Otto.

« Je dois trouver le bien en mon père », me dit-il lors d'une de nos premières conversations. Il s'était donné pour mission de le réhabiliter, en dépit de l'évidence et des faits. Nos échanges hésitants du début devinrent plus faciles. « Mon père était un homme bon, un libéral qui a fait de son mieux », dit Horst, cherchant à se convaincre. « D'autres auraient fait pire. »

Il me remit un récit biographique détaillé de son père, avec beaucoup de notes de bas de page. Je vais l'étudier, lui ai-je dit. « Bien sûr », répondit Horst rapidement, « puis vous reviendrez ».

103

Toujours préoccupé par son couple, au milieu des massacres, Frank trouva le temps de mettre en œuvre une autre de ses brillantes idées : pour encourager les voyageurs, il incita la célèbre maison d'édition Baedeker à publier un guide de voyage pour le Gouvernement général. En octobre 1942, il rédigea une courte introduction que j'ai lue dans un exemplaire trouvé chez un bouquiniste de Berlin. Sous la traditionnelle couverture rouge du guide se trouve une grande carte amovible montrant les frontières extérieures du territoire de Frank marquées en bleu clair[74]. Sur cette carte, Lemberg se trouve à l'est, Cracovie à l'ouest, Varsovie au nord. Les camps de Treblinka, Bełżec, Majdanek et Sobibor sont à l'intérieur des frontières bleu clair.

« Pour ceux qui entrent dans le Reich depuis l'Est », écrit Frank dans son introduction, « le Gouvernement général donne un premier aperçu d'une structure offrant une puissante impression d'être chez soi ».

Pour les visiteurs quittant le Reich depuis l'Ouest, les terres de Frank offrent « un premier message de bienvenue d'un monde oriental ».

Karl Baedeker ajouta quelques mots personnels de remerciement pour Frank, l'inspirateur de ce nouveau volume tout à fait bienvenu dans sa collection. Oskar Steinheil, qui avait visité la région à l'automne de 1942, avec le soutien personnel du Gouverneur général, révisa le manuscrit. Qu'a vu Herr Steinheil lors de son parcours en voiture et en train et qu'il a décidé de ne pas voir ? Baedeker espérait que le livre rendrait le lecteur « sensible » au travail inouï d'organisation et de construction accompli par Frank « en temps de guerre et dans les conditions si difficiles de ces trois dernières années et demie ».

Le visiteur, dit le guide, profitera de grandes embellies, la province comme les villes ayant « acquis un visage différent », la culture et l'architecture allemandes étant à nouveau accessibles. De fait, les cartes et les plans de ville avaient été modernisés, les noms germanisés, en application des décrets de Frank. Le lecteur apprend aussi que le Gouvernement général s'étend sur une superficie de 142 000 kilomètres carrés (37 % de l'ancien territoire de la Pologne) et qu'il abrite dix-huit millions d'habitants (72 % de Polonais, 17 % d'Ukrainiens [Ruthéniens] et 0,7 % d'Allemands). Plus de un million de Juifs ont été éradiqués (« libéré des Juifs » est la formule utilisée pour plusieurs villes ou villages). Le lecteur attentif remarquera sans doute le décompte incomplet, comme la référence aux 400 000 Juifs qui faisaient autrefois partie des habitants de Varsovie, et qui avaient maintenant disparu.

Huit pages du guide (ainsi qu'une carte de deux pages) sont consacrées à Lemberg, une seule à Żółkiew, bien que la ville « vaille la visite » pour son héritage germanique du XVIIe siècle[75] : le Ringplatz (place du Ring) « typiquement allemand » ; l'église baroque dominicaine (datant de 1655) ; l'église catholique romaine (reconstruite en 1677) qui abrite des toiles d'un artiste allemand. Les touristes allemands, dit encore le guide, seront rassurés par la présence à proximité immédiate de colonies allemandes. Le seul lieu de culte de Żółkiew qui n'est pas mentionné est la synagogue du XVIIe siècle, ravagée par l'incendie de juin 1941. Le guide ne parle pas davantage des Juifs ou du ghetto dans lequel ils vivaient lorsqu'il a été édité. Moins de six mois après sa publication, presque tous avaient été assassinés.

Le guide ne donne aucune indication sur l'usage qui est fait des « denses zones forestières » autour de Żółkiew, et pas davantage de renseignements sur la myriade de camps de concentration parsemés sur le territoire de Frank. En passant, l'éditeur mentionne seulement les correspondances ferroviaires entre Bełżec et le reste de la Galicie, et il ne fait qu'une brève allusion à la petite ville d'Auschwitz, située sur la Reichstrasse n° 391, soit la route principale qui reliait alors Varsovie et Cracovie[76].

104

LA PUBLICATION du guide Baedeker coïncida avec un tout autre récit, paru dans le *New York Times* sous le titre « La Pologne inculpe 10 personnes pour la mort de 400 000 autres ». L'article identifiait un groupe décrit comme les « dix impies », dix dirigeants du Gouvernement général, inculpés comme criminels de guerre par le gouvernement polonais en exil. « Le gouverneur allemand est le n° 1. »

C'était une référence à Frank et à ses crimes : l'exécution de 200 000 Polonais, le transfert de centaines de milliers d'individus de plus vers l'Allemagne ainsi que la création de ghettos. Otto von Wächter occupait la septième place dans la liste ; par erreur, il était appelé « J. Wächter », gouverneur de Cracovie (il avait quitté Cracovie en mars 1942, puisqu'il avait été muté à Lemberg). Sa spécialité, selon l'article, était « l'extermination de l'intelligentsia polonaise ».

J'ai envoyé une copie de cet article à Horst von Wächter qui m'avait demandé de lui communiquer tout ce que je pouvais dénicher sur les activités de son père en Pologne. Sa première réaction fut de signaler toutes les inexactitudes de l'article. Horst, comme les Polonais du reste, se plaignit que l'article traitât « uniformément » tous les vice-gouverneurs de Frank de « criminels ». Il m'invita à revenir à Hagenberg, sans Niklas mais accompagné d'un photographe.

Nous avons discuté des événements de Lemberg en août 1942. Il existe un compte rendu du chasseur de nazis Simon Wiesenthal qui dit avoir vu Wächter dans le ghetto de Lemberg au début de l'année 1942 : Wiesenthal affirme que le gouverneur était « personnellement aux affaires » lorsque lui-même fut séparé de sa mère, envoyée à la mort le 15 août 1942[77]. Horst resta sceptique et affirma que son père ne se trouvait pas à Lemberg ce jour-là. Plus tard, j'ai trouvé une photo de Wächter en compagnie de Frank au château du Wawel, prise le 16 août, le lendemain du jour où Wiesenthal affirme avoir vu Wächter dans le ghetto de Lemberg[78].

Château du Wawel, Cracovie, 16 août 1942 : Frank (premier plan) et Wächter (le quatrième en partant de la gauche).

Les événements d'alors continuent d'avoir un impact. Bien plus tard et sur un autre continent, comme je l'ai raconté à Horst, un jugement fédéral a privé un certain John Kalymon, résident du Michigan, de sa citoyenneté américaine. Policier auxiliaire ukrainien, Kalymon avait participé à la *grosse Aktion* en août 1942 et il était directement impliqué dans le meurtre de Juifs[79]. Le jugement s'appuie sur un rapport d'expert rédigé par un universitaire allemand, le professeur Dieter Pohl, et comporte des références à Wächter[80]. Ce rapport m'a permis de découvrir d'autres documents conservés au département américain de la Justice à Washington, dont trois incriminent directement Wächter pour sa participation aux événements de 1942. Je les ai montrés à Horst, comme il me l'avait demandé.

Le premier document est le compte rendu d'une réunion qui s'est tenue à Lemberg en janvier 1942, juste avant l'arrivée de Wächter, intitulé « Déportation des Juifs de Lemberg[81] » ; il prévoit l'aller simple pour Bełżec et les chambres à gaz en mars. « Dans la mesure du possible, le terme de "relocalisation" doit être évité », indique son rédacteur, attentif aux nuances de la langue et à la vérité. Wächter devait connaître le destin des personnes concernées.

Le deuxième document est un ordre de mars 1942, signé de Wächter[82]. Destiné à restreindre l'emploi des Juifs dans toute la Galicie, il fut publié deux jours avant la première opération contre le ghetto (15 mars), et devait prendre effet après les transferts à Bełżec (1er avril). Cet ordre qui, selon Lemkin, a été un préalable nécessaire au génocide, a interdit à la majorité des Juifs actifs l'accès au marché des Gentils.

Si les deux premiers documents furent préjudiciables aux Juifs, le troisième fut dévastateur[83]. C'était un bref mémorandum de Heinrich Himmler au Dr Wilhelm Stuckart, le ministre de l'Intérieur du Reich. Daté du 25 août, il fut envoyé alors que la *grosse Aktion* avait commencé. « Je suis récemment allé à Lemberg », écrit Himmler à Stuckart, « et j'ai eu une discussion très claire avec le gouverneur, le *SS-Brigadeführer* Dr Wächter. Je lui ai demandé ouvertement s'il voulait être muté à Vienne, car je pensais que cela aurait été une erreur de ne pas lui poser cette question pendant que j'étais là. Wächter ne veut pas aller à Vienne ».

Dans une conversation franche furent évoqués la possibilité d'un départ et les options pour une carrière alternative, un retour à Vienne, un moyen de partir en somme. Mais Wächter déclina la proposition : partir aurait mis fin à sa carrière. Il resta, pleinement conscient de la portée de la *grosse Aktion*. Une lettre, que Horst m'a montrée, le confirme : datée du 16 août, elle est adressée par son père à sa mère. Après le départ de Frau Wächter, écrit-il, « beaucoup reste à faire à Lviv [...], enregistrer la récolte, fournir des travailleurs (maintenant déjà 250000 dans le district !), et la *grosse Aktion* en cours contre les Juifs ».

Himmler ajouta la remarque suivante à sa propre lettre de l'époque : « Il reste à voir comment Wächter se comportera dans le Gouvernement général comme gouverneur de Galicie après notre discussion. »

Wächter dut donner pleine satisfaction à Himmler puisqu'il poursuivit son travail et resta à Lemberg pendant les deux années suivantes. En qualité de dirigeant civil, il joua son rôle dans la *grosse Aktion* d'août 1942.

La lettre de Himmler ne souffre aucune ambiguïté, aucune échappatoire. Lorsque je l'ai montrée à Horst, il l'a fixée, sans expression. Si son père était là maintenant, que lui dirait-il ?

« Je ne sais pas vraiment, dit Horst. C'est très difficile… peut-être ne lui demanderais-je rien du tout. »

Le silence s'installa dans la pièce dépouillée. Horst l'interrompit au bout d'un moment par cette réflexion destinée à disculper son père : il était dépassé par la situation, son caractère inéluctable et ses proportions catastrophiques, par les ordres et leur soudaineté. Rien n'était inévitable, dis-je à Horst, ni la signature, ni la direction des événements. Wächter aurait pu partir.

Un autre long silence suivit ; on n'entendait plus que le léger bruit de la neige et le craquement des bûches qui se consumaient. Horst ne pouvait-il condamner son père malgré un tel document ? Était-ce cela un père digne d'être aimé, ou y avait-il autre chose ?

« Je ne peux pas dire que j'aime mon père, dit Horst. J'aime mon grand-père. » Il dirigea son regard vers le portrait du vieux militaire accroché au-dessus de son lit.

« J'ai en quelque sorte une responsabilité envers mon père, celle de découvrir ce qui s'est réellement passé, dire la vérité, faire ce que je peux pour lui. »

Horst réfléchit à voix haute. « Je dois trouver quelque aspect positif. »

Il s'était construit une sorte de différence entre son père et le système, entre l'individu et le groupe qu'il dirigeait.

« Je sais que l'ensemble du système était criminel et qu'il en faisait partie, mais je ne crois pas que c'était un criminel. Il n'a pas agi comme un criminel. »

Son père aurait-il pu quitter Lemberg et les activités meurtrières que son administration mettait en œuvre ?

« Il n'y avait aucune possibilité de sortir du système », chuchota Horst. Les documents du département de la Justice américain disaient pourtant le contraire, mais Horst s'était arrangé pour les vider de leur sens et pour décrire les événements comme simplement « désagréables » ou « tragiques ».

Il était difficile de comprendre sa réaction, j'éprouvai cependant de la tristesse plutôt que de la colère. En refusant de le condamner, ne perpétuait-il pas les torts de son père ?

« Non. » Horst, d'habitude aimable, chaleureux et bavard, ne dit rien de plus, incapable qu'il était de condamner son père. C'était la faute du Gouvernement général de Frank, des SS, de Himmler. Tous étaient responsables, sauf Otto. Puis : « Je suis d'accord avec vous, il faisait totalement partie du système », dit-il finalement.

Une fissure.

« Indirectement, il est responsable de tout ce qui s'est passé à Lemberg.

– Indirectement ? »

Horst garda le silence pendant un long moment. Ses yeux étaient humides, je me suis demandé s'il avait pleuré.

105

FRANK était fier d'avoir été identifié comme un criminel de guerre par le *New York Times*. Dans une réunion officielle du début de l'année 1943, il annonça : « J'ai l'honneur d'être le numéro un[84]. » Il transcrivit ces paroles dans son Journal sans la moindre gêne. Le cours de la guerre changeait au désavantage de l'Allemagne, mais il ne perdait pas la foi, le Reich durerait mille ans. Il n'y avait aucune raison de faire preuve de retenue, ni dans le traitement des Polonais ou des Juifs, ni dans les termes proférés à leur encontre. « Ils doivent s'en aller », dit-il à son cabinet. « Pour cette raison, je traiterai les affaires juives en partant du principe que les Juifs disparaîtront[85]. »

« Disparaître. » Le terme suscita des applaudissements, qui l'encourageaient à poursuivre sa tâche, car il ne savait jamais vraiment quand s'arrêter. Ils seront anéantis là où on les trouvera, poursuivit-il, chaque fois que les circonstances s'y prêteront. Ainsi l'unité et l'intégrité du Reich seront-elles préservées. Comment son gouvernement ferait-il exactement ? « Nous ne pouvons abattre ces trois millions et demi de Juifs ; nous ne pouvons pas les empoisonner, expliqua-t-il. Mais nous pouvons prendre les mesures nécessaires qui, d'une manière ou d'une autre, mèneront à une extermination réussie. » Ces mots aussi étaient consignés dans son Journal.

Le 2 août, Frank organisa une réception dans les jardins du château du Wawel. Ce fut l'occasion pour les responsables du parti de réfléchir à la suite des événements. Il y avait des revers sur le front russe, mais de bonnes avancées ailleurs. Frank ne voulait plus voir le ghetto de Cracovie depuis le château. En mars, il fut ainsi vidé en un seul week-end, sous la direction efficace du *SS-Untersturmführer* Amon Göth (à qui l'acteur britannique Ralph Fiennes a prêté son visage dans *La Liste de Schindler*)[86]. En mai, le soulèvement du ghetto de Varsovie avait été écrasé – et la destruction de la Grande Synagogue en fut l'acte final. Le *SS-Gruppenführer* Jürgen Stroop qui avait mené les opérations en avait fièrement décrit les détails dans un rapport adressé à Himmler[87]. Varsovie comptait désormais un million de personnes en moins, et Frank espérait que la population pourrait être réduite « davantage encore » si le ghetto était « totalement détruit ».

La guerre prenait pourtant un cours différent. Mussolini avait été destitué, arrêté sur l'ordre du roi d'Italie ; les intellectuels polonais parlaient de plus en plus ouvertement des atrocités commises dans les camps d'Auschwitz et de Majdanek. Frank avait espéré que la découverte des corps de milliers d'officiers polonais et de membres de l'intelligentsia polonaise dans un charnier à Katyn, assassinés par les Soviétiques en 1940, améliorerait les relations entre les Allemands et les Polonais, mais il n'en fut rien. Il nota avec dédain que l'opinion publique polonaise comparait la découverte de Katyn au taux de mortalité massif dans les camps de concentration allemands, et aux fusillades d'hommes, de femmes et même d'enfants et de vieillards lors des représailles collectives[88].

La réception au château du Wawel lui offrit un répit. En ce jour ensoleillé d'août, il formula dans son Journal les enjeux de nouveaux combats, dans des termes clairs et précis. « D'un côté le svastika, de l'autre les Juifs. » Il décrivait les progrès sur son territoire : en ayant « commencé avec 3 500 000 Juifs », son territoire ne contenait plus que « quelques groupes travaillant pour des entreprises de main-d'œuvre ». Qu'était-il arrivé aux autres ? « Tous les autres ont, disons, émigré[89]. » Frank connaissait son rôle et ses responsabilités. « Nous sommes tous pour ainsi dire complices », nota-t-il avec un abandon imprudent[90].

Ses relations avec Hitler et Himmler semblent s'être améliorées, puisque le Führer lui confia une nouvelle mission : il le nomma, sans ironie, président d'un Centre international d'études juridiques. Son poste de gouverneur étant maintenu, il avait du travail et des amis, et sa vie de couple connaissait une trêve ; Lily Grau n'était pas très loin, et il y avait la musique : notamment un nouveau morceau composé en son honneur par Richard Strauss pour le remercier d'être intervenu en faveur de son chauffeur appelé sur le front de l'Est.

Qui entre dans la pièce, si mince, si fier ?
Admirez notre ami, notre ministre Frank.

J'ai réussi à me procurer les paroles du morceau, mais pas sa partition[91]. « Disparue », m'a-t-on dit, sans doute pour de bonnes raisons, pour ne pas entacher la réputation de Strauss.

Frank appréciait la musique et l'art, et il ne s'en priva pas. En tant que Gouverneur général, il adopta une politique généreuse : il se fit le gardien d'importants trésors polonais et signa les ordres permettant la confiscation d'œuvres d'art célèbres dans le dessein de les « préserver ». Elles rejoignirent ainsi les rangs de l'héritage artistique allemand. Tout cela fut plutôt simple. Certaines pièces prirent le chemin de l'Allemagne, comme les trente et un dessins d'Albrecht Dürer, prélevés dans la collection Lubomirski à Lemberg et offerts personnellement à Göring[92]. D'autres œuvres furent gardées au château du Wawel, certaines dans les appartements privés de Frank. Il établit même un catalogue joliment relié, faisant mention de toutes les pièces majeures pillées – dans un souci de préservation – durant les six premiers mois. Le catalogue relève un ensemble d'œuvres exquises : peintures de maîtres allemands, italiens, hollandais, français et espagnols ; livres illustrés, miniatures et gravures indiennes et persanes ; un retable célèbre du XVe siècle de Veit Stoss, démonté sur ordre de Frank à la basilique Sainte-Marie de Cracovie et envoyé en Allemagne ; pièces d'artisanat en or et en argent, cristal antique, verre et porcelaine ; tapisseries et armes anciennes ; pièces de monnaie et médailles rares. Autant de pièces pillées dans les musées de Cracovie et de Varsovie, dans les cathédrales, les monastères, les universités, les bibliothèques ou dans des collections privées.

Frank garda les plus belles pièces pour ses propres appartements. Tout le monde ne partageait pas son goût. Niklas allait rarement dans le bureau de son père, mais se souvient d'une « toile [particulièrement] laide », représentant une femme la tête ceinte d'un bandeau, ses cheveux « soyeux et parfaitement coiffés » séparés par une raie droite. Frank utilisait la peinture pour faire la leçon à son fils. « C'est ainsi que tu devrais te coiffer », disait-il à Niklas en montrant la femme qui tenait un « petit animal blanc », une créature ressemblant à un rat, dans ses bras. Elle le caressait d'une main, mais en regardant dans le vide. « Fais-toi une raie comme celle-ci ». Le tableau, peint au XVe siècle par Léonard de Vinci, était un portrait de Cecilia Gallerani, *La Dame à l'hermine*[93]. Niklas l'avait vu pour la dernière fois à l'été de 1944.

106

NIKLAS m'a raconté cette histoire au moment où Cecilia Gallerani était en visite à Londres – la toile était la pièce centrale d'une grande exposition Léonard de Vinci à la National Gallery. Un matin gris de décembre, je suis allé voir cette beauté célébrée, maîtresse du duc de Milan, Ludovico Sforza, à qui elle avait donné un fils. Elle avait posé pour le portrait aux environs de 1490 ; l'hermine était le symbole de la pureté. En 1800, la toile avait rejoint la collection de la princesse Czartoryska en Pologne, alors sous domination russe, puis elle avait été exposée à partir de 1876 au musée Czartoryski à Cracovie. Elle y était restée durant trente-six ans (à l'exception d'un bref intermède à Dresde pendant la Première Guerre mondiale), jusqu'à ce que Frank la dérobe. Fasciné par la beauté et le symbolisme de la peinture, Frank l'a conservée avec lui pendant cinq ans.

Niklas se souvenait du tableau avec un mélange d'effroi et de sourire. Petit garçon, il craignait la créature semblable à un rat et résistait aux efforts de son père de lui faire adopter la coiffure de Cecilia. Son frère Norman et lui-même se rappelaient l'avoir vue dans différentes pièces, « autant de petits éclairs de mémoire », comme l'épisode de la mousse à raser dans la salle de bains.

Lors de ma première visite au château du Wawel, les conservateurs étaient en train de préparer le retour de Cecilia Gallerani. Après un tour dans les appartements privés de Frank, la directrice du département de la photographie me fit venir dans son bureau pour me montrer une grande boîte plate, recouverte d'un velours à la couleur passée. L'inscription sur le couvercle mentionnait « Le château à Cracovie ». La doublure était d'un beau velours roux. « Elle a été oubliée quand les nazis sont partis ; on l'a trouvée au sous-sol », me dit-elle.

À l'intérieur, sur un grand carton, il y avait un message joyeux : « Au Herr Gouverneur général ministre du Reich le Dr Frank, à l'occasion de son anniversaire le 23 mai 1944, offert en signe de gratitude par ses conseillers juridiques ». La dédicace était suivie de huit signatures, celles des loyaux serviteurs de Frank qui avaient commandé une belle série de photos en noir et blanc au moment même où les Soviétiques approchaient. Les photos montraient la splendeur du Wawel, de ses pièces et de ses objets d'art. Parmi elles, une reproduction en noir et blanc de *La Dame à l'hermine*, sur un fond « rouge-blanc-noir » de l'époque nazie.

La Dame à l'hermine de Léonard de Vinci.

107

J'AI VISITÉ le château du Wawel en compagnie de Niklas, au moment où Cecilia Gallerani y revenait. Le directeur du musée et les propriétaires du tableau nous avaient autorisés à passer un peu de temps avec elle, seuls, tôt le matin, avant l'ouverture. Soixante-dix ans avaient passé depuis que Niklas l'avait vue pour la dernière fois. Il était maintenant à nouveau face à elle, et il se sentait humble devant la puissance de la peinture.

Niklas Frank avec Cecilia, 2014.

Le soir même, Niklas et moi avons dîné dans un restaurant typique de la vieille ville de Cracovie. Nous avons parlé d'écriture, de mots, du temps, et de responsabilité. Vers la fin du repas, les trois personnes qui dînaient à une table voisine se sont levées. En passant devant notre table, l'une d'entre elles, une dame d'un certain âge, a dit : « Nous ne pouvions pas ne pas entendre votre conversation ; votre livre a l'air intéressant. » Nous avons discuté, elles se sont jointes à nous : une mère, sa fille et son gendre. La mère était une universitaire brésilienne, calme et distinguée, professeure de chimie. Elle revenait dans sa ville natale dont elle avait été expulsée à l'âge de dix ans, en 1939, car elle était juive. Il ne lui avait pas été facile de revenir. Je me demandais ce qu'elle avait exactement pu entendre de notre conversation. Pas grand-chose apparemment.

La fille était née au Brésil bien après la guerre. Elle était plus sévère que sa mère. « Je suis contente d'être à Cracovie, mais je n'oublierai jamais ce que les Allemands ont fait. Je ne parlerai jamais à un Allemand. »

Niklas et moi nous sommes regardés.

La mère a observé Niklas et lui a demandé : « Et vous, vous êtes un Juif d'Israël ? ! »

Niklas a répondu immédiatement : « Bien au contraire. Je suis allemand ; je suis le fils de Hans Frank, le Gouverneur général de Pologne. »

Il y a eut un bref moment de silence.

Puis Niklas s'est levé et s'est précipité hors du restaurant.

Je l'ai retrouvé plus tard dans la soirée.

« Ils ont raison d'avoir des opinions aussi fermes », m'a-t-il dit. Je suis horrifié du mal que les Allemands leur ont fait, à la mère, à sa famille. »

Je l'ai consolé.

108

1944 FUT une année pleine de défis pour le père de Niklas. On tenta de l'assassiner, notamment lorsqu'il prit le train de Cracovie à Lemberg. À l'été, les Alliés libérèrent Paris ; les Allemands battirent en retraite à l'Est comme à l'Ouest, se retirant à l'intérieur du pays.

Les nouvelles de l'Est et la rapidité avec laquelle l'Armée rouge avançait étaient particulièrement inquiétantes. Frank trouva pourtant le temps de se préoccuper des Juifs qui restaient sur son territoire, pas plus de cent mille. Il faut s'en occuper, proclama-t-il lors d'une réunion des membres du parti nazi à Cracovie, c'est « une race qui doit être anéantie[94] ».

Au début du printemps, deux jours après ce discours, les Soviétiques entrèrent dans le territoire du Gouvernement général, avançant rapidement vers Cracovie et le château du Wawel. En mai,

Frank célébra son quarante-quatrième anniversaire. Ses fidèles collègues lui firent un cadeau, les cinquante photos retrouvées dans la boîte en velours, dont celle de *La Dame à l'hermine*.

Le 11 juillet, le chef de la police allemande de Cracovie fut la cible d'une audacieuse tentative d'assassinat par la résistance polonaise. Frank riposta par l'exécution de prisonniers polonais[95]. Le 27 juillet, Lemberg tomba aux mains des Soviétiques[96]. Tandis que Wächter prenait la fuite pour la Yougoslavie, la nièce de Lauterpacht, Inka Gelbard, pouvait à nouveau se promener librement dans les rues. Żółkiew fut aussi libérée, ce qui permit à Clara Kramer de quitter la cave dans laquelle elle avait passé près de deux ans. Le soulèvement de Varsovie débuta le 1er août[97]. Sans aucune intention d'abdiquer, Frank ordonna de nouvelles mesures, plus dures que jamais.

En septembre, Frank s'occupa des camps de concentration de son secteur. Son Journal relate une conversation avec Josef Bühler portant sur le camp de Majdanek ; c'était la première mention d'un lieu de mort[98]. Après la libération du camp deux mois plus tôt, les Soviétiques avaient diffusé un film documentaire sur l'horrible situation qu'ils avaient découverte, notamment le calvaire des mille cinq cents prisonniers encore en vie.

109

Au début de l'année 1945, les Soviétiques s'approchèrent de Cracovie depuis l'est. Ils étaient suffisamment près pour que l'on entendît le bruit des balles. Frank décida de fuir la ville et d'emporter avec lui en Bavière le portrait de Cecilia Gallerani.

Durant ces ultimes semaines, Frank avait peaufiné les derniers détails. Il avait achevé deux essais, intitulés « Sur la justice », et « Le chef d'orchestre ». Il parvint à voir une dernière représentation à l'opéra de Cracovie, *Orphée et Eurydice*. Il regarda des films aussi, *Sept ans de malchance [Sieben Jahre Pech]* avec Hans Moser, le célèbre acteur autrichien qui avait naguère tenu le rôle principal dans *La Ville sans Juifs [Eine Stadt ohne Juden]*[99]. L'avenir était si lumineux alors. Mais Frank ignorait que Moser avait refusé de divorcer de sa femme juive, Blanca Hirschler.

Il choisit de partir le 17 janvier 1945. Le ciel au-dessus de Cracovie était d'un bleu profond, pas un seul nuage en vue, la ville était baignée de soleil. Frank quitta le château du Wawel à 13 h 25 dans une Mercedes noire (immatriculée EAST 23), conduite par son chauffeur Herr Schamper, à la tête d'un convoi qui transportait ses plus proches collaborateurs et au moins trente-huit volumes de son Journal, en direction de la Bavière. *La Dame à l'hermine* était avec eux, une mesure de précaution, dira Frank plus tard, afin qu'elle ne soit pas « pillée en mon absence ».

Le convoi se dirigea vers Oppeln, au nord-ouest, et continua vers Schloss Seichau (Sichów) où Frank s'arrêta, se terrant quelques jours auprès du comte von Richthofen, une vieille connaissance. Une grande partie des œuvres d'art dérobées à Cracovie avaient déjà été expédiées chez le comte. Brigitte et ses enfants, dont Niklas, étaient déjà de retour au Schoberhof. Quatre jours après leur départ du Wawel, Frank et ses sténographes, Mohr et Fenske, responsables depuis octobre 1939 de la retranscription fidèle des entrées de son Journal, détruisirent les documents officiels qu'ils avaient emportés. En revanche, on ne toucha pas au Journal, preuve de l'œuvre accomplie.

Frank reprit la route en direction du Sud-Est, vers Agnetendorf (maintenant Jagniątków), pour rendre visite à un autre de ses amis, l'écrivain et prix Nobel Gerhart Hauptmann. Après avoir pris le thé avec ce sympathisant nazi, Frank poursuivit vers Bad Aibling et fit une halte auprès de Lily Grau – pour combler son besoin d'affection. De Bad Aibling à Neuhaus am Schliersee, où se trouvait la propriété familiale des Frank, il ne restait qu'un court trajet[100].

Pour maintenir une apparence d'autorité, Frank créa, le 2 février, une chancellerie du Gouvernement général en exil. Il s'installa au 12, Joseftalerstrasse, où se trouvait l'ancien café Bergfrieden, et il y passa douze semaines[101]. De temps à autre, il allait voir Brigitte et les enfants au Schoberhof, mais passait également du temps avec Lily à Bad Aibling (selon Niklas, on trouva une photo de Frank sur sa table de chevet, quand elle mourut, des années plus tard). Harry Truman succéda au Président Roosevelt, mort en avril. Trois semaines plus tard, la radio allemande annonçait la mort du Führer.

C'était la fin de la guerre et du Reich nazi. Le mercredi 2 mai, Frank vit des blindés américains avancer vers Schliersee. Deux jours plus tard, le vendredi 4 mai, il fit un dernier cadeau à Brigitte, une liasse de cinquante mille Reichsmarks[102]. Norman, le frère de Niklas, était présent lorsque son père prit congé de sa femme ; les adieux ne furent accompagnés ni de baisers ni de mots affectueux. La peur qu'inspirait Brigitte à son mari croissait à mesure que son autorité déclinait. Pour Niklas, Brigitte avait une part de responsabilité, car elle avait encouragé son mari, profité de sa position de pouvoir, refusé le divorce à l'été de 1942. « Si ma mère avait dit : "Hans, je t'ordonne de rester en dehors de ceci", il serait resté en dehors. » Niklas proposait une expliquation, il n'excusait pas.

Il avait compris que sa mère exerçait une forte emprise sur Frank malgré son attitude cruelle envers elle. « Sa cruauté devait servir à cacher son homosexualité », me dit Niklas. Comment le savait-il ? Grâce aux lettres de son père et au Journal de sa mère. « Chaque fois, de nouveau, il semble que mon Hans lutte désespérément, encore et encore », confiait Brigitte à son Journal, « pour se libérer de son attirance juvénile pour les hommes », en référence au temps qu'il avait passé en Italie. C'était pourtant le même Frank qui avait favorablement accueilli le paragraphe 175a du code pénal du Reich étendant la prohibition de l'homosexualité[103]. Un tel comportement, avait déclaré Frank, est « l'expression d'une disposition contraire à la norme de la communauté nationale » qui doit être puni sans merci « si l'on ne veut pas que la race périsse ». « Je crois qu'il était gay », dit Niklas.

Après les adieux avec Brigitte, l'ancien Gouverneur général retourna à sa fausse chancellerie. Il s'assit dans la pièce principale du vieux café et patienta en compagnie de son ordonnance, de son chauffeur et de son secrétaire, tous trois loyaux jusqu'au bout. Ils burent du café.

Un véhicule s'arrêta devant la porte, une Jeep de l'armée américaine[104]. On coupa le moteur. Le lieutenant Walter Stein de la VIIe armée américaine sortit de la Jeep, regarda autour de lui, se dirigea vers le café, scruta la pièce et demanda qui était Frank.

« C'est moi, dit le ministre du Reich, ancien Gouverneur général de la Pologne occupée.

– Venez avec moi, vous êtes en état d'arrestation. »

Stein installa Frank à l'arrière de la Jeep. Les volumes du Journal furent placés sur le siège avant et la Jeep partit. Puis Stein retourna à la Joseftalerstrasse où il récupéra des films qui restèrent en possession de sa famille avant d'être restitués à Niklas des décennies plus tard. Niklas m'a permis de les regarder ; ils montraient Frank cajolant un chien, des trains qui passent, une visite au ghetto de Cracovie, et la petite fille à la robe rouge.

La Dame à l'hermine ainsi que des Rembrandt restèrent encore quelques semaines au 12, Joseftalerstrasse avant d'être récupérés. Une toile de Raphaël, *Portrait de jeune homme*, disparut ; c'est à ce jour l'une des œuvres manquantes les plus célèbres au monde. Niklas se demandait si Brigitte ne l'avait pas échangée contre des œufs et du lait avec un fermier local. « Peut-être est-elle accrochée au-dessus d'une cheminée en Bavière », me dit-il avec un clin d'œil.

110

En juin, le nom de Frank fut ajouté à la liste des accusés potentiels du procès pénal des dirigeants allemands[105]. L'inclusion du « boucher de Varsovie » – c'est ainsi qu'on l'identifia – fut approuvée à la fois par Robert Jackson et par le gouvernement polonais en exil[106]. Frank fut transféré dans une prison proche de Miesbach où il fut tabassé par les soldats de l'armée américaine qui avaient libéré Dachau. Il tenta de se donner la mort, d'abord en s'ouvrant les veines de la main gauche, puis en essayant de se couper la gorge avec un clou rouillé. Il échoua et fut transféré à Mondorf-les-Bains, une ville d'eaux du Luxembourg, où il fut installé, avec d'autres dirigeants nazis, au Palace Hôtel réquisitionné à cet effet. Là, on l'interrogea[107].

En congé du département de la Guerre américain, l'économiste John Kenneth Galbraith visita l'endroit. Il écrivit un article sur le Palace Hôtel, publié dans le magazine *Life* à côté d'une publicité de la très séduisante Dorothy Lamour pour des cachets de vitamine. B. Galbraith ne fut guère impressionné par le groupe de Frank qui passait le plus clair de son temps à arpenter la véranda et à profiter de la vue. Il observa les caractères de chacun des prisonniers, notant par exemple l'habitude de Julius Streicher, fondateur du journal *Der Stürmer*, d'interrompre sa promenade, de se tourner vers la rambarde sans crier gare et de « se raidir dans un garde-à-vous pour lever son bras et exécuter le salut nazi». Robert Ley, chef du Front du travail allemand, ressemblait à un «clochard de Bowery», et Hermann Göring lui faisait l'impression d'être un «type retors pas très intelligent»[108].

Entouré de cette compagnie distinguée, lui-même négligé et affolé, Frank passait son temps à pleurer ou à prier. Début août, il fut interrogé par un officier de l'armée américaine. Ses paroles traduisent à la fois sa confusion mentale et ses maigres efforts pour s'exonérer de sa responsabilité. Dans sa première période de captivité, il chercha en effet à minimiser le rôle qu'il avait joué. Sa position à Cracovie était «incroyablement difficile», dit-il à l'interrogateur. Les SS avaient reçu des «pouvoirs spéciaux»; c'étaient eux qui exécutaient toutes «ces atrocités effroyables». Eux, pas lui, avaient agi contre le mouvement de résistance polonais et les Juifs. Par inadvertance, il avoua cependant avoir été au courant des faits, en prétendant avoir mené «un combat constant» pour éviter «le pire». Quelquefois, il pleurait lorsqu'il parlait[109].

Frank expliqua qu'il n'avait jamais été politiquement actif, que son rôle, au début, s'était limité à des sujets juridiques (comme si cela pouvait constituer une excuse), qu'il s'était brouillé avec Hitler en 1942 après ses quatre grands discours dans les universités allemandes. Il nia avoir eu connaissance des camps de concentration en Pologne, y compris dans les zones qu'il contrôlait, dit qu'il n'avait appris leur existence que par les journaux, après la victoire des Soviétiques. Auschwitz? à l'extérieur de son territoire. Son Journal l'exonérerait, c'est pour cela qu'il l'avait gardé. «Si mon Journal parvient à Jackson, on comprendra que j'ai été le combattant de la loi et de la justice en Pologne.»

Qui était responsable? Les «dirigeants allemands». Les SS. La «clique» des Himmler et Bormann. Pas le «peuple allemand». Les Polonais? «De braves gens, un bon peuple.» Les toiles qu'il avait emportées en Allemagne? Mises à l'abri «pour le peuple polonais».

Se sentait-il responsable? Oui, il avait des «remords» parce qu'il n'avait pas eu le courage de tuer Hitler. Le Führer le craignait, dit-il à l'interrogateur, car il «était un homme possédé par la passion d'un Matthieu». Ce fut la première d'une série de références que j'ai repérées où Frank évoque ce personnage central de l'œuvre de Jean-Sébastien Bach sur la Passion et le réconfort, le pardon et la miséricorde. J'ai trouvé, dans ce rappel, la preuve de la grande culture de Frank. C'était un homme qui avait beaucoup lu, un passionné de musique classique qui connaissait personnellement de nombreux auteurs et compositeurs.

Le 12 août 1945, il fut transféré dans la cellule 14 de la prison du palais de justice de Nuremberg, située derrière la salle d'audience. À la fin du mois, les procureurs publièrent une liste d'accusés ; vingt-quatre « criminels de guerre » devaient être traduits devant le Tribunal militaire international. Le nom de Frank était en haut de la liste[110].

Quelques jours plus tard, il fut soumis à d'autres interrogatoires en présence d'un jeune traducteur de l'armée américaine[111], âgé de vingt-deux ans. Aujourd'hui, Siegfried Ramler habite à Hawaii, il ne se rappelle pas vraiment les questions qu'on avait posées à Frank, mais il garde un souvenir précis de l'homme. « Oh, oui, me dit Siegfried, le regard de Frank était fort et pénétrant ; il avait établi un puissant contact visuel avec moi. » Il pense que Frank était « intéressant et impressionnant », s'exprimant clairement, cultivé, un homme à « l'esprit clair », « emporté par le fanatisme », qui reconnaissait la « culpabilité collective, mais pas la sienne ». La responsabilité du groupe, et non celle de l'individu ? Oui. « Les faits qu'il avait commis, il les avait commis avec lucidité, ajouta Ramler, il savait qu'il avait mal agi, cela, je le voyais. »

Le 18 octobre, peu de temps après que Lemkin eut fini de travailler sur l'acte d'inculpation et alors qu'il se préparait à retourner à Washington, Frank fut formellement mis en accusation. Les temps avaient changé depuis l'été de 1935 où il avait combattu l'idée d'une cour pénale internationale. La cour était désormais devenue une réalité dans laquelle il était pris, et l'un des huit hommes qui allaient le juger n'était autre que le professeur Donnedieu de Vabres, l'homme à la moustache de morse qui s'était exprimé devant son Académie pour le droit allemand en 1935, et avec lequel il avait dîné.

Le lien entre les deux hommes troubla les Soviétiques, qui n'étaient guère impressionnés par la nouvelle dévotion religieuse de Frank : dans une cellule vide derrière le palais de justice, Frank fut baptisé catholique. Ainsi, c'est en catholique qu'il ferait face aux crimes dont on l'accusait, y compris les crimes contre l'humanité et le génocide dans la Pologne occupée.

Les vies de Frank, de Lauterpacht et de Lemkin se croisèrent officiellement au palais de justice de Nuremberg, dans les termes de l'acte d'inculpation.

VII.

L’enfant qui est seul

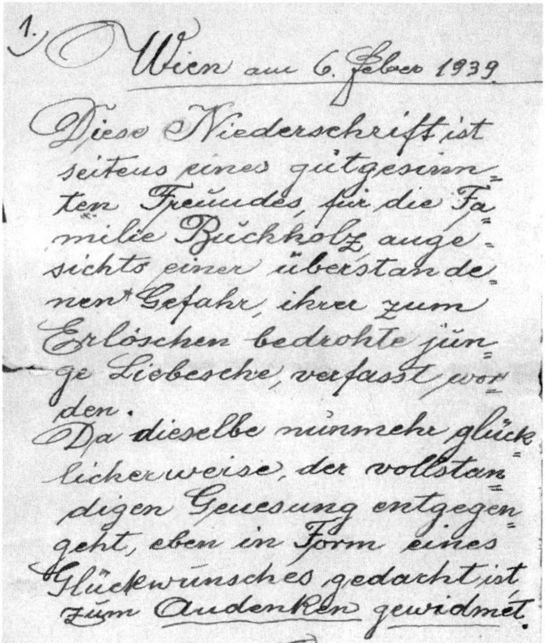

1.
Wien am 6. Feber 1939

Diese Niederschrift ist
seitens eines gütgesinn=
ten Freündes, für die Fa=
milie Büchholz ange=
sichts einer überstande=
nen Gefahr, ihrer zum
Erlöschen bedrohte jün=
ge Liebesehe, verfasst wor=
den.
Da dieselbe nunmehr glück=
licherweise, der vollstän=
digen Genesung entgegen
geht, eben in Form eines
Glückwunsches gedacht ist,
zum Andenken gewidmet.

Steiner

III

EN OCTOBRE 1945, *Le Monde* publia la nouvelle de la conversion au catholicisme de Frank. Leon travaillait alors à l'hôtel Lutetia, boulevard Raspail. Auparavant occupé par la police militaire, l'hôtel hébergeait désormais un certain nombre d'organisations de secours, dont le Comité juif d'action sociale et de reconstruction où Leon était employé comme *chef de service**. Le soir, à la fin de sa journée consacrée aux personnes déplacées, il retrouvait Rita et leur fille dans le petit appartement du quatrième étage de la rue Brongniart.

La famille n'avait aucune nouvelle ni de Vienne, ni de Lemberg, ni de Żółkiew. Des informations plus précises sur ce qui s'était passé durant la guerre commençaient à arriver. Leon craignait le pire pour sa mère à Vienne, pour ses sœurs, et pour sa famille en Pologne. En juillet, on fêta le septième anniversaire de sa fille, le premier qu'elle passait en compagnie de ses deux parents réunis. En dehors d'un vague sentiment de tourment et d'anxiété, ma mère n'a pas gardé de souvenirs précis de cette époque. J'ai partagé avec elle tout ce que j'avais appris au cours de mes recherches: les circonstances du départ de Leon, le voyage de

* En français dans le texte *(NdT)*.

Miss Tilney à Vienne, la relation de Rita avec Emil Lindenfeld, son départ de Vienne en octobre 1941, la fermeture des portes de Vienne.

C'est à ce moment-là qu'elle m'a parlé d'un autre document, caché, gardé à l'écart des autres papiers. C'était une lettre manuscrite adressée à Leon peu de temps après son départ de Vienne. Datée du 6 février 1939, elle offrait un autre regard sur la vie qu'il avait laissée derrière lui, à Vienne.

Le document, douze pages d'une écriture élégante, portait la signature d'un certain Leon Steiner. Celui-ci se présentait comme un *Seelenarzt*, un « docteur de l'âme », un psy donc, qui signait : *Psycho-graphologue*. Je n'ai pas réussi à retrouver la trace de cet homme ou de tout autre individu de ce nom et exerçant une quelconque activité médicale.

La lettre était écrite en vieil allemand. Incapable de la lire moi-même, je l'envoyai à Inge Trott, qui m'en fournit une traduction anglaise complète, que je fis ensuite relire par un ami germanophone. À la première lecture, je compris pourquoi la lettre avait été séparée du reste des papiers.

Herr Steiner faisait précéder sa lettre d'une brève introduction :

> Le présent manuscrit a été rédigé par un ami bien intentionné de la famille Buchholz au vu du danger qui menaçait le jeune couple. Dans la mesure où leur mariage est maintenant promis à une pleine rémission, mon manuscrit exprime à la fois mes félicitations et le témoignage de mon meilleur souvenir.

La missive commençait par « Cher Herr Buchholz ».

L'auteur décrivait les efforts qu'il avait entrepris pour sauver ce mariage et réfutait fermement la critique de Leon selon laquelle « le docteur de l'âme Steiner n'avait pas bien fait son travail ». Je me serais passé de vos remarques injustifiées, ajoutait Herr Steiner. Il faisait référence au « comportement » de Rita, qui avait provoqué chez Leon une « cascade d'accusations violentes » ; en conséquence, Steiner n'avait pu commencer son travail thérapeutique qu'après « l'heureux départ » de Vienne de Leon, quelques jours auparavant. Steiner avait supposé – « en raison d'un malentendu » – que Leon était « gros de colère et d'hostilité », et qu'il avait quitté Vienne « avec la ferme intention de quitter définitivement le foyer fondé peu de temps auparavant ». La décision de partir avait été motivée par le « manque d'harmonie » et par les « conflits lamentables » au sein du jeune couple. Ceux-ci étaient le résultat des « fâcheux excès » de Rita (sans explication) et de ses « manquements » (sans détail).

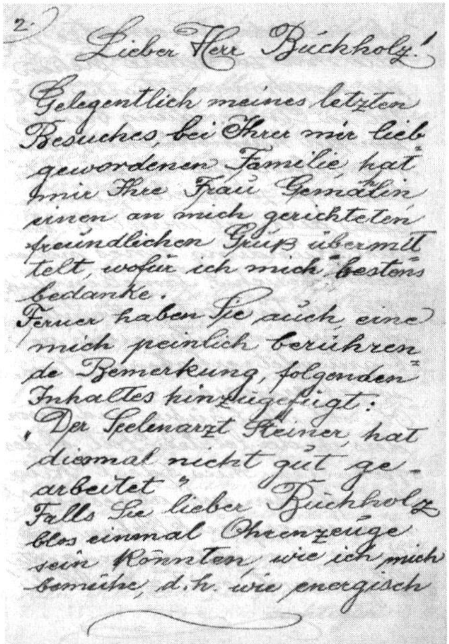
2.
Lieber Herr Buchholz!
Gelegentlich meines letzten
Besuches, bei Ihrer mir lieb
gewordenen Familie hat
mir Ihre Frau Gemalin
einen an mich gerichteten
freundlichen Gruß übermit-
telt, wofür ich mich bestens
bedanke.
Ferner haben Sie auch eine
mich peinlich berühren
de Bemerkung, folgenden
Inhaltes hinzugefügt:
„Der Seelenarzt Steiner hat
diesmal nicht gut ge-
arbeitet"
Falls Sie lieber Buchholz
blos einmal Ohrenzeuge
sein Könnten, wie ich mich
bemühe, d.h. wie energisch

Lettre de Leon Steiner à Leon Buchholz, 6 février 1939.

La lettre confirmait donc que le départ de Leon coïncidait avec une période de grand conflit qui l'opposait à Rita, et qu'il était peut-être parti à cause de ce conflit, dont la nature n'était pas mentionnée. Le contexte établi, Herr Steiner, désireux de ne « rien laisser au hasard », décrivait ensuite ses efforts pour traiter la situation avec « toutes les méthodes psychanalytiques » à sa disposition. Il expliquait ainsi qu'il avait lui-même, comme Leon, accablé Rita d'accusations (« elle les méritait vraiment ! »), mais que son travail avait été finalement « couronné de succès ». Malgré les affronts de Leon, Rita avait en effet « avoué ses manquements », ce qui laissait espérer un « plein rétablissement ».

Ce petit succès n'était pas allé sans soulever des difficultés considérables, ajoutait Steiner, du fait de la « mauvaise ambiance » qui régnait dans la famille. « Les influences externes et potentiellement destructrices – que les deux parties admettaient – avaient créé des conflits lamentables », une situation de « dysharmonie » qui menaçait en effet de tourner à l'« hostilité ».

Steiner précisait que le succès dépendait de ce qu'il parviendrait à découvrir, ce qui était caché, à savoir « l'amour profond » de Leon pour sa femme et « pour le ravissant enfant qui est seul ». C'était apparemment une référence à ma mère qui n'avait alors que quelques mois. Ces deux êtres manqueraient à Leon, prédisait Steiner, ces êtres qu'il aimait

« si profondément ». Rita « se languira de votre compagnie », prédisait-il encore, car il avait perçu les « sentiments d'amour renaissants » dont témoignait une phrase extraite d'une récente lettre de Leon. Ces mots affectueux de Leon devaient aider à préparer Rita – « elle aussi remplie d'un amour renaissant » – à l'idée d'un avenir heureux pour leur mariage. Il terminait sa lettre sur une note d'optimisme, exprimant l'espoir que la « foi sincère en Dieu » de Leon les aiderait tous deux à surmonter les obstacles qu'ils devraient sûrement franchir dans « le nouveau monde ». En dehors de la famille, Herr Steiner n'avait rien à dire de la vie à Vienne, de l'invasion allemande, des nouvelles lois.

112

Il s'était passé quelque chose, de « lamentables conflits » s'étaient produits, et Leon était parti. La lettre étrange, tortueuse et défensive de Steiner ne permettait pas de comprendre exactement ce qui avait pu se passer. Les mots flatteurs de Steiner étaient codés, chargés d'ambiguïté et prêtaient le flanc à des lectures différentes. Inge Trott me demanda si je voulais savoir comment elle comprenait la lettre. Oui, je le voulais. Elle me livra son interprétation, suggérant que la lettre faisait peut-être référence à une incertitude sur la paternité de l'enfant, « l'enfant qui est seul ». C'est une expression curieuse, me dit Inge. Le choix des termes l'incitait à imaginer cette hypothèse, car elle savait qu'à cette époque une information d'une telle nature – que l'enfant puisse avoir un père autre que Leon – ne pouvait pas être abordée de manière explicite.

Je relus la lettre avec notre voisine allemande qui avait revu la traduction. Elle partageait l'avis d'Inge, la référence à « l'enfant qui est seul » était « délicate », en tout cas ambiguë. Elle ne pensait pas, en revanche, qu'il y avait nécessairement là une allusion à la question de la paternité. Un professeur d'allemand du lycée de mon fils proposa de lire la lettre. Il souscrivait à la lecture de ma voisine plutôt qu'à celle d'Inge, mais il n'était pas prêt pour autant à livrer sa propre interprétation.

Un autre voisin, romancier, récemment récompensé par le prix Goethe pour son agilité dans le maniement de la langue allemande, proposa une troisième lecture. « Bizarre en effet », écrivit-il dans une note manuscrite déposée dans ma boîte aux lettres. Le terme *Seelenarzt* (« docteur de l'âme ») pourrait être « péjoratif » ou peut-être même « auto-ironique ». Le style de la lettre de Steiner faisait penser à un « demi-intellectuel », ou simplement à un « écrivain médiocre s'exprimant de manière tortueuse ». Ce que l'auteur voulait peut-être dire – dans une sorte de triomphalisme vindicatif – était incertain. « J'ai le sentiment qu'il fait de méchants reproches à Herr Buchholz, mais à propos de quoi exactement ? » Le voisin me suggéra de montrer la lettre à un spécialiste de linguistique allemande. J'en trouvai deux et, ne sachant lequel choisir, j'envoyai la lettre aux deux.

Le linguiste n° 1 répondit que la lettre était « étrange » avec ses erreurs grammaticales, ses phrases incomplètes et ses nombreuses fautes de ponctuation. Herr Steiner semblait avoir un « déficit de langue », dit-il, et il risqua un diagnostic. « La lettre semble être l'œuvre de quelqu'un qui souffre d'une forme légère d'aphasie de Wernicke », un désordre linguistique causé par une lésion de l'hémisphère gauche. Mais on pouvait aussi penser que Herr Steiner avait été contraint de rédiger son texte sous l'effet d'une énorme pression – les temps étaient durs à Vienne après tout –, de sorte que des pans entiers de son raisonnement avaient été « hâtivement jetés sur le papier ». « Je n'y lis pas d'implications sur l'origine de l'enfant », conclut ce linguiste, au-delà des références à « un conflit familial à la suite duquel le père de l'enfant avait quitté la famille ».

Le linguiste n° 2 fut un peu plus indulgent envers Herr Steiner. Il avait pensé au début que les références à la femme et à l'enfant pouvaient désigner une seule et même personne, un individu « avec deux *personae* ». Il avait ensuite montré la lettre à sa femme, qui n'était pas d'accord (elle comprenait mieux les subtilités d'un tel texte, expliquait-il). Sa femme partageait l'avis d'Inge Trott : la référence à « l'enfant qui est seul » était intentionnellement discrète, cela pouvait signifier que le père était une personne « inconnue », ou que Herr Steiner ne souhaitait simplement pas « donner son opinion ».

Les avis n'étaient donc pas concluants. Ils suggéraient que Leon avait quitté Vienne dans une atmosphère de tensions et de conflits considérables. Ceux-ci pouvaient (ou non) avoir été occasionnés par des doutes sur la paternité de l'enfant.

L'idée que Leon pouvait ne pas être mon grand-père ne m'avait jamais traversé l'esprit. Cela me semblait hautement improbable. D'un côté, ce n'était pas plus troublant que cela ; il avait agi comme mon grand-père et je l'avais considéré comme tel : il était mon grand-père, indépendamment de tout fait biologique. D'un autre côté, les implications que cette nouvelle avait sur les autres, ma mère en particulier, étaient plus difficiles à mesurer. C'était un événement imprévu et délicat.

113

JE MÉDITAI cette affaire pendant plusieurs semaines, ne sachant que faire. Ma réflexion fut interrompue par un e-mail de Sandra Seiler de Long Island. Elle aussi avait réfléchi à propos de son grand-père Emil Lindenfeld, et des photos de Rita et d'Emil Lindenfeld prises dans un jardin viennois en 1941. Elle en avait parlé à un ami, et elle s'était fait une idée.

« L'idée que quelque chose s'est passé entre eux est parfaitement raisonnable », m'écrivit-elle. Comme Rita, Emil Lindenfeld avait choisi de rester à Vienne après le départ de sa femme et de sa fille en 1939. Tous deux étaient seuls à Vienne, sans époux et sans enfant. Trois années s'étaient écoulées, puis Rita s'en était allée. Après la guerre, Emil était resté seul ; il était parti à la recherche de Rita.

« J'ai retourné cela dans ma tête toute la journée », écrivait Sandra.

Lorsque nous avions décollé les photos de l'album d'Emil dans son salon quelques mois plus tôt, nous avions parlé de la possibilité d'un test ADN, « pour être sûrs ». Mais comme cela nous paraissait déloyal, nous avions écarté cette éventualité. L'idée pourtant ne nous avait pas quittés.

Sandra et moi continuâmes à échanger des e-mails. Je lui écrivis que j'avais envisagé l'idée de faire un tel test, mais que l'affaire était compliquée : s'il était aisé d'établir que deux personnes ont la même grand-mère, il était techniquement plus difficile de s'assurer qu'elles ont le même grand-père.

On me conseilla de m'adresser à une chercheuse du département de génétique de l'Université de Leicester, experte dans l'exhumation de fosses communes. Elle me dirigea vers une entreprise spécialisée dans ce genre d'affaires. Un test était en effet disponible pour déterminer si deux personnes de sexes différents – Sandra et moi-même – pouvaient avoir le même grand-père. La méthode consistait à comparer des correspondances entre segments d'ADN (connus sous le nom de centimorgans) : un certain nombre de segments correspondants étaient prélevés, leur taille ainsi que la taille globale des blocs étaient comparées. Ces centimorgans et blocs permettaient ensuite d'évaluer la parenté entre ces individus. Le test n'était pas entièrement probant, il ne donnait qu'un ordre de grandeur, tout juste une estimation de probabilité. Il n'exigeait rien de plus qu'un prélèvement de salive.

Après réflexion, Sandra et moi-même avons décidé de faire le test. Le matériel nécessaire fut expédié par l'entreprise. Après avoir payé les frais, nous reçûmes un kit : chacun devait râcler l'intérieur de sa joue avec un coton-tige, replacer le coton-tige dans un récipient en plastique scellé, expédier le paquet quelque part en Amérique, puis attendre. Sandra fut plus courageuse que moi. « J'ai râclé plutôt vigoureusement hier soir et j'ai posté le paquet aujourd'hui même », m'écrivit-elle d'un ton joyeux.

Quant à moi, j'attendis deux mois, n'étant pas vraiment sûr de vouloir savoir. Finalement, je râclai, postai et attendis.

Un mois s'écoula.

114

Un e-mail de Sandra arriva. Les résultats du test ADN étaient disponibles sur le site Internet. Je jetai un coup d'œil au site, mais les données étaient si compliquées à déchiffrer que je ne parvins pas à comprendre la teneur du résultat ; je demandai à l'entreprise de m'assister. Mon contact, Max, répondit promptement et me guida dans la lecture des données.

Max m'expliqua que j'avais « environ 77 % d'ascendants juifs et 23 % d'ascendants européens ». Cela laissait cependant une grosse marge d'erreur (25 %) due au mélange entre Juifs ashkénazes et Européens. Certains pourraient trouver ce résultat « intéressant », ajouta-t-il, dans la mesure où il tend à « confirmer l'idée selon laquelle les Juifs, en plus d'être liés par la religion, forment un peuple-nation uni par d'autres choses (culture, langue, etc.) et une origine génétique commune ». Je ne fis pas de commentaires sur cette observation qui soulevait une série de questions sur l'identité, sur les individus et les groupes.

Max finit par me livrer ses conclusions. Je pouvais avoir une relation de parenté « très éloignée » avec Sandra, mais j'étais en réalité plus proche de lui-même. Dans les deux cas, le lien se réduisait à l'existence d'un ancêtre commun : un seul individu en commun, et en remontant à « beaucoup de générations auparavant ». Il y avait « zéro possibilité » que Sandra et moi-même ayons le même grand-père.

Ce fut un soulagement. Je crois que je n'avais jamais douté de cette conclusion. C'est en tout cas ce que je me disais.

Leon avait quitté Vienne seul. Peut-être parce qu'il avait des doutes sur sa paternité, ou parce que Rita et lui ne s'entendaient pas, ou parce qu'il était banni, ou parce qu'il en avait assez des nazis, qu'il les craignait, ou parce qu'il avait la possibilité de partir, ou à cause de Herr Lindenfeld, ou pour une multitude d'autres raisons encore. Qu'il fût le père de « l'enfant qui est seul » ne faisait pas de doute.

Il demeurait pourtant d'autres incertitudes. Leon était parti seul. Quelques mois plus tard, Elsie Tilney était allée à Vienne pour chercher l'enfant. Rita l'avait permis et s'était retrouvée seule. Ils s'étaient mariés en 1937, un enfant était arrivé un an plus tard, puis le couple avait connu des « conflits lamentables », une « dysharmonie », ils avaient fait appel au « docteur de l'âme ». Il y avait donc quelque chose d'autre, mais je ne savais toujours pas quoi.

VIII.
Nuremberg

115

La première fois que j'avais visité la salle 600 du palais de justice de Nuremberg, j'avais été frappé par l'intimité et la chaleur que dégageaient les lambris de bois. J'avais ressenti une étrange familiarité avec ce lieu, moins grand que je ne l'avais imaginé, et bien différent de l'espace glaçant auquel je m'attendais. J'avais remarqué une porte en bois derrière le banc des accusés, mais je n'y avais pas prêté beaucoup d'attention lors de cette première visite.

J'étais de retour aujourd'hui, accompagné de Niklas Frank, et impatient de franchir cette porte. Tandis que Niklas arpentait la salle, je me tenais sous les fenêtres, derrière l'espace jadis occupé par la longue table des juges ; les drapeaux des quatre Alliés victorieux avaient disparu depuis longtemps. Je fis le tour de la pièce, passant devant le grand écran blanc derrière le box des accusés, puis longeai le mur de gauche où les accusés avaient été répartis sur les deux rangées de bancs en bois.

Niklas ouvrit la porte coulissante, entra et la referma derrière lui. Au bout d'un moment, la porte se rouvrit, il ressortit et avança vers le siège que son père avait occupé pendant presque un an. Dans cette salle, les procureurs avaient tout fait pour obtenir des condamnations, tandis que les accusés avaient cherché à justifier leurs actions pour échapper à la corde. Les avocats avaient débattu de détails obscurs, les témoins avaient témoigné, les juges avaient écouté. On avait posé des questions qui avaient quelquefois obtenu des réponses. Les preuves avaient été examinées et décortiquées : des documents, des photos, des films, de la peau. Il y avait eu de l'agitation, des larmes, du drame et beaucoup d'ennui. En ce sens, c'était une expérience de salle d'audience ordinaire, alors que, en réalité, il n'y en avait jamais eu de semblable. C'était la première fois dans l'histoire de l'humanité que les dirigeants d'un État étaient jugés devant un tribunal international pour crimes contre l'humanité et génocide, deux qualifications nouvelles.

116

Tôt le matin du premier jour du procès, le 20 novembre 1945, Hans Frank se réveilla dans une petite cellule, avec des toilettes ouvertes, de la prison située à l'arrière de la salle d'audience. À neuf heures environ, il fut escorté par un garde à casque blanc à travers une série de couloirs jusqu'au petit ascenseur qui le fit monter à la salle d'audience. Il entra par la porte en bois coulissante puis fut conduit au premier rang du box des accusés. Il était placé à côté d'Alfred Rosenberg, le principal théoricien racial de Hitler ; cinq places le séparaient de Hermann Göring. Les procureurs se trouvaient à la droite de Frank, autour des quatre longues tables en bois, regroupés par nationalités. Les Russes, en tenue militaire, étaient les plus proches des accusés ; venaient ensuite les Français, puis les Britanniques. Les Américains étaient à l'autre extrémité. Derrière les procureurs, les journalistes bavardaient bruyamment. Au-dessus d'eux, les *happy few* autorisés à assister au procès dans la tribune du public. Le banc des juges était placé directement en face de Frank – mais il était encore vide – derrière la rangée de sténographes, toutes des femmes.

Frank était vêtu d'un costume gris et portait des lunettes noires, ce qui permettait de le distinguer des autres accusés pendant le procès. Il prenait soin de garder hors de vue sa main gantée, qui attestait sa tentative de suicide manquée. Il était calme et ne laissait paraître aucune émotion. Quatorze autres accusés furent introduits dans la salle après Frank, on les installa à sa gauche et sur un deuxième banc. Arthur Seyss-Inquart, l'ancien adjoint de Frank et *Reichskommissar* des Pays-Bas, se retrouva juste derrière lui. Trois accusés étaient absents : Ley, qui s'était donné la mort, Ernst Kaltenbrunner, qui était malade, et Martin Bormann, qui n'avait pas encore été arrêté[1].

Lauterpacht, qui se trouvait dans la salle ce matin-là, observait les accusés ; Lemkin, en revanche, était reparti à Washington. Ni l'un ni l'autre ne savaient ce qui était arrivé à leurs familles, portées disparues quelque part en Pologne. Ils ne savaient pas non plus quel rôle Frank avait pu jouer dans leur destin.

À dix heures exactement, un huissier entra dans la salle d'audience par une autre porte, proche de la table des juges. Il annonça l'entrée de la Cour ; ses paroles furent traduites en allemand, en russe et en français, et transmises *via* les six microphones suspendus au plafond jusqu'aux vilains écouteurs coiffant les accusés, une autre nouveauté de ce procès[2]. Une lourde porte s'ouvrit ensuite, face à Frank, sur la gauche. Huit hommes d'un certain âge entrèrent lentement, six en robe noire, les deux Soviétiques en uniforme militaire, et s'avancèrent vers la table des juges. Frank reconnut l'un d'entre eux, bien que dix ans se fussent écoulés depuis qu'ils s'étaient vus à Berlin : Henri Donnedieu de Vabres, le juge français.

Le président, Sir Geoffrey Lawrence, un juge d'appel anglais, prit place au centre[3]. Chauve, une allure à la Dickens, il avait été nommé quelques semaines auparavant seulement par Clement Attlee, le Premier Ministre britannique. Les sept autres juges l'avaient désigné pour présider par défaut ; ils n'avaient, en effet, pas réussi à s'accorder sur un autre candidat. Sa femme, Marjorie, et lui-même occupaient une maison située au 15, Stielerstrasse, dans la banlieue de Nuremberg, une belle demeure qui avait autrefois appartenu à un industriel juif, fabricant de jouets, puis avait été utilisée comme mess par les SS.

Chaque pouvoir allié avait nommé deux juges ; les accusés avaient essayé de glaner des informations sur chacun d'entre eux. À l'extrême gauche – face à eux – se trouvait le lieutenant-colonel Alexander Volchkov, un ancien diplomate soviétique ; à ses côtés, le major-général Iona Nikitchenko, un avocat militaire adepte de la ligne dure, au visage sévère, qui avait servi comme juge dans les simulacres de procès staliniens[4]. Venaient ensuite les deux juges britanniques, en qui Frank plaçait ses minces espoirs. Norman Birkett – qui avait partagé l'estrade le temps d'une conférence avec Lemkin à Duke au printemps de 1942 – avait été pasteur méthodiste, puis parlementaire, avant de devenir juge. À sa droite, Geoffrey Lawrence, un avocat de carrière; puis le doyen américain, Francis Biddle, qui avait succédé à Robert Jackson comme procureur général de Roosevelt et avait déjà travaillé avec Lauterpacht. John Parker enfin, un juge de Richmond, en Virginie, toujours aigri de ne pas avoir été nommé à la Cour suprême[5]. Les Français étaient installés à l'extrême droite: Henri Donnedieu de Vabres, professeur de droit pénal à la Sorbonne, et Robert Falco, un juge de la Cour d'appel de Paris, révoqué de ses fonctions à la fin de l'année 1940 parce qu'il était juif[6]. Derrière les juges étaient accrochés les drapeaux aux couleurs des Alliés victorieux. Il n'y avait pas de drapeau allemand.

Lord Justice Lawrence* ouvrit la séance. C'était un procès « unique dans les annales du droit mondial », dit-il; quelques mots suivirent en guise d'introduction avant la lecture de l'acte d'accusation[7]. Frank et les autres accusés écoutaient poliment, en hommes bien élevés. Chacun des chefs d'accusation fut énoncé par l'un des procureurs des quatre pouvoirs alliés. Les Américains commencèrent par le premier, le complot en vue de commettre des crimes internationaux *[conspiracy]*. Ce fut ensuite le tour des Britanniques, et Sir David Maxwell Fyfe, au visage rond, énonça le deuxième chef d'accusation: les crimes contre la paix.

L'énoncé du troisième chef d'accusation avait échu aux Français: crimes de guerre, dont l'accusation de « génocide ». Frank a dû se demander ce que signifiait ce terme et comment il avait été introduit dans la procédure: le procureur Pierre Mounier était en effet le premier à l'utiliser dans une cour de justice. Le quatrième et dernier chef d'accusation, « crimes contre l'humanité », fut énoncé par le procureur soviétique; encore un nouveau terme à méditer pour Frank, mentionné pour la toute première fois dans une salle d'audience.

Une fois les chefs d'accusation annoncés, les procureurs énumérèrent la litanie de faits terribles, les meurtres et autres actes horribles dont les prévenus étaient accusés. Après avoir mentionné les abomi-

* « Lord Justice » désigne un juge de Cour d'appel au Royaume-Uni *(NdT)*.

nations commises contre les Juifs et les Polonais, les représentants soviétiques passèrent rapidement aux atrocités de Lvov, les *Aktionen* d'août 1942, un sujet dont Frank avait une connaissance intime, mais que Lauterpacht ne pouvait se représenter qu'abstraitement. Le procureur soviétique fut d'une précision remarquable dans l'énoncé des dates et des chiffres. Entre le 7 septembre 1941 et le 6 juillet 1943, dit-il aux juges, les Allemands avaient tué plus de huit mille enfants dans le camp de Janowska, au cœur de Lemberg[8]. En lisant le compte rendu, je me suis demandé si Frank se souvenait du discours qu'il avait prononcé le 1er août dans le grand auditorium de l'université, ou de la partie d'échecs qu'il avait jouée et perdue contre Frau Wächter. Dans les actualités filmées de l'époque, Frank ne manifestait aucune réaction perceptible.

La première journée fut longue. Après l'énoncé des faits généraux, les procureurs se concentrèrent sur les actes individuels des accusés. Hermann Göring d'abord, puis Joachim von Ribbentrop, Rudolf Hess, Ernst Kaltenbrunner, Alfred Rosenberg. Ensuite, ce fut le tour de Hans Frank : le rôle qu'il avait joué fut rappelé par le procureur américain Sidney Alderman, l'homme qui avait soutenu la position de Lemkin sur le génocide. Il n'eut besoin que de quelques phrases pour résumer ce rôle – l'ancien Gouverneur général savait à quoi s'attendre, puisque tout avait été transmis à son avocat, le Dr Alfred Seidl[9]. Alderman décrivit le rôle de Frank avant 1939, puis sa nomination en tant que Gouverneur général par le Führer. Frank avait eu une influence personnelle sur Hitler, ajouta Alderman, et il avait « autorisé et dirigé, en y participant » des crimes de guerre et des crimes contre l'humanité[10]. Les événements de Pologne et de Lemberg, notamment, étaient au cœur du procès.

117

LAUTERPACHT écrivit à Rachel qui se trouvait en Palestine chez ses parents ; il lui fit le compte rendu d'une journée « chargée en émotions », une journée qu'il n'a jamais oubliée mais dont il a rarement parlé. « C'était une expérience inoubliable de voir, pour la première fois de l'histoire, un État souverain sur le banc des accusés[11]. »

Lorsque Lauterpacht écouta les Soviétiques décrire les tueries de Lemberg, il ignorait totalement le destin de sa famille. La presse parla de lui comme de l'un des membres importants de l'équipe menée par le fringant Sir Hartley Shawcross. Le groupe de jeunes avocats britanniques était « fortement soutenu par le professeur Lauterpacht de l'Université de Cambridge », écrivit *The Times*, le décrivant comme une « autorité éminente en droit international ». Il avait fait, la veille, le trajet de Cambridge à Nuremberg et logeait au Grand Hôtel, un établissement avec un joli bar aujourd'hui inchangé. On lui avait donné le laissez-passer n° 146 qui autorisait l'accès à l'ensemble du bâtiment (« le porteur de cette carte est admis dans la zone de sécurité et la salle d'audience »).

Puisque les Soviétiques abordaient les crimes contre l'humanité, la protection des individus occupait le devant de la scène. Lauterpacht entendit les références au « génocide », un concept qu'il n'approuvait guère et inopérant selon lui, un terme, en somme, dont il craignait qu'il n'affaiblisse la protection des individus. Il s'inquiétait aussi que l'insistance sur la qualification de génocide n'encourage des relents de tribalisme, renforçant la conscience du « nous » contre « eux », et contribue peut-être à monter un groupe contre l'autre.

La proximité physique avec les accusés, avec Frank en particulier, impressionnait beaucoup Lauterpacht. « Ma place était à une distance d'environ dix mètres des accusés », expliqua-t-il à Rachel, ce qui lui permettait de les observer de près. C'était une « grande satisfaction » d'observer le visage des accusés lors de la lecture publique de la liste de leurs crimes[12]. Des faits terribles décrits lors de la journée d'ouverture, des événements qui avaient eu lieu à Lemberg à l'été de 1942, il ne dit pourtant rien à Rachel. Avait-il observé Frank avec une attention particulière ? Frank avait-il remarqué Lauterpacht ? J'ai demandé à Eli s'il savait où avait été installé son père : dans la tribune du public, ou avec les représentants du Ministère public britannique, ou ailleurs. Il n'avait aucune information à ce sujet. « Mon père ne m'a jamais parlé de cela, me dit-il, et il n'y a pas de photo de lui dans la salle d'audience. » Tout ce qui restait était l'unique photo publiée dans *Illustrated London News*, montrant les représentants britanniques à l'extérieur de la salle d'audience[13].

Un groupe de douze hommes en costume, dont aucun ne sourit. Shawcross au centre, jambes et bras croisés. À sa droite, fixant l'objectif, un David Maxwell Fyfe sombre, et, à ses côtés, à gauche dans la première rangée, Lauterpacht, regardant l'objectif les bras croisés. Il avait l'air confiant, satisfait même.

L'équipe des procureurs britanniques à Nuremberg, Illustrated London News, décembre 1945 (assis au premier rang, de gauche à droite : Lauterpacht, Maxwell Fyfe, Shawcross, Khaki Roberts, Patrick Dean).

Je me suis demandé où Lauterpacht avait été installé dans la salle 600. Par un agréable après-midi de septembre, je me suis rendu aux archives de Getty Images situées dans une banlieue à l'ouest de Londres. J'y ai découvert un grand nombre de photos du procès, ainsi qu'une collection inestimable qui avait été commandée par le *Picture Post*, un journal disparu depuis, mais qui avait envoyé plusieurs photographes au procès. Il y avait des planches-contact – « prises par un photographe allemand », me dit le conservateur avec un sourire ironique – et beaucoup de négatifs, tous fixés sur de fragiles plaques de verre exigeant une visionneuse spéciale. C'était un exercice chronophage : chaque plaque devait

Nuremberg, 20 novembre 1945 : Shawcross (regardant l'objectif) entre dans la salle d'audience, suivi de Lauterpacht.

être retirée de son enveloppe de papier translucide, puis placée sur la visionneuse, dont la focale devait ensuite être réglée. Cet après-midi-là, dans ma quête laborieuse de Lauterpacht, des centaines de petites enveloppes et leur contenu en verre me sont passés entre les mains. Au bout de plusieurs heures, je le vis enfin, le regard plein d'appréhension, vêtu d'un costume noir et d'une chemise blanche, entrant dans la salle le jour de l'ouverture du procès, ses petites lunettes rondes perchées sur son nez. Il était derrière Hartley Shawcross qui fixait l'objectif d'un air légèrement méprisant. Les deux hommes étaient sur le point de découvrir les accusés.

Je parcourus les plaques de verre, balayant les visages miniaturisés, dans l'espoir de trouver un autre cliché de Lauterpacht. C'était comme chercher un visage familier dans une toile de Brueghel, tant il y avait de monde dans la salle ce jour-là. Finalement je le vis, à une petite distance seulement de Frank.

La photo datait du jour de l'ouverture du procès, elle avait été prise en plongée depuis la galerie au-dessus de la salle. Les accusés étaient dans le coin en bas à droite, dominés par la silhouette imposante de Hermann Göring penché en avant, habillé d'un costume trop grand, de couleur claire. Sur le banc, à cinq places sur la gauche de Göring, à l'extrémité de la photo coupée par le garde-corps de la galerie d'où elle était prise, je vis la tête à moitié penchée de Frank. Il était assis à côté de Alfred Rosenberg qui, lui-même, semblait regarder quelque chose sur les genoux de Frank.

Au milieu de la photo, je comptai cinq longues tables de bois, chacune entourée de neuf ou dix sièges. La représentation britannique était installée à la deuxième table en partant de la gauche. Il y avait David Maxwell Fyfe, assis à gauche du procureur soviétique, lui-même installé au pupitre depuis lequel il s'adressait aux juges qu'on ne voyait pas. On pouvait en revanche voir Lauterpacht au bout de cette même table, les mains croisées sous le menton, attentif et pensif, le regard tourné vers les accusés. Il n'était séparé de Frank que par quelques tables et chaises.

Ce jour-là, Frank avait des raisons d'être inquiet. Brigitte lui avait écrit, dit-il à Alfred Rosenberg et à Baldur von Schirach, l'ancien *Gauleiter* de Vienne qui avait supervisé la déportation de Malke Buchholz et de plus de quinze mille autres Juifs viennois vers Theresienstadt. Elle lui disait qu'elle avait envoyé Niklas et les autres enfants dans la rue pour mendier du pain.

« Dites-moi Rosenberg, toute cette destruction et toute cette misère étaient-elles nécessaires ? » demanda Frank. « Quel était le sens de toute cette politique raciale ? »

Baldur von Schirach entendit Rosenberg expliquer qu'il n'avait pas pensé que ce type de politique conduirait à la guerre et au meurtre de masse. « Je ne cherchais qu'une solution pacifique au problème racial[14]. »

118

FRANK s'exprima le deuxième jour en présence de Lauterpacht. Comme aux autres accusés, on lui avait laissé le choix entre deux options, « coupable » ou « non coupable ». Les cinq accusés qui l'avaient précédé avaient opté pour « non coupable ».

« Hans Frank », dit Lord Justice Lawrence d'une voix rocailleuse, invitant le juriste allemand à se lever. La correspondante de guerre américaine, Martha Gellhorn, présente dans la salle, fut frappée par le « petit visage mesquin » de Frank, par ses joues roses encadrant « un petit nez busqué » et par ses « cheveux noirs luisants »[15]. Il a un air résigné, se dit-elle, semblable à un serveur désœuvré dans un restaurant vide. Il était posé et tranquille, loin des mouvements convulsifs et fous de Rudolf Hess.

« Je plaide non coupable », Hans Frank, 21 novembre 1945.

Palais de justice, Nuremberg, 20 novembre 1945.

Les lunettes noires de Frank lui permettaient de tenir le monde à distance de ses yeux – y avait-il dans ces yeux quelque chose qui ressemblait à de l'émotion ? Il avait eu beaucoup de temps pour soupeser les avantages et les inconvénients des deux options, ruminer l'effet des trente-huit volumes incriminants de son Journal sur les juges. S'il avait prévu d'avouer une part de responsabilité, juste la petite part qu'il fallait pour le distinguer des autres accusés, il n'allait pas le montrer.

« Je plaide non coupable[16]. » Il s'exprima avec détermination puis se rassit sur le banc impitoyable. J'ai trouvé une photo de lui, debout, fier, sa main gauche gantée sur le rebord du box des accusés, veste boutonnée, regardant fermement les juges, tandis qu'un avocat de la défense l'observait avec curiosité.

Aucun des accusés ne se déclara « coupable ». Ces gens étaient généralement bien élevés ; il n'y eut qu'un seul incident, provoqué par Göring qui se leva brusquement pour s'adresser aux juges. Lord Justice Lawrence intervint immédiatement et fermement. « Asseyez-vous, ne dites rien. » Göring n'opposa aucune résistance ; ce moment illustra le basculement muet du pouvoir. C'est Robert Jackson qui fut alors invité à présenter les arguments de l'accusation.

Le discours de Jackson dura plus d'une heure et le rendit mondialement célèbre. Assis juste derrière son collègue qu'il admirait, Lauterpacht l'observait pendant qu'il parcourait les quelques pas qui le séparaient du pupitre sur lequel il disposa ses papiers et un stylo. Depuis un angle différent, derrière les rangs des avocats de la défense allemande, fixant intensément Jackson, Frank pouvait étudier les traits du principal architecte de l'accusation.

« Le privilège d'inaugurer dans l'Histoire le premier procès pour ces crimes contre la paix du monde impose de graves responsabilités[17]. » Jackson choisit ses mots avec soin, soulignant l'importance de chacun d'entre eux. Il parla de la générosité des vainqueurs et de la responsabilité des vaincus, des actes calculés, pernicieux, dévastateurs qui devaient être condamnés et punis. La civilisation ne tolérerait pas qu'ils soient ignorés, et ils ne devaient pas se reproduire. « Que quatre grandes nations, exaltées par leur victoire, profondément blessées, arrêtent leurs mains vengeresses et livrent volontairement leurs ennemis captifs au jugement de la loi est l'un des plus grands tributs que la Force paya jamais à la Raison[18]. »

Parlant avec une calme détermination, Jackson donna une intensité unique à ce long moment dans la salle d'audience, il lui insuffla une grande force et esquissa une issue vers l'avenir. Oui, la procédure était « nouvelle et expérimentale », reconnut-il, créée pour « recourir au droit international afin de faire face à la plus grande menace de notre temps ». Elle ne visait pas à justifier d'obscures théories légales, elle avait une visée pratique et n'était certainement pas destinée à « simplement punir des crimes ordinaires commis par de petites gens ». Les accusés étaient des dirigeants disposant d'un grand pouvoir et ils « en ont fait un usage délibéré et concerté, afin de déclencher une série de maux qui n'épargnent aucun foyer dans le monde ».

Jackson souligna la « minutie teutonique » des accusés, leur propension à tout documenter. Il parla du traitement subi par des groupes nationaux entiers et par les Juifs en particulier, de « l'assassinat en masse, de sang-froid, d'innombrables êtres humains[19] », de « crimes contre l'humanité ». Il avait discuté ces idées avec Lauterpacht à New York en 1941, puis à nouveau quatre ans plus tard à Cranmer Road. Il les avait abordées à Indianapolis en septembre 1941 dans un discours où – Lemkin l'avait entendu – il avait appelé de ses vœux un « règne du droit » contre le non-droit international.

Il évoqua nommément Hans Frank qui sembla manifester un intérêt soudain à la mention de son nom : « Au nom de ma profession, j'ai honte de le dire[20] : Frank est avocat », et il a contribué à la rédaction des lois de Nuremberg. Jackson cita les volumes du Journal de Frank dans lesquels celui-ci passait allégrement des amusements privés aux discours publics : c'était là un signe avant-coureur du rôle central que le Journal allait jouer dans la procédure. « Il est certain que je ne peux éliminer tous les poux et tous les Juifs en une seule année[21] », écrivait Frank en 1940. Un an plus tard, il parlait crânement du million ou plus de Polonais qu'il avait envoyés dans le Reich. Et, en 1944 encore, au moment où les Soviétiques avançaient vers Cracovie, il persistait et déclarait que les Juifs « sont une race qu'il faut exterminer[22] ». Le Journal était une mine d'or qui devait être exploitée. Frank pressentait-il l'usage que l'on ferait des entrées de son Journal ? Il n'en montra rien.

L'abondance des preuves permit à Jackson de terminer son discours par un plaidoyer simple. Le procès, dit-il, représente un effort pour rendre les hommes d'État « responsables devant la loi », il sera utile dans la mesure où il mettra fin au non-droit ; un premier pas dans cette direction est franchi avec l'organisation des Nations unies qui pourront prendre ensemble des mesures pour la paix et le règne du droit. Pourtant, la « véritable partie plaignante », dit Jackson aux juges, n'est pas le groupe des Alliés, mais « la civilisation » elle-même. En entraînant le peuple allemand vers « le plus bas degré du malheur », en semant la haine et la violence sur tous les continents, les accusés ne pouvaient plus tabler que sur le retard du droit international par rapport au sens moral de l'humanité. Les juges doivent s'assurer que « la force du droit international, ses prescriptions, ses défenses, et surtout ses sanctions » sont « au service de la Paix, de sorte que les hommes et les femmes de bonne volonté, dans tous les pays, puissent avoir la permission de vivre sans en demander l'autorisation à quiconque, sous la protection du droit »[23]. Lauterpacht reconnut là les paroles empruntées au poème de Rudyard Kipling, « The Old Issue »[24], évoquant les événements qui s'étaient produits en Angleterre en 1689, la lutte qui mena à la soumission du tout-puissant souverain anglais aux règles du droit.

Pendant le discours de Jackson, Lauterpacht ne montra aucune émotion. Il était pragmatique, stoïque, patient. La prestation de Jackson fut magnifique ; ce fut un moment historique, dit-il à Rachel, un « grand triomphe personnel[25] ». Il fut satisfait aussi d'observer le visage de Frank et des autres accusés, contraints d'écouter les récits de leurs atrocités. Dès que Jackson eut terminé, Lauterpacht alla le saluer, lui serra la main pendant une « longue minute ». Il avait sans doute remarqué une omission notable dans l'accusation de Jackson : malgré le soutien promis à Lemkin en mai, puis à nouveau en octobre, lors du parachèvement de l'acte d'accusation, Jackson n'avait pas utilisé le terme de « génocide ».

119

LAUTERPACHT, qui devait reprendre ses cours, quitta Nuremberg le troisième jour du procès et retourna à Cambridge. Il voyagea avec Shawcross qui était rappelé à Londres pour affaires d'État ; le discours d'ouverture des Britanniques fut ainsi repoussé au 4 décembre. Shawcross ne souhaitait pas que son second, Maxwell Fyfe, fût le premier orateur britannique.

Le trajet fut long à cause du mauvais temps. Lorsque le petit avion atterrit à l'aéroport de Croydon, Lauterpacht tomba malade. Il avait toujours eu le sommeil fragile, mais il faisait maintenant l'expérience de nuits terriblement difficiles, hantées par les détails entendus dans la salle d'audience : les mots du Journal de Frank, les peurs et les incertitudes sur le destin des membres de sa famille à Lwów, le sentiment qu'il avait de sa responsabilité à avoir échoué à les convaincre de venir en Angleterre. Ses inquiétudes personnelles étaient renforcées par des doutes d'ordre professionnel, portant notamment sur la piètre qualité du discours d'ouverture de Shawcross, dont la structure était mauvaise et la qualité juridique laissait à désirer[26].

Face à la puissance de l'ouverture de Jackson, les Britanniques devaient monter d'un cran, dit-il, d'abord à Rachel, puis à Shawcross lui-même. Ce n'était pas une tâche aisée, car le procureur général avait déjà rédigé une grande partie de son texte. Shawcross lui demanda de l'améliorer ; c'était une proposition qu'il ne pouvait refuser. Ignorant les conseils de son médecin, Lauterpacht s'y attela donc pendant une semaine entière, profitant de l'occasion pour mettre en avant ses propres idées concernant la protection des individus et les crimes contre l'humanité. Il rédigea son texte à la main, puis confia le manuscrit à Mrs. Lyons, sa fidèle secrétaire, qui le dactylographia avant qu'il ne le révise. Le texte final, de plus de trente pages, fut envoyé par le train de Cambridge à la gare de Liverpool Street à Londres, où il fut réceptionné par les collaborateurs de Shawcross.

Eli possédait le manuscrit original de son père. J'ai donc pu voir comment Lauterpacht avait mis de l'ordre dans la partie que

Shawcross lui avait demandé de réviser : le recours allemand à la guerre[27]. Il avait aussi introduit des arguments sur les droits des individus, le sujet qui le passionnait. Le texte qu'il avait rédigé s'inspirait clairement d'idées qu'il avait développées dans un *Projet international des droits de l'homme*, publié quelques mois auparavant. L'essence de sa pensée tenait en une phrase : « Dans le passé, la communauté des nations a revendiqué et fait valoir le droit d'intervenir lorsque les droits de l'homme étaient violés et bafoués par un État au point de heurter le sens moral de l'humanité[28]. » Ces mots invitaient le tribunal à juger que les Alliés étaient en droit d'utiliser la force militaire pour protéger « les droits de l'homme ».

Ce raisonnement sur « l'intervention humanitaire » était loin de faire l'unanimité, et il est aujourd'hui toujours controversé. Le jour même où je lisais le texte original de Lauterpacht, le Président Obama et le Premier Ministre britannique David Cameron s'efforçaient ainsi de persuader le Congrès américain et le Parlement britannique que l'intervention militaire en Syrie était justifiée, dans la mesure où elle visait à protéger les droits humains de centaines de milliers d'individus. Les arguments qu'ils utilisèrent – sans succès – étaient inspirés par les idées de Lauterpacht et par son concept de crime contre l'humanité ; les violations si flagrantes du droit auxquelles ils se référaient justifiaient l'action préventive. Dans son argumentaire, Lauterpacht défendait l'idée qu'il ne faisait que développer des règles existantes et bien établies, mais son raisonnement – ambitieux pour 1945 – était celui d'un partisan, non d'un universitaire.

Sa version ne faisait par ailleurs référence ni au génocide, ni aux nazis, ni aux Allemands en tant que groupe, ni même aux crimes contre les Juifs ou les Polonais, ou à d'autres crimes perpétrés à l'encontre de quelque autre groupe. Il s'opposait à une identité de groupe définie par le droit, qu'il s'agisse des victimes ou des coupables. Pourquoi cette approche ? Il ne l'a jamais vraiment expliqué, mais je pense que cela avait un lien avec son expérience personnelle à Lemberg, où, sur les barricades, il avait été témoin de la manière dont un groupe menait le combat contre un autre. À Lemberg, il avait pu constater par lui-même comment la loi, qui aspirait à protéger certains groupes, pouvait avoir de terribles effets pervers – le Traité des minorités polonais en était une preuve. Des lois mal conçues pouvaient avoir des conséquences inattendues, provoquant les maux qu'elles cherchaient précisément à soulager. J'éprouvais une sympathie intuitive pour l'approche de Lauterpacht, motivée par l'ambition de renforcer la protection de chaque individu, indépendamment de son appartenance à tel ou tel groupe, et par le désir de limiter – au lieu de la consolider – la puissance de l'instinct tribal. En se focalisant sur l'individu, et non sur le groupe, Lauterpacht voulait juguler le potentiel conflictuel entre groupes. C'était une vision rationnelle, éclairée, mais aussi idéaliste.

À ce raisonnement, Lemkin opposait le contre-argument le plus solide. Il n'était pas hostile aux droits des individus, mais il pensait qu'il était naïf de leur conférer une trop grande importance : la réalité des conflits et de la violence était telle que les individus étaient menacés *en tant que* membres d'un groupe particulier, et non en raison de leurs caractéristiques individuelles. Pour Lemkin, le droit devait refléter les motivations et les intentions, les forces qui expliquent pourquoi certains individus – appartenant à certains groupes spécifiques – sont assassinés. Le groupe en tant que sujet de droit offrait, selon lui, l'approche la plus pertinente.

Malgré leurs origines communes et leur souci partagé de pragmatisme, Lauterpacht et Lemkin étaient profondément divisés sur les réponses qu'ils donnaient à la grande question : comment le droit peut-il faire en sorte de prévenir les assassinats de masse ? En protégeant l'individu, répond Lauterpacht ; en protégeant les groupes, répond Lemkin.

120

LAUTERPACHT termina sa version révisée du discours de Shawcross et l'envoya à Londres le 29 novembre : il ne mentionnait ni le génocide ni les groupes. Il s'autorisa à fêter modestement l'événement : une promenade dans le noir jusqu'au parloir des membres de Trinity College ainsi qu'un verre de porto[29]. Le lendemain, Shawcross lui envoya une note courtoise de remerciement.

Shawcross retourna à Nuremberg sans Lauterpacht pour prononcer le discours d'ouverture britannique. Le 4 décembre, le procureur s'adressa au tribunal, juste après le visionnage d'un premier film sinistre sur les camps de concentration, qui laissa nombre de personnes présentes dans un état de profonde détresse. Les images granuleuses et le contenu brutal du film en noir et blanc contribuèrent à intensifier l'atmosphère de calme méthodique que Shawcross imposa par son discours, tandis qu'il rappelait les agressions nazies dans toute l'Europe. Commençant par la Pologne en 1939, il passa à la Belgique, aux Pays-Bas, à la France et au Luxembourg en 1940, puis à la Grèce et à la Yougoslavie au début de 1941, à la Russie, enfin, et à l'opération Barbarossa en juin 1941.

Les arguments juridiques étaient largement inspirés de la version de Lauterpacht[30]. Une bonne partie du discours suivait en effet l'argumentaire de l'universitaire de Cambridge : il faisait valoir que le concept de crime contre l'humanité était bien établi, que la « communauté des nations » avait depuis longtemps défendu le « droit d'intercéder au profit de ceux dont les droits humains étaient violés et bafoués par un État jusqu'au point de heurter le sens moral de l'humanité ». Cette partie du discours s'étendait sur quinze pages, dont douze écrites par Lauterpacht. Sur les crimes contre l'humanité et le droit des individus, Shawcross utilisa exactement les termes de Lauterpacht, défendant avec force la position selon laquelle le tribunal devait rompre avec la tradition qui laisse aux souverains le pouvoir d'agir comme ils le souhaitent, libres de tuer, d'estropier et de torturer leur propre population.

Lauterpacht avait incité Shawcross à anticiper les arguments prévisibles des accusés : les États ne pouvant commettre de crimes dans le droit international, les individus qui les servent ne sauraient par conséquent être coupables. Shawcross déclara qu'un État peut être une entité criminelle, qu'il est donc impératif de réprimer ses crimes de manière « plus drastique et plus efficace encore que ceux des individus ». Les individus qui agissent au nom de tels États sont donc « directement responsables » et doivent être châtiés. Shawcross avait Göring, Speer et Frank dans le collimateur.

L'œuvre de Lauterpacht se trouvait au cœur de la démonstration de Shawcross. « L'État n'est pas une entité abstraite », déclara le procureur général britannique, utilisant une formule qui fut ensuite fréquemment reprise à Nuremberg, et ailleurs. « Ses droits et devoirs sont les droits et devoirs des hommes », ses actes sont ceux des hommes politiques qui ne doivent pas « pouvoir prétendre à l'immunité en s'abritant derrière l'intangibilité de l'État ». Ces termes, radicaux, impliquaient l'idée de responsabilité individuelle, et plaçaient les « droits humains fondamentaux » ainsi que les « devoirs humains fondamentaux » au cœur du nouveau système international. Ces idées étaient nouvelles, certes, mais elles valaient la peine d'être défendue, conclut Shawcross.

Fidèle à la ligne défendue par Lauterpacht, Shawcross ne mentionna pas le génocide.

Pendant que le procureur s'exprimait à Nuremberg, Lauterpacht donnait une conférence à Cambridge sur la protection des individus. Au terme de son intervention, T. Ellis Lewis, l'un de ses collègues de Trinity Hall, lui envoya un mot le félicitant pour sa « prestation capitale ». « Vous avez parlé avec conviction, avec votre intelligence et votre cœur, et avec l'équité que l'on attend d'un juriste qui connaît son sujet[31]. »

121

DANS LES premières semaines du procès, on fournit de nouveaux arguments juridiques aux juges, ainsi que des preuves épouvantables, sans précédent. Au-delà des documents tels que le Journal de Frank, on présenta des artéfacts grotesques – des morceaux de peau humaine tatoués, une tête réduite –, et on projeta des films sur la grande toile blanche au fond de la salle d'audience. L'apparition de Hitler dans un court extrait provoqua l'émoi au sein du groupe des accusés. « Ne sentez-vous pas la force terrifiante de sa personnalité », dit Ribbentrop, « ne voyez-vous pas comment il soulevait les gens ? Je ne sais si vous le pouvez, mais nous, nous pouvons le sentir ». Une personnalité d'une telle puissance, « c'est profondément émouvant[32] ! » *Erschütternd.* Vertigineux.

D'autres films provoquèrent des réactions plus contenues, notamment les scènes tournées dans les camps et les ghettos un peu partout en Europe. Un film privé – réalisé par un soldat allemand qui avait participé au pogrom de Lemberg – fut une sorte d'illustration des « textes lus à voix haute extraits du Journal de Frank, le Gouverneur général nazi de Pologne », selon le magazine *The New Yorker*[33]. Cette correspondance entre mots et images incitait-elle Frank à réfléchir à la sagesse de ses actes à Varsovie ou à sa décision de ne pas détruire les volumes de son Journal ? Se rappelait-il l'ordre donné par Hitler : que Varsovie devait « être réduite à néant » ? Du télégramme de satisfaction qu'il envoya au Führer – retrouvé plus tard par les Soviétiques – évoquant le « miracle des flammes » de Varsovie ? Ou du rapport, délicatement relié, rédigé par le général SS Jürgen Stroop sur la destruction du ghetto à laquelle avait assisté Curzio Malaparte ? Ou encore de la petite fille qui souriait dans sa robe rouge, dont il avait conservé l'image, jusqu'à la fin de son règne, dans une bobine de film personnelle ?

Si de telles pensées le traversaient, son visage ne les reflétait pas. Il ne montra aucune émotion, sinon un réflexe occasionnel d'« attention forcée[34] », les yeux cachés derrière ses lunettes noires. Ce n'était apparemment pas parce qu'il éprouvait de la honte, mais plutôt parce qu'il se concentrait sur les arguments juridiques, préparant fiévreusement notes de protestation et réactions à ces films. Le film de Varsovie ne présente qu'un aspect d'une histoire bien plus compliquée, dit aux juges son avocat Seidl, qui demanda un droit de réponse immédiat pour Frank. La demande fut refusée. Frank aurait l'occasion de s'exprimer, mais plus tard.

Les journalistes et les observateurs placés dans la tribune publique virent également les films. Des personnalités de renom assistaient au procès : Fiorello La Guardia, l'ancien maire de New York par exemple, des écrivains comme Evelyn Waugh et John Dos Passos, des universitaires et des responsables militaires, des acteurs aussi. Les visiteurs étaient attirés par les reportages quotidiens et la perspective de voir « l'énergie théâtrale » de Hermann Göring, si resplendissant dans ses « tenues raffinées »[35]. Il y avait également au procès des membres de la famille des juges et des procureurs, Enid Lawrence notamment, la fille du président, Lord Justice Lawrence, âgée de vingt et un ans.

122

ENID LAWRENCE, devenue plus tard Lady Dundas, connue sous le nom de Robby, m'invita à prendre le thé dans son appartement calme et ordonné de Kensington. Elle était l'une des rares personnes qui pouvait m'offrir un témoignage de première main sur le début des audiences. Veuve d'un héros de la bataille d'Angleterre[36], elle me raconta avec clarté et avec une énergie contenue sa première visite à Nuremberg en décembre 1945, où elle partagea le logement de ses parents. Elle avait conservé un petit journal de poche dont elle avait rempli les pages au crayon à papier ; elle le consultait maintenant pour se rafraîchir la mémoire.

Elle avait fait le voyage à Nuremberg pour des raisons de service, m'expliqua-t-elle : pendant et après la guerre, elle travaillait pour les Alliés sur l'utilisation des agents doubles. À Nuremberg, elle devait interroger l'accusé Alfred Jodl, l'un des chefs des opérations de la Wehrmacht. « Un agréable petit monsieur », dit-elle, et assez coopératif. Il ignorait que la jeune femme venue l'interviewer était la fille du président du tribunal, et qu'elle passait son temps libre à visiter les monuments de Nuremberg.

Elle admirait son père, un « homme direct », ni ambitieux, ni idéologue, qui goûtait peu les débats théologiques sur le génocide ou les crimes contre l'humanité, et les subtiles distinctions entre la protection des groupes ou des individus. Il avait été nommé sur l'insistance de Winston Churchill, membre comme lui du très privé Other Club. Son père considérait que sa mission était de répondre aux faits par le droit, et de le faire équitablement et rapidement. Il pensait rentrer au bout de six mois.

Sa nomination à la présidence avait été le fruit du hasard, selon Robby, parce qu'il était le seul juge qui convenait à tous : « Les Russes ne voulaient pas des Américains, les Américains ne voulaient ni des Russes ni des Français, les Français ne voulaient pas des Russes. » Son père n'a jamais écrit sur le procès, à la différence de Biddle, le juge américain qui a publié un livre sur le sujet[37], ou de Falco, le juge français qui a tenu un Journal, publié seulement soixante-dix ans après le procès[38]. « Mon père a désapprouvé le Journal de Biddle », dit Robby sèchement. Les décisions des juges lors des délibérations devraient rester privées.

Robby a connu les autres juges. Le général Nikitchenko était « contrôlé par Moscou ». Son suppléant, le lieutenant-colonel Volchkov, avec lequel elle a dansé quelquefois, était « plus humain ». Il lui a appris à dire « je t'aime » en russe (son père est resté en contact avec lui après le procès, mais leur correspondance s'est interrompue brusquement, et le Foreign Office lui conseilla de garder ses distances). Donnedieu était vieux et « à peu près inabordable ». Son père était bien plus proche de Falco, le suppléant français, et ils sont devenus bons amis après le procès. Il aimait bien Biddle aussi, un « Américain cultivé typique de l'Ivy League ».

Des procureurs, celui que Robby admirait le plus était Maxwell Fyfe, parce qu'il « était au-dessus de tout » ; c'était un juriste engagé, présent pendant toute la durée du procès. J'interprétai cela comme une pique contre Shawcross, qui ne se déplaçait à Nuremberg qu'aux moments-clefs du procès : il était le plus souvent absent, à la différence de Jackson, qui était resté à Nuremberg toute l'année. Robby hésitait à en dire davantage, mais elle n'était pas la première à exprimer son antipathie pour Shawcross, considéré par beaucoup comme hautain et suffisant, bien que bon avocat.

Au début de décembre, Robby avait passé cinq jours dans le prétoire. La salle d'audience 600 était plus grande que les salles anglaises ; le service de traduction et les écouteurs étaient une nouveauté. La scène était masculine – tous les juges, tous les accusés, tous les procureurs. Les seules femmes étaient les sténographes et les traductrices (l'une d'elles, à la volumineuse chevelure blonde, était connue des juges sous le sobriquet de « la botte de foin passionnée »), quelques journalistes et écrivaines aussi.

Elle se souvenait des accusés comme d'une « bande mémorable ». Göring sortait du lot parce qu'il « le voulait », c'était le meneur. Hess était « très repérable », il avait un comportement « très particulier », notamment des tics du visage incessants et bizarres. Kaltenbrunner avait « un visage long et fin », il « avait l'air très cruel ». Jodl était « très bel homme ». Wilhelm Keitel, son supérieur, « avait une allure de général, de soldat ». Franz von Papen portait « beau ». Les médias de Londres parlaient beaucoup de Ribbentrop à cause de son nom. Hjalmar Schacht était « distingué et soigné ». Albert Speer ? « Simplement extraordinaire », grâce à son maintien et sa maîtrise de soi. Streicher ? « Absolument horrible. » Robby Dundas sourit lorsqu'elle me dit : « Il était horrible à regarder ; tout en lui était horrible. »

Frank ? Oui, elle se souvenait de Hans Frank avec ses lunettes noires. Il avait l'air insignifiant, replié sur lui-même. À l'époque, les journaux britanniques avaient publié une caricature cruelle de lui par le dessinateur David Low[39]. « Les avis sur le palmarès de la "personne-la-plus-méchante-présente" peuvent diverger », écrivit Low, mais lui-même ne pouvait pas ne pas voter pour Frank, « le boucher de Varsovie ». C'est la combinaison entre ricanement figé et grommellements sourds qui décida du vote du dessinateur.

« C'était lui qui pleurait tout le temps ? » demanda-t-elle brusquement, ce qui me rappela que d'autres avaient évoqué les larmes de Frank. Oui, dis-je. Elle était dans la salle le jour où un film sur Hitler fut projeté, provoquant les pleurs incontrôlables de Ribbentrop et d'autres.

Le souvenir des moments d'horreurs demeurait vivace. Elle se rappelait le témoignage d'une femme, commandante de Dachau, celle qui fabriquait des « abat-jours avec de la peau humaine ». Elle secouait doucement la tête en parlant, comme pour se débarrasser de ces souvenirs, et sa voix s'estompa jusqu'à devenir presque inaudible.

« C'était souvent très ennuyeux, et puis quelque chose se passait, et on basculait dans l'horreur. »

Elle se retint.

« C'était atroce… »

Elle avait entendu des extraits du rapport de Stroop intitulé *Le ghetto de Varsovie n'est plus.*

Assise dans le public, elle avait écouté la lecture des extraits du Journal de Frank. « Que nous condamnions les 1 200 000 Juifs à mourir de faim devrait être noté seulement en marge », c'étaient là les mots qu'elle avait entendus[40].

Elle avait vu la peau humaine prélevée sur des corps à Buchenwald. Elle se rappelait les récits de tatouages imposés à la chair vivante.

Les preuves avaient profondément atteint Robby Dunbas, et leur effet se faisait encore sentir soixante-dix ans plus tard. « Je hais les Allemands », dit-elle soudainement et de manière tout à fait inattendue. « Je les ai toujours haïs. » Puis un soupçon de regret passa sur son visage grave. « Je suis désolée », dit-elle si doucement que j'ai failli ne pas entendre. « Je ne leur ai simplement pas pardonné. »

123

Et Lemkin ? Après deux mois d'un procès qui avait débuté dans un esprit plutôt favorable à ses idées, tous ses efforts semblaient désormais évaporés, réduits à néant. Le génocide avait été mentionné le premier jour, à sa grande satisfaction, par les procureurs français et soviétique. Mais les Américains et les Britanniques avaient ensuite évité toute référence au terme. Au grand dam de Lemkin, la fin du mois de novembre et tout le mois de décembre – trente jours d'audience – étaient passés sans que le mot soit prononcé.

Lemkin suivait les événements depuis Washington, maintenu à bonne distance de Nuremberg par les collaborateurs de Jackson. C'était une frustration quotidienne de lire les comptes rendus qui arrivaient au Bureau des crimes de guerre où il travaillait comme consultant, de prendre connaissance des bulletins d'information qui ne faisaient aucune référence au génocide. Peut-être étaient-ce les sénateurs du Sud qui avaient persuadé le cabinet de Jackson, craignant les conséquences politiques que pourraient avoir les accusations de génocide, sur les Indiens américains et les Noirs notamment.

L'entourage de Jackson s'employait activement à garder Lemkin éloigné du procès. Compte tenu des difficultés que son comportement rebelle avait causées à Londres en octobre, il n'y avait là rien de surprenant. Lemkin consacra donc ses talents à la préparation d'un autre procès pour crimes de guerre qui devait s'ouvrir à Tokyo en avril 1946. On lui demanda néanmoins d'enquêter sur les activités de Karl Haushofer, ancien général pendant la Première Guerre mondiale, puis universitaire à Munich, qui était aussi une connaissance de Stefan Zweig. On soupçonnait en effet Haushofer d'être la source intellectuelle de la notion de *Lebensraum*, la quête d'un espace vital plus grand pour les Allemands par l'appropriation de territoires étrangers, et Rudolf Hess d'avoir été son assistant de recherche. Lemkin recommanda la poursuite de Haushofer, mais Jackson résista, sous prétexte que son activité s'était limitée à « l'enseignement et l'écriture ». L'affaire perdit finalement son objet après que Haushofer et sa femme se furent donné la mort[41].

Le 20 décembre, le procès s'interrompit le temps des vacances de Noël. Donnedieu retourna dans son appartement boulevard Saint-Michel à Paris où l'attendait une lettre de Lemkin, accompagnée d'un exemplaire du *Règne de l'Axe*. La réponse que Donnedieu lui fit en janvier 1946 dut raviver le désir du juriste polonais d'être réintégré dans l'équipe du procès. La réponse du juge français était en effet de nature à le charmer : « Peut-être aurai-je le plaisir de vous voir à Nuremberg ? » Les deux hommes se connaissaient depuis les réunions de la Société des Nations dans les années 1930. « J'ai été très heureux de lire votre lettre et d'avoir de vos nouvelles », ajoutait Donnedieu d'une écriture fine, surpris que la lettre de Lemkin ait mis tant de temps à lui parvenir. « Je suis juge au Tribunal militaire international », poursuivait-il, comme si Lemkin n'était pas au courant[42].

Le Français pensait que le livre de Lemkin était une œuvre « importante ». Il n'avait pas tout lu, admettait-il, car ses responsabilités ne lui laissaient pas le temps d'aller au-delà d'une lecture « superficielle ». Mais il avait lu le chapitre 9 et il estimait que le terme « génocide » était « tout à fait correct », qu'il désignait « de manière expressive » « les crimes terribles qui occupent notre tribunal ». Lemkin aurait pu être encouragé par les mots de Donnedieu, mais il était suffisamment fin pour reconnaître l'ambiguïté du propos. Après tout, Donnedieu avait accepté l'invitation de Frank et il lui avait rendu visite à Berlin en 1935.

« La Pologne a, hélas, été la principale victime », poursuivit le juge français. La formulation était curieuse, dans la mesure où il avait pu examiner toutes les preuves communiquées au Tribunal. Bien sûr que la Pologne était une victime, mais *la* principale victime ? Peut-être cherchait-il à faire preuve de politesse à l'égard de Lemkin, un Polonais. Peut-être ne savait-il pas que Lemkin était juif. Avez-vous des nouvelles de « notre ami Rappaport » ? s'enquit le juge, faisant référence au juge polonais de la Cour suprême qui avait annoncé à Lemkin qu'il ne se rendrait pas à la Conférence internationale de Madrid en octobre 1933. (Rappaport a survécu à la guerre et il a été nommé président du Tribunal national suprême de Pologne, l'instance qui a jugé Amon Göth, rendu célèbre par *La Liste de Schindler*, ainsi que Josef Bühler, le collègue de Frank, et le commandant d'Auschwitz, Rudolf Höss – tous condamnés à mort[43].)

Donnedieu mentionna qu'il avait perdu un gendre « dans la Résistance », tué un an plus tôt, et qu'il était en contact avec Vespasian Pella qui, à Genève, rédigeait un livre sur les crimes de guerre. La lettre de Donnedieu avait été envoyée à l'adresse de Londres d'où Lemkin avait lui-même écrit, puis elle avait été réexpédiée à Washington. Elle parvint à Lemkin dans le petit appartement où il vivait au Wardman Park Hotel. Lemkin savait qu'il devait aller à Nuremberg s'il voulait que le génocide joue quelque rôle dans le procès.

124

Lorsque j'ai demandé à Eli quand et comment son père avait appris ce qui était arrivé à ses parents et au reste de la famille à Lemberg et à Żółkiew, il m'a répondu de manière plutôt brusque qu'il ne le savait pas. Le sujet n'avait jamais été évoqué chez lui. « J'imagine qu'il voulait me protéger, je n'ai donc jamais demandé. » Un tel silence fut chose courante, adopté par Leon et beaucoup d'autres, et respecté par l'entourage.

J'ai appris la succession improbable des événements qui ont conduit aux retrouvailles entre Lauterpacht et sa nièce Inka grâce à une conversation que j'ai eue avec Clara Kramer, la voisine des Lauterpacht à Żółkiew. L'un de ses compagnons lorsqu'elle était cachée à Żółkiew, M. Melman, était allé à Lemberg après sa libération pour savoir qui avait survécu. Il s'était rapproché d'une organisation juive à laquelle il avait laissé une liste de noms, ceux des quelques Juifs survivants de Żółkiew, dont des membres de la famille Lauterpacht. La liste avait été épinglée au mur du bureau de l'organisation. Après avoir quitté le couvent qui avait été son refuge pendant l'occupation allemande, Inka s'était rendue au siège de l'organisation et avait vu les noms de Żółkiew. Elle avait contacté M. Melman, puis était allée à Żółkiew. Là, on l'avait présentée à Clara Kramer.

« Melman est revenu avec cette magnifique beauté », me dit Clara avec émotion. « Elle était généreuse, comme une madone ; ce fut ma première amie après la sortie de ma cachette. » Inka, qui avait trois ans de moins que Clara, devint sa meilleure amie et elles restèrent proches, « comme des sœurs », pendant de longues années. Inka parla à Clara de son oncle, un professeur célèbre de Cambridge, un homme dénommé Hersch Lauterpacht. Elles décidèrent de le rechercher avec l'aide des Melman et de M. Patrontasch, un autre survivant de Żółkiew, ancien camarade de classe de Lauterpacht en 1913. Les Melman et Inka quittèrent la Pologne occupée par les Soviétiques pour l'Autriche, et se retrouvèrent dans un camp de réfugiés à côté de Vienne. À un moment – Clara ne se souvenait pas des circonstances exactes –, M. Patrontasch apprit que Lauterpacht participait au procès de Nuremberg. Peut-être l'avait-il appris par le journal, dit Clara. « L'oncle d'Inka est à Nuremberg, et je vais essayer d'aller le voir », dit M. Patrontasch à M. Melman.

Patrontasch, qui vivait à l'extérieur du camp, pouvait se déplacer librement. « Il accepta de se mettre en quête du fameux professeur Lauterpacht », expliqua Clara. Il se rendit donc au palais de justice de Nuremberg, s'approchant de l'entrée gardée par des blindés, mais il ne réussit pas à se faire admettre. Ne voulant pas faire d'histoires, il attendit à l'extérieur.

« Ils ne voulaient pas le laisser entrer », me dit Clara, « il attendit donc, jour après jour, pendant trois semaines. Chaque fois qu'un civil sortait, il chuchotait "Hersch Lauterpacht", "Hersch Lauterpacht" ». Clara mima les chuchotements d'Artur Patrontasch en mettant ses mains délicates devant la bouche. Elle parlait si doucement que je pus à peine l'entendre. « Hersch Lauterpacht, Hersch Lauterpacht, Hersch Lauterpacht. »

Au bout d'un certain temps, un passant entendit ses chuchotements, reconnut le nom, s'arrêta et dit à Patrontasch qu'il connaissait Lauterpacht. « Voilà comment Inka a retrouvé son oncle. » Après cette prise de contact initiale, la véritable rencontre eut lieu quelques semaines plus tard. Clara ne se souvenait pas du mois, mais c'était durant les journées d'ouverture du procès. Juste avant la fin de l'année, en décembre 1945, Lauterpacht reçut un télégramme contenant des informations à propos de sa famille. Sans détails, mais avec suffisamment de renseignements pour lui permettre d'espérer. « J'espère que l'enfant au moins est vivant », écrivit-il, la veille du Nouvel An, à Rachel qui était toujours en Palestine. Au début de l'année 1946, il apprit qu'Inka était le seul membre de la famille qui avait survécu. Quelques semaines passèrent. Au printemps, Inka et Lauterpacht commencèrent à correspondre directement.

Clara me demanda si elle pouvait partager une autre pensée avec moi. Elle hésitait, dit-elle, parce qu'elle parlait à un Anglais.

« Pour vous dire la vérité, il y a eu un moment où j'ai détesté les Britanniques encore plus que les Allemands. » Elle s'excusa. « Pourquoi ? », lui demandai-je.

« Les Allemands avaient dit qu'ils me tueraient, et ils ont essayé de le faire. Puis, beaucoup plus tard, j'étais dans un camp de personnes déplacées, et je voulais aller en Palestine, et ce sont les Britanniques qui ne m'ont pas laissée partir. Pendant un temps, je les ai haïs autant que j'ai haï les Allemands. »

Elle sourit, ajouta que son opinion avait changé depuis. « J'avais dix-sept ans ; on a le droit de ressentir ça à dix-sept ans. »

125

AU DÉBUT de l'année 1946, Frank se trouva un confident. En l'absence de Brigitte ou de sa maîtresse Lily Grau, son nouvel interlocuteur devint le Dr Gustave Gilbert, le psychologue de l'armée américaine chargé de surveiller sa santé mentale et spirituelle. Gilbert tint un Journal dans lequel il transcrivit un grand nombre de leurs conversations, et en publia de longs extraits après la fin du procès (*Le Journal de Nuremberg*, publié en 1947).

Frank fit confiance au psychologue et se sentit suffisamment à l'aise pour évoquer avec lui ses préoccupations, personnelles et professionnelles. Il parla de sa femme et de sa maîtresse, du suicide et du catholicisme, du Führer (« Comment imaginer qu'un homme ait pu planifier tout cela de sang-froid ? »). Il raconta ses rêves agités, ses fantasmes sexuels violents et inexplicables qui provoquaient quelquefois des « pertes nocturnes » (selon les termes du Dr Gilbert)[44]. Gilbert n'hésita pas à faire publiquement part des confidences de Frank ; à un dîner chez Robert Jackson, il dit au juge Briddle qu'il y avait trois « homos » parmi les accusés, l'un d'entre eux étant Frank[45].

Le Dr Gilbert fit une visite de routine à Frank pendant les vacances de Noël. Dans sa petite cellule, l'ancien Gouverneur général était occupé à préparer sa défense, apparemment taraudé par sa décision de ne pas avoir détruit les volumes du Journal auxquels le parquet faisait référence avec tant d'efficacité. Alors, pourquoi ne les avez-vous pas détruits ? demanda le Dr Gilbert.

« J'écoutais [...] un oratorio de Bach, la *Passion selon saint Matthieu*, dit Frank à l'Américain. Quand j'entendis la voix du Christ, quelque chose parut me dire : "Quoi ? Faire face à l'ennemi avec un faux visage ? Tu ne peux pas cacher la vérité à Dieu !" Non, la vérité doit apparaître, une fois pour toutes[46]. » Frank citait fréquemment l'œuvre monumentale de Bach ; son message de miséricorde et de pardon le réconfortait.

La mention de l'oratorio me conduisit à assister à nombre de représentations de la *Passion selon saint Matthieu* à Londres et à New York, et même à l'église Saint-Thomas de Leipzig, la ville où Bach avait composé son œuvre. Je voulais comprendre quelles parties Frank pouvait avoir en tête et comment elles avaient pu le réconforter dans sa cellule. L'air le plus célèbre est *Erbarme dich, Mein Gott, um meiner Zähren willen* (« Aie pitié mon Dieu je souffre et pleure et prie »). Le Dr Gilbert avait peut-être compris que les pleurs de Matthieu sur la faiblesse de l'individu exprimaient une contrition qui appelait la miséricorde et parlait au nom de l'humanité tout entière. Frank était-il sensible à l'intention de Bach ? S'il l'avait été, il aurait certainement choisi une autre œuvre. À Berlin, dix ans plus tôt, il s'était moqué de l'idée des droits individuels ; à présent, il se réfugiait dans une œuvre musicale qui célébrait le droit de l'individu à la rédemption.

Le Dr Gilbert aborda le sujet de la conversion de Frank dans sa cellule, quelques jours avant le début du procès. Frank marmonna, parlant de sentiment de responsabilité, bafouilla quelques mots sur son besoin d'être dans la vérité. N'était-ce pas plutôt un symptôme hystérique, une réaction aux sentiments de culpabilité ? Frank ne répondit pas à cette suggestion du médecin. Le psychologue américain détecta un résidu de sentiments positifs à l'égard du régime nazi, mais aussi une certaine inimitié envers Hitler. Au début du mois de janvier, l'avocat de Frank s'était renseigné pour connaître la position du Vatican. L'État pontifical était-il du côté de l'accusation ? Valait-il mieux que Frank quitte l'Église ? Cela incita Franck à réfléchir.

« Il semble qu'il y ait deux personnes en moi », dit Frank à Gilbert. « Moi, moi-même, le Frank qui est ici, et l'autre Frank, le chef nazi. » Frank jouait-il un jeu ou disait-il la vérité ?, se demanda le Dr Gilbert.

« Et parfois je me demande comment ce dernier Frank a pu commettre ces actes. Le premier regarde l'autre et lui dit : "Oh, quel vilain pou tu es, Frank ! Comment as-tu pu faire des choses pareilles ? Tu t'es laissé entraîner par ton émotion, n'est-ce pas ?" »

Le Dr Gilbert ne dit rien.

« Je suis sûr que comme psychologue vous devez trouver cela très intéressant. C'est comme si j'étais deux personnes différentes. Je suis là, moi-même ; et cet autre Frank, celui des grands discours nazis, est là au procès. »

Le Dr Gilbert ne disait toujours rien. Moins il intervenait, plus Frank parlait.

« C'est fascinant n'est-ce pas ? », dit Frank légèrement désespéré.

Fascinant et schizophrène, pensa le Dr Gilbert, et sans aucun doute un moyen de sauver Frank de la corde[47].

126

Le mois suivant, les audiences passèrent de l'examen des preuves générales aux témoignages individuels et à la comparution de témoins livrant des comptes rendus de première main. L'un des témoins, un des rares survivants de Treblinka, fut Samuel Rajzman, un comptable. Il s'exprimait en polonais.

J'ai trouvé le témoignage de Rajzman particulièrement captivant et il me toucha personnellement, car c'est à Treblinka que Malke a été assassinée. Leon n'a appris les circonstances de la mort de Malke qu'à la toute fin de sa vie, lorsque ma mère lui a montré un livre contenant la longue liste des noms de ceux qui avaient été détenus à

Theresienstadt. Parmi les milliers de noms, il y avait celui de Malke Buchholz, suivi de la mention de sa déportation de Theresienstadt à Treblinka le 23 septembre 1942. Leon s'est alors retiré avec le livre dans la solitude de sa chambre où ma mère l'a entendu pleurer. Le lendemain, il n'a plus mentionné le livre. De Treblinka il n'a plus jamais parlé, pas en ma présence du moins.

Samuel Rajzman fut convoqué à la barre des témoins le matin du 27 février. Il fut présenté aux juges comme un homme « revenu de l'autre monde[48] ». Vêtu d'un costume sombre et d'une cravate, il scrutait la salle à travers ses lunettes. Sur son visage anguleux et ridé se lisaient l'étonnement et l'amusement d'être toujours en vie, assis à quelques mètres seulement de Frank, responsable du territoire qui comprenait Treblinka. À regarder cet homme, il était impossible de se figurer le chemin qu'il avait parcouru et les horreurs qu'il avait vues.

Il s'exprima d'une voix calme et mesurée, raconta le trajet depuis le ghetto de Varsovie en août 1942, le transport dans des conditions inhumaines, huit mille personnes dans des wagons à bestiaux bondés. Il était le seul survivant de ce convoi. Lorsque le procureur russe l'interrogea sur l'arrivée au camp, Rajzman lui répondit qu'ils avaient dû se déshabiller et marcher le long de la *Himmelfahrtstrasse*, la « route vers le paradis », un bref trajet vers les chambres à gaz, lorsqu'un ami de Varsovie l'avait brusquement intercepté et emmené avec lui : les Allemands avaient besoin d'un interprète. Mais d'abord il avait dû charger les vêtements des morts sur des trains vides qui repartaient de Treblinka. Deux jours après, un convoi était arrivé de la petite ville de Vinegrova, avec à son bord sa mère, sa sœur et ses frères. Il les avait vus marcher vers les chambres à gaz, sans pouvoir intervenir. Quelques jours plus tard, on lui avait donné les papiers de sa femme, avec une photo d'elle et de son enfant.

« C'est tout ce qu'il me reste de ma famille », dit-il en s'adressant à la salle. Ce fut une révélation publique : « Une photo. »

Il fit un récit réaliste des assassinats sur une échelle industrielle, d'actes individuels, atroces et inhumains. Une petite fille de dix ans avait été amenée au *Lazarett* (l'infirmerie) en compagnie de sa jeune sœur de deux ans ; elles étaient escortées par un Allemand du nom de Willi Mentz, un livreur de lait à la moustache noire (après la guerre, Mentz est retourné à ses occupations jusqu'à sa condamnation à la prison à perpétuité au procès de Treblinka qui s'est déroulé en Allemagne en 1965). La plus grande des deux filles s'était jetée sur Mentz lorsqu'il avait sorti son revolver. Pourquoi voulait-il tuer la petite fille ? Rajzman expliqua comment il avait observé Mentz soulever la petite de deux ans, marcher jusqu'au crématorium, et la jeter dans un four. Puis il avait tué sa sœur.

Les accusés écoutaient en silence, deux rangées de visages honteux. Frank allait-il s'effondrer ?

Rajzman poursuivit d'une voix monocorde. Une femme âgée avait été amenée au *Lazarett*, avec sa fille enceinte dont le travail avait commencé ; on avait couché la fille sur l'herbe. Les gardes l'avaient regardée pendant qu'elle accouchait. Mentz avait demandé à la grand-mère qui elle préférait que l'on tue d'abord. La vieille femme avait supplié d'être la première.

« Ils ont bien sûr fait le contraire », dit Rajzman à la salle, parlant très doucement. « Le nouveau-né fut tué en premier, puis la mère de l'enfant, enfin la grand-mère. »

Rajzman parla des conditions de vie dans le camp, de la fausse gare. Le commandant adjoint, Kurt Franz, avait construit une parfaite imitation de gare, avec de faux panneaux de signalisation. Un restaurant imaginaire avait été ajouté plus tard, des horaires de départ et d'arrivée avaient été affichés. Grodno, Suwałki, Vienne, Berlin. Cela ressemblait à un décor de cinéma. Pour calmer les gens, expliqua Rajzman, « pour qu'il n'y ait pas d'incidents ».

Le but était donc psychologique, pour offrir un réconfort à l'approche de la fin ?

« Oui. » La voix de Rajzman restait calme, monocorde.

Combien de personnes étaient exterminées chaque jour ? Entre dix et douze mille.

Comment faisait-on ?

Dans trois chambres à gaz d'abord, puis dix de plus.

Rajzman décrivit sa présence sur le quai lorsque les trois sœurs de Sigmund Freud étaient arrivées. C'était le 23 septembre 1942. Il avait vu ce qu'avait fait le commandant Kurt Franz pour régler la demande de celle qui réclamait un traitement spécial[49].

Après avoir lu le compte rendu du procès, notamment les détails sur l'arrivée des sœurs de Freud depuis Theresienstadt, j'ai cherché à en savoir plus sur leur convoi. Ayant trouvé le document, j'ai regardé les autres noms de la liste, un millier de noms, et j'ai fini par trouver celui de Malke Buchholz. Rajzman avait dû se trouver sur le quai lorsqu'elle était arrivée.

127

Je décidai de me rendre à Treblinka, ou ce qui en restait. L'occasion se présenta lorsqu'on m'invita à donner deux conférences en Pologne, l'une à Cracovie, l'autre à Varsovie. Varsovie n'était qu'à une heure de route du site de Treblinka. La Conférence de Cracovie se tint à l'institut Allerhand, baptisé ainsi en l'honneur du professeur – dont Lauterpacht et Lemkin avaient été les élèves – assassiné à Lemberg parce qu'il avait commis le crime de demander à un garde s'il avait une âme. À Varsovie, j'ai parlé à l'Institut polonais des affaires internationales. Il y eut du monde aux deux conférences, et beaucoup de questions furent posées sur Lauterpacht et Lemkin. Les problèmes d'identité étaient au cœur des débats. Dirais-je qu'ils étaient polonais, ou juifs, ou les deux ? « Cela a-t-il une importance ? » demandai-je.

À Varsovie, j'ai fait la connaissance d'un historien du droit, Adam Redzik, qui m'a parlé de Stanisław Starzyński, le professeur de Lemberg qui avait lui aussi enseigné le droit à Lauterpacht et Lemkin. Il pensait qu'on devrait savoir gré à Starzyński d'avoir involontairement sauvé Lauterpacht en soutenant un autre candidat pour la chaire de droit international à Lwów en 1923. C'est le professeur Redzik qui me confia la photo des professeurs de Lemberg, prise en 1912, dix-huit hommes, arborant tous une moustache ou une barbe, dont Makarewicz, Allerhand et Longchamps de Bérier, tous les trois assassinés par les Allemands à Lemberg[50].

Un ancien ministre des Affaires étrangères polonais était dans l'assistance lors de la Conférence de Varsovie. Plus tard, j'ai eu l'occasion de parler avec lui de Lwów. Adam Rotfeld était né à Przemyślany, non loin de là. Nous avons discuté du droit des minorités, du traité de 1919, des pogroms contre les Juifs, de Nuremberg. Oui, dit-il, Makarewicz fut probablement l'enseignant qui influença Lauterpacht et Lemkin. Quelle ironie, songea-t-il, qu'un homme aux convictions nationalistes aussi prononcées puisse symboliser le conflit entre Lauterpacht et Lemkin, entre individus et groupes.

Mon fils et moi avons visité le Musée de l'Insurrection de Varsovie. Dans l'une des salles trônait une grande photo en noir et blanc de la famille Frank, couvrant tout un pan de mur. Je connaissais la photo, elle m'avait été envoyée par Niklas quelques mois plus tôt seulement. Il avait alors trois ans, vêtu d'un costume à carreaux noir et blanc et de chaussures vernies, et tenait la main de sa mère. Il tournait le dos à son père et avait un regard triste, comme s'il voulait être ailleurs.

De Varsovie, nous avons pris la voiture pour Treblinka. Le paysage était morne, plat, gris. Quittant la route principale, nous avons traversé des forêts qui devenaient plus épaisses à mesure que nous avancions, puis des villages avec des églises. Des constructions isolées en bois, maisons ou granges, rompaient de temps à autre la monotonie du paysage. Nous nous sommes arrêtés sur un marché pour acheter des gâteaux secs et un pot de fleurs rouge sang. La carte que nous avons trouvée dans la voiture indiquait Treblinka sur la route de Wołkowysk.

Rien de tangible ne restait du camp à Treblinka, détruit à la hâte par les Allemands à leur départ. Il y avait un modeste musée avec quelques documents et des photos, fatiguées et granuleuses, une mauvaise maquette du camp, reconstruite à partir des souvenirs des quelques survivants. Une poignée de décrets officiels flottaient derrière des vitres protectrices, certains signés par Frank, l'un autorisant la peine de mort en octobre 1941.

Un autre document était signé par Franz Stangl, le commandant du camp et sujet d'un livre troublant écrit par Gitta Sereny. À côté de la signature de Stangl se trouvait le cachet bien reconnaissable du Gouvernement général. Treblinka, 26 septembre 1943. C'était la preuve irréfutable de l'autorité de Frank sur le camp. Un signe noir, indélébile et définitif de sa responsabilité.

Lorsque le camp avait été découvert par les Soviétiques, l'article de Vassili Grossman « L'enfer de Treblinka » avait livré un premier compte rendu, immédiat et brutal. « Nous foulons le sol de Treblinka, écrivait-il, la terre rejette des fragments d'os, des dents, divers objets, des papiers. Elle ne veut pas être complice[51]. » C'était en septembre 1944.

L'entrée menait vers un chemin de terre et d'herbe aplatie, des traverses en béton reproduisant la ligne de chemin de fer qui avait conduit Rajzman, les sœurs de Freud et Malke au terminus de leur vie : un quai. Disparus les chemises à moitié pourries et les canifs dont parle Grossman, disparues les chaussures d'enfant à pompons rouges. Les gobelets, les passeports, les photos et les cartes de rationnement n'y étaient plus, enfouis dans la forêt qui serait dégagée plus tard pour y installer les traverses en béton et le quai symboliques propres à stimuler l'imagination et le voyage intérieur.

Sous le ciel gris infini se trouvait un mémorial de pierres grossièrement taillées ; par centaines, elles s'enfonçaient dans la terre comme des pierres tombales, ou des flocons de neige. Chacune symbolisait un hameau, un village, une ville, ou une région d'où des millions d'individus avaient été déportés. C'était un lieu de recueillement dominé par le ciel, encadré par des pins verts dont la cime pointait vers le haut. La forêt était silencieuse, elle gardait ses secrets.

Nous avons quitté les lieux pour un village proche, en quête de nourriture. Nous sommes passés devant la gare de Treblinka, maintenant abandonnée, à quelques kilomètres du camp, celle-là même qui avait été utilisée par Willi Mentz et les autres travailleurs allemands et ukrainiens. Nous avons déjeuné à Brok, une ville toute proche, dans un restaurant triste. La radio diffusait une chanson connue, écrite dans les années 1980 lors les émeutes de Los Angeles. « Ne vous attardez pas sur ce qui s'est passé ou sur ce qui n'a pas encore eu lieu. »

Leonard Cohen et son message étaient populaires à ce moment-là en Pologne. Il y a une fissure en toute chose ; c'est ainsi qu'entre la lumière.

128

La conclusion du témoignage de Samuel Rajzman coïncida avec une nouvelle phase du procès. En mars 1946, Göring fut le premier des accusés à plaider sa cause. Lorsque vint le tour de Frank, il savait qu'il devait faire face à un réel défi, et qu'il ne serait pas facile d'éviter la potence. Son Journal, souvent invoqué par les Soviétiques, avait été utilisé pour le « clouer », écrivit *The New Yorker*[52].

Frank fut entendu le mardi 18 avril. Il succéda à Ernst Kaltenbrunner et à Alfred Rosenberg qui avait tenté de persuader le tribunal que le terme « extermination » ne devait pas être entendu au sens littéral, et ne se référait certainement pas au meurtre de masse[53]. Rudolf Höss, le commandant d'Auschwitz, fut appelé comme témoin contre Kaltenbrunner et donna un compte rendu détaillé du gazage et de l'incinération « d'au moins 2 500 000 victimes » sur une durée de trois ans[54]. Pendant que Höss parlait, sans regret et sans émotion, Frank écoutait attentivement. En privé, Höss avait dit au Dr Gilbert que le comportement dominant à Auschwitz était l'indifférence totale. Aucun autre sentiment « ne nous a jamais effleurés[55] ».

Dans ce contexte, Frank pouvait espérer qu'on le prenne pour un être réfléchi et sensible, plutôt moins coupable que son voisin de droite, pour autant que l'on pût établir une échelle de culpabilité. Jusqu'au dernier moment, il fut déchiré, ne sachant pas s'il fallait se livrer à une défense vigoureuse de ses actes ou opter pour une approche plus subtile, plaider l'ignorance, par exemple, de certaines horreurs commises. Une autre option, à ne pas exclure, était d'exprimer une part de responsabilité. Qu'avait-il décidé lorsqu'il s'avança vers la barre ?

Tous les yeux étaient rivés sur lui, il avait quitté ses lunettes noires et il cachait sa main gauche abîmée. Il semblait nerveux, légèrement embarrassé. De temps à autre, il jetait un coup d'œil aux autres accusés, situés maintenant à sa droite, comme s'il cherchait leur approbation (qui ne vint pas). Le Dr Seidl posa quelques questions sur le déroulement de sa carrière avant qu'il soit nommé Gouverneur général[56]. Seidl était hésitant. En lisant le compte rendu et en visionnant ce que je pouvais trouver dans les actualités filmées, j'ai eu l'impression – fondée sur ma propre expérience des tribunaux – que le Dr Seidl ne savait pas à quelles surprises s'attendre de la part de son client.

Frank trouva progressivement son rythme. Il parla avec une confiance grandissante, d'une voix forte et sonore. Je l'imaginai sur une autre estrade. Le Dr Seidl le questionna sur son rôle en Pologne après sa nomination par Hitler. « J'en porte la responsabilité », répondit Frank.

« Témoin, vous sentez-vous coupable d'avoir commis des crimes en violation des conventions internationales ou des crimes contre l'humanité ? »

« C'est là une question qu'il appartient au tribunal de trancher », dit le président. Frank expliqua qu'il avait appris bien des choses depuis le début du procès cinq mois auparavant, des choses dont il n'avait pas pleinement pris conscience – peut-être était-ce une référence à Höss. Il avait maintenant, « à la lumière de ces cinq mois de procès et après avoir jeté un dernier regard sur tant d'horreurs épouvantables » une vision des atrocités horribles qui avaient été commises. « Je porte en moi un profond sentiment de culpabilité[57]. »

Cela sonnait comme une sorte d'aveu mais aussi comme un avertissement à l'endroit du Dr Seidl. C'est ainsi que les autres accusés, et ceux qui étaient dans la salle, l'entendirent.

« Avez-vous créé des ghettos juifs ? [...]

– Oui [...].

– Avez-vous imposé aux Juifs le port d'insignes spéciaux ?

– Oui.

– Avez-vous introduit le travail forcé dans le Gouvernement général ?

– Oui [...].

– Vous ne connaissiez donc pas les conditions qui régnaient dans les camps de Treblinka, Auschwitz et autres ? »

C'était une question dangereuse. Frank avait entendu le témoignage de Rajzman ainsi que la terrible déposition de Höss. Il décida de contourner la question.

« Auschwitz n'était pas dans le Gouvernement général. » À proprement parler, c'était exact, même si le camp était si proche de Cracovie où il travaillait que l'on pouvait sentir l'odeur de mort qui s'en dégageait.

« Je ne suis jamais allé dans aucun de ces trois camps ; Majdanek, Treblinka, Auschwitz. »

Il n'y avait aucun moyen de savoir si c'était vrai. Son esquive n'a sûrement pas échappé aux juges attentifs, et le fait qu'il n'avait pas répondu à la question posée.

« N'avez-vous jamais participé à l'extermination des Juifs ? »

Frank réfléchit, le visage perplexe. Il donna une réponse tournée d'une manière prudente.

« Je dis "oui", et la raison pour laquelle je dis "oui" est que, après avoir vécu les cinq mois de ce procès, et surtout après avoir entendu la déposition du témoin Höss, il me semble que ma conscience ne m'autorise pas à laisser retomber la responsabilité sur les seules personnes qui n'avaient qu'une influence de second ordre. »

Ces paroles provoquèrent une certaine agitation sur le banc des accusés, Frank dut s'en rendre compte. Il précisa ce qu'il avait voulu dire : qu'il n'avait jamais personnellement installé de camps d'extermination ou préconisé leur création. Hitler avait cependant fait peser une responsabilité épouvantable sur son peuple, il en portait donc une part. Un pas en avant, un pas en arrière[58].

« Nous avons lutté contre les Juifs pendant des années. » Il était bien obligé de reconnaître ses propres termes. Oui, il avait eu « des paroles épouvantables » ; son Journal témoignait contre lui, il n'y avait aucun moyen d'y échapper.

« Ce n'est donc que mon devoir de répondre affirmativement à votre question. » La salle se tut. Puis il dit : « Mille ans passeront sans que soit effacée cette responsabilité de l'Allemagne[59]. »

C'était trop pour certains accusés. On vit Göring secouer la tête avec dégoût, murmurer quelque chose à son voisin et faire passer un mot dans la rangée. Un autre accusé dit son mécontentement d'entendre Frank associer sa culpabilité personnelle à celle du peuple allemand tout entier. Il y avait une différence entre la responsabilité de l'individu et celle du groupe. Ceux qui ont entendu ce dernier commentaire ont peut-être noté l'ironie du propos.

« L'avez-vous entendu dire que l'Allemagne était déshonorée pour mille ans ? » chuchota Fritz Sauckel à Göring.

« Oui, je l'ai entendu [...]. » Le mépris pour Frank était visible. Il n'allait pas avoir une soirée facile.

« Je pense que Speer dira la même chose », ajouta Göring. Frank et Speer étaient des « couards aux genoux faibles »[60].

Pendant la pause du déjeuner, le Dr Seidl encouragea Frank à revenir sur son aveu de culpabilité afin d'en réduire la portée. Frank refusa. « Je suis content de l'avoir dit, et je m'en tiens là » Plus tard, il confia au Dr Gilbert qu'il espérait en avoir fait assez pour éviter la potence. « J'ai dit, contrairement aux autres gens de l'entourage du Führer qui paraissaient tout ignorer, que je *savais* ce qui se passait. Je crois que les juges sont vraiment impressionnés quand l'un de nous parle à cœur ouvert et ne cherche pas à fuir ses responsabilités. Ne le croyez-vous pas ? J'ai été vraiment heureux de voir la façon dont ils ont été touchés par ma sincérité[61]. »

Les autres accusés ne cachaient pas leur mépris. Speer doutait de la sincérité de Frank. « Je me demande ce qu'il aurait dit s'il n'avait pas livré son Journal », dit-il. Hans Fritzsche était ennuyé que Frank pût associer sa culpabilité à celle du peuple allemand. « Il est plus coupable que n'importe lequel d'entre nous », dit-il à Speer. « Il sait toutes ces choses. »

Rosenberg, qui avait passé cinq mois aux côtés de Frank, était consterné. « "L'Allemagne déshonorée pour mille ans !..." Il va plutôt loin ! »

Ribbentrop dit au Dr Gilbert qu'aucun Allemand ne devrait dire que son pays est déshonoré pour mille ans.

« Je me demande à quel point il était *sincère* ? » s'interrogea Jodl.

L'amiral Karl Dönitz partageait l'inquiétude de Fritzsche. Frank aurait dû s'exprimer en son nom seulement, pour lui-même. Ce n'était pas à lui de parler au nom de l'ensemble des Allemands[62].

Après le déjeuner, le Dr Seidl posa quelques questions supplémentaires, puis Thomas Dodd, le procureur américain, prit le relais pour interroger Frank sur le vol des œuvres d'art. Frank estima offensante l'allusion à sa participation à de quelconques méfaits.

« Je ne collectionnais pas de tableaux et, pendant la guerre, je n'aurais pas trouvé le temps de m'approprier des œuvres d'art. » Toutes les œuvres avaient été enregistrées et étaient restées en Pologne jusqu'à la fin. Ce n'est pas vrai, dit Dodd, lui rappelant les gravures de Dürer volées à Lemberg. Avant mon arrivée, répliqua Frank. Et les toiles qu'il avait ramenées en Allemagne en 1945, et le Léonard de Vinci ?

« Je les avais mises à l'abri, mais pas à des fins personnelles. » Elles étaient célèbres ; personne ne pouvait se les approprier. « On ne peut pas voler la *Joconde*. » C'était une référence à Cecilia Gallerani. À l'une des extrémités du banc, Göring était impassible ; à l'autre, on vit sourire certains des accusés[63].

129

La défense de Frank provoqua une effervescence au palais de justice. Yves Beigbeder, qui y était ce jour-là, me l'a confirmé[64]. À quatre-vingt-dix ans, il avait pris sa retraite à Neuchâtel en Suisse et, après une belle carrière aux Nations unies, il écrivait des livres sur le droit pénal international. Il était, aujourd'hui encore, affecté par le témoignage de Frank qu'il avait entendu à l'âge de vingt-deux ans. Il était alors étudiant en droit et travaillait comme référendaire pour son oncle, le juge français, Donnedieu.

Donnedieu n'a jamais parlé du procès à son neveu, même pas pendant les pauses déjeuner. « Mon oncle était très réservé ; j'ai posé toutes sortes de questions, mais il ne m'a jamais fait part de ses opinions. Ma tante était pareille ; elle se taisait, tout simplement. » Beigbeder ne se souvenait pas d'avoir rencontré Lauterpacht ou Lemkin, mais il connaissait déjà, à l'époque, leur nom, leur réputation, ainsi que leurs thèses respectives. Mais il ne s'était guère intéressé à la bataille d'idées qui opposait les deux hommes de Lemberg. « J'étais trop jeune et ignorant ! » À présent, des années plus tard, il reconnaissait l'importance et la vitalité de cette opposition entre individu et groupe, à la source du droit international moderne. Donnedieu et Falco parlaient quelquefois de Lemkin de manière légère. L'homme était « obsédé » par le génocide ; de cela il se souvenait.

Frank présenta sa défense un mois après l'arrivée de Beigbeder à Nuremberg. Des rumeurs selon lesquelles il adopterait une attitude différente des autres avaient circulé, Beigbeder avait donc absolument voulu y assister. D'après ses souvenirs, Frank était le seul accusé à avoir reconnu une part de responsabilité. Cela avait fait une certaine impression, et Beigbeder lui-même lui avait consacré un article dans un périodique protestant, *Réforme*, parlant de l'« aveu de culpabilité inattendu[65] » de Frank.

« Frank semblait avoir accepté une certaine responsabilité », me dit-il. « Il ne l'assumait pas complètement, bien sûr, mais le fait d'avoir reconnu une certaine responsabilité était important, et différent, et nous l'avons tous remarqué. »

Je l'interrogeai sur la relation entre son oncle et Frank. Donnedieu avait-il jamais mentionné qu'il avait connu Frank dans les années 1930, qu'il avait même visité Berlin à l'invitation de Frank ? Mes questions ne provoquèrent d'abord qu'un silence, puis : « Que voulez-vous dire ? » Je lui racontai le voyage de Donnedieu à Berlin et sa conférence devant l'Académie pour le droit allemand. Je lui envoyai plus tard une copie du texte de la conférence de Donnedieu, ironiquement intitulé « La punition des crimes internationaux[66] ». Frank avait répondu aux thèses de Donnedieu par une attaque contre « une source de grand danger et de confusion ». Je lui envoyai également une photo qui, manifestement, surprit Beigbeder. « Je ne savais pas que mon oncle connaissait Frank jusqu'à ce que vous me l'appreniez. C'est tout à fait surprenant. »

Frank et Donnedieu avaient tous deux intérêt à ne pas dévoiler leur relation. Le juge Falco, en revanche, était au courant, et avait noté dans son Journal que son collègue français avait dîné avec Frank, qu'il avait même rencontré Julius Streicher. Les Soviétiques aussi savaient, et ils s'étaient opposés à la nomination de Donnedieu. *Le Populaire*, journal socialiste français, avait même publié un article au titre fort clair : « Un juge nazi au tribunal de Nuremberg[67] ».

130

Frank fit son apparition à la barre le Jeudi saint, le lendemain du jour où la *Passion selon saint Matthieu* était habituellement donnée à l'église Saint-Thomas de Leipzig. Dodd écrivit à sa femme, aux États-Unis, qu'il s'était attendu à une attitude « récalcitrante » de Frank après les témoignages abjects sur la Pologne, mais qu'il n'avait pas eu finalement besoin de recourir à un contre-interrogatoire poussé. Frank avait presque admis sa culpabilité, dans l'un des moments les plus spectaculaires du procès.

« Il est devenu catholique, écrivit Dodd, et apparemment cela a marché[68]. »

Frank était calme. Il avait payé sa dette et fait amende honorable, il était d'humeur optimiste. Les juges français, britanniques et américains avaient dû apprécier sa candeur. Dieu est un hôte généreux, dit-il au Dr Gilbert qui lui demanda ce qui l'avait conduit à faire le choix qu'il avait fait.

Son retournement était venu d'un article de journal, expliqua Frank.

« Il y a quelques jours, j'ai lu dans un journal que le Dr Jacoby, un avocat juif de Munich, qui était un des meilleurs amis de mon père, avait été tué à Auschwitz. Alors quand Höss a dit dans son témoignage comment il avait exterminé deux millions et demi de Juifs, j'ai compris qu'il était l'homme qui avait froidement assassiné le meilleur ami de mon père – un vieillard distingué, droit, amical – et des millions d'innocents comme lui, et que je n'avais rien fait pour l'en empêcher ! Certes, je ne l'ai pas tué moi-même, mais ce que je disais et ce que disait Rosenberg rendaient de pareilles choses possibles[69] ! »

Comme Brigitte Frank, il trouva du réconfort dans l'idée que lui-même n'avait tué personne. Cela le sauverait peut-être.

IX.

La fille qui avait choisi de ne pas se souvenir

131

Leon avait choisi le silence. On ne disait rien de Malke, ni de ses sœurs Laura et Gusta, de la famille à Lemberg et Żółkiew, rien non plus des autres membres de la famille, de ses quatre nièces viennoises.

L'une de ces quatre nièces s'appelait Herta, c'était la fille de sa sœur Laura, celle qui aurait dû prendre le train pour Paris avec Miss Tilney et ma mère en 1939 (elle avait alors onze ans), celle qui ne monta pas à bord. Leon ne parla jamais d'elle.

Il ne dit rien non plus de sa sœur Gusta ou de son mari Max qui étaient restés à Vienne jusqu'en décembre 1939.

Je savais peu de chose sur les trois filles de Max – Daisy, l'aînée, Edith, la plus jeune, et l'enfant du milieu, elle aussi prénommée Herta – sinon qu'elles avaient réussi à quitter Vienne en septembre 1938. Toutes trois avaient pu partir en Palestine ; ma mère avait été en contact avec deux d'entre elles dans les années 1950.

Avant notre premier voyage à Lviv, ma mère évoqua le souvenir des trois nièces de Leon, « disparues depuis longtemps ». Deux d'entre elles, Edith et Herta, avaient des enfants ; peut-être cela valait-il le coup de les rechercher ? J'avais moi-même un souvenir flou de cette génération, qui n'existait que dans la mémoire lacunaire de mon enfance.

Je voulais maintenant les retrouver, écouter leurs histoires. Grâce aux noms et aux anciennes adresses, j'ai fini par obtenir un numéro de téléphone qui me conduisit à Doron, le fils de Herta, la fille cadette de Max et Gusta. Doron vivait à Tel Aviv, il me réserva une surprise : sa mère Herta, la nièce de Leon, était vivante, se portait bien et résidait dans une maison de retraite avec une belle vue sur la Méditerranée non loin de Tel Aviv. C'était une femme dynamique de quatre-vingt-douze ans qui jouait au bridge tous les jours et remplissait au moins deux grilles de mots croisés en allemand toutes les semaines.

Il y avait cependant une difficulté, ajouta Doron. Elle avait fermement refusé de lui parler des événements d'avant-guerre et n'avait pas dit grand-chose sur la vie à Vienne avant décembre 1938, l'année de son départ. Il avait très peu d'informations et ne savait presque rien de cette période qui demeurait « un mystère » pour lui. D'après moi, Herta était la seule personne vivante qui pouvait avoir des souvenirs de Vienne, de Malke et de Leon. Elle ne voulait pas parler, mais on pouvait peut-être rafraîchir sa mémoire. Elle se souvenait peut-être du mariage de Leon et Rita au printemps de 1937, ou de la naissance de ma mère un an plus tard, ou des circonstances de son propre départ de Vienne. Elle pourrait peut-être aussi m'éclairer sur la vie de Leon à Vienne.

Elle accepta de me recevoir. Qu'elle consente à parler du passé était une autre affaire.

Deux semaines plus tard, j'étais devant la porte de Herta Gruber à Tel Aviv, accompagné de son fils Doron. La porte s'ouvrit sur une petite dame bien conservée à la magnifique chevelure teinte en roux. Elle s'était apprêtée : vêtue d'un chemisier blanc immaculé, elle venait d'appliquer une couche de rouge à lèvres rouge profond et avait redessiné ses sourcils au crayon brun.

J'ai passé deux jours en sa compagnie, entouré de photos de famille, de documents et de clichés de Vienne dans les années 1930. Je les avais apportés de Londres dans l'espoir de raviver sa mémoire. Elle avait ses propres archives, dont un petit album rempli de photos de famille que je ne connaissais pas.

Le première avait été prise en 1926, elle avait alors six ans, le jour de la rentrée des classes, devant le magasin de spiritueux de Max. Été 1935, un séjour au bord du Plattensee. Hiver 1936, un voyage scolaire dans une station de ski, Bad Aussee. Un petit ami fort beau, photographié en 1936. Avec des amis ramassant des fleurs dans un pré, l'été suivant dans le Tyrol du Sud. Des vacances à Döbling et sur la côte dalmate de la Yougoslavie, en 1937. Une photo à Vienne, prise dans un parc municipal, près d'un plan d'eau avec des canots, début 1938, avant l'*Anschluss*. La vie confortable d'une adolescente heureuse.

Puis les Allemands étaient arrivés, les nazis avaient pris le pouvoir; la vie s'était interrompue. Sur les pages suivantes de l'album, figurait une photo de famille: Herta avec ses parents et ses deux sœurs, juste avant le départ de Vienne. Grand-mère Malke était sur la photo, elle allait bientôt se retrouver seule. Puis une page sur laquelle Herta avait écrit la date, 29 septembre 1938, le jour du départ de Vienne. Elle était partie en train avec sa jeune sœur, Edith, de Vienne à Brindisi en Italie du Sud. De là, elles avaient pris un bateau pour la Palestine.

Entre les pages, il y avait une photo non datée de sa cousine, qui s'appelait également Herta, l'enfant unique de la sœur de Leon, Laura. Je ne l'avais jamais vue auparavant; elle portait des lunettes et semblait anxieuse, elle était debout dans la rue à côté d'une poupée aux longs cheveux nattés. Toutes deux portaient un chapeau. C'était l'autre Herta, celle qui était restée à la suite d'une décision de dernière minute, la fille qui ne pouvait supporter l'idée d'être séparée de sa mère. Sa mère avait décidé que Herta ne ferait pas le voyage avec Miss Tilney. Deux ans plus tard, Herta et sa mère étaient mortes dans le ghetto de Łódź.

Herta Rosenblum (la cousine de Herta Gruber), *ca.* 1938.

Il y avait des photos de Leon. Un portrait le jour de son mariage, sans son épouse, fait par Simonis, un studio viennois réputé. Quatre photos de ma mère dans les bras de Malke, prises à Vienne dans la première année de sa vie. C'étaient des images tendres, nouvelles pour moi. Malke avait l'air inquiet, le visage fatigué.

Malke et Ruth, 1938.

132

NEUTRE, c'est la meilleure description que l'on peut donner de l'attitude de Herta. Elle n'était ni heureuse ni malheureuse de me voir. J'étais simplement là. Elle se souvenait de l'oncle Leon, était contente de parler de lui, ses yeux s'illuminaient, elle devenait plus chaleureuse. Oui, dit-elle, je sais qui tu es, tu es son petit-fils. Elle exprimait un fait, sans exprimer une quelconque émotion. En fait, elle n'a, à aucun moment durant les deux jours que nous avons passés ensemble, fait preuve de tristesse, ou de joie, ou de quelque sentiment que ce soit entre ces deux extrêmes. Autre fait curieux : durant les nombreuses heures que nous avons passées ensemble, Herta ne m'a pas posé la moindre question.

Dès le début de la conversation, il est devenu clair que Herta ne savait rien de ce qui était arrivé à ses parents. Elle savait qu'ils étaient morts, mais ni où, ni comment. Je lui demandai si elle voulait savoir ce qui leur était arrivé.

« Il le sait ? » La question était adressée à son fils, pas à moi. Elle semblait surprise par la perspective de recueillir une information nouvelle.

« Il dit qu'il sait », répondit Doron. Ils parlaient en hébreu ; la seule chose que je comprenais était la douceur avec laquelle il lui répondait.

Je rompis le silence et demandai à Doron si elle souhaitait savoir.

« Demande-lui », dit Doron avec un haussement d'épaules.

« Oui », dit-elle, elle voulait connaître les détails, tous les détails.

Des années s'étaient écoulées entre les événements que je décrivis et notre rencontre dans son petit appartement à Tel Aviv. Vos parents ont été assassinés, lui dis-je, il y a soixante-dix ans, après le départ de vos sœurs et de vous-même de Vienne, dans des circonstances terriblement malheureuses. J'avais en effet découvert que Gusta et Max avaient trouvé des places à bord d'un bateau à vapeur, l'*Uranus*, qui devait descendre le Danube vers Bratislava, les emmenant, eux et plusieurs centaines d'autres Juifs *émigrés**, vers la mer Noire. De là, ils devaient prendre un autre bateau pour la Palestine.

L'*Uranus* était parti de Vienne en décembre 1939, mais le trajet avait été interrompu par une succession d'événements malheureux, naturels et non naturels : la glace et l'Occupation. À la fin de l'année, le bateau avait atteint Kladovo, une ville yougoslave (aujourd'hui en Serbie). La glace et l'hiver anormalement froid avaient empêché la poursuite du voyage. Gusta et Max avaient passé l'hiver prisonnier de la glace à bord d'un bateau bondé, interdits de débarquer pendant plusieurs mois. Puis on les conduisit dans un camp proche de Kladovo, où ils durent rester plusieurs mois encore. En novembre 1940, ils avaient embarqué à bord d'un autre bâtiment qui devait les ramener à Vienne, en remontant le Danube en sens inverse. En avril 1941, alors qu'ils atteignaient Šabac, près de Belgrade, l'Allemagne avait attaqué et occupé la Yougoslavie. Ils étaient restés là, dans l'impossibilité de poursuivre leur voyage[1].

---

* En français dans le texte *(NdT)*.

Ils avaient ensuite été détenus et placés sous autorité allemande. Les hommes et les femmes avaient été séparés. Max avait été transporté à Zasavica, en Serbie, conduit dans un champ, aligné et fusillé avec les autres hommes du bateau. C'était le 12 octobre 1942. Gusta avait survécu quelques semaines de plus jusqu'à sa déportation au camp de concentration de Sajmište près de Belgrade. C'est là qu'on l'avait assassinée, en automne 1942 – on ne connaît pas le jour exact.

Herta écouta attentivement le compte rendu que je livrai avec quelque appréhension. Lorsque j'eus terminé, j'attendis ses questions, mais il n'y en eut pas. Elle avait entendu et compris. C'est le moment qu'elle choisit pour expliquer son attitude envers le passé, le silence et la mémoire.

« Je veux que tu saches que ce n'est pas vrai que j'ai tout oublié. »

Voilà ce qu'elle dit, ses yeux rivés aux miens.

« C'est juste que j'ai décidé il y a très longtemps que c'était une époque dont je ne souhaitais pas me souvenir. Je n'ai pas oublié. J'ai choisi de ne pas me souvenir. »

133

PENDANT CES DEUX JOURS, les photos de son album et celles que j'avais enregistrées dans mon ordinateur avaient contribué à raviver un peu la mémoire de Herta. Au début, c'était comme si l'on était dans le noir, puis il y eut un rai, une lueur, des illuminations intermittentes. Herta se souvenait de quelques faits, mais d'autres étaient enterrés trop profondément pour émerger.

Je lui montrai une photo de Laura, sa tante, la sœur de sa mère. Aucun souvenir. Puis une photo de mariage, Leon et Rita, et une photo de la synagogue où ils s'étaient mariés. Elles ne firent aucun effet. Elle dit qu'elle ne s'en souvenait pas, alors qu'elle avait dû assister au mariage. Le nom de Rita ne signifiait rien pour elle. Je dis Regina, mais aucun tressaillement, rien. « Non, je ne me souviens pas. » C'était comme si Rita n'avait jamais existé. Herta n'avait aucun souvenir de la naissance de ma mère en juillet 1938, quelques mois seulement avant son départ pour Brindisi. Elle savait que Leon avait eu un enfant, mais rien de plus.

Quelques souvenirs revenaient, mais ils ne se bousculaient pas vraiment.

Le visage de Herta s'illumina lorsque je lui montrai une photo de Malke. Ma grand-mère, dit-elle, « une femme très, très gentille », bien que « pas très grande ». Herta reconnut l'immeuble de la Klosterneuburgerstrasse où ils vivaient, au n° 69. Elle se souvenait même de l'intérieur (« trois chambres à coucher et une autre pour la bonne, une grande salle à manger où la famille se retrouvait pour les repas »). Le sujet des repas de famille appela un autre souvenir, dont son fils m'avait déjà parlé : il fallait avoir un livre sous chaque bras pour les garder bien droits en mangeant.

Je lui montrai une photo de l'immeuble prise quelques mois auparavant, lors de mon séjour à Vienne avec ma fille. « Cela n'a pas changé », dit-elle. Elle montra la grande fenêtre de l'angle du premier étage.

« De cette fenêtre, ma mère me disait au revoir tous les matins lorsque je partais pour l'école. ».

Le magasin de son père se trouvait au rez-de-chaussée. Elle montra les fenêtres, décrivit l'intérieur en détail. Les bouteilles, les verres, l'odeur. Les clients aimables.

Elle devenait presque bavarde, se souvenant des vacances d'été au bord des lacs d'Autriche, du ski à Bad Aussee (« formidable »), des sorties au Burgtheater et à l'Opéra de Vienne (« fascinant et excitant »). En revanche, lorsque je lui montrai une rue proche de la maison couverte de svastikas, elle prétendit n'avoir aucun souvenir d'une telle scène. C'était comme si tout ce qui s'était passé après mars 1938 avait été effacé. Elle avait pourtant le même âge qu'Inge Trott qui, elle, se rappelait l'arrivée de l'armée allemande et la prise de pouvoir des nazis. Herta ne gardait aucun souvenir de tout cela.

Comme je l'encourageai à faire travailler sa mémoire, elle dit se souvenir d'un endroit du nom de Lemberg, et d'un voyage pour rendre visite à la famille de Malke. Żółkiew aussi sembla lui rappeler quelque chose, mais elle ne se souvenait pas si elle y était allée.

Ce fut le nom de Leon qui suscita le souvenir le plus vif. Son oncle Leon, elle l'avait « adoré », comme un frère aîné, de seize ans seulement son aîné. Il était toujours dans les parages, une présence constante.

« Il était si gentil, je l'aimais. » Elle s'interrompit, surprise par ce qu'elle venait de dire. Puis elle le redit, au cas où je ne n'aurais pas entendu. « Je l'aimais vraiment. »

Ils avaient grandi ensemble, expliqua Herta, ils vivaient dans le même appartement après le départ de Malke pour Lemberg en 1919. Il était là quand elle était née en 1920, il avait seize ans, c'était un lycéen viennois. La mère de Herta, Gusta, le gardait en l'absence de Malke.

Leon était une présence constante dans sa vie. Quand Malke était revenue de Lemberg, elle s'était installée dans un appartement qui appartenait à Max et Gusta dans le même immeuble (j'ai trouvé les papiers prouvant que ces derniers avaient vendu l'immeuble à un nazi local pour une bouchée de pain, quelques mois après l'*Anschluss*). Durant les années d'enfance de Herta, Malke était une présence rassurante, c'était la mère de famille, en particulier lors des grands repas de famille et des fêtes religieuses. D'après ses souvenirs, la famille n'était pas vraiment observante ; ils allaient rarement à la synagogue.

« Je crois que Leon aimait beaucoup sa mère », dit-elle brusquement, sans que je l'y encourage. « Il était très attentionné avec elle », et elle avec lui ; c'était le seul fils qui lui restait après la mort d'Emil, tué dans les premiers jours de la Première Guerre mondiale. Il n'y avait pas de père, me rappela Herta. Lorsque nous feuilletions les albums, son visage s'adoucissait chaque fois qu'elle voyait une photo de Leon.

Elle reconnut le visage d'un autre jeune homme qui apparaissait sur plusieurs photos. Son nom lui échappait. C'est Max Kupferman, lui dis-je, le meilleur ami de Leon.

« Oui, bien sûr », dit Herta. « Je me souviens de lui, c'était l'ami de mon oncle, ils étaient toujours ensemble. Quand il venait à la maison, il venait toujours avec son ami Max. »

Cette remarque m'incita à l'interroger sur les amies de Leon. Herta secoua la tête vigoureusement, puis sourit, d'un sourire chaleureux. Ses yeux aussi sourirent. « Tout le monde passait son temps à demander à Leon "quand vas-tu te marier ?" Il répondait toujours qu'il voulait ne jamais se marier. »

Je l'interrogeai sur d'éventuelles petites amies. Elle ne se souvenait d'aucune amie.

« Il était toujours avec son ami Max. » C'est tout ce qu'elle dit, répétant ces mots.

Doron demanda si elle pensait que Leon aurait pu être gay.

« On ne savait pas ce que c'était alors », répondit Herta, d'un ton égal. Elle ne fut ni surprise, ni choquée. Elle ne confirma ni n'infirma.

134

DE RETOUR À LONDRES, je me suis replongé dans les papiers de Leon, rassemblant toutes les photos que je pouvais trouver ; elles ne se présentaient pas dans un ordre particulier. Je mis de côté toutes celles où il y avait Max, les rangeant par ordre chronologique du mieux que je pouvais.

La première photo était un portrait formel, pris par l'Atelier Central de Vienne en novembre 1924. Au dos de la petite photo carrée, Max avait inscrit quelques mots (« à mon ami Buchholz, avec mon fidèle souvenir »). La dernière photo de Max dans l'album de Leon avait été prise douze ans après, en mai 1936, elle montrait les deux hommes allongés dans un champ avec un ballon de foot en cuir entre eux. Max l'avait signée « Mackie ».

Leon (à gauche) et « Mackie », 1936.

Entre 1924 et 1936, sur une période de douze ans, Leon avait collectionné plusieurs douzaines de photos de son ami Max. Pas une année apparemment ne s'était écoulée sans qu'une photo ne soit prise, parfois plusieurs.

Les deux hommes en randonnée. Jouant au foot. À une cérémonie. À une fête sur la plage, accompagnés de filles, bras dessus, bras dessous. Ensemble, près d'une voiture dans la campagne.

Ces photos, prises sur une période de douze années, entre vingt et trente-trois ans (quelques mois avant son mariage avec Rita), témoignent d'une relation de proximité. Qu'elle fût intime ou non n'apparaît pas clairement. Les revoyant à nouveau aujourd'hui, avec les remarques de Herta en tête, je me dis que c'était là une intimité d'un genre particulier. Leon avait dit qu'il ne voulait jamais se marier.

Max avait réussi à quitter Vienne ; comment, quand, je ne le savais pas. Il était parti pour l'Amérique, New York, puis la Californie. Il était resté en contact avec Leon et, plusieurs années plus tard, lorsque ma mère était à Los Angeles, elle l'avait rencontré. Il s'était marié tardivement, m'avait dit ma mère, et il n'avait pas d'enfants. Comment était-il ? Chaleureux, aimable, drôle, selon elle. « Et flamboyant. » Elle avait souri, d'un sourire entendu.

Je retournai à la seule lettre de Max que j'avais trouvée dans les papiers de Leon. Écrite en mai 1945, le 9, le jour où les Allemands avaient capitulé face à l'Union soviétique. C'était une réponse à une lettre de Leon, expédiée depuis Paris un mois plus tôt.

Max décrivait la perte de membres de sa famille, l'instinct de survie, l'optimisme retrouvé. Ses mots dénotaient un espoir palpable. Comme Leon, il buvait la vie, même si la coupe n'était qu'à moitié pleine.

La dernière ligne accrocha mon regard, comme lorsque je l'avais lue pour la première fois, mais c'était alors pour une raison différente, sans connaître le contexte, avant d'avoir entendu le témoignage de Herta. Max se référait-il à des souvenirs viennois lorsqu'il avait écrit ces mots, lorsqu'il avait envoyé des « baisers affectueux » à Leon, avant de terminer sa lettre par une question ?

« Dois-je répondre à tes baisers, avait écrit Max, ou sont-ils seulement pour ta femme ? »

X.

Jugement

135

Après la déposition de Frank, les séances furent consacrées à l'interrogatoire des autres accusés, puis aux réquisitoires finaux des procureurs. Les Américains avaient choisi de ne pas s'appuyer sur Lemkin, les Britanniques avaient fait appel, de leur côté, à Lauterpacht qui travaillait avec Shawcross. Compte tenu de l'« aide inestimable » que le professeur de Cambridge lui avait apportée lors de la plaidoirie d'ouverture, Shawcross lui avait demandé de rédiger les arguments légaux conclusifs et de les appliquer aux faits. « Je vous serai, quoi qu'il arrive, très reconnaissant de vos conseils »[1].

Lauterpacht avait mis du temps à se remettre de son premier voyage à Nuremberg, quelques mois plus tôt. Il y était parvenu en se consacrant à ses cours et en se plongeant dans l'écriture, notamment la rédaction d'un article qui rendait compte des défis soulevés par le procès, de la tension entre le « réalisme » et les « principes ». « Un réalisme solide » et une approche pragmatique étaient tous deux nécessaires, concluait-il, mais, dans le long terme, un engagement ferme envers les « principes » était plus important et devait l'emporter[2]. Il n'évoquait pas les idées de Lemkin mais, s'il l'avait fait, il aurait dit qu'elles n'étaient pas bonnes sur le plan des principes, et qu'elles n'étaient guère applicables.

Au printemps de 1946, Lauterpacht se sentait fatigué et d'humeur sombre. Rachel était inquiète de l'état de santé de son mari, mais aussi de son état d'esprit et de ses insomnies qui provoquaient chez lui des angoisses disproportionnées sur les moindres détails de la vie quotidienne, le prix de la cotisation de l'Athenaeum Club à Pall Mall par exemple. Les terribles informations qu'Inka lui avait données sur la mort de ses parents et des autres membres de sa famille pesaient lourdement sur lui, même s'il ne connaissait pas les détails précis. Rachel raconta à Eli que son père « poussait des cris terribles dans son sommeil », en réaction sans doute aux « bestialités qu'il avait entendues »[3].

La survie d'Inka apportait cependant une lueur d'espoir. Lauterpacht consacra son temps et son énergie à la persuader de s'installer en Angleterre, près d'eux, à Cambridge. Il pouvait la faire venir, lui dit-il, puisqu'elle était sa parente vivante la plus proche, mais il ne pouvait pas en faire de même pour les Melman, le couple qui s'occupait d'elle dans le camp de personnes déplacées en Autriche. Lauterpacht comprenait qu'Inka souhaitât rester avec eux, puisqu'ils lui avaient offert sécurité et stabilité après les « horribles souffrances » qu'elle avait endurées. « Nous avons l'impression de bien te connaître », écrivit-il à la jeune fille de quinze ans, « ton grand-père Aron t'aimait beaucoup et parlait souvent de toi ». Il voulait respecter sa volonté bien sûr, c'était à *elle* de décider de son avenir, écrivit-il encore, mais il souhaitait qu'elle vienne en Angleterre où les conditions de vie étaient « plus normales »[4].

L'intervention de Rachel aida à sortir de l'impasse. Je comprends tes « peurs et tes doutes », écrivit-elle à Inka, mais Hersch est ton parent le plus proche, c'est le frère de ta mère. « J'ai connu ta mère et je l'aimais beaucoup, dit-elle, je pense que c'est bien que tu viennes chez nous, ce sera ta maison, et nous serons ta famille ». Elle ajouta une phrase qui dut concaincre Inka : « Tu seras notre enfant, notre fille. » Un peu plus tard dans l'année, Inka fit le voyage pour l'Angleterre et s'installa avec eux à Cranmer Road.

C'est à ce moment-là, alors qu'il correspondait avec Inka, que Lauterpacht retourna à Nuremberg, avec une nouvelle certitude : sa famille avait été détruite par les gens qu'il poursuivait. Il voyagea le 29 mai afin de s'entretenir avec David Maxwell Fyfe et l'équipe de juristes britannique responsable de la plaidoirie finale. Cette dernière devait être prononcée quelques semaines plus tard, à la fin du mois de juillet ; Shawcross proposa donc la division du travail suivante : les juristes britanniques s'occuperaient des faits qui concernaient les accusés individuels, tandis que Lauterpacht se consacrerait à la partie « légale et historique du dossier ». Sa tâche consisterait à persuader les juges qu'il n'y avait pas d'obstacles juridiques à condamner les accusés pour crimes contre l'humanité et pour tous les autres crimes. La partie de Lauterpacht serait « au cœur de la plaidoirie », lui dit Shawcross[5].

136

LEMKIN ÉTAIT RESTÉ À WASHINGTON, frustré, *outsider*, volontairement tenu à l'écart. C'est alors qu'il chercha à nouveau un moyen de retourner en Europe, au moment même où le « génocide » était écarté du procès, où l'on renonçait au terme qu'il avait inventé. Lemkin pensait qu'il était le seul à pouvoir le réintroduire et, pour cela, il fallait qu'il soit à Nuremberg.

Employé comme consultant à mi-temps au département de la Guerre américain (pour un salaire journalier de 22 dollars), il vivait seul, s'inquiétait du destin de sa famille – dont il n'avait toujours pas de nouvelles – et suivait le procès grâce aux reportages et aux transcriptions des débats. Ayant accès à une partie des documents, il était particulièrement attentif aux détails contenus dans le Journal de Frank. C'était un *verbatim*, écrivit-il, offrant un compte rendu de « chaque mot et de chaque acte "officiel" ». Ces paroles d'un homme arrogant, cynique, dépourvu de compassion et en aucun cas convaincu de l'immensité de ses crimes, se lisaient quelquefois comme « un mauvais scénario hollywoodien[6] ». Grâce au Journal, Lemkin focalisa son attention sur Frank.

Sa vie n'était pourtant pas faite que de travail et de soucis. Sociable – il se liait plus facilement que Lauterpacht –, il vivait en homme du monde. Au point que le *Washington Post* le sollicita pour un reportage sur les « étrangers » de la capitale et leur opinion sur les femmes américaines[7]. Parmi les sept hommes qui ont accepté de s'exprimer, figure le Dr Raphael Lemkin, connu pour être un « universitaire » et un avocat international polonais « sérieux », auteur du *Règne de l'Axe*, écrivit le *Washington Post*.

Lemkin ne boudait pas son plaisir à partager son opinion sur les femmes américaines. Célibataire endurci, il trouvait les dames de Washington « trop franches, trop honnêtes » pour le séduire, dépourvues de ce qu'il appelait les « qualités subtiles et attrayantes de la coquette Européenne ». Oui, en Amérique, « presque toutes les femmes » étaient « attirantes », parce que la beauté s'était tellement « démocratisée ». Les femmes européennes étaient, par contraste, généralement « sans allure et souvent laides », il n'y avait que dans les « hautes sphères de la société » que l'on trouvait de réelles beautés. Il existait une autre différence : contrairement aux Américaines, les femmes européennes se servaient de leur intelligence pour captiver les hommes, pour jouer « le rôle de "geishas intellectuelles" ». Cela étant dit, confia-t-il au journaliste, quels que fussent les défauts des femmes américaines, il aurait été heureux de « s'installer avec l'une d'elles ».

Il ne le fit jamais. Lorsque j'interrogeai Nancy Ackerly sur ses liaisons, la « princesse des Druides » que Lemkin avait rencontrée dans le Riverside Park à New York se souvint qu'il lui avait confié n'avoir « ni le temps ni les moyens de se marier ». Quelques semaines plus tard, l'œuvre poétique de Lemkin m'arriva par la poste, trente poèmes qu'il avait écrits et qu'il avait voulu partager avec Nancy. La plupart portait sur les événements qui avaient façonné sa vie et était heureusement restée dans l'ombre, mais certains poèmes parlaient d'affaires de cœur. Visiblement, aucun n'était destiné à une femme en particulier, mais deux d'entre eux s'adressaient apparemment à des hommes[8]. Pris dans « l'effroi de l'amour », il écrivait :

M'aimera-t-il davantage
Si je ferme la porte à clef
Lorsqu'il frappera cette nuit ?

Un autre, sans titre, s'ouvrait sur ces vers :

Monsieur, ne vous débattez pas
Laissez-moi baiser
Votre poitrine avec amour.

On ne sait à quoi ces vers faisaient référence. Il semble cependant que Lemkin ait vécu une vie de solitaire, et qu'il avait peu de personnes avec qui partager sa frustration sur l'évolution du procès. Peut-être a-t-il redoublé d'espoir au printemps de 1946, lorsque les procès nationaux, où les accusés allemands devaient être inculpés pour génocide, ont débuté, en Pologne notamment, sous l'égide de son vieux mentor, Emil Rappaport. Mais, à Nuremberg, le terme « génocide » avait simplement disparu et, après la salve des jours d'ouverture, 130 jours d'audience s'étaient écoulés sans la moindre mention du terme.

En mai, il commença donc une nouvelle campagne de correspondance intensive pour influencer ceux qui pouvaient contribuer à changer le cours du procès. Les lettres que j'ai trouvées étaient verbeuses et plutôt désespérées, naïves et parfois serviles. Elles avaient néanmoins quelque chose de touchant ; Lemkin était vulnérable et sincère. Il adressa une lettre de trois pages à Eleanor Roosevelt, qui présidait le nouveau comité des droits de l'homme aux Nations unies ; Lemkin pensait qu'elle serait sensible à sa cause, dans la mesure où elle comprenait « les besoins des groupes les moins privilégiés[9] ». Il la remercia de bien vouloir parler de ses idées avec son mari – il appelait Roosevelt « notre grand chef de guerre » –, et l'informa que le juge Jackson avait approuvé « son idée de faire du génocide un crime », affirmation en partie seulement vraie. Le droit n'était pas « la réponse à tous les problèmes du monde », reconnut-il, mais c'était néanmoins un moyen de consacrer un certain nombre de principes fondamentaux. Contribuerait-elle à la création d'un nouveau dispositif qui prévienne et punisse le génocide ? Il joignit à sa lettre quelques-uns de ses articles.

Il envoya une lettre similaire à Anne O'Hare McCormick, membre du comité de rédaction du *New York Times*, et une autre au nouveau Secrétaire général des Nations unies, Trygve Lie, un juriste norvégien[10]. Aussi mince que fût son lien avec eux, Lemkin tenta sa chance auprès des autres destinataires : il écrivit, par exemple, à Gifford Pinchot, l'ancien gouverneur de Pennsylvanie, rencontré des années auparavant par l'intermédiaire des Littell, perdu de vue depuis (« Vous m'avez beaucoup manqué tous les deux[11] »). Dans une autre lettre, adressée au directeur des organisations internationales du département d'État, il s'excusa de son silence (« une invitation soudaine pour Nuremberg et Berlin » l'avait empêché de poursuivre la conversation[12]). Lemkin, en homme de réseaux consommé, avait commencé sa campagne.

L'« invitation soudaine » à Nuremberg reste inexpliquée. Il partit pour l'Europe à la fin du mois de mai, fort d'une toute nouvelle carte d'identité du département de la Guerre ; elle lui ouvrirait peut-être des portes en Allemagne, malgré le tampon « Ceci n'est pas un laissez-passer[13] ».

Carte d'identité de Lemkin, département de la Guerre, mai 1946.

Sur la photo, Lemkin, en chemise blanche et cravate, a une allure officielle. C'est l'homme qu'on a vu pour la première fois dans l'article du *Washington Post* deux mois auparavant. Il regarde fixement l'objectif, lèvres pincées, sourcils froncés, l'air déterminé, préoccupé. La carte d'identité indique que Lemkin a les yeux bleus, les cheveux « noir-gris », qu'il pèse 176 livres et mesure exactement 1,80 mètre.

137

LEMKIN FIT une première halte à Londres. Il y rencontra Egon Schwelb, un sympathique avocat tchécoslovaque qui avait représenté les réfugiés allemands antinazis avant guerre à Prague, et était devenu président de la Commission pour les crimes de guerre des Nations unies[14]. Schwelb était également en contact avec Lauterpacht. Ils discutèrent génocide et responsabilité, Lemkin évoqua même l'idée de produire un film pour traquer les criminels de guerre disparus. Cela ne donna rien. De Londres, il partit pour l'Allemagne; il arriva à Nuremberg au début du mois de juin. Il manqua Lauterpacht de quelques heures. Fritz Sauckel était à la barre ce jour-là, accusé d'avoir organisé le travail forcé en Allemagne. Aux juges, Sauckel raconta son entrevue avec Frank en août 1942 à Cracovie, peu de temps après le retour de ce dernier de Lemberg. Frank lui avait appris qu'il avait déjà envoyé 800 000 travailleurs polonais vers le Reich, mais qu'il pouvait facilement lui en fournir 140 000 de plus[15]. On traitait les hommes comme des marchandises bon marché.

Le dimanche 2 juin, on proposa à Lemkin de rencontrer Robert Jackson afin de lui expliquer le but de sa visite en Europe: aider le département de la Guerre à évaluer l'impact de la libération des SS des camps de détention. Plus de vingt-cinq mille SS avaient déjà été libérés, dit Lemkin à Jackson[16]. Accompagné ce jour-là de son fils Bill, le procureur fut surpris, dans la mesure où la SS était poursuivie comme organisation criminelle. Les trois hommes s'entretinrent également du travail de Lemkin sur les procès de Tokyo. Il serait surprenant que Lemkin n'ait pas alors introduit le mot «génocide» dans leur conversation. Comme il n'était pas formellement membre du groupe de Jackson, Lemkin se dit «conseiller juridique» auprès du procureur général, ce qui revenait à légèrement embellir la réalité[17]. On lui donna un laissez-passer pour le mess des officiers à Nuremberg, assorti des privilèges d'un colonel pour les repas du soir. Malgré les heures passées aux archives de Getty Images, je n'ai pas trouvé de laissez-passer formel pour la salle d'audiences, et personne n'a pu me montrer une photo de Lemkin dans la salle 600.

Il est pourtant évident qu'il était au palais de justice, puisqu'il passait son temps à poursuivre les avocats de l'accusation ; à ma grande surprise, il parla également aux avocats de la défense. Benjamin Ferencz, un jeune avocat du groupe de Jackson, décrivit Lemkin comme un bonhomme échevelé et désorienté, qui tentait constamment d'attirer l'attention des procureurs. « Nous étions tous extrêmement occupés », se rappelle Ferencz, « on ne voulait pas qu'on nous ennuie avec le génocide », un sujet dont « on n'avait pas le temps de parler ». Les avocats de l'accusation ne devaient pas être distraits de leur tâche : « condamner ces gars pour meurtre de masse »[18].

L'un des procureurs, le Dr Robert Kempner, à qui Lemkin avait donné un exemplaire de son livre un an plus tôt, en juin 1945, se montra plus obligeant. Destitué de son poste d'avocat en Allemagne par Göring, puis banni du Reich, Kempner était maintenant un élément important de l'équipe de Jackson : par une inversion des rôles, c'était maintenant lui qui poursuivait Göring. Kempner permit à Lemkin d'utiliser son bureau, salle 128 au palais de justice, comme poste restante[19]. De là, celui-ci pouvait établir un plan de bataille pour relancer sa campagne.

Trois jours après son entrevue avec les Jackson père et fils, Lemkin rédigea un long mémorandum pour plaider la cause du génocide. On ne sait pas bien s'il a été écrit à la demande du procureur, mais j'en doute. Intitulé « De la nécessité de développer le concept de génocide dans les procédures juridiques », ce mémo fut envoyé à Kempner le 5 juin. Lemkin y défend longuement l'idée selon laquelle le « génocide » est le seul terme approprié pour décrire « l'intention des accusés de détruire des nations, ainsi que des groupes raciaux et religieux[20] ». Des termes moins forts – comme « meurtre de masse » ou « extermination de masse » – étaient inadéquats, car ils étaient incapables de rendre compte des éléments fondamentaux que sont la motivation raciale et le désir de détruire des cultures entières. Ce serait une perte, écrivait Lemkin,

> si les peuples condamnés par l'Allemagne comme les Juifs n'avaient pas été autorisés à créer la Bible ou à donner naissance à un Einstein [ou] à un Spinoza ; si les Polonais n'avaient pas eu l'opportunité de donner

au monde un Copernic, un Chopin ou une Curie ; les Grecs un Platon ou un Socrate ; les Anglais un Shakespeare ; les Russes un Tolstoï et un Chostakovitch ; les Américains un Emerson et un Jefferson ; les Français un Renan ou un Rodin[21].

Il précisa qu'il était préoccupé par la destruction de tous les groupes, pas seulement par celle des Juifs. Il cita nommément les Polonais, les Tsiganes, les Slovènes et les Russes. Il fallait éviter de mettre l'accent « seulement sur l'aspect juif », car c'eût été inviter Göring et les autres accusés « à utiliser la Cour pour leur propagande antisémite ». L'accusation de génocide devait faire partie d'une stratégie d'ensemble de la Cour, afin de signifier aux accusés, ennemis de l'humanité, qu'ils avaient commis un « crime particulièrement dangereux »[22], un crime qui allait au-delà des crimes contre l'humanité.

Lemkin envoya une version remaniée de son texte à Thomas Dodd, l'avocat général américain qui poursuivait Frank. Il adapta sa version au destinataire, joignit de nouveaux documents et ajouta quelques noms tchécoslovaques (Buss et Dvořák) à la liste de ceux que les Allemands avaient cherché à détruire. Il rédigea également un nouveau paragraphe pour montrer que « le peuple allemand » était un « Caïn qui avait tué Abel », à qui on devait faire comprendre que les nazis avaient détruit des individus, non par un accès de criminalité intermittent, mais dans le cadre d'un dessein bien plus large, « l'assassinat de peuples frères »[23]. Lemkin termina sa lettre par une mise en garde : si l'accusation de génocide n'était pas inscrite dans le jugement, on aurait l'impression que « l'accusation n'a pas prouvé son affaire[24] ». Je n'ai pas trouvé de preuve de l'influence de la lettre de Lemkin sur Dodd.

Lemkin revit Jackson à la fin du mois de juin, cette fois-ci pour le convaincre de plaider le génocide en tant que crime distinct[25]. Il dut faire face aux objections politiques venant des États-Unis et du Royaume-Uni, en raison du traitement historique des Noirs aux États-Unis et des pratiques coloniales britanniques. Il y avait également des difficultés pratiques, déjà signalées par Lauterpacht : comment administrer la preuve d'une destruction intentionnelle d'un groupe ? Quant aux objections de principe, elles avaient déjà été évoquées par Leopold Kohr. Lemkin était tombé dans le piège de la « pensée biologique » ; s'intéresser aux groupes était la meilleure manière d'encourager l'antisémitisme et l'antigermanisme. Les obstacles demeuraient de taille.

138

Pourtant, les efforts de Lemkin produisirent quelque effet. Quatre jours après sa deuxième rencontre avec Jackson, le terme « génocide » fut réintroduit dans la procédure. Cela arriva le 25 juin. Le sauveur inattendu fut Sir Maxwell Fyfe, l'avocat écossais qui avait conduit le contre-interrogatoire de Konstantin von Neurath, le diplomate distingué aux cheveux blancs, premier ministre des Affaires étrangères de Hitler[26]. Jeune diplomate allemand en poste à Constantinople pendant le massacre des Arméniens, von Neurath était devenu plus tard *Reichsprotektor* de Bohême et de Moravie. Fyfe concentra son attention sur une note alors rédigée par von Neurath portant sur le traitement de la population tchèque dans la région occupée en août 1940. L'une des options proposées dans ce document – la « plus radicale et théoriquement la plus cohérente » – était d'évacuer tous les Tchèques du territoire et de les remplacer simplement par des Allemands, partant du principe qu'il y aurait suffisamment d'Allemands disponibles. L'alternative était de parachever la « germanisation par une reproduction sélective » de quelques Tchèques et l'expulsion des autres. Quelle que fût l'approche choisie, le but était de détruire l'intelligentsia tchèque.

Maxwell Fyfe donna lecture des extraits du mémorandum de von Neurath. « Accusé, dit-il d'une voix sèche, êtes-vous conscient que vous êtes coupable de génocide, c'est-à-dire de l'extermination de groupes raciaux et nationaux ? » La satisfaction de Lemkin dut être grande, et plus grande encore quelques instants plus tard, lorsque Maxwell Fyfe se référa au livre « bien connu du Pr Lemkin » et cita sa définition du « génocide ». « Ce que vous vouliez faire, lança Maxwell Fyfe à von Neurath, c'était vous débarrasser des professeurs, écrivains et artistes tchécoslovaques, que vous appeliez la classe intellectuelle, des gens qui auraient pu transmettre l'histoire et les traditions de la Tchécoslovaquie aux traditions à venir»[27]. C'était cela le génocide. Von Neurath resta coi. Le voyage de Lemkin pour Nuremberg avait fait la différence, immédiatement.

Transporté de joie, Lemkin écrivit au procureur britannique pour le «remercier très chaleureusement» d'avoir retenu l'accusation de génocide[28]. On ne sait si Maxwell Fyfe lui répondit; si oui, sa lettre a été perdue. Après le procès, le procureur écrivit cependant une préface au beau compte rendu du procès de R.W. Cooper, le journaliste du *Times*, en évoquant le génocide et le livre de Lemkin. Le crime de génocide était «essentiel» dans le plan nazi, écrivit-il, et il avait conduit à des actes «terribles». Dans son livre, Cooper consacrait un chapitre entier au «nouveau crime» de «génocide», un terme dont «l'apôtre» était Lemkin, l'homme qui «fut longtemps une voix prêchant dans le désert». Le journaliste notait que les opposants au terme «génocide» savaient qu'il pouvait être utilisé pour juger «l'extinction des Peaux-Rouges en Amérique du Nord», et il reconnaissait que les idées de Lemkin constituaient «rien moins qu'un avertissement impératif à la race blanche»[29].

Cooper mentionnait également Haushofer, la «barbarie», le «vandalisme», ainsi que la Conférence de Madrid et «le rappel du professeur Lemkin en Pologne» (ce qui suggère que Lemkin continuait d'enjoliver sa biographie, comme il l'avait fait à Duke, quatre ans plus tôt)[30]. Il est clair que le juriste polonais avait utilisé Cooper pour accéder à Maxwell Fyfe, que Cooper avait été l'intermédiaire probable par lequel le terme de «génocide» avait fait son retour dans la salle d'audience.

Shawcross et Lauterpacht n'étant pas alors à Nuremberg, Maxwell Fyfe fut libre d'agir seul et de plaider le génocide. Cela pouvait avoir des conséquences significatives: contrairement au concept de crime contre l'humanité, qualifiant la responsabilité des actes commis pendant la durée de la guerre, l'accusation de génocide ouvrait la porte à tous les crimes, y compris ceux qui avaient été perpétrés avant la guerre.

139

Pendant que Lemkin harcelait, persistait et faisait du lobbying, Lauterpacht écrivait sa partie du plaidoyer final de Shawcross. Il travaillait seul, au premier étage du 6, Cranmer Road, loin des journalistes du bar du Grand Hôtel de Nuremberg. Je l'imagine coucher ses idées sur le papier avec la *Passion selon saint Matthieu* en fond sonore. De temps à autre, il jetait peut-être un coup d'œil par la fenêtre, contemplant la bibliothèque de l'université et le terrain de foot.

Lauterpacht travailla sur son texte pendant plusieurs semaines. Il termina sa courte introduction ainsi que les passages plus longs de la première et de la troisième parties du discours, portant sur les arguments juridiques (la deuxième partie, sur les faits et les preuves, était rédigée en parallèle à Nuremberg par les autres membres de l'équipe). J'avais la version dactylographiée du texte de Lauterpacht, mais j'étais curieux de voir l'original, le manuscrit qu'il avait demandé à Mrs. Lyons de taper à la machine.

Eli l'avait conservé chez lui à Cambridge, j'y retournai donc une fois de plus pour le consulter. L'écriture m'était familière, comme ses arguments du reste, clairement et logiquement présentés, invitant le tribunal à rejeter ceux des accusés qui plaidaient la nouveauté ou le caractère sans précédent des accusations. Les premières pages étaient sobres ; l'émotion et la passion avaient été gommées. Comme pour tant d'autres choses, Lauterpacht était l'opposé exact de Lemkin.

Son texte avait pourtant une conclusion distincte de celle qu'il avait écrite pour l'ouverture du procès : l'argumentaire de fin était cru, captivant et passionné – bien différent de l'introduction de neuf pages sur le but du procès et le besoin d'équité qu'il avait écrite l'année précédente. Le procès n'était pas un acte de vengeance, écrivait Lauterpacht, mais un moyen d'administrer la justice selon le droit, un « constat officiel, rigoureux et impartial » sur les crimes. La tâche du tribunal consistait à faire évoluer le droit pour protéger les individus et créer « un précédent précieux pour toute cour internationale pénale à venir » (l'observation était visionnaire : cinquante ans allaient passer avant que la CPI ne voie le jour[31]).

La deuxième partie du manuscrit de Lauterpacht comprenait quarante pages et rassemblait les idées auxquelles il avait réfléchi pendant des années. Pour les crimes de guerre, il se concentrait sur les meurtres et les prisonniers de guerre, ainsi que sur les intellectuels polonais et le personnel politique russe. Il se donnait beaucoup de mal pour justifier l'idée que les crimes contre l'humanité n'étaient pas une nouveauté juridique, contredisant ainsi directement ce qu'il avait dit au Foreign Office seulement quelques mois plus tôt. Selon lui, les crimes contre l'humanité étaient plutôt un début, un moyen pour justifier les « droits de l'homme », et donc pour offrir une protection aux individus contre la « cruauté et la barbarie de leur propre État »[32]. De tels actes étaient illégaux, même si la loi allemande les avait autorisés. Il affirmait que les droits humains fondamentaux prévalaient sur les lois nationales ; qu'ils étaient au principe d'une nouvelle approche pour servir les intérêts des individus, non ceux des États.

Ainsi chaque individu aurait-il droit à une protection par le droit, un droit qui ne saurait être aveugle face à l'atrocité. De manière notable, Lauterpacht ne mentionnait Hitler qu'en passant et ne faisait qu'une seule référence aux Juifs, dont cinq millions avaient été assassinés « pour aucune autre raison que d'être de race ou de confession juives[33] ». Des événements de Lemberg, évoqués par les Soviétiques lors des premières journées du procès, il ne disait rien. Lauterpacht renonça également à tout ce qui pouvait être interprété comme étant personnel, il n'écrivit donc rien sur le traitement des Polonais, et il n'utilisa évidemment jamais le terme de « génocide ». Il demeurait implacablement opposé aux idées de Lemkin.

Il passait ensuite aux accusés, un lot « pathétique » d'individus qui invoquaient le droit international pour se sauver, cherchant refuge dans des idées obsolètes selon lesquelles un individu, agissant pour le compte d'un État, était en quelque manière exempt de responsabilité criminelle. Parmi les vingt et un accusés, il en nommait cinq, dont Julius Streicher, pour ses théories raciales, et Hermann Göring, pour sa participation à la « boucherie » du ghetto de Varsovie.

Le seul accusé que Lauterpacht citait de manière répétée était Hans Frank. Ce n'était peut-être pas une coïncidence, c'était l'homme qui était le plus directement lié au meurtre de sa propre famille. Frank était un « agent direct » des « crimes d'extermination », notait Lauterpacht, même s'il n'avait pas personnellement participé aux exécutions[34].

Dans les pages de fin de son manuscrit, aux dernières mesures d'un texte presque symphonique, Lauterpacht insistait sur le rôle de Frank. La nouvelle charte des Nations unies ouvrait la voie au sacre des droits de l'homme. Elle annonçait une nouvelle époque, une époque qui plaçait les « droits et les devoirs de l'individu au cœur de la loi constitutionnelle du monde ». C'était du pur Lauterpacht, le motif central de l'œuvre de sa vie. Mais, dans son manuscrit, il trouvait aussi une voix nouvelle, différente, libérant enfin l'émotion et l'énergie si longtemps contenues. Son écriture même avait changé, il avait ajouté, puis biffé des mots, témoignant d'une rage sourde contre des accusés qui n'exprimaient pas même « un élémentaire aveu de culpabilité ». Oui, c'étaient des « confessions abjectes », certaines peut-être proférées avec un air de sincérité, mais fausses ; rien de plus que des « dérobades rusées ».

C'est l'accusé qui était le plus intimement lié au destin de sa famille qui fut donc la cible de Lauterpacht. L'homme qui avait reconnu un début de responsabilité en avril. « Le témoin [...] l'accusé Frank, écrivait-il, a avoué un sentiment de culpabilité profonde pour les mots terribles qu'il avait prononcés – comme si c'étaient ses mots qui importaient et non les actes indicibles qui les avaient accompagnés. Ce qui aurait pu être une demande de rédemption pour un vestige d'humanité s'est transformé en une ruse astucieuse d'un homme désespéré. Lui, comme les autres accusés, ont, jusqu'au bout, plaidé l'ignorance totale de cette vaste organisation, des ramifications les plus complexes du crime le plus immonde qui ait jamais souillé la mémoire d'une nation[35]. »

C'était une démonstration d'émotion inhabituelle chez Lauterpacht. « Intéressant », dit Eli, lorsque je lui montrai le passage. Il n'avait pas apprécié le sens des mots à sa juste valeur ; « Mon père ne m'a jamais parlé de ces choses, pas une seule fois ». Maintenant, face au document, et connaissant le contexte que je lui expliquai, Eli réfléchissait à voix haute au lien entre son père et les accusés. Il ignorait, jusqu'alors, que le gouverneur Otto von Wächter, le représentant de

Frank, un homme directement mêlé aux tueries de Lemberg, avait été le camarade de classe de son père à Vienne. Lorsque l'occasion se présenta, quelques mois plus tard, de rencontrer Niklas Frank et Robby Dundas, et de participer à une réunion des enfants du juge, du procureur et de l'accusé, Eli déclina l'invitation.

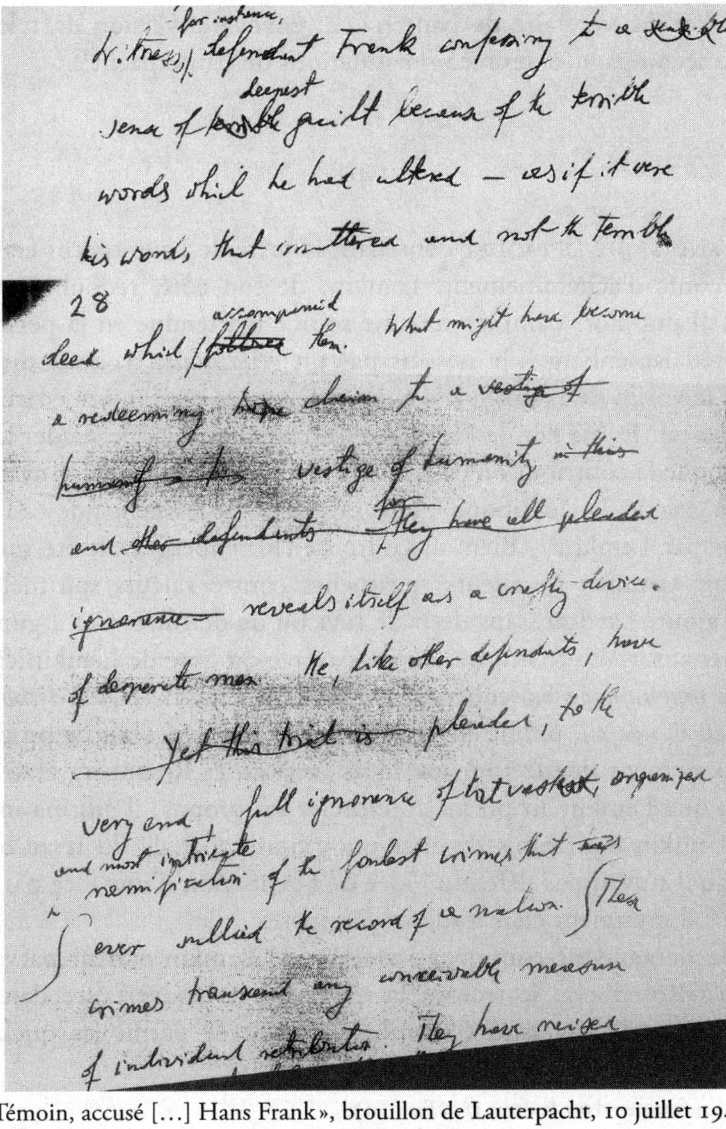
Witness, for instance, defendant Frank confessing to a
deepest sense of guilt because of the terrible
words which he had uttered — as if it were
his words that mattered and not the terrible
28
deeds which accompanied them. What might have become
a redeeming claim to a vestige of
vestige of humanity in this
and They have all pleaded
reveals itself as a crafty device.
He, like other defendants, have
pleaded, to the
very end, full ignorance of that vast, organized
and most intricate ramification of the foulest crimes that
ever sullied the record of a nation. These
crimes transcend any conceivable measure
of individual retribution. They have raised

« Témoin, accusé […] Hans Frank », brouillon de Lauterpacht, 10 juillet 1946.

Lauterpacht craignait que Shawcross n'utilise pas ce qu'il avait écrit pour lui. « Je suis naturellement porté à croire que [c'est] important et nécessaire », dit-il à l'avocat général, lui rappelant la nécessité de parler non seulement aux juges, mais aussi à l'opinion publique[36]. Si le texte était trop long, Shawcross pouvait transmettre le texte intégral au tribunal, mais ne donner lecture que d'« extraits choisis ». Le 10 juillet, la secrétaire de Lauterpacht envoya la version dactylographiée accompagnée des recommandations de Lauterpacht[37].

140

TANDIS QUE LE PAQUET contenant le texte de Lauterpacht était en cours d'acheminement, Lemkin, de son côté, redoublait d'efforts. Il put alors compter sur une source inattendue en la personne d'Alfred Rosenberg. « Je ne suis pas un *génocidaire** », avait dit aux juges le voisin de Frank sur le banc des accusés par l'intermédiaire de son avocat. Et, de fait, le Dr Alfred Thoma chercha à persuader le tribunal que la contribution de Rosenberg à la politique nazie n'avait été qu'un exercice « scientifique », sans rapport avec le « génocide » au sens défini par Lemkin[38]. Bien au contraire, Rosenberg avait été motivé par un « combat de valeurs spirituelles contre valeurs spirituelles », avait ajouté l'avocat, sans désir de tuer ou de détruire. Cet argument surprenant avait été inspiré par un passage du livre de Lemkin citant l'*opus magnum* de Rosenberg, *Le Mythe du XXe siècle [Der Mythos des 20. Jahrhunderts]*, publié en 1930[39]. Le but du livre était de proposer un fondement intellectuel aux idées racistes, et Rosenberg était fort marri que Lemkin ait pu mésinterpréter ses propos ; il affirma même que Lemkin avait omis de citer une phrase cruciale du texte original, qu'il n'avait pas défendu l'idée de l'extinction d'une race par une autre[40]. L'argument était tordu et désespéré.

Me demandant comment les écrits de Lemkin étaient parvenus jusqu'à Rosenberg, je trouvai la réponse par inadvertance dans les archives de l'Université Columbia. Conservée parmi les quelques

* En français dans le texte *(NdT)*.

papiers de Lemkin, se trouvait une longue supplique pour Rosenberg rédigée par le Dr Thoma. Thoma l'avait donnée à Lemkin, accompagnée d'une note manuscrite témoignant de son appréciation. «*Ehrerbietig überreicht*», avait écrit Thoma. «Respectueusement transmis»[41]. Le texte rendait hommage à l'engagement sans faille de Lemkin, allant jusqu'à dialoguer avec les accusés par avocats interposés. Dans les jours qui avaient suivi, d'autres avocats avaient également invoqué les idées de Lemkin, fût-ce pour exprimer leur désaccord.

La santé de Lemkin, accablé sans doute par l'absence de nouvelles de sa famille, se dégrada à nouveau. Trois jours après la sortie anti-génocidaire de Rosenberg, il dut s'aliter. Il passa six jours au lit, sous sédatifs. Le médecin militaire qui le vit le 19 juillet constata qu'il souffrait d'une grave hypertension, de nausées et de vomissements. D'autres examens le conduisirent à l'hôpital. Il passa quelques jours dans l'hôpital de la base 385 de l'armée américaine; un autre médecin recommanda son retour immédiat aux États-Unis[42]. Lemkin ignora le conseil.

141

LEMKIN ÉTAIT À NUREMBERG le 11 juillet lorsque le Dr Seidl présenta les conclusions finales de Frank devant la Cour. Considérant l'aveu virtuel de culpabilité collective en avril et les preuves accablantes que livrait le Journal de son client, l'avocat n'eut pas la tâche facile. Seidl, de plus, était dans une situation inconfortable: également avocat de Rudolf Hess, il avait irrité les juges, d'une part en ne leur transmettant pas la traduction anglaise de sa défense de Hess, d'autre part en insistant longuement sur le Traité de Versailles, cause, selon lui, de tous les actes terribles pour lesquels on poursuivait ses clients[43].

Il chercha à minimiser la portée du témoignage de Frank et des nombreux passages incriminants du journal. «À une exception près», dit Seidl aux juges, les entrées du journal n'étaient que des transcriptions de secrétaires, et non les termes dictés par Frank lui-même.

Personne ne pouvait juger de leur authenticité, dans la mesure où celui-ci n'avait pas personnellement vérifié les entrées rédigées par les sténographes. Ce n'étaient que des mots, et non des preuves d'actes, ou des faits. Pourtant, Seidl devait concéder que les discours de Frank tendaient à exprimer un certain « point de vue » sur la question juive et ne faisaient « jamais mystère de ses idées antisémites », ce qui était un doux euphémisme. Le Ministère public avait établi qu'il n'y avait pas de « rapport de causalité »[44] entre les mots de Frank et les actes perpétrés par la police de sécurité, argumenta Seidl, et la police n'était pas sous le contrôle de son client.

Au surplus, enchaîna Seidl, les rapports montraient que Frank s'était opposé aux pires excès. Des crimes terribles avaient été commis sur le territoire du Gouvernement général, et pas les moindres dans les camps de concentration. Frank ne niait rien de tout cela, mais il n'en était pas responsable. Au contraire, il avait mené une « bataille de cinq ans contre toutes les mesures de violence » ; il s'en était plaint, sans succès, auprès du Führer[45]. Seidl produisit de nombreux documents à l'appui de ses dires.

Frank resta calme pendant ce récit qui lui était favorable, et ne laissa paraître aucune émotion. On le vit remuer de temps en temps, et certains observateurs notèrent que sa tête était un peu plus penchée qu'au début des procédures. Frank ne pouvait pas ordonner d'enquête sur les rumeurs relatives à Auschwitz, continua Seidl, car le camp se situait en dehors de son territoire. Et à propos de Treblinka, qui était bien sur son territoire, l'avocat adopta une ligne d'argumentation différente. Pouvait-on faire de la construction et de l'administration d'un camp de concentration sur le territoire de Frank un crime contre l'humanité ? « Non », répondit Seidl. En tant que puissance occupante, l'Allemagne était en droit de « faire le nécessaire » pour maintenir l'ordre public et la sécurité[46]. Treblinka était l'une de ces mesures, Frank en était responsable, mais pas du reste. Seidl n'avait rien à dire sur le témoignage de Samuel Rajzman.

Cette argutie provoqua l'intervention du procureur Robert Kempner, manifestement irrité. Les arguments de Seidl n'étaient « en rien pertinents », dit-il aux juges, et ils étaient proférés sans la moindre preuve à l'appui[47]. Lord Justice Lawrence acquiesça à cette observation, mais Seidl poursuivit dans le même sens.

Les juges écoutèrent impassiblement. Trois mois plus tôt, en avril, les propos de Frank avaient semblé engager, sinon sa responsabilité personnelle ou individuelle, du moins quelque degré de responsabilité collective. Son avocat prenait maintenant une direction différente. Les autres accusés avaient ébranlé Frank, ils l'avaient convaincu d'être solidaire avec le groupe.

142

Les avocats de la défense terminèrent leurs plaidoiries à la fin du mois de juillet. Les vingt et un accusés n'avaient plus qu'à conclure par une brève déclaration personnelle. Mais, auparavant, la parole revenait aux procureurs.

Les quatre équipes chargées de l'accusation intervinrent dans le même ordre que lors des déclarations d'ouverture. Les Américains, d'abord, privilégièrent le premier chef d'accusation, le complot[48]. Les Britanniques se concentrèrent ensuite sur les crimes contre la paix, le deuxième chef d'accusation, et sur un bilan des aspects juridiques de l'affaire dans son ensemble, préparé par Lauterpacht[49]. Les Français et les Russes, enfin, abordèrent les crimes de guerre et les crimes contre l'humanité[50].

Robert Jackson ouvrit la séance au nom de l'accusation le matin du vendredi 26 juillet[51]. Lemkin était toujours à Nuremberg, avide d'entendre ce qui se dirait sur le génocide ; Lauterpacht était resté à Cambridge. Jackson rappela les faits, la guerre, sa conduite et l'asservissement des populations dans les territoires occupés. L'acte le plus « poussé et le plus terrible qui ait jamais été » était la persécution et l'extermination des Juifs, une « Solution finale » qui avait abouti au meurtre de six millions d'individus. « On entend toujours le même refrain »[52] : les accusés affirment leur ignorance de ces faits atroces. Un argument « ridicule », déclara Jackson aux juges. Göring a dit qu'il « ne savait rien » des excès, qu'il n'avait jamais soupçonné l'existence du programme d'extermination des Juifs, bien qu'il fût le « signataire de plus de vingt décrets instituant la persécution ». Hess n'aurait été que l'« intermédiaire innocent », transmettant les ordres de Hitler sans les lire. Von Neurath ? Un ministre des Affaires étrangères « qui connaissait très peu de chose des conditions à l'étranger et rien de la politique étrangère ». Rosenberg ? Un philosophe de parti « qui n'avait pas idée de la violence » que sa philosophie pouvait induire.

Et Frank ? Un Gouverneur général de Pologne qui « gouvernait mais ne commandait pas[53] ». Aux plus hauts échelons du gouvernement, c'était un « fanatique[54] », un avocat qui avait contribué à renforcer le pouvoir nazi, qui avait importé le non-droit en Pologne et réduit la population à « de lamentables restes ». Souvenez-vous des mots de Frank, insista Jackson, « des milliers d'années s'écouleront sans effacer cette faute de l'Allemagne[55] ».

Jackson parla pendant une demi-journée. Ce fut puissant, incisif et élégant, mais, du point de vue de Lemkin, son discours comportait une omission majeure : Jackson ne prononça pas le mot de « génocide ». Lemkin prit conscience du danger : si le procureur principal n'adhérait pas au concept, il y avait peu d'espoir que les juges américains, Biddle et Parker, s'y rangent. Cela rendait l'intervention des Britanniques encore plus importante, mais Lemkin ne pouvait savoir que Lauterpacht avait déjà rédigé le texte de Shawcross et qu'aucune allusion au génocide n'y figurait.

143

SHAWCROSS PRIT LA PAROLE après le déjeuner ; il parla tout l'après-midi, ainsi qu'une partie de la journée du lendemain. Il évoqua les faits, les « crimes contre la paix » et le caractère sacré de l'individu[56].

Avant que Shawcross ne commence à parler, Lauterpacht savait que sa version avait dû être révisée en profondeur par les juristes britanniques à Nuremberg, inquiets de la tournure que prenait la procédure. « Nous craignons grandement la manière dont les juges parlent de condamnation et de peine », avait dit le colonel Harry Phillimore à Shawcross. « De manière informelle, autour du dîner, etc., ils ont indiqué qu'ils allaient peut-être en acquitter deux ou trois et que certains ne seraient pas condamnés à mort»[57]. Shawcross était profondément inquiet. On pourrait accepter que «un ou deux échappent à la peine de mort», avait ajouté Phillimore, «mais l'acquittement, ne serait-ce que d'un seul des accusés, et quelque peine légère que ce soit pour les autres, feraient de ce procès une farce».

Shawcross avait dit à Lauterpacht que son long texte présentait «des difficultés considérables». Pour y faire face, mais aussi pour se protéger, le procureur général se consacrerait davantage aux faits, ce qui signifiait qu'il renoncerait à une partie des arguments juridiques de Lauterpacht. «Si je ne suis pas les conseils de Fyfe, et si les choses tournent mal, on dira évidemment que c'est ma faute[58].» Par ailleurs, il ne souhaitait pas consigner la version écrite, plus longue, de son discours dans le procès-verbal; il se contenterait de lire certains passages. Il utiliserait donc ce qu'il pourrait de la version de Lauterpacht. Dans sa version définitive, les trois quarts du texte de Shawcross, long de soixante-dix-sept pages, étaient consacrés aux faits et aux preuves. Sur les seize pages d'arguments juridiques restantes, douze avaient été entièrement rédigées par Lauterpacht. Il y avait eu des coupes, mais également, comme Lauterpacht allait le découvrir, des ajouts.

Shawcross commença par présenter une chronologie des faits, depuis la conspiration des accusés dans la période d'avant-guerre jusqu'à la guerre[59]. Il rappela les événements en Europe, en s'appuyant sur les papiers rassemblés par Lemkin. Il procéda par lieux géographiques: il commença par la Rhénanie et la Tchécoslovaquie, passa ensuite à la Pologne, poursuivit vers l'Ouest, les Pays-Bas, la Belgique et la France, puis le Nord, la Norvège et le Danemark, le Sud-Est, la Yougoslavie et la Grèce, et termina par l'Est, la Russie soviétique. Les crimes de guerre qu'il évoqua étaient à la fois «l'objectif et la source des autres crimes[60]», dit Shawcross aux juges. Des crimes contre l'humanité ont en effet été commis, mais seulement pendant la période de guerre. En gardant le silence sur les crimes commis avant 1939, il fit ainsi le lien que Lemkin redoutait le plus.

Son discours fut pourtant une démonstration de talent oratoire unique, décisive et brillante. Shawcross relata aux juges un seul acte meurtrier, un seul acte qui permettait de représenter à lui seul dix années d'horreur en un instant saisissant. Il donna lecture d'un témoignage, préparé par l'Allemand Hermann Graebe, directeur d'une usine près de Dubno, dans le territoire de Frank, à proximité de la maison du boulanger chez qui Lemkin s'était réfugié pendant quelques jours en septembre 1939. Shawcross adopta un timbre de voix vidé de toute trace d'émotion et parla doucement, articulant chaque mot avec une précision cristalline :

> Sans crier ou pleurer ces personnes se déshabillaient, se groupaient par familles, s'embrassaient les unes les autres, se disaient adieu et attendaient un signe d'un autre SS qui se tenait près de la fosse, également un fouet à la main[61].

Un silence envahit la salle d'audience, le temps ralentissait, les mots faisaient leur effet. Pendant que Shawcross parlait, l'écrivaine Rebecca West, qui assistait au procès dans la tribune de la presse, remarqua que Frank remuait sur son siège, comme un petit enfant qui se fait réprimander par son instituteur.

> Pendant le quart d'heure durant lequel je restai là, je n'entendis ni plainte ni appel à la pitié. J'observai une famille d'environ huit personnes, un homme et une femme d'une cinquantaine d'années, avec leurs enfants d'environ un, huit et dix ans et deux grandes filles de vingt et vingt-quatre ans environ. Une vieille femme aux cheveux blancs comme la neige tenait le bébé de un an dans ses bras, lui chantait une chanson et le caressait. Le bébé poussait des cris de plaisir. Le couple les regardait, les yeux pleins de larmes. Le père tenait par la main un petit garçon, d'une dizaine d'années et lui parlait doucement ; le petit garçon luttait contre les larmes.

Shawcross fit une pause, regarda la salle, se tournant vers les accusés. Remarqua-t-il Frank, tête baissée, qui contemplait le parquet de la salle d'audience ?

> Le père lui montra du doigt le ciel, lui caressa la tête et parut lui expliquer quelque chose.

Un instant de « vive compassion ». C'est ainsi que Rebecca West décrivit ce moment[62].

144

SHAWCROSS SE CONSACRA ensuite à Frank[63]. Les crimes se sont produits sur son territoire, cela suffisait à le condamner, mais il insista.

Hans Frank, le ministre de la Justice de Bavière qui a reçu des rapports sur des assassinats à Dachau dès 1933.

Hans Frank, le principal juriste du parti nazi, membre du comité central qui a ordonné la mise au ban de tous les Juifs.

Hans Frank, le ministre qui a pris la parole à la radio en mars 1934 pour justifier les lois raciales.

Hans Frank, l'accusé qui a demandé aux juges de le croire lorsqu'il a affirmé que les mots de son Journal avaient été écrits dans l'ignorance des faits.

« Maudit Anglais », jura Frank à propos de Shawcross, suffisamment fort pour qu'on l'entende dans toute la salle[64].

Hans Frank, le juriste qui a défendu une « horrible politique de génocide* » par la parole et dans ses écrits.

Le mot fusa, venu de nulle part, il ne figurait pas dans le texte de Lauterpacht. Shawcross avait dû l'ajouter, et il le répéta. « Génocide », le mot qui traduisait le projet général des nazis. « Génocide » appliqué aux Tsiganes, à l'intelligentsia polonaise, aux Juifs. « Génocide » mis en œuvre sous « différentes formes » contre d'autres groupes, en Yougoslavie, en Alsace-Lorraine, aux Pays-Bas, en Norvège même[65].

Shawcross était lancé ; il se concentra alors sur les techniques génocidaires. Il décrivit le canevas qui se terminait toujours par l'assassinat délibéré de groupes : dans les chambres à gaz, par des fusillades de masse, par l'épuisement des victimes au travail. Il parla des « méthodes prétendues biologiques[66] » pour faire décroître la natalité, de la stérilisation, de la castration, de l'avortement, de la séparation des hommes et des femmes. Les preuves étaient accablantes, poursuivit-il, chaque

* *Procès des grands criminels de guerre devant le Tribunal militaire international, Nuremberg, 14 novembre 1945-1er octobre 1946*, vol. 19, 1947, p. 521 *(NdT)*.

accusé connaissait cette « politique du génocide », tous étaient coupables du crime, chacun était un meurtrier. La seule peine adéquate était le « châtiment suprême ». La phrase provoqua une vive agitation sur le banc des accusés.

Shawcross utilisa le terme de Lemkin, mais il se retint de lui donner toute son étendue. Lemkin voulait criminaliser tous les meurtres de groupe depuis 1933, avant le début de la guerre. Shawcross utilisa le terme de manière plus limitée, et il s'en expliqua. Le « génocide » était un « crime contre l'humanité » aggravé, mais seulement s'il était commis dans le cours de la guerre. Cette restriction était imposée par l'article 6 (c) de la Charte, par cette virgule infâme introduite dans le texte en août 1945. Pour qu'un acte puisse être considéré comme un crime, il fallait qu'il fût en relation avec la conduite de la guerre. C'est une « limitation très importante[67] » dit Shawcross aux juges, reprenant d'une main ce qu'il avait donné de l'autre, à savoir la pleine portée du terme de génocide. En lisant son discours, j'ai pris conscience des conséquences de ce retrait : l'élimination du procès de tous les événements qui avaient eu lieu en Allemagne et en Autriche avant 1939 ; l'appauvrissement ou le bannissement d'individus comme Leon et de millions d'autres en novembre 1938, les confiscations, les expulsions, les détentions et les assassinats échappaient à la juridiction du tribunal.

En même temps, Shawcross s'inspira beaucoup de Lauterpacht. Il ne fut pas question de rétroactivité, puisque tous les actes concernés – extermination, asservissement, persécution – étaient considérés comme des crimes dans la plupart des législations nationales. Le fait qu'ils étaient légaux dans le droit allemand n'y changeait rien, dans la mesure où ils affectaient l'ensemble de la communauté internationale. Il ne s'agissait pas de juger des différends domestiques, mais les « crimes contre le droit international ». Dans le passé, le droit international avait permis aux États de décider souverainement du traitement de ses nationaux, mais ce passé était maintenant révolu, remplacé par une approche nouvelle :

> Le droit international a cherché dans le passé à proclamer qu'il y a une limite à l'omnipotence de l'État et que chaque être humain, unité

ultime de toute loi, n'est pas privé du droit à la protection de l'humanité quand l'État piétine ses droits d'une façon qui outrage la conscience de l'humanité[68].

La guerre était juste et légale pour prévenir des « atrocités commises par des tyrans contre leurs sujets ». Si le droit international autorisait l'intervention humanitaire par la guerre, comment pouvait-on alors juger que « l'intervention par la voie judiciaire » était illégale ? Shawcross avait trouvé sa vitesse de croisière. Il s'opposa à l'argument des accusés selon lequel « seul l'État et non les individus[69] » pouvait commettre un crime au regard du droit international. Un tel principe n'existait pas dans le droit international, ceux qui aidaient l'État à commettre un crime contre l'humanité ne pouvaient par conséquent bénéficier d'aucune immunité, ils ne pouvaient être exempts de responsabilité, et ne pouvaient se réfugier derrière l'État. « Pour que l'homme du peuple qui habite ce monde […] soit maintenant déterminé à faire triompher l'individu sur l'État[70]. »

C'était là l'essence de la pensée de Lauterpacht. Shawcross n'avait pas ignoré les idées de Lemkin sur le génocide et les groupes ; pour autant, Lauterpacht lui avait fait dire exactement ce qu'il avait voulu : Shawcross avait mis en valeur l'individu en tant qu'« unité ultime de toute loi[71] ». Shawcross s'était écarté des idées de Lauterpacht sur le génocide, mais il avait aussi, je l'ai remarqué, introduit un autre changement : il avait renoncé aux références à Frank que Lauterpacht avait introduites dans les dernières pages de sa version. Sans doute étaient-elles trop personnelles et trop passionnées.

145

Shawcross fut suivi par le procureur général français, Auguste Champetier de Ribes, un homme d'un certain âge, frêle, qui ne fit qu'une brève introduction avant de passer la main à son suppléant[72]. Si le ton de la présentation de Charles Dubost fut moins dur, comparé à celui de Shawcross, les Français furent clairs sur la culpabilité des accusés : ceux-ci étaient *complices* des actions allemandes. À Frank, on rappela, une fois de plus, ses paroles : il avait admis que la responsabilité des gouvernants était plus importante que celle des exécutants, n'est-ce pas ?

Les Français rejoignirent Shawcross et cherchèrent à obtenir une condamnation pour génocide. Les exterminations perpétrées étaient « méthodique(s), scientifique(s)[73] », des millions d'individus avaient été tués pour leur simple appartenance à un groupe national ou religieux, des hommes et des femmes qui, par leur seule existence, barraient la route à « l'hégémonie de la race germanique[74] ». Le génocide « a été consommé presque en totalité[75] », dans les camps et ailleurs, à l'initiative de la Gestapo, et avec le soutien, d'une manière ou d'une autre, des accusés[76].

Le procureur français rejeta l'argument du Dr Seidl selon lequel les individus, agissant pour le compte de leur État, ne pouvaient être incriminés pour les torts qu'il avait causés. Aucun des accusés n'était un « individu isolé », dit Dubost aux juges[77]. Tous avaient coopéré et tous avaient été solidaires. « Il faut frapper fort, sans pitié[78], implora-t-il, frappez Frank et tous les autres qui furent prompts à ordonner ces actes terribles. Ils sont coupables, jugez-les, condamnez-les à la pendaison. »

Puis ce fut au tour des Soviétiques. Dans un assaut coordonné, le général Roman Rudenko, dont le physique était aussi musclé que ses arguments, s'attaqua aux accusés. Il ne prit pas le temps d'entrer dans les nuances, les théories compliquées, et n'aimait pas l'ironie[79]. Il fustigea l'invasion de la Pologne par les Allemands sans la moindre trace d'ironie et sans mentionner l'opération soviétique menée simultanément depuis l'Est. Il disséqua le règne brutal de Frank, rappela aux juges les événements d'août 1942 dans la ville de Lvov. Il avait trouvé de nouvelles preuves, un rapport soviétique récent sur les crimes commis dans la ville, et le témoignage d'Ida Vasseau, une Française qui avait travaillé dans un foyer pour enfants à Lvov. Vasseau décrivait comment de jeunes enfants étaient utilisés comme cibles d'entraînement, et cette « terreur » s'était poursuivie jusqu'au tout dernier jour de l'occupation allemande, en juillet 1944. Le but était l'annihilation totale, rien de moins.

« Combien sont inconsistantes, proclama Rudenko, les tentatives de priver les peuples du droit de châtier ceux qui se sont proposé comme but l'asservissement et l'extermination des peuples[80]. » Il rappela une fois de plus les journaux de Frank, les récits jubilatoires sur la manière dont le territoire serait vidé des Juifs ! Frank connaissait l'existence des camps ; il devrait subir « le châtiment suprême ». Frank avait eu tort en 1940 de dire à Seyss-Inquart que la mémoire de son œuvre en Pologne resterait éternellement vivante. Il n'y avait pas de legs positif, aucun.

Je me suis souvenu d'une photo d'Otto von Wächter que son fils Horst avait placée à côté de celle de Seyss-Inquart insérée dans le même cadre. « Seyss-Inquart était mon parrain », m'avait dit Horst, « mon deuxième prénom est Arthur ».

Portrait d'Otto von Wächter (au centre), avec une photo d'Arthur Seyss-Inquart (en bas, à droite), Schloss Hagenberg, décembre 2012.

146

À PEU PRÈS AU MOMENT où je lisais, pour la première fois, le discours de Rudenko, notamment le passage sur les événements qui s'étaient produits à Lvov, je reçus un petit paquet de Varsovie. Il contenait les pages photocopiées d'un mince volume, depuis longtemps oublié, écrit par un professeur de lycée, Gerzson Taffet, qui avait vécu à Żółkiew[81]. Le livre avait été publié en juillet 1946, c'est-à-dire au moment même où Rudenko s'exprimait à Nuremberg.

Taffet décrivait l'histoire de la ville de manière saisissante, la destruction de ses habitants juifs, les événements catastrophiques du 25 mars 1943 que Clara Kramer m'avait racontés. Ce jour-là, écrivait Taffet, en passant par la rue Est-Ouest, trois mille cinq cents habitants du ghetto ont été emmenés au *borek*, la petite forêt où Lauterpacht et Leon avaient joué dans leur enfance. Les occupants laissaient derrière eux une rue jonchée de corps, de chapeaux, de bouts de papier et de photographies. C'était un compte rendu de première main des exécutions que livrait Taffet :

> Après les avoir déshabillés et soigneusement fouillés (surtout les femmes), on les aligna au-dessus des tombes ouvertes. Un par un, ils devaient s'avancer sur la planche jetée en travers de la tranchée, afin qu'ils tombent directement dans la fosse une fois fusillés [...]. Après l'exécution, les fosses étaient recouvertes [...]. Plusieurs jours après l'opération, la terre qui les couvrait bougeait ; comme si elle ondulait.

Certains refusaient d'accepter les alternatives que les Allemands leur offraient :

> Le comportement de Symcha Turk, citoyen respectable de Żółkiew, peut être cité en exemple du dévouement d'un père et d'un mari. Les Allemands lui avaient dit que lui, en tant que professionnel, pouvait être sauvé, mais à condition qu'il abandonne sa famille. En réponse, il prit ostensiblement la main de sa femme d'un côté, celle de son enfant de l'autre, ainsi unis ils marchèrent vers la mort la tête haute[82].

Taffet décrivait la destruction d'un groupe entier, les descendants des citoyens de Żółkiew installés dans la ville depuis le XVIe siècle. Des cinq mille Juifs de Żółkiew en 1941, écrivait-il, seulement « soixante-dix personnes environ » avaient survécu. Il dressait la liste des survivants ; Clara Kramer, M. et Mme Melman, Gedalo Lauterpacht en faisaient partie. M. Patrontasch, le camarade de classe de Lauterpacht, figurait également sur la liste ; c'est lui qui s'était rendu à Nuremberg pour le retrouver, pour Inka. J'appris ainsi que Patrontasch, le chuchoteur, était prénommé Artur. Leibus Flaschner, l'oncle de Leon, ne figurait pas sur la liste, ni aucun des cinquante et quelques Flaschner que comptait la ville.

Taffet trouvait cependant le moyen d'offrir un peu d'espoir pour l'avenir. Il mentionnait deux contemporains notables de Żółkiew. L'un, assassiné durant la grande *Aktion* d'août 1942 ; l'autre, « Dr Henryk Lauterpacht, un spécialiste reconnu en droit international, actuellement professeur à l'Université de Cambridge[83] ».

147

Les procureurs de Nuremberg terminèrent leurs conclusions en requérant la peine capitale pour tous les accusés. Il restait un mois aux juges pour débattre de problèmes avant tout techniques, relatifs notamment au caractère criminel des différentes organisations du IIIe Reich. Il s'agissait, et c'était considérable, de déterminer la responsabilité collective des SS, de la Gestapo et du gouvernement ; celle de l'état-major et du haut commandement des forces armées allemandes était encore plus controversée. Après une brève déclaration finale de tous les accusés, les audiences devaient être ajournées, les juges allaient ensuite se retirer pour délibérer. Le verdict était attendu pour la fin du mois de septembre.

Le désaccord entre Lemkin et Lauterpacht était maintenant consommé. Les idées de Lauterpacht sur les crimes contre l'humanité et les droits des individus étaient fermement établies et inscrites dans la procédure, c'étaient elles qui donnaient le ton à l'ensemble du procès. Le consensus sur l'étendue de la compétence du tribunal semblait également acquis : elle serait limitée aux actes commis durant la guerre, à l'exclusion des lois de Nuremberg, des assassinats commis après janvier 1933, et de la Nuit de cristal.

Lemkin était bouleversé par cette perspective. Mais il espérait encore une évolution favorable, à savoir que les arguments en faveur du génocide s'imposent, pour que le tribunal puisse juger des actes commis avant guerre. Il avait quelque raison d'espérer puisque, après des mois de silence, l'accusation de génocide avait était réintroduite dans le procès, notamment grâce à David Maxwell Fyfe, qui avait balayé les avis des sceptiques, Lauterpacht inclus. Les récalcitrants étaient avant tout les Américains, mais, même de leur côté, les choses semblaient évoluer, comme j'ai pu le constater dans les archives de l'Université Columbia.

J'ai trouvé en effet, parmi les papiers de Lemkin, un communiqué de presse du cabinet de Jackson daté du 27 juillet, le lendemain de son discours de Nuremberg ; il ne mentionnait pas le génocide[84]. Or le document, intitulé « Special Release N° 1 », disait bien que les Britanniques avaient fait référence au « génocide » lors de l'interrogatoire de von Neurath, que le terme avait été employé par Shawcross (« plusieurs fois »), et qu'il serait « employé dans les exposés français et russe »[85].

Selon le communiqué, la condamnation des accusés pour génocide établirait un précédent qui permettrait de « protéger de tels groupes de personnes internationalement – même si le crime a été commis par un gouvernement contre ses propres citoyens[86] ». Un membre de la délégation américaine avait apparemment soutenu Lemkin qui, encouragé dans la poursuite de son combat, avait gardé une copie du communiqué.

L'occasion de faire valoir ses idées se présenta de manière inattendue. Un colloque international devait avoir lieu à Cambridge au mois d'août. On fit comprendre à Lemkin que ses efforts pour faire admettre le crime de génocide à Nuremberg auraient plus de poids s'il arrivait à convaincre les participants du colloque d'adopter une résolution de soutien à sa position.

148

L'International Law Association est une institution vénérable. Fondée en 1873, elle est basée à Londres, mais ses racines se trouvent aux États-Unis. Suspendus après 1938, les colloques périodiques organisés par l'association ont repris sept ans plus tard : le quarante et unième colloque s'est ouvert le 19 août 1946 à Cambridge. Trois cents juristes internationaux y ont participé, venus de toute l'Europe, à l'exception de l'Allemagne – aucun Allemand ne figurait sur les listes[87].

Ceux qui sont venus étaient les bons et les grands, je connaissais leurs noms, je les avais croisés dans mon périple qui avait commencé à Lemberg en 1919. Il y avait Arthur Goodhart, descendu de la colline donnant sur Lwów. Il y avait aussi Sir Arnold McNair, le mentor de Lauterpacht, et Egon Schwelb, que Lemkin avait rencontré à Londres. Sir Hartley Shawcross devait également venir, depuis l'ouest de l'Angleterre, mais le mauvais temps l'en avait empêché. Lauterpacht était là, son nom figurait dans le compte rendu officiel, cinq noms au-dessus de celui de Lemkin dans la liste alphabétique (celui-ci avait donné comme adresse le « Tribunal militaire international, Nuremberg », sans mention de numéro de bureau). C'était la première fois, depuis le début de mes recherches, que je voyais un document prouvant que Lauterpacht et Lemkin se trouvaient dans la même ville et le même bâtiment à la même heure.

La santé fragile de Lemkin avait failli compromettre sa présence. Il s'était effondré après l'arrivée de son vol, de Nuremberg à l'aéroport de Croydon dans le sud de Londres[88]. Sa tension artérielle dangereusement élevée exigeait des soins immédiats, mais il avait ignoré les recommandations des médecins et s'était dépêché de rejoindre Cambridge pour assister à l'ouverture du colloque. D'après le programme, il était le troisième orateur de la journée d'ouverture, il devait s'exprimer après les remarques liminaires du juge Lord Porter, président du colloque. Porter demanda aux juristes présents d'être « pragmatiques » dans leur travail et de « dominer leur enthousiasme » dans le traitement des nombreux défis qui les attendaient. Les mauvais plaidoyers « génèrent l'antagonisme », rappela-t-il aux participants. C'était l'expression même du pragmatisme britannique que Lemkin abhorrait[89].

Lemkin ignora Lord Porter. Comme à son habitude, Il parla de manière passionnée du génocide, des témoignages de Nuremberg, du besoin de réponses pratiques, du rôle capital que devait jouer le droit pénal. Il s'opposa aux déclarations d'ordre général sur les droits de l'homme, semblables à celles qui allaient être prononcées, plus tard dans l'année, à la première Assemblée générale des Nations unies. Comment pouvait-on faire de la piraterie ou de la contrefaçon des crimes internationaux – c'était une question rhétorique –, et ne pas faire de même pour l'extermination de millions d'individus ? Le génocide, affirma-t-il, devrait être « déclaré crime international », et tous ceux qui épousaient la « philosophie criminelle du génocide » devraient être traités comme des criminels[90].

On l'écouta poliment, Lemkin attendit les réactions. Certains exprimèrent leur soutien, mais personne n'approuva son appel à l'action. On ne sait si Lauterpacht était présent dans la salle à ce moment (il préparait un voyage à Copenhague), mais le compte rendu ne fait état d'aucune intervention de sa part pour s'opposer à Lemkin. Peut-être avait-il pris la température de la salle et jugé que ce n'était pas nécessaire. Aucune des résolutions préparatoires de cette semaine de colloque ne faisait référence au génocide ou aux autres crimes internationaux.

Déçu, Lemkin retourna à Londres et envoya un mot à Maxwell Fyfe, le remerciant de son « inspiration morale et professionnelle ». Les participants du colloque de Cambridge avaient « réagi fraîchement » à ses idées, écrivit-il, mais il n'avait pas l'intention de renoncer :

> Nous ne pouvons continuer de dire au monde les mêmes éternelles phrases : ne tuez pas les membres de groupes raciaux et religieux ; ne les stérilisez pas ; ne leur imposez pas d'avortements ; ne leur volez pas leurs enfants ; n'obligez pas leurs femmes à porter des enfants pour votre pays ; et ainsi de suite. Mais nous devons dire au monde maintenant, en cette occasion unique : ne pratiquez pas le génocide[91].

L'échec de Lemkin suscita un nouvel épisode de correspondance frénétique. Avec un optimisme mesuré, mais toujours plein d'espoir, Lemkin écrivait à Parker, le jeune juge américain : « Je crois avoir réussi à convaincre l'assistance de l'utilité d'un tel concept de loi[92]. »

Lemkin ignorait que ses précédentes campagnes avaient contribué à lui assurer des soutiens. Le 26 août, à la veille de l'envoi de sa lettre à Maxwell Fyfe, le *New York Times* publia un éditorial saluant Lemkin, reconnaissant que le génocide était un crime « à la technique et aux conséquences uniques », et informa ses lecteurs qu'il restait à incorporer le terme dans le droit international, une tâche que « le professeur Lemkin avait déjà accomplie pour moitié »[93].

149

Lemkin retourna à Nuremberg à temps pour assister aux déclarations finales des accusés. Le Dr Gilbert nota que le groupe des vingt et un était tendu et quelque peu déprimé après un mois de témoignages d'horreur sur les SS et les autres organisations nazies ; il releva aussi que les accusés exprimaient « une surprise blessée en constatant que l'accusation les considérait toujours comme des criminels[94] ». Le discours conclusif de Maxwell Fyfe condamna vigoureusement les plans « démoniaques* » des nazis. Ignorant les précautions de Shawcross, il condamna sans mesure « l'épouvantable crime de génocide » que portait l'idéologie hitlérienne, l'idée de lutte entre les groupes que prônait *Mein Kampf*[95].

Lemkin pensait que les Britanniques avaient été convaincus et que les Américains seraient désormais isolés. En effet, malgré le communiqué de presse de Jackson publié en juillet, son homologue Telford Taylor, l'autre procureur américain, ne fit aucune mention du génocide lorsqu'il prit la parole à la suite de Maxwell Fyfe[96]. Les Français, au contraire, invoquèrent le « génocide », un terme fourre-tout pour qualifier tous les crimes, depuis les camps de concentration jusqu'à l'asservissement[97]. Quant au procureur soviétique Rudenko, il qualifia les SS d'entité génocidaire, de sorte que tous ceux qui étaient affiliés à l'organisation devaient être déclarés complices du génocide[98]. C'était une revendication à la portée potentiellement considérable.

Le dernier jour du mois, le 31 août, les accusés eurent enfin l'occasion de s'adresser aux juges. Göring parla le premier, prenant la défense d'un peuple allemand non coupable et niant sa propre connaissance des terribles faits[99]. Hess fut, comme toujours, incohérent, mais reprit néanmoins ses esprits pour assurer aux juges que s'il devait recommencer : « [il] agirai[t] de la même façon[100] ». Ribbentrop, Keitel et Kaltenbrunner suivirent, puis Rosenberg qui surprit Lemkin et beaucoup d'autres en reconnaissant le génocide comme crime, mais

* *Procès des grands criminels de guerre devant le Tribunal militaire international, op. cit.*, vol. 22, p. 243 *(NdT).*

un crime de nature à protéger aussi le groupe que formait le peuple allemand[101]. En même temps, il nia sa propre culpabilité dans le génocide ou dans tout autre crime.

Frank fut le septième à prendre la parole. Beaucoup dans la salle 600 se demandaient ce qu'il allait dire et s'interrogeaient sur le cours qu'il allait donner à sa déclaration après avoir reconnu sa responsabilité partielle. Cette fois-ci, il commença par dire que tous les accusés s'étaient détournés de Dieu sans en mesurer les conséquences. Il avait été « entraîné toujours plus avant dans les fautes », il le ressentait lorsque les esprits des morts traversaient la salle d'audience, ces millions qui avaient péri « sans qu'on ait pu les interroger et sans qu'on ait pu les entendre ». Il avança à son crédit la décision qu'il avait prise de ne pas détruire son Journal et de l'avoir volontairement « remis » à la fin, à l'heure où il avait perdu sa liberté[102].

Il revint sur le sens de la responsabilité collective qu'il avait évoquée quelques mois auparavant. Il ne souhaitait pas « quitter le monde sans s'être acquitté de ses dettes », dit-il aux juges. Oui, il était responsable des choses pour lesquelles il n'avait pas de réponse. Oui, il avouait une « part de culpabilité ». Oui, il était « le précurseur de la lutte nationale-socialiste d'Adolf Hitler, de son mouvement et de son Reich ».

Puis vint le « mais », un grand « mais » global.

Il éprouva le besoin de revenir sur ses déclarations faites en avril, des termes qui le chagrinaient aujourd'hui et demandaient à être corrigés[103]. Il faisait référence à sa remarque sur les « mille ans », une remarque dont Jackson et Shawcross s'étaient servis, mais il se rendait à présent compte qu'elle avait été mal interprétée. À la réflexion, il n'avait pas été assez prudent et avait commis une erreur en prononçant ces mots. Du temps avait passé et il voyait maintenant la réalité d'un autre œil : l'Allemagne avait payé un tribut suffisant, c'était cela la réalité. « Toute culpabilité contractée par notre nation a déjà été complètement effacée[104] », dit-il.

L'auditoire écouta attentivement lorsqu'il poursuivit. La culpabilité de l'Allemagne, proclama-t-il, a été effacée par « l'attitude de nos ennemis vis-à-vis de notre peuple et de nos soldats ». Or ce comportement a été entièrement évacué du procès, on a donc affaire à une justice unilatérale, poursuivit-il. Des crimes de masse « gigantesques et épouvantables » ont été commis contre les Allemands par les Russes, les Polonais et les Tchèques. Inconsciemment peut-être, il évoquait ainsi une fois de plus le thème du conflit entre groupes.

Regardant ses co-accusés, il posa ensuite une question : « Qui jugera un jour les crimes commis *contre* le peuple allemand[105] ? » La question resta en suspens. D'un trait, l'aveu de culpabilité partielle était effacé.

Après Frank, les quatorze autres accusés se relayèrent tour à tour. Aucun ne reconnut sa responsabilité.

Après la déclaration du dernier, Lord Justice Lawrence annonça l'ajournement de la procédure jusqu'au 23 septembre. Le verdict serait annoncé ce jour-là.

150

Au moment où les auditions prenaient fin, Lemkin n'avait toujours pas de nouvelles de sa famille. Ce n'est qu'à la mi-septembre, pendant l'ajournement, qu'il apprit le sort de Bella et Josef. L'information lui parvint par l'intermédiaire de son frère Elias, au cours d'une réunion à Munich. Il apprit ainsi que sa propre famille faisait partie intégrante des « dossiers du procès de Nuremberg ».

Elias avait survécu par un heureux hasard ; le fils d'Elias, Saul Lemkin, me raconta les circonstances. Saul avait douze ans en juin 1941, il vivait avec ses parents à Wołkowysk lorsque la famille décida de prendre des vacances en Union soviétique. « Nous étions dans la datcha quand ma tante nous a dit que quelque chose se passait en lien avec la guerre, donc on a mis la radio. » Ils apprirent que Hitler avait rompu le pacte avec Staline et lancé l'opération Barbarossa, que les Allemands avaient occupé Wołkowysk une semaine plus tard, et que Bella, Josef ainsi que le reste de la famille étaient piégés chez eux.

De brèves vacances se transformèrent ainsi en un séjour de trois ans au cœur de l'Union soviétique. La famille savait que « l'oncle Raphael » était en sécurité en Caroline du Nord, mais le meurtre de Bella et Josef, et la décision de ne pas les emmener en vacances avec eux à cause de leur santé fragile étaient devenus une source de tension entre les frères Raphael et Elias. « Mon oncle était en colère que nous les ayons laissés, mais nous ne pouvions pas, hélas, savoir ce qui allait se produire. » Saul semblait abattu et contrit, soixante-dix ans après les événements. « Nous sommes juste partis en vacances ; personne ne savait que la guerre allait commencer, même pas Staline. »

Saul et sa famille restèrent à Moscou jusqu'en juillet 1942. Lorsque leurs visas expirèrent, ils prirent le train pour l'Est et s'installèrent à Oufa, la capitale de Bachkirie, une petite République soviétique[106]. Ils retournèrent à Moscou en février 1944. Après la guerre, ils rentrèrent d'abord en Pologne, puis rejoignirent un camp de personnes déplacées à Berlin. C'est là que Lemkin les trouva. « Mon oncle nous a appelés à Berlin en août 1946. Il était à Nuremberg ; il m'a parlé », raconta Saul. « Il a dit à mon père de ne pas rester à Berlin trop longtemps, car les Russes pourraient bloquer la ville. »

Avec l'aide de Lemkin, les Américains facilitèrent leur voyage vers un autre camp, à Munich. Saul se remettait d'une appendicite à l'hôpital lorsque Lemkin vint les voir à la mi-septembre.

« Il est venu me voir à l'hôpital avec sa secrétaire, Madame Charlet, de l'armée américaine. Elle parlait un peu le russe, c'était une femme très gentille. Mon oncle avait bonne mine, de beaux vêtements ; on s'est embrassés. Il m'a dit “tu dois venir en Amérique”. »

Ils ont échangé le peu d'informations qu'ils avaient à propos de Wołkowysk. « Mon père, Elias, avait découvert qu'il ne restait plus que quelques Juifs lorsque les Soviétiques sont arrivés à l'été de 1944, peut-être pas plus de cinquante ou soixante. » La répétition des événements de Żółkiew et de Dubno, et de dizaines de milliers d'autres lieux, petits et grands, en Europe centrale, était inscrite dans les pierres de Treblinka. Saul me parla de ce sujet avec douceur, mais ses yeux s'assombrirent. « Le reste, on sait ce qui leur est arrivé. Un Juif nous avait envoyé une lettre. Mes grands-parents avaient été déportés vers une destination inconnue. Ils étaient morts. »

Saul avait-il une photo de Bella et Josef ? Non. Il avait appris que le dernier transport avait quitté Wołkowysk en janvier 1943, à destination d'Auschwitz, mais ses grands-parents avaient été emmenés dans un autre lieu, pas loin. « Bella et Josef sont allés à Treblinka parce que ce n'était pas loin. »

Il dit cela avec une grande tristesse, une tristesse profonde et lasse, puis il se reprit.

« Quel est le nom de ce journaliste célèbre, celui qui a écrit *Vie et Destin* ? » demanda-t-il.

Vassili Grossman.

« C'est ça ; c'est lui qui a écrit sur Treblinka. Je l'ai lu et j'ai pensé à mes grands-parents. »

Saul pensait que l'oncle Raphael n'avait jamais su qu'ils avaient été déportés à Treblinka. « Je n'ai eu cette information que beaucoup plus tard, bien après sa disparition. »

D'une certaine manière, le récit de Saul planta aussi le décor d'une autre histoire. Car c'est grâce à lui que j'ai appris que ma grand-mère Malke Flaschner, qui vivait dans la même rue que les Lauterpacht à Żółkiew, dans la même rue que les Lemkin, était morte à Treblinka.

« Il y a une chose que je dois ajouter sur cette période », dit Saul dans un accès soudain de gaieté. « Les Allemands à la clinique étaient *très* gentils avec moi, très polis. Comparée à la vie en Pologne, l'Allemagne était un paradis pour les Juifs. » Si Saul avait gardé du ressentiment, il ne le montra pas.

« Oncle Raphael avait évidemment une opinion différente », continua-t-il. « Il y avait beaucoup d'Allemands dans la clinique, mais mon oncle ne les regardait pas. » Saul me regarda fixement. « Il les haïssait. Pour lui, c'était du poison. Il les haïssait. »

151

LAUTERPACHT PASSA LE MOIS DE SEPTEMBRE à Cambridge dans l'attente du jugement, espérant qu'il établirait la protection des individus et affirmerait son soutien à une charte internationale des droits. Moins volubile que Lemkin et moins prompt à laisser paraître ses émotions, il n'était cependant ni moins passionné ni moins préoccupé. Le procès l'avait profondément affecté, mais il rechignait à le montrer, même à son fils qui se préparait à entrer en deuxième année à Trinity et avec lequel il passa alors du temps.

Se remémorant le passé, Eli se demandait maintenant si quelque chose avait changé chez son père durant cette période. Le procès et les nouvelles de la famille avaient certainement fait des dégâts et avaient dû influencer le cours de son travail. Eli avait le sentiment que c'était à ce moment qu'il avait mieux compris le travail de son père, ou qu'il en avait, du moins, pris une plus juste mesure.

« Ce n'était pas seulement un plus grand investissement intellectuel de ma part ; c'est plutôt que je me suis rendu compte d'autre chose, que c'était une période particulièrement difficile. » L'arrivée imminente d'Inka à Cambridge renforçait le sentiment de perte, mais elle était aussi synonyme d'espoir.

« Émotionnellement, il était très profondément pris dans le procès », ajouta Eli qui reconnut ne s'être jamais posé les questions que j'explorais moi-même. Il avait accepté la situation telle qu'elle était, s'alignant sur l'attitude de son père. Les difficultés et la peine se partageaient autrement, elles n'étaient pas vraiment formulées.

Je lui demandai ce que son père pensait du terme « génocide ». Il ne l'aimait guère, le terme était trop « peu pratique », répondit Eli ; il le trouvait peut-être même dangereux. À l'époque, l'un des correspondants de Lauterpacht était Egon Schwelb, l'homme qui avait encouragé Lemkin lors de leur rencontre en mai 1946. Eli pensait que Schwelb était un défenseur ardent de l'approche des droits individuels prônée par son père, un admirateur de son intelligence et de son travail aussi. Dans une de ses lettres, Schwelb avait noté la croyance de Lauterpacht dans un « lien étroit » entre les « crimes contre l'humanité » dans le procès de Nuremberg et « l'idée des droits humains individuels fondamentaux et leur protection par le droit international ». La lettre confirmait également que Lauterpacht n'était pas « très favorable » au « prétendu crime de génocide ». Selon lui, Lauterpacht pensait que « si l'on soulignait trop que c'est un crime de tuer tout un peuple, cela affaiblirait peut-être la certitude que c'est déjà un crime de ne tuer que une seule personne »[107].

Schwelb savait aussi que Lauterpacht n'était personnellement pas très bien disposé vis-à-vis de Lemkin. Sans doute n'y avait-il pas de véritable antagonisme ; il ne faisait pas de doute par ailleurs que Lauterpacht appréciait « l'énergie, l'idéalisme et la candeur du

Dr Lemkin », mais c'étaient là des louanges bien faibles. En effet, le très formel professeur de Cambridge ne reconnaissait pas l'ancien procureur polonais comme un véritable universitaire, ni même comme un intellectuel solide, et cela comptait. Lauterpacht et Schwelb s'accordaient à dire qu'il était « recommandé d'équilibrer » la relation entre les crimes contre l'humanité et le génocide, et ce au bénéfice du premier terme. Équilibre revenait à dire silence. La meilleure solution était que le tribunal ne dise mot du génocide.

152

Niklas Frank avait sept ans en septembre 1946 ; il était assez grand donc pour se remémorer l'atmosphère d'angoisse qui planait sur la maison familiale dans les semaines précédant le jugement. Il alla à Nuremberg ce mois-là ; il y avait plus de un an qu'il n'avait pas vu son père. Cette visite lui laissa un souvenir dépourvu d'émotions.

À cette époque, la famille Frank était vraiment sans le sou, elle se procurait de la nourriture et des informations sur le déroulement du procès du mieux qu'elle pouvait. Plus ou moins séparée de Frank, Brigitte maintenait le contact avec un journaliste en Bavière qui faisait le compte rendu du procès tous les soirs sur la radio allemande. « Ma mère écoutait tous les soirs à sept heures », se souvient Niklas. À l'occasion, le journaliste rendait visite à sa mère, il apportait parfois du chocolat, un petit plaisir rare pour les enfants. Il recherchait des informations pour nourrir son émission. Niklas se souvenait d'un détail : le journaliste était juif : « Ma mère avait écrit à mon père en prison. "J'aime bien ce monsieur Gaston Oulman, et j'aimerais que vous vous rencontriez en prison"[108]. »

Niklas gloussa à cette idée folle.

« La lettre de ma mère se poursuivait par "Il est juif, mais je pense qu'il a du cœur". » Niklas fit une pause. « Elle a écrit cela », s'exclama-t-il, « vous vous imaginez, "il a du cœur" ? C'était à la fin du procès de Nuremberg, ma mère était informée de tous les crimes que les Allemands avaient commis, et elle était encore capable d'écrire une telle phrase ».

Il secoua la tête.

« Incroyable », dit-il, avant de faire une nouvelle pause.

« C'était juste que mon père soit jugé. » Niklas restait convaincu de cela. Oui, quand son père avait pris la parole en avril, il avait exprimé une sorte de culpabilité.

« C'était une bonne chose, mais était-ce sincère ? » Niklas avait des doutes, qui furent confirmés par la rétractation de Franck au mois d'août. « Sa véritable personnalité s'est révélée lors de sa deuxième déclaration », dit Niklas brutalement. Son père était un homme faible.

En septembre, toute la famille alla à Nuremberg. Niklas me montra une photo où l'on voyait sa mère avec un grand chapeau noir, un manteau noir et une jupe noire, des jambes fines comme les pattes d'un moineau, souriante, les pressant contre elle, sa sœur et lui.

Brigitte Frank avec Niklas (gauche), Nuremberg, septembre 1946.

« C'était le 24 septembre, je crois. J'y suis allé avec ma mère ; nous étions cinq enfants. Nous sommes entrés dans le palais de justice, dans une grande salle, longue de peut-être vingt mètres. Sur la droite, il y avait des fenêtres ; du côté opposé de la salle, j'ai reconnu Göring avec sa famille. J'étais assis sur les genoux de ma mère ; on parlait à mon père à travers une vitre perforée de petits trous. »

Comment était son père ?

« Il souriait, essayant de paraître heureux. Je me souviens aussi que mon père m'a menti.

– C'est-à-dire ?

– Il a dit "dans deux ou trois mois, nous célébrerons Noël à Schliersee, à la maison, et nous serons tous très heureux ensemble". Je me disais, mais pourquoi mens-tu ? J'étais au courant, mes amis à l'école en parlaient, je savais ce qui allait se passer. Il ne faut jamais mentir à un enfant de sept ans ; ce n'est jamais oublié. »

C'était une semaine avant le verdict. D'après ses souvenirs, Niklas n'échangea pas un mot avec son père. Pas un seul.

« Je n'ai pas dit au revoir. Le tout n'a pas duré plus de six ou sept minutes. Il n'y a pas eu de larmes. J'étais vraiment triste. Non pas parce qu'il allait être pendu, mais parce qu'il m'avait menti. »

153

Le verdict fut prononcé un peu plus tard que prévu, une semaine après la visite de la famille, durant deux magnifiques journées d'un automne doré, les 30 septembre et 1er octobre. La ville attendait, inquiète, la sécurité et les blindés plus visibles que d'habitude, stationnés autour du palais de justice. L'entrée dans la salle d'audience, pleine à craquer, était soumise à des contrôles sévères.

Frank n'avait pas beaucoup de trajet à faire depuis sa cellule dans le vieux bâtiment en briques derrière le palais de justice, démoli depuis. Les hommes de la police militaire, coiffés de casques blancs, l'escortèrent le long du couloir couvert, le firent monter dans l'ascenseur, puis passer à travers la porte coulissante ; ils le dirigèrent enfin vers le milieu de la première rangée du banc des accusés. Il portait comme toujours ses lunettes noires et évitait de montrer sa main gauche gantée.

Lauterpacht était arrivé en avion depuis l'Angleterre, deux jours avant le verdict. Il avait fait le voyage avec un groupe d'officiels britanniques, dont Lord Wright, le chef du *War Crimes Executive* britannique. À ses côtés, Khaki Roberts, l'avocat qui avait mené la bataille contre Lemkin et contre l'accusation de génocide un an auparavant[109]. Ils étaient tous installés au Grand Hôtel et devaient se retrouver à la réception à 9 h 15 le matin du jugement, d'où ils devaient être conduits au palais de justice.

Le 30 septembre, Lemkin était à Paris pour assister à la Conférence de paix[110]. Il espérait pouvoir persuader les délégués d'insérer quelques mots sur le génocide dans la déclaration finale. Sa santé ne s'était pas améliorée ; une fois de plus, il avait bénéficié des services de l'hôpital militaire américain. C'est là qu'il apprit le verdict, par la radio posée sur sa table de chevet.

Leon aussi était à Paris, pas loin, au travail, s'occupant de déportés et de réfugiés rentrés à Paris. Beaucoup, à l'hôtel Lutetia, attendaient l'issue du procès avec un intérêt extrême.

L'annonce du jugement devait se faire en deux temps. Le premier jour, le lundi 30 septembre, serait consacré aux faits généraux et aux conclusions juridiques[111] ; la culpabilité individuelle des accusés ne serait abordée que le lendemain. Quant aux faits, les juges les avaient organisés en petites sections bien délimitées, de manière assez artificielle mais qui faisait autorité – et rassurait les avocats. Les complexités de l'histoire et des interactions humaines seraient simplifiées afin que le récit décrive précisément la prise de pouvoir par les nazis, les actes d'agression en Europe, la conduite de la guerre. Les microphones du tribunal avaient diffusé douze années de chaos, d'horreur et de tueries au cours des 453 auditions publiques. Quatre-vingt-quatorze témoins avaient été entendus, trente-trois pour le ministère public, soixante et un pour les accusés.

Les organisations furent traitées de manière expéditive. La direction nazie, la Gestapo, le SD et la SS furent tous déclarés coupables, comme la Waffen-SS et le million et demi d'hommes sous son commandement. Cela constituait un très vaste groupe de criminels. À la suite d'un compromis juridique, les SA, le cabinet du Reich, l'état-major et le haut commandement de la Wehrmacht ne furent pas inquiétés.

Puis les juges abordèrent la question du complot, de l'agression et des crimes de guerre. Les crimes contre l'humanité occupèrent une place de choix dans le verdict et ils furent reconnus, pour la première fois de l'histoire, comme une part intégrante du droit international. En silence, le public écouta le récit des meurtres, de la maltraitance, du pillage, du travail forcé, de l'esclavage, des persécutions, chaque élément donnant lieu à la qualification de crimes internationaux.

Ce moment dut être insupportable pour Frank et les autres accusés. Ils écoutèrent attentivement, guettant le moindre indice sur le sort qui leur serait réservé. L'acquittement des trois organisations avait ébranlé le Ministère public, mais encouragé les accusés : peut-être était-ce le signe d'un basculement en leur faveur ? De quel côté la balance pencherait-elle pour Frank ? En avait-il assez fait pour éviter la potence ? L'aveu initial de culpabilité collective avait-il suffi, ou avait-il été défait par sa rétractation ultérieure ? L'angoisse de Frank n'avait certainement pas été calmée par les paroles du juge soviétique Nikitchenko, qui, une fois de plus, avait rappelé les mots de son Journal pour décrire le chapitre final de l'histoire nazie et des crimes contre l'humanité. « Mille ans », encore et encore.

Le tribunal reprit le sens des termes écrits par Lauterpacht mais prononcés par Shawcross : les crimes internationaux étaient commis par « des hommes, et non des entités abstraites ». Ce n'est qu'en punissant les individus qui ont commis ces crimes, dirent les juges, que les règles du droit international peuvent être appliquées. Les individus ont des devoirs envers la communauté internationale qui « priment leur devoir d'obéissance envers l'État dont ils sont ressortissants[112] ».

Par contraste, et en dépit du soutien des procureurs britanniques, français et soviétiques ainsi que du communiqué de presse de Jackson, le génocide ne fut pas mentionné le premier jour. Pas un seul des huit juges n'utilisa le terme de Lemkin ; aucun n'évoqua le rôle du droit de protéger les groupes. Lemkin devait être désespéré, seul sur son lit d'hôpital dans un Paris lointain, gardant cependant espoir dans ce qui se dirait le deuxième jour.

Difficile d'expliquer cette omission, sinon par les quelques mots rapides du juge Nikitchenko. Selon le juge soviétique, seuls les actes commis après le début de la guerre en septembre 1939 pouvaient être considérés comme crimes contre l'humanité[113]. Pas de guerre, pas de crime contre l'humanité. Ainsi le tribunal exclut-il tout ce qui s'était passé en septembre 1939, aussi terribles que fussent les actes commis. Les efforts que Lemkin avait déployés afin de criminaliser les atrocités, qu'elles fussent commises en temps de paix ou de guerre, échouèrent à cause de la virgule, cette virgule tardivement ajoutée à l'article 6 (c) de la Charte ; c'était la conséquence que Lemkin avait redoutée : l'expulsion de Leon de Vienne en janvier 1939, ainsi que tout ce qui était arrivé à sa famille et à des centaines de milliers d'autres avant septembre 1939, ne serait pas traitée comme un crime.

Les juges reconnurent pourtant les difficultés que la virgule avait entraînées. Le juge Nikitchenko rappela que des opposants politiques avaient été assassinés avant la guerre en Allemagne. Un grand nombre d'individus avait été emprisonné dans des camps de concentration, dans des conditions de cruauté horribles, et un nombre également important avait été tué. Une politique de terreur à grande échelle avait été mise en place, organisée, systématique ; la persécution, la répression et l'assassinat de civils avant la guerre de 1939 avaient été sans merci. Les actions contre les Juifs avant la guerre avaient été prouvées, « sans le moindre doute ». Pourtant, aussi « révoltants et atroces » qu'aient été ces actes, la virgule dans le texte de la Charte les plaçait hors de la juridiction du tribunal. « Nous sommes impuissants, nous ne pouvons faire autrement », dirent les juges[114].

Aussi le premier jour du verdict porta-t-il un coup terrible à Lemkin. Lauterpacht, en revanche, qui était présent dans la salle, ne fut sans doute pas troublé outre mesure. L'accord sur la Charte du tribunal de Nuremberg avait rendu le rideau qui séparait septembre 1939 des événements de la période précédente imperméable ; la logique du droit l'avait emporté. Le pragmatique Lauterpacht avait plaidé pour cette solution dans le texte préparé pour Shawcross en juillet. Le passionné Lemkin avait argumenté contre elle à Cambridge, le mois d'après.

Après cette première journée, les présents se retirèrent dans leurs bureaux, foyers, cellules de prison ou hôtels pour disséquer ce qui avait été dit et pour tenter de prédire ce qui se dirait le lendemain. Rebecca West quitta le palais de justice pour visiter un petit village, non loin de Nuremberg. Elle y rencontra une femme allemande qui, ayant appris qu'une écrivaine anglaise assistait au procès, se lança dans une litanie de plaintes contre les nazis. Les nazis avaient installé des travailleurs étrangers près de son village, « deux mille misérables, cannibales, rebuts de l'humanité, Russes, Balkaniques, Baltes, Slaves ». La femme s'intéressait au procès, ne s'y opposait pas, mais elle aurait tellement aimé qu'on ne nommât pas un Juif procureur général. Invitée à s'expliquer, la femme cita l'individu incriminé : David Maxwell Fyfe. Lorsque Rebecca West corrigea son erreur, la femme répondit sèchement « qui appellerait son fils David sinon un Juif?[115] ».

154

Le second jour, Lord Justice Lawrence entra dans la salle à 9 h 30 précises pour prononcer le verdict individuel de chacun des vingt et un accusés présents. Il vint muni d'un aide-mémoire rédigé sur le papier à en-tête du *War Crimes Executive* britannique, indiquant le verdict et la sentence pour chacun des accusés. Marjorie Lawrence le colla plus tard dans son album de famille.

Les juges commencèrent par donner les raisons de déclarer chacun des accusés coupable ou non coupable. Lord Justice Lawrence adopta un ton grave.

Frank était assis au milieu de la première rangée, les yeux cachés derrière ses lunettes noires. Lauterpacht était à la table britannique, tout près de l'accusé le plus directement responsable du meurtre de ses parents, de ses frères et sœurs, de ses oncle et tante. Lemkin attendait à Paris, suspendu à la radio.

Lawrence commença par Göring qui, par moments, « rappelait une mère maquerelle », selon Rebecca West qui l'observait depuis la tribune de presse ; il était entré par la porte coulissante et avait « un air surpris »[116]. Coupable de tous les chefs d'accusation.

Puis, Lawrence s'occupa des cinq accusés suivants. Tous coupables. Le juge Nikitchenko déclara Rosenberg coupable. La tentative de Rosenberg pour expliquer le véritable but de sa politique raciale avait été un échec complet. Coupable[117].

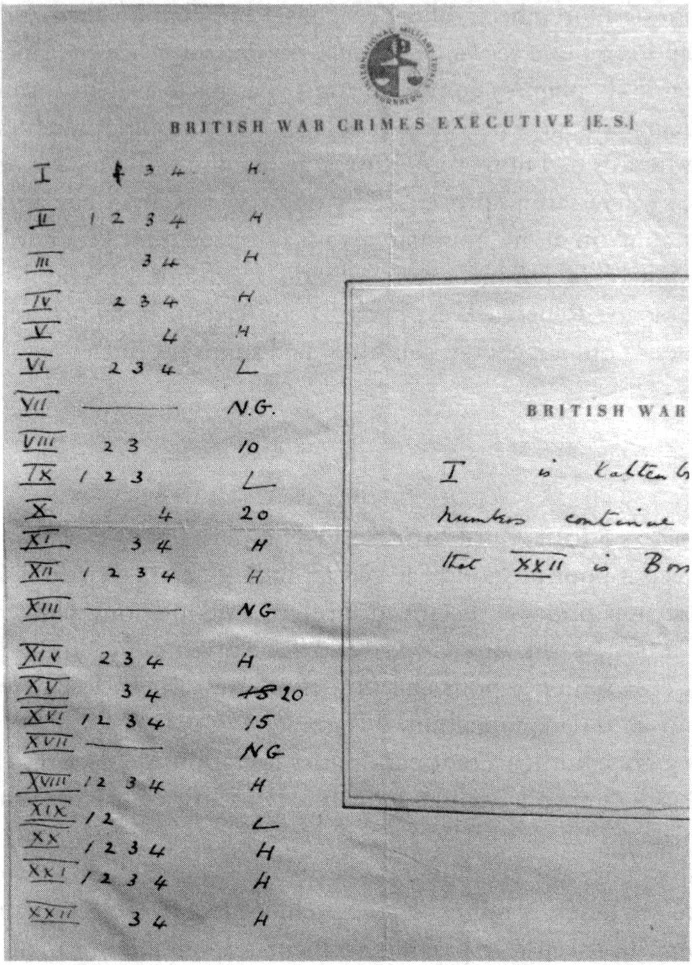

BRITISH WAR CRIMES EXECUTIVE [E.S.]

I	[illegible] 3 4	H.
II	1 2 3 4	H
III	3 4	H
IV	2 3 4	H
V	4	H
VI	2 3 4	L
VII	———	N.G.
VIII	2 3	10
IX	1 2 3	L
X	4	20
XI	3 4	H
XII	1 2 3 4	H
XIII	———	NG
XIV	2 3 4	H
XV	3 4	~~15~~ 20
XVI	1 2 3 4	15
XVII	———	NG
XVIII	1 2 3 4	H
XIX	1 2	L
XX	1 2 3 4	H
XXI	1 2 3 4	H
XXII	3 4	H

BRITISH WAR

I is Kalten
numbers continue
that XXII is Bor

L'aide-mémoire de Sir Geoffrey Lawrence, 1er octobre 1946.

Puis ce fut au tour de Frank. Il se tenait immobile, les yeux tournés vers le sol. Le juge Biddle, empêtré dans une liaison amoureuse compliquée avec Rebecca West, donna lecture du texte rédigé à l'avance[118]. La décision avait été prise trois semaines plus tôt, ce que Frank ne savait pas. Biddle résuma le rôle du juriste, depuis le moment où il avait adhéré au parti nazi, en 1927, en passant par sa présidence de l'Académie pour le droit allemand, jusqu'à sa nomination en tant que Gouverneur général. En l'absence de preuves, Frank échappa à la condamnation pour le premier chef d'accusation, on ne pouvait prouver en effet son implication dans la décision de déclarer une guerre d'agression. Un bref répit.

Biddle passa aux troisième (crimes de guerre) et quatrième (crimes contre l'humanité) chefs d'accusation. Les deux concernaient les événements de Pologne après le début de la guerre, ils relevaient donc bien de la juridiction du tribunal. Frank était impliqué dans la destruction de la Pologne en tant qu'entité nationale. Il avait exploité ses ressources pour soutenir l'effort de guerre allemand et avait brisé l'opposition avec la plus extrême dureté. Il avait déchaîné un règne de terreur. Les camps de concentration avaient été ouverts sur son territoire, dont les « notoires Treblinka et Majdanek ». Des milliers de Polonais avaient été liquidés, dont les « principaux représentants » de l'intelligentsia. Les travailleurs forcés avaient été déportés vers l'Allemagne. Les Juifs persécutés, enfermés de force dans des ghettos et victimes de discrimination, avaient été affamés, exterminés[119].

Les juges reconnurent l'expression de « terrible culpabilité » de Frank pour les atrocités commises dans le territoire sur lequel il régnait. Or sa défense n'avait été, en dernière instance, qu'une tentative de prouver son absence de responsabilité, soit parce que les actes avaient échappé à son contrôle, soit parce qu'il les ignorait.

« Il se peut donc que certains crimes commis dans le Gouvernement général l'aient été à l'insu de Frank », conclut Biddle, « et même parfois malgré lui ». Peut-être aussi que toutes les politiques criminelles n'avaient pas commencé avec lui. Pourtant, il avait, « volontairement et consciemment », participé à la terreur et à l'exploitation économique de la Pologne, ces actes qui avaient conduit un très grand nombre d'individus à mourir de faim. Il était coupable de la déportation de plus de un million de Polonais vers l'Allemagne, et il avait participé activement à un programme qui avait contribué au meurtre d'au moins trois millions de Juifs[120].

Pour ces raisons, il était coupable de crimes de guerre et de crimes contre l'humanité.

Biddle n'utilisa pas le terme de « génocide ».

Frank ne bougea pas, il écouta attentivement lorsque les autres verdicts furent prononcés. Des vingt et un accusés présents, trois furent acquittés. Hjalmar Schacht, l'ancien président de la Reichsbank, parce qu'il n'y avait pas de preuve qu'il était au courant des plans d'une guerre d'agression. Franz von Papen, vice-chancelier de Hitler pendant dix-huit mois, fut acquitté pour la même raison. Hans Fritzsche, employé subalterne au ministère de la Propagande de Goebbels et pâle substitut de son patron absent, fut également acquitté. Il n'y avait pas suffisamment de preuves permettant de le condamner pour incitation à commettre des atrocités[121]. Parmi les autres, certains furent déclarés coupables de crimes contre l'humanité, mais on ne reconnut personne coupable de génocide. Le terme ne fut pas prononcé.

L'audience fut suspendue à l'heure du déjeuner. Les sentences seraient prononcées à la reprise. Frank s'associa aux félicitations adressées aux trois accusés acquittés.

155

Après le déjeuner, tous les regards étaient tournés vers la petite porte en bois derrière le banc des accusés ; tous attendaient les accusés qui allaient entrer un par un pour entendre l'annonce de leur peine. « Ouvert, fermé, ouvert, fermé », écrivit à nouveau R. W. Cooper, le correspondant du *Times*.

La séance reprit à trois heures moins dix. Pour la première fois dans ce procès long de une année, les dix-huit accusés qui avaient été déclarés coupables et n'attendaient plus que les détails de leur condamnation furent traités individuellement et ne furent pas conduits dans la salle en groupe. Chacun attendait son tour à l'extérieur de la salle 600, au pied de l'ascenseur. Ils devaient entrer dans la salle, un par un, écouter la sentence, puis repartir.

Ceux qui étaient absents cet après-midi-là ne purent voir le moment le plus spectaculaire du procès : pour protéger la dignité de chacun des accusés, l'annonce des sentences individuelles ne fut pas filmée. Frank était le septième à être appelé. Cinq des six premiers furent condamnés à mort : Göring, Ribbentrop, Keitel, Kaltenbrunner et Rosenberg. Rudolf Hess échappa à la potence, mais il fut condamné à la réclusion à perpétuité[122].

Lorsque vint son tour, Frank fut donc le septième à prendre l'ascenseur et à passer par la porte coulissante. En entrant dans la salle, désorienté, il tourna le dos aux juges. Les gardes durent le replacer face aux juges. Rebecca West nota ce moment[123]. Une forme de protestation ? Non. Elle l'interpréta comme une « preuve étrange » du désarroi de Frank. Faisant face aux juges, il écouta en silence, non sans courage remarquèrent certains. Lord Justice Lawrence prononça le verdict en quelques phrases.

« Au terme de l'acte d'accusation par lequel vous avez été reconnu coupable, le tribunal vous condamne à mort par pendaison. » À travers ses écouteurs, Frank entendit *« Tode durch den Strang »* (« la mort par la corde »)[124].

Le fait d'avoir été par le passé en relation avec Donnedieu de Vabres aurait pu être une source d'espoir pour Frank, mais il n'a jamais su que le Français avait essayé de l'aider. Jusqu'au bout, Donnedieu défendit un verdict d'emprisonnement à vie plutôt que de mort, mais il était isolé et son avis fut rejeté par les sept autres juges. Le juge Biddle fut surpris par la « curieuse sollicitude » de son collègue français à l'endroit du juriste allemand, désormais reconnu criminel international[125]. Peut-être le juge américain ignorait-il, comme Yves Beigbeder, que Donnedieu avait été l'hôte de Frank à Berlin, en 1935.

Après avoir entendu la sentence, Frank retourna dans sa cellule. Le Dr Gilbert alla le voir, comme il alla voir tous les autres accusés. Frank sourit poliment, incapable de regarder le psychologue dans les yeux. Le temps des confidences était révolu.

« La mort par pendaison ».

Frank prononça doucement ces mots en faisant de la tête un signe d'acquiescement.

« Je le méritais et je m'y attendais. » Il ne dit rien de plus, et ne donna pas davantage d'explications, ni au Dr Gilbert, ni plus tard à sa famille, sur les raisons pour lesquelles il avait agi comme il l'avait fait[126].

156

LE JUGEMENT FUT UN SOULAGEMENT pour Lauterpacht. Son concept de crimes contre l'humanité, approuvé par le tribunal, faisait désormais partie du droit international. La protection de l'individu et l'idée de la responsabilité criminelle individuelle pour les pires crimes participeraient d'un nouvel ordre légal. La souveraineté étatique ne fonctionnerait plus comme refuge pour des crimes d'une telle ampleur, au moins en théorie.

Peu de temps après le verdict, il reçut une lettre de Shawcross : « J'espère que vous vous souviendrez avec satisfaction de votre contribution capitale à cette décision qui aura sans doute une influence réelle sur l'avenir des relations internationales[127]. » S'il éprouva une telle satisfaction, il n'en fit jamais part, ni en public, ni en privé. Ni à son fils, ni à Inka.

La réaction de Lemkin fut différente. Il fut dévasté par le silence sur le génocide, un silence qui explique sa remarque sur le « cauchemar de Nuremberg[128] ». Le jugement ne faisait même pas mention des débats que le terme avait provoqués, ni du fait qu'il avait été approuvé par trois des quatre pouvoirs représentant le Ministère public. (D'après ma propre expérience des cours internationales, les comptes rendus de la procédure mentionnent tous les arguments, même ceux qui ont été écartés, et offrent ainsi quelque réconfort à leurs auteurs ; ils permettent aussi de prendre date pour l'avenir.) Lemkin était également horrifié que les crimes commis avant guerre aient été entièrement ignorés.

Peu de temps après le procès, Lemkin rencontra Henry King, le jeune procureur américain ; celui-ci décrivit le Polonais comme « non rasé et les cheveux en bataille », ses vêtements en lambeaux. Lemkin lui confia que le verdict avait été le « jour le plus sombre de sa vie[129] ». Plus sombre encore que le moment où il avait appris, un mois plus tôt, que Bella et Josef avaient péri.

Leon reçut les nouvelles du jugement à Paris. Le lendemain, Lucette, la jeune voisine, vint chercher ma mère, la fille de Leon, âgée de huit ans, pour l'accompagner à l'école. Elle vit Leon prier, un rituel qu'il accomplissait tous les matins pour être avec les siens, « pour appartenir à un groupe qui a disparu », dira-t-il à ma mère.

Leon ne m'a jamais dit ce qu'il avait pensé du procès ou du jugement, s'il pouvait d'une quelconque manière compenser les actes commis. Il était ravi, en revanche, de mon choix de carrière.

157

Douze accusés ont été condamnés à mort, sans droit d'appel, dont Frank, Rosenberg et Seyss-Inquart qui n'ont pas dû attendre longtemps leur exécution par pendaison. Le pape introduisit une requête de grâce pour Frank, qui fut rejetée[130]. La peine ne posa pas de problème moral à Lord Justice Lawrence ; sa fille Robby me raconta qu'il avait condamné plusieurs criminels à la pendaison en Angleterre.

« Il considérait cela comme une juste peine pour des gens qui avaient fait des choses terribles », m'expliqua-t-elle. « Il a été content quand on a mis fin à la peine de mort en Grande-Bretagne, mais je ne crois pas qu'il ait jamais douté que c'était une peine juste pour ces accusés-là. »

Entre l'annonce du verdict et le jour de l'exécution, le Président Truman écrivit à Lord Justice Lawrence. Il lui exprima sa gratitude pour les « services loyaux » que le juge avait rendus en « renforçant le droit et la justice internationaux »[131].

Deux semaines plus tard, le matin du 16 octobre, le *Daily Express* titra : « Göring sera le premier exécuté à 1 heure du matin », suivi par les dix autres accusés[132]. C'était notoirement faux, puisque Göring échappa à la corde. Il s'était suicidé peu de temps avant l'horaire fixé pour l'exécution.

C'est Ribbentrop qui fut pendu en premier ; Frank remonta dans la hiérarchie, il était maintenant à la cinquième place. L'exécution eut lieu dans le gymnase du palais de justice, où il fut escorté par le prêtre de l'armée américaine, Sixtus O'Connor. Frank traversa la cour en direction du gymnase, fermant les yeux, déglutissant plusieurs fois lorsqu'on lui mit une cagoule noire sur la tête. Il prononça ses derniers mots[133].

Le correspondant du *Times*, R. W. Cooper, était en France lorsque les pendaisons furent annoncées plus tard dans la journée. « Le dénouement me parvint dans un petit restaurant parisien », écrivit-il dans ses Mémoires. Les musiciens jouèrent un air, « Insensiblement », un air qui est devenu le morceau préféré de Django Reinhardt. Les photos des pendus, dont celle de Frank, s'étalaient sur la dernière page du journal du soir, visibles par tous dans le restaurant.

« Ça, c'est beau à voir »*, murmura le patron. *« Ça, c'est beau*. »* Puis il tourna négligemment la page[134].

158

PLUSIEURS CENTAINES DE KILOMÈTRES plus loin, en Bavière, à une certaine distance du petit village de Neuhaus am Schliersee, les plus jeunes enfants de Hans Frank étaient à la maternelle. Brigitte Frank vint les chercher plus tard.

« Ma mère est entrée, vêtue d'habits printaniers, fleuris, pour nous dire que père était désormais au paradis », s'est rappelé Niklas. « Mes frères et sœurs se sont mis à pleurer, je suis resté silencieux, car je savais comment ça s'était passé. Je crois que c'est à ce moment-là qu'un grand mal a commencé, qu'est née ma froideur vis-à-vis de cette famille. »

Des années plus tard, Niklas a rencontré Sixtus O'Connor, l'aumonier qui avait accompagné Frank au gymnase. « Votre père est allé à la potence en souriant », lui dit-il. « Même dans sa cellule à Nuremberg, ajouta-t-il, votre père avait peur de votre mère. »

Niklas n'a pas oublié ce jour, il y a souvent pensé. Ensemble, nous avons visité l'aile vide de la prison du palais de justice de Nuremberg et nous avons passé du temps dans une cellule semblable à celle qu'avait occupée son père. « Ce qui est drôle, me dit Niklas, c'est que lorsqu'ils sont venus chercher mon père pour l'amener à la potence, il était agenouillé. » Il s'agenouilla pour me montrer. « Il a dit au prêtre, "père, quand j'étais enfant, ma mère avait l'habitude de me signer

* En français dans le texte *(NdT)*.

tous les matins lorsque je partais pour l'école".» Niklas se signa le front. «Faites-le maintenant aussi je vous prie», avait demandé Frank au prêtre.

Niklas se demanda si c'était pour la galerie. «Peut-être était-ce l'un de ces moments, tout près de la potence, de la mort [...], il savait qu'il n'allait pas survivre à la nuit du 16 octobre, peut-être était-ce vraiment honnête, la seule et dernière chose honnête qu'il ait faite.»

Niklas se tut un instant. «Il voulait redevenir un enfant innocent, ce qu'il était quand sa mère le signait.» Il s'arrêta à nouveau, puis dit: «C'est la première fois que j'y pense. Je pense qu'il voulait redevenir un petit garçon qui n'avait pas commis tous ces crimes.»

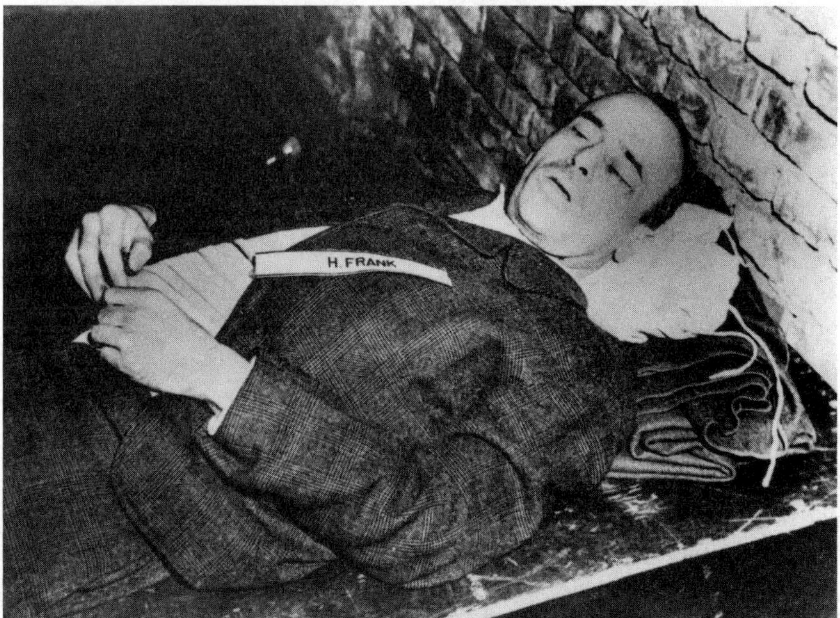

Hans Frank, mort par pendaison, 16 octobre 1946.

Niklas n'avait, en revanche, aucun doute sur le manque de sincérité de l'aveu de culpabilité partielle au tribunal, et aucune réserve sur la pendaison de son père. «Je suis contre la peine de mort, dit-il sans émotion, sauf pour mon père.» Lors d'une de nos conversations, il s'est souvenu de la lettre que son père avait envoyée, la veille de l'exécution, à son avocat, le Dr Seidl. « Il a écrit “je ne suis pas un criminel”. » Niklas prononça ces mots avec dégoût. « Il était donc vraiment revenu sur tout ce qu'il avait confessé lors du procès. »

Tout en parlant de leur dernière rencontre, de la conversation avec l'aumonier, du courage silencieux de sa mère, Niklas retira plusieurs papiers de sa poche. « C'était un criminel », dit-il doucement, et il me montra une petite photo en noir et blanc, passée et usée. C'était la photo du corps de son père, sans vie, allongé sur un lit de camp, une étiquette sur la poitrine, prise quelques minutes après sa pendaison.

« Je regarde cette photo tous les jours », dit Niklas. « Pour me souvenir, pour m'assurer qu'il est bien mort. »

Épilogue
Vers les bois

Le procès de Nuremberg entraîna une série de conséquences.

Quelques semaines après la fin du procès, l'Assemblée générale des Nations unies se réunit dans le nord de l'État de New York. L'ordre du jour du 11 décembre 1946 comportait un grand nombre de projets de résolutions destinées à fonder un nouvel ordre mondial. Deux d'entre eux étaient liés au procès.

Désireuse de poser les fondations d'une charte internationale des droits, l'Assemblée générale réaffirma que les principes du droit international reconnus par la Charte du tribunal de Nuremberg – dont les crimes contre l'humanité – faisaient partie du droit international. Avec la résolution 95[1], l'Assemblée entérina les idées de Lauterpacht et décida de faire une place aux individus dans le nouvel ordre international.

L'Assemblée générale adopta ensuite la résolution 96[2]. Le texte de cette résolution allait plus loin que ce que les juges avaient décidé à Nuremberg : notant que le génocide « nie le droit à l'existence de groupes humains entiers », l'Assemblée affirma que le « génocide *est* un crime au regard du droit international ». À la différence des juges, qui avaient eu peur de s'aventurer sur ce terrain, les gouvernements donnèrent une existence légale à un crime auquel Lemkin avait consacré son œuvre.

Le vote de la résolution aida Lemkin à se remettre de la « journée la plus noire » de sa vie. Son énergie lui revint, il s'attela à la préparation d'un projet de Convention sur le Génocide, et chercha à persuader les gouvernements du monde entier de soutenir son initiative. Il travailla dur pendant deux ans. Le 9 décembre 1948, l'Assemblée générale adopta la Convention pour la prévention et la répression du crime de génocide, le premier traité de droits humains de l'ère moderne[3]. Le traité entra en vigueur un peu plus de deux ans plus tard : Lemkin put consacrer la dernière décennie de sa vie à encourager les États à le ratifier. Lorsqu'il mourut d'une crise cardiaque à New York en 1959, la France et l'Union soviétique l'avaient effectivement fait. Le Royaume-Uni suivit en 1970, les États-Unis en 1988 seulement, après la controverse autour de la visite de Reagan au cimetière de Bitburg en Allemagne où il s'arrêta sur des tombes d'officiers SS. Lemkin mourut sans enfants. On dit qu'il y eut peu de monde à son enterrement, mais Nancy Ackerly en garde un souvenir différent. « Il y avait des gens, davantage que les cinq ou six dont on a parlé, peut-être pour créer un effet dramatique » ; « un certain nombre de femmes voilées » étaient présentes, m'a-t-elle raconté. Il fut enterré à Flushing, dans l'État de New York.

Hersch Lauterpacht retourna à Cambridge le lendemain du verdict pour se consacrer à ses responsabilités universitaires, à sa famille, et pour retrouver Inka. Son livre, *An International Bill of the Rights of Man*, inspira la Déclaration universelle des droits de l'homme adoptée par l'Assemblée générale des Nations unies le 10 décembre 1948, le lendemain de la Convention sur le Génocide. Déçu que la déclaration ne fût pas juridiquement contraignante, Lauterpacht espéra néanmoins qu'elle ouvrirait la voie à une protection plus ferme des droits de l'homme. Cette évolution se concrétisa en effet avec la Convention européenne des droits de l'homme, signée en 1950[4]. David Maxwell Fyfe, le procureur de Nuremberg, joua un rôle clé dans l'élaboration du texte instaurant la première Cour internationale des droits de l'homme qui accordait un droit de saisine aux citoyens. D'autres instruments régionaux ou internationaux au service des droits de l'homme virent ensuite le jour, mais il n'existe aucun traité sur les crimes contre l'humanité comparable à la Convention sur le

Génocide de Lemkin. Lauterpacht fut élu représentant de la Grande-Bretagne à la Cour internationale de justice de La Haye en 1955, contre l'avis de ceux qui ne le jugeaient pas assez britannique. Il mourut en 1960, avant la fin de son mandat; il fut enterré à Cambridge.

Lauterpacht et Lemkin ont grandi à Lemberg et à Lwów. Leurs idées ont eu un écho international, leur legs a été profond et d'une grande portée. Les concepts de « génocide » et de « crimes contre l'humanité » se sont développés côte à côte, dans une dialectique qui lie l'individu et le groupe.

Cinquante étés sont passés avant que l'idée d'une cour pénale internationale ne devienne une réalité, les États étant incapables de s'accorder, de trouver un consensus sur la peine adéquate pour punir des crimes internationaux. Le changement eut finalement lieu en juin 1998, précipité par les atrocités commises dans l'ex-Yougoslavie et au Rwanda. Cet été-là, à Rome, cent cinquante États se sont mis d'accord sur le statut d'une cour pénale internationale[5]. J'ai eu la chance de jouer un rôle marginal dans les négociations, réfléchissant en effet avec un collègue sur le préambule et sur les termes de l'introduction au traité qui devaient être engageants. Travaillant dans l'ombre, nous avons inséré une simple phrase dans le préambule : « le devoir de tous les États d'exercer leur juridiction criminelle sur les responsables de crimes internationaux ». Anodine en apparence, la phrase a survécu aux négociations ; par elle, les États ont reconnu ce devoir, pour la première fois, dans le droit international. L'idée d'une cour internationale avait été débattue par Henri Donnedieu de Vabres et Hans Frank à Berlin en 1935 ; trois générations après, cette cour était enfin créée, avec le pouvoir de juger le génocide et les crimes contre l'humanité.

Deux mois après l'accord sur la CPI, en septembre 1998, Jean-Paul Akayesu fut le premier individu jugé coupable de crime de génocide par une cour internationale[6]. Ce fut après le procès à la Cour pénale internationale sur le Rwanda.

Quelques semaines plus tard, à Londres, en novembre 1998, la Chambre des Lords décida que le sénateur Augusto Pinochet, ancien président du Chili, ne pouvait pas invoquer l'immunité devant les cours anglaises parce que les actes de torture dont on le disait responsable étaient un crime contre l'humanité[7]. C'était la première fois qu'une cour nationale prenait une telle décision.

En mai 1999, le Président serbe Slobodan Milošević, présumé coupable de crimes commis au Kosovo, fut le premier chef d'État en exercice poursuivi pour crimes contre l'humanité[8]. En novembre 2001, après qu'il eut quitté le pouvoir, le génocide fut retenu dans l'acte d'accusation pour les atrocités commises en Bosnie, à Srebrenica[9].

Six années passèrent. En mars 2007, un juge d'une cour de district des États-Unis destitua John Kalymon de sa nationalité américaine. Pourquoi ? Parce qu'en août 1942 il avait servi dans la police supplétive ukrainienne, raflant les Juifs lors de la *grosse Aktion*. Il avait collaboré à la persécution de populations civiles dans un crime contre l'humanité[10]. En septembre 2007, la Cour internationale de justice de La Haye jugea que la Serbie avait violé ses obligations envers la Bosnie et l'Herzégovine : elle n'avait pas empêché le génocide de Srebrenica[11]. C'était la première fois qu'un État était condamné par une cour internationale pour violation de la Convention sur le Génocide.

En juillet 2010, le président du Soudan, Omar al-Bashir, fut le premier chef d'État en exercice à être mis en examen pour génocide par la Cour pénale internationale[12].

Deux ans plus tard, en mai 2012, Charles Taylor fut le premier chef d'État condamné pour crimes contre l'humanité[13]. Il fut condamné à cinquante ans d'emprisonnement[14].

En 2015, la Commission internationale des lois des Nations unies a commencé à travailler activement sur la question des crimes contre l'humanité, avec pour perspective la rédaction d'un document analogue à la Convention pour la prévention et la répression du crime de génocide[15].

Les procès se succèdent, comme les crimes eux-mêmes. Aujourd'hui, je travaille sur des cas impliquant le génocide ou les crimes contre l'humanité en Serbie, en Croatie, en Libye, aux États-Unis, au Rwanda, en Argentine, au Chili, en Israël et en Palestine, en Grande-Bretagne, en Arabie Saoudite et au Yémen, en Iran, en Irak et en Syrie. Si les accusations de crimes contre l'humanité et de génocide abondent, les idées qui ont inspiré Lauterpacht et Lemkin obéissent pourtant à des trajectoires différentes.

Une hiérarchie informelle s'est imposée. Dans les années qui ont suivi le procès de Nuremberg, le terme de génocide a suscité un vif intérêt dans les cercles politiques et les débats publics. Il est devenu le « crime des crimes », élevant la protection des groupes au-dessus de celle des individus[16]. La puissance du terme forgé par Lemkin l'explique peut-être, mais, comme l'avait craint Lauterpacht, sa réception a entraîné une bataille entre victimes[17], une concurrence, où le crime contre l'humanité a été perçu comme le moindre des deux maux. Ce n'était pas là seulement l'effet pervers des efforts menés en parallèle par Lauterpacht et Lemkin. Prouver le crime de génocide est difficile, et comme j'ai pu moi-même le constater dans les cas que j'ai plaidés, administrer la preuve de l'intention de détruire un groupe ou une partie d'un groupe, comme l'exige la Convention sur le Génocide, peut avoir des conséquences psychologiques malheureuses. Cette exigence de la Convention accroît en effet le sens de la solidarité au sein du groupe des victimes et elle renforce, dans le même mouvement, les sentiments négatifs à l'égard du groupe auteur des crimes. Le « génocide », dont la cible est un groupe, tend à aiguiser le sentiment du « nous » contre « eux », il renforce l'identité collective, et peut créer le problème qu'il cherche précisément à résoudre : en montant un groupe contre un autre, il réduit les chances d'une réconciliation. Je crains qu'il ait ainsi affaibli notre conception du crime de guerre ou du crime contre l'humanité, car le désir d'être reconnu comme victime d'un génocide est devenu une « composante essentielle de l'identité nationale[18] », sans véritablement contribuer à la résolution de disputes historiques[19] ou à la réduction du nombre des tueries de masse. Je n'ai pas été surpris par l'éditorial d'un grand quotidien qui, à l'occasion du centenaire des atrocités turques contre les Arméniens, craignait que le terme de « génocide » ne devienne une qualification inutile, puisqu'il « provoque l'indignation nationale plutôt que l'examen sans concessions des faits dont le pays a besoin[20] ».

Malgré tout, je suis obligé de concéder que le sentiment d'identité collective est un fait empirique. En 1893 déjà, le sociologue Ludwig Gumplowicz notait dans son livre, *La Lutte des races*, que

« l'individu, lorsqu'il vient au monde, fait partie d'un groupe[21] ». Cette conception reste vraie. « Notre fichue nature » *[« our bloody nature »]*, écrivait le biologiste Edward O. Wilson un siècle plus tard, « est ainsi faite parce que le conflit groupe-contre-groupe est la principale force agissante qui a fait de nous ce que nous sommes ». L'idée que « les gens se sentent contraints d'appartenir à un groupe, et une fois qu'ils en font partie, de le considérer comme supérieur aux groupes concurrents »[22] semble être la caractéristique fondamentale de la nature humaine.

C'est un défi sérieux pour notre système de droit international confronté à une tension tangible : d'une part, les gens se font tuer parce qu'ils appartiennent à un groupe ; d'autre part, en insistant sur le sentiment d'identité collective, la reconnaissance de cette appartenance par le droit rend le conflit entre groupes plus probable. Leopold Kohr avait peut-être raison de noter, dans la lettre personnelle et puissante qu'il avait adressée à son ami Lemkin, que le génocide finirait par susciter les situations mêmes qu'il cherchait à corriger.

Qu'est-il arrivé aux autres personnages de cette histoire ?

Après sa libération de Vittel, Miss Tilney a travaillé pour l'armée américaine puis est retournée à Paris. Elle y a vécu deux années encore, puis est repartie pour l'Angleterre. Dans les années 1950, elle a fait un voyage de plus en Afrique du Sud, cette fois-ci comme missionnaire et, en 1964, elle a émigré aux États-Unis. Elle a vécu à Coconut Grove, Miami, sa dernière adresse, près de son frère Fred, bodybuilder et marchand de poudre de perlimpinpin. On m'a dit que Charles Atlas, le célèbre culturiste, faisait partie de son cercle de connaissances. Elle est morte en 1974. En 2013, j'ai envoyé les documents, le récit de tout ce que j'avais découvert sur elle, ainsi que deux déclarations assermentées, l'une signée par ma mère, l'autre par Shula Troman, à Yad Vashem, le mémorial de l'Holocauste à Jérusalem. Le 29 septembre 2013, Miss Tilney a été reconnue comme Juste parmi les nations.

Sasha Krawec, que Miss Tilney avait sauvé de la déportation à Auschwitz, a émigré aux États-Unis après sa libération de Vittel. Il a voyagé par bateau de Brême à New York en 1946. Je n'ai pas réussi à retrouver sa trace.

Emil Lindenfeld est resté à Vienne. Pendant les deux dernières années de la guerre, il s'est dissimulé, sans révéler son identité, parmi des amis non juifs. Il s'est remarié en 1961 et est mort en 1969 à Vienne où il est enterré.

Otto von Wächter est entré dans la clandestinité après-guerre ; il a été finalement recueilli par le Vatican et protégé par l'évêque autrichien Alois Hudal. En 1949, il a été figurant dans un film tourné à Rome, *La Forza del destino**. Toujours en fuite, il est mort l'année suivante dans des circonstances mystérieuses. Il avait été accusé par le gouvernement polonais du meurtre de masse de plus de 100 000 Polonais à Lwów[23]. Son fils Horst vit à Schloss Hagenberg, avec sa femme, convaincu que son père a été un homme bon, au caractère honnête, et non un criminel, en dépit des nouvelles preuves de ses méfaits : le vol d'un tableau de Brueghel par exemple et d'autres œuvres d'art au Musée national en décembre 1939[24].

Niklas Frank est devenu un journaliste reconnu, responsable du service étranger du magazine *Stern* notamment. En 1992, il est retourné à Varsovie et a visité le bâtiment où il avait vécu enfant : il y a interviewé Lech Wałesa, qui avait été élu peu de temps auparavant président de la Pologne. Il n'a pas dit à Wałesa qu'il avait jadis joué avec son père dans la pièce où avait lieu l'interview et à la table à laquelle ils étaient installés. Il vit dans un petit village au nord-ouest de Hambourg avec sa femme ; il a une fille et deux petits-enfants.

À l'été de 2014, je suis allé à Lviv avec Niklas Frank et Horst von Wächter. Pour le tournage de notre film – *My Nazi Legacy: What Our Fathers Did* – nous avons visité le site de la synagogue détruite de Żółkiew, une fosse commune à proximité, ainsi que l'auditorium de l'université où Frank avait fait un grand discours le 1er août 1942, en présence d'Otto von Wächter. Niklas nous a surpris en sortant un exemplaire du discours et il nous en a fait la lecture. Le lendemain, nous avons assisté, tous les trois, à une cérémonie en mémoire des morts de la Division Galicie de la Waffen-SS, fondée par Otto von

* Film-opéra italien de Carmile Gallone, adapté de l'œuvre éponyme de Verdi, sorti en 1950 *(NdT)*.

Wächter au printemps de 1943, une division toujours vénérée par le groupe ukrainien nationaliste extrémiste qui avait organisé l'événement. Horst m'a dit que c'était la plus belle partie du voyage, parce que des hommes, jeunes et vieux, l'avaient salué en mémoire de son père. Cela ne l'avait-il pas dérangé, lui ai-je demandé, que ces gens arborent des uniformes SS avec des svastikas ? « Pourquoi donc ? » a répondu Horst.

Leon et Rita Buchholz ont vécu le reste de leur vie à Paris, ensemble, dans l'appartement de mes souvenirs d'enfant, près de la gare du Nord. Leon a vécu presque centenaire, il est mort en 1997. Leur fille, Ruth, a épousé un Anglais en 1956 et s'est installée à Londres. Elle a eu deux fils, je suis l'aîné des deux. Elle a tenu, dans le centre de Londres, une boutique de livres anciens spécialisée dans les livres illustrés pour enfants. J'ai fait des études de droit à Cambridge, et c'est là, en 1982, que j'ai suivi un cours de droit international dispensé par Eli Lauterpacht, le fils de Hersch. À l'été de 1983, après l'obtention de mon diplôme, Leon et Rita sont venus visiter Cambridge et nous sommes allés ensemble à une garden-party chez Eli. Il y avait sa mère, Rachel Lauterpacht, la veuve de Hersch ; je me souviens très bien de son chignon. J'ignore si Leon et elle se sont parlé, mais s'ils l'ont fait, s'ils ont évoqué le lien de leurs familles avec Vienne, Lemberg et Żółkiew, Leon n'a pas jugé nécessaire de m'en faire part.

À l'automne de 1983, je suis allé aux États-Unis, j'y suis resté un an comme chercheur invité à l'école de droit de Harvard. Eli Lauterpacht m'a écrit au printemps de 1984, m'invitant à poser ma candidature pour un poste de chercheur associé à Cambridge, dans le nouveau centre de droit international qu'il était en train de créer. Durant le quart de siècle qui a suivi, et tandis que notre relation de travail se transformait en amitié, nous ignorions que nos ancêtres avaient vécu dans la même rue plus d'un siècle plus tôt. Il a fallu que trente années passent avant qu'Eli et moi-même apprenions que son père et mon arrière-grand-mère avaient vécu aux deux extrémités de la même ville, à Żółkiew, dans la rue Est-Ouest[25].

C'est grâce à l'invitation à Lviv que nous avons fait cette découverte.

Que dire de Lviv ? Ma première visite date de 2010, et j'y suis retourné tous les ans depuis. Un siècle après son apogée, Lviv reste une ville merveilleuse, malgré son passé sombre et secret ; ses habitants occupent des lieux façonnés par d'autres. L'étendue des bâtiments, le sifflement des trams, l'odeur du café et des cerises, tout cela est toujours là. Les communautés qui s'étaient disputé les rues de la ville en novembre 1918 ont disparu, les Ukrainiens sont devenus majoritaires. Pourtant, la présence des autres communautés est sensible. Vous pouvez la deviner dans les briques, en vous aidant de la poésie de Wittlin, et vous pouvez même les observer si vous êtes attentif : vous les voyez dans les ailes du lion, ce lion qui vous « défie du regard » depuis son socle au-dessus de l'entrée du 14, place Rynok, et qui chevauche les pages d'un livre ouvert sur lequel on peut lire *« Pax Tibi Marce Evangelista Meus »* (« Que la paix soit avec toi Marc mon évangéliste »). Vous pouvez aussi constater leur absence dans les plaques ternies des rues polonaises et les creux indentés et angulaires dans lesquels les mezouzot se trouvaient autrefois ; vous pouvez enfin les voir, place Bernardyński, sur la devanture de l'ancienne pharmacie royale hongroise, la plus belle pharmacie de tout le royaume de Galicie et Lodomérie[26], encore magnifique aujourd'hui, la nuit surtout lorsqu'elle est illuminée et, ainsi qu'elle l'a toujours été, très fréquentée.

Après ces visites, je comprends mieux les paroles de cette jeune étudiante qui m'avait interpellé lors de mon premier séjour pour m'expliquer, dans un chuchotement, combien ma conférence avait été importante pour elle. Dans le Lviv d'aujourd'hui qui a oublié Lemkin et Lauterpacht, les questions d'identité et de racines sont des sujets complexes et dangereux. La ville demeure la « coupe de bile » qu'elle a été pour tant d'autres dans le passé.

La jeune femme qui m'avait interrogé sur la question des racines n'était pas la seule à m'avoir fait comprendre la complexité du rapport au passé. Dans les restaurants, dans la rue, après une conférence, à l'université, dans un café, j'ai partout entendu des allusions subtiles à l'identité et au passé. Je me souviens de ma rencontre avec le professeur Rabinovich, ce remarquable professeur de droit de l'Université de Lviv qui avait enseigné les droits de l'homme dans les périodes les plus noires. « C'est à lui que vous devriez parler », m'ont dit bien des gens. Le message était limpide : c'était une manière de rappeler nos origines communes.

Quelqu'un d'autre m'a demandé si je ne voulais pas dîner à la Rose d'Or, le restaurant du vieux centre médiéval, situé entre la mairie et les archives de la ville, à l'ombre des ruines de la synagogue construite en 1582, et détruite sur ordre allemand à l'été de 1941[27]. La Rose d'Or se présentait comme un restaurant juif, une curiosité en l'absence de résidents juifs à Lviv. La première fois que j'y suis allé, en compagnie de mon fils, nous avons regardé à travers la vitre, nous avons vu une clientèle qui avait l'air de sortir des années 1920, certains arborant de grands chapeaux noirs, d'autres des accessoires habituellement associés à la communauté juive orthodoxe. Nous avons été horrifiés par cet endroit où les touristes se déguisaient, se servant de caftans et de chapeaux disponibles sur les patères, à l'entrée du restaurant. D'après le menu, sans indication de prix, le restaurant servait des plats juifs traditionnels, à côté de saucisses de porc. À la fin du repas, le serveur invitait les convives à négocier le prix du repas.

Attablé dans ce restaurant où j'ai finalement trouvé le courage d'entrer (après cinq ans de tergiversations), je me suis demandé une fois de plus si je me sentais plus proche des idées de Lauterpacht ou de Lemkin, si j'étais à équidistance des deux, ou si je m'accordais finalement avec les deux. Lemkin aurait sans doute été un convive plus divertissant, et Lauterpacht un débatteur intellectuellement plus rigoureux. Les deux partageaient cependant une foi dans le pouvoir du droit de faire le bien, de protéger les individus ; ils partageaient aussi une conscience claire de la nécessité de changer le droit pour atteindre cet objectif. Tous deux s'accordaient enfin sur la valeur de la vie humaine individuelle et sur l'importance de l'appartenance à une communauté. Mais ils s'opposaient fondamentalement sur les moyens les plus efficaces pour parvenir à la protection de ces valeurs : être attentif aux individus ou, au contraire, aux groupes.

Lauterpacht n'a jamais été séduit par le concept de génocide. À la fin de sa vie, il avait même développé un certain dédain pour le sujet et, peut-être plus poliment, pour l'homme qui l'avait concocté, même s'il reconnaissait l'inspiration de Lemkin. De son côté, Lemkin craignait que les deux projets, la protection des droits humains individuels d'une part, la prévention du génocide et la protection des groupes d'autre part, ne se contredisent. On pourrait dire que les deux hommes se sont mutuellement neutralisés.

Je voyais bien les mérites de chacune des approches, j'oscillais entre les deux pôles dans une sorte de flou intellectuel. J'ai donc provisoirement mis l'affaire de côté et décidé d'utiliser mon énergie à persuader le maire de Lviv de marquer publiquement à la fois les réalisations des deux hommes et la contribution de la ville au droit international et à la justice. Dites-moi où nous pourrions mettre des plaques commémoratives, et je m'arrangerai pour que cela soit fait, m'a dit le maire. Montrez-moi la route ; montrez-moi le chemin.

Sur le chemin, je prendrais Wittlin, le poète des idylles pleines d'espérance, de l'harmonie entre amis qui transcende les divisions communautaires, du mythe de la Galicie et de la ville de l'enfance perdue de mon grand-père. Je partirais peut-être de la Colline du Château pour aller place Rynok avec son lion ailé, où tout a commencé. De là, je m'éloignerais rapidement des factions en guerre face à la maison des Lauterpacht rue Teatralna avec son portail en fer, j'avancerais le long de la rue du Trois-Mai vers la maison d'Inka Katz et la fenêtre d'où elle a assisté à la rafle de sa mère, je passerais devant les bureaux du département de droit international de l'université, désormais décorés des portraits de Lauterpacht et de Lemkin, je poursuivrais vers le vieux bâtiment de la faculté, longeant la maison de Julius Makarewicz, je grimperais en direction de la grande cathédrale Saint-Georges en empruntant les petites rues sinueuses, pour aboutir à la place où Otto von Wächter avait rassemblé sa Waffen-SS Division Galicie. Un peu plus loin, pas plus d'un jet de pierre, en haut de la colline, je me recueillerais peut-être un instant devant la maison où est né Leon, rue Szeptyckich.

Puis je retournerais vers la rue et la maison où habitait Lemkin l'année où il avait débattu avec son professeur de la question arménienne et du droit des États de tuer leurs propres citoyens, je me dirigerais ensuite vers l'ancien Parlement de Galicie où, en août 1942, Frank avait fait son discours meurtrier, je descendrais vers l'Opéra devant lequel les enfants l'avaient salué avec leurs fanions et leurs svastikas, pour atteindre l'aire de jeux du lycée Sobieski où les Juifs avaient été rassemblés, je passerais sous le pont du chemin de fer en direction du ghetto et du premier domicile de Lemkin, une chambre louée dans la partie la plus pauvre de la ville. De là, il n'y aurait plus qu'un pas jusqu'à Janowska où Maurycy Allerhand avait eu l'impudence de demander à un garde s'il avait une âme, quelques mots qu'il a payés de sa vie, et je poursuivrais jusqu'à la grande gare, d'où je pourrais prendre le train pour Żółkiew et, si je le souhaitais, au-delà, vers Bełżec et la fin du monde.

J'ai effectivement pris le train pour Żółkiew. Lyudmyla, l'historienne de cette ville triste et appauvrie, m'y a accueilli. C'est elle qui m'a accompagné vers un endroit à l'extérieur de la ville, un endroit ignoré des autorités et de la plupart des habitants, à quelques exceptions près. Quittant son bureau dans le fort de Żółkiew, nous avons cheminé le long de la rue Est-Ouest, en ligne droite, pour aboutir à une clairière dans les bois. Nous sommes partis du côté occidental de l'extrémité herbeuse de cette longue rue où se trouvait autrefois la maison de ma grand-mère Malke, puis sommes passés devant les belles églises catholiques et ukrainiennes, devant la synagogue du XVIIe siècle, mélancolique et délabrée, devant la maison au parquet à double fond où Clara Kramer s'était cachée – face à la vieille église en bois –, pour arriver au carrefour qui marquait l'endroit où, je le sais maintenant, Lauterpacht était né. Kilomètre après kilomètre, nous avons continué à travers champs, franchi un portail et abouti enfin sur un chemin de sable très fin bordé de chênes. Le chant des cigales, le croassement des grenouilles et l'odeur de la terre nous entouraient. Finalement, nous nous sommes retrouvés dans un bois d'automne lumineux ; Lauterpacht et Leon y avaient peut-être joué autrefois. Après avoir quitté le chemin de sable pour l'herbe et les buissons, nous avons enfin atteint une clairière.

« Nous sommes arrivés », dit Lyudmyla doucement. Il y avait deux étangs – deux grandes carrières de sable remplies d'une eau noire boueuse –, bordés de roseaux penchés dans le vent ; le site était marqué d'une unique pierre blanche ; elle n'avait pas été posée par la ville en signe de deuil ou de regret : c'était un acte privé, un témoignage intime. Nous nous sommes assis dans l'herbe, observant le soleil se coucher sur l'eau noire et immobile au-dessus des béances de la terre. Enfouis, intouchés depuis un demi-siècle ou plus, se trouvaient les restes de trois mille cinq cents personnes ; Gerszon Taffet en a fait le récit à l'été de 1946, autant d'individualités singulières formant ensemble un groupe.

Au fond, parmi les ossements, Leibus, l'oncle de Leon, et David, l'oncle de Lauterpacht, reposent côte à côte parce qu'ils avaient eu le tort d'appartenir au mauvais groupe.

Le soleil a réchauffé l'eau ; les arbres m'ont porté loin des roseaux, vers un ciel indigo. Là, pendant un bref instant, j'ai compris.

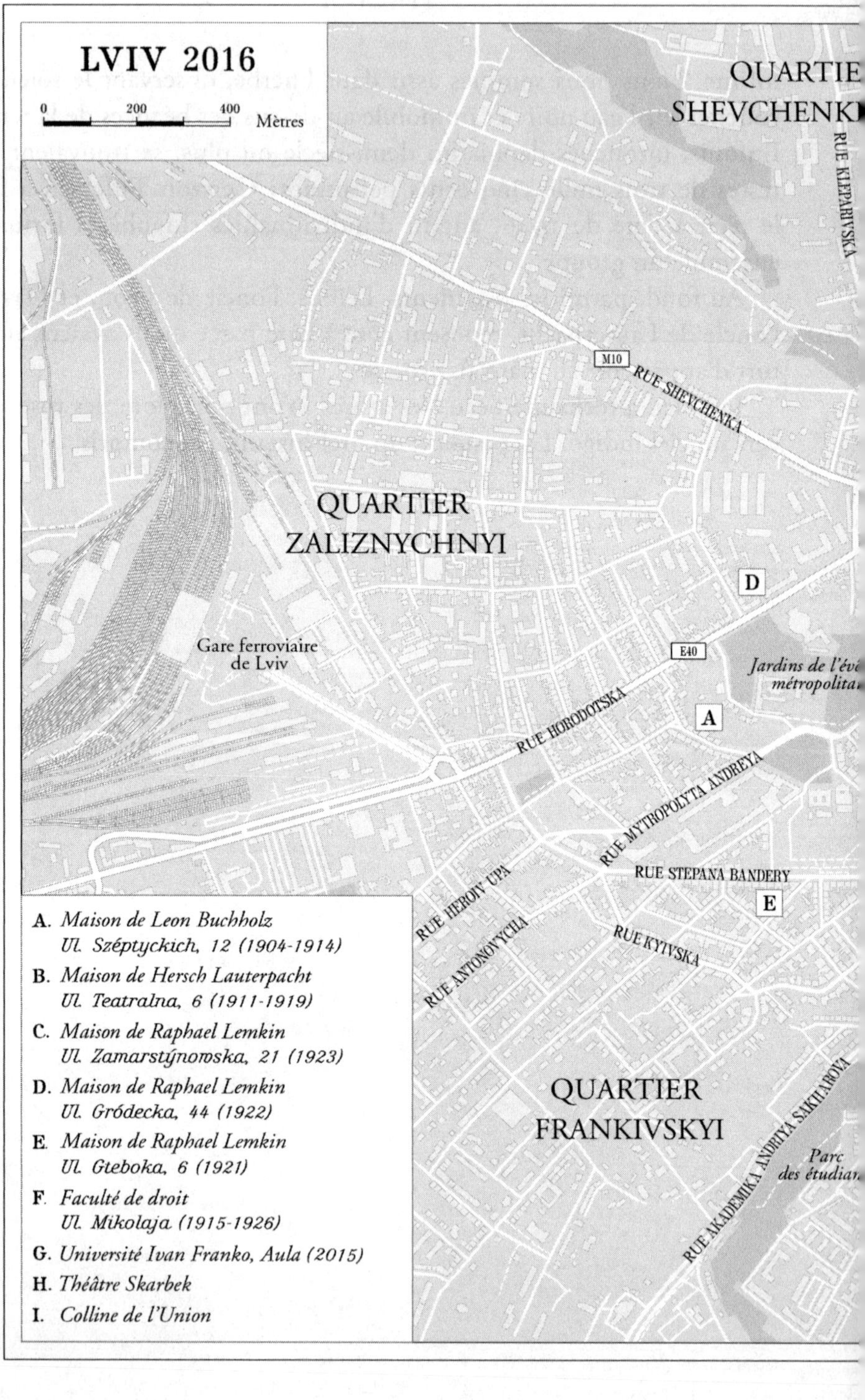
LVIV 2016
0 200 400 Mètres
QUARTIE
SHEVCHENK
RUE KLEPARIVSKA
M10
RUE SHEVCHENKA
QUARTIER ZALIZNYCHNYI
D
Gare ferroviaire de Lviv
E40
Jardins de l'év
métropolita
A
RUE HORODOTSKA
RUE MYTROPOLYTA ANDREYA
RUE STEPANA BANDERY
E
RUE HEROIV UPA
RUE ANTONOVYCHA
RUE KYIVSKA
QUARTIER FRANKIVSKYI
RUE AKADEMIKA ANDRIYA SAKHAROVA
Parc
des étudian
A. Maison de Leon Buchholz
Ul. Széptyckich, 12 (1904-1914)
B. Maison de Hersch Lauterpacht
Ul. Teatralna, 6 (1911-1919)
C. Maison de Raphael Lemkin
Ul. Zamarstýnowska, 21 (1923)
D. Maison de Raphael Lemkin
Ul. Gródecka, 44 (1922)
E. Maison de Raphael Lemkin
Ul. Gteboka, 6 (1921)
F. Faculté de droit
Ul. Mikolaja (1915-1926)
G. Université Ivan Franko, Aula (2015)
H. Théâtre Skarbek
I. Colline de l'Union

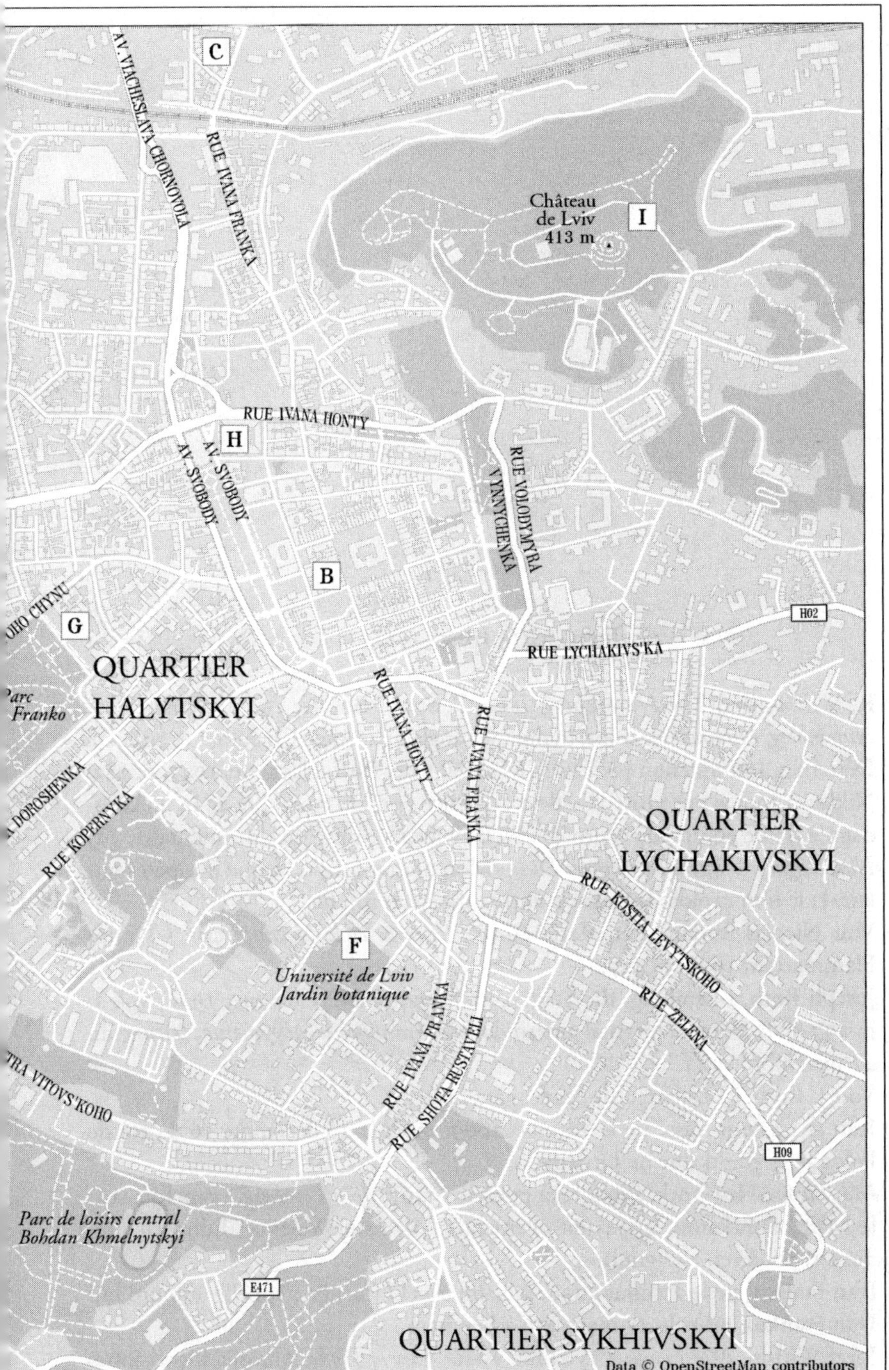
AV. VIACHESLAVA CHORNOVOLA
C
RUE IVANA FRANKA
Château
de Lviv
413 m
I
RUE IVANA HONTY
H
AV. SVOBODY
AV. SVOBODY
RUE VOLODYMYRA
VYNNYCHENKA
B
H02
G
RUE LYCHAKIVS'KA
QUARTIER
HALYTSKYI
Parc
Franko
RUE IVANA HONTY
RUE IVANA FRANKA
RUE KOPERNYKA
QUARTIER
LYCHAKIVSKYI
RUE KOSTIA LEVYTSKOHO
F
Université de Lviv
Jardin botanique
RUE ZELENA
RUE IVANA FRANKA
RUE SHOTA RUSTAVELI
H09
Parc de loisirs central
Bohdan Khmelnytskyi
E471
QUARTIER SYKHIVSKYI
Data © OpenStreetMap contributors

Notes

Prologue (p. 25-31)

1. R. W. Cooper, *The Nuremberg Trial*, Penguin Books, 1946 ; *Le Procès de Nuremberg, histoire d'un crime*, traduit de l'anglais par Aline Chalufour et Suzanne Desternes, Introduction par David Maxwell Fyfe, Paris, Hachette, 1947, p. 282.
2. Niklas et moi avons visité la salle d'audience 600 le 16 octobre 2014 en compagnie d'une équipe de tournage. Nous y avons réalisé un documentaire, *My Nazi Legacy: What Our Fathers Did* [« Mon héritage nazi : ce que nos pères ont fait »] ; le film explore la relation entre un père et son fils.
3. Voir Nicolas Abraham et Maria Torok, *L'Écorce et le Noyau*, Paris, Champs Flammarion, 1978, p. 427.
4. Joseph Roth, « Lemberg, die Stadt », in *Werke*, 3 vol., Cologne, 1956, vol. 3, p. 497-501. Le texte original a paru dans la *Frankfurter Allgemeine Zeitung* du 22 novembre 1924.
5. Voir J. Roth, « Lemberg, die Stadt », art. cité.
6. Jean II Casimir Vasa, né le 22 mars 1609, mort le 16 décembre 1672, roi de Pologne et grand-duc de Lituanie.
7. *Mój Lwów*, New York, Biblioteka polska, 1946 ; *Mein Lemberg*, Francfort-sur-le-Main, Suhrkamp, 1994 (en allemand) ; *Mi Lvov*, Valence, Editorial Pre-Textos, 2006 (en espagnol).
8. Ivan Franko, né le 27 août 1856, à Nahuievychi (la ville s'appelle aujourd'hui Ivan Franko), mort le 28 mai 1916 à Lemberg.
9. Józef Wittlin, *Mój Lwów*, Czytelnik, 1946 ; *City of Lions*, Antonia Lloyd-Jones (trad.), Londres, Pushkin Press, 2016.

10. Józef Wittlin, *Mój Lwów*, p. 7-8.
11. Voir David Kahane, *Lvov Ghetto Diary*, Amherst, University of Massachusetts Press, 1990, p. 57.

I. Leon (p. 42-90)

1. Le 1er avril 2011, la Cour internationale de justice décida qu'elle n'avait pas pouvoir de juridiction sur cette affaire.
2. J. Wittlin, *City of Lions*, *op. cit.*, p. 5.
3. Il fut emprisonné en 1947 et mourut en 1950. Voir « Czuruk Bolesław – The Polish Righteous » [« Czuruk Bolesław, le juste polonais »], http://www.sprawiedliwi.org.pl/en/family/580,czuruk-boleslaw.
4. Voir Michael Melnyk, *To Battle: The History and Formation of the 14th Galicien Waffen-SS Division*, 2e éd., Solihull, Helion, 2007.
5. Andrey Sheptytsky, né le 29 juillet 1865, mort le 1er novembre 1944. Voir Philip Friedman, *Roads to Extinction: Essays on the Holocaust*, Ada June Friedman (éd.), New York et Philadelphie, Jewish Publication Society of America, 1980, p. 191 ; John-Paul Himka, « Metropolitan Andrey Sheptytsky and the Holocaust », in *Jews and Ukrainians*, Yohanan Petrovsky-Shtern et Antony Polonsky (éd.), Oxford, Littman Library of Jewish Civilization, 2014, p. 337-360.
6. Archives gouvernementales de l'Oblast de Lviv.
7. Archives centrales des documents historiques de Varsovie.
8. Stanisław Żółkiewski, né en 1547, mort en 1620.
9. La copie électronique du document est en possession de l'auteur.
10. Voir Joseph Roth, *Juifs en errance*, suivi de *L'Antéchrist*, trad. de l'allemand Michel-François Demet, Paris, Le Seuil, 2009, p. 25.
11. Dossier cadastral des propriétaires de parcelles à Żółkiew, Archives historiques de la ville de Lviv, fonds 186, carton 1, dossier 1132, vol. B.
12. Le traité de Londres fut signé le 30 mai 1913 par la Bulgarie, l'Empire ottoman, la Serbie, la Grèce, le Monténégro, l'Italie, l'Allemagne, la Russie et l'Autriche-Hongrie.
13. Le traité de Bucarest fut signé le 10 août 1913 par la Bulgarie, la Roumanie, la Serbie, la Grèce et le Monténégro.
14. Voir « Lemberg Taken, Halicz As Well » [« Lemberg prise, Halicz également »], *New York Times*, 5 septembre 1914.
15. Stefan Zweig, *La Pitié dangereuse* (1939), trad. de l'allemand Alzir Hella, révisée par Brigitte Vergne Cain et Gérard Rudent, Paris, Grasset, 2002, p. 392.
16. Archives d'État autrichiennes, lettre du directeur à l'auteur, 13 mai 2011.
17. Le traité de Saint-Germain-en-Laye fut signé le 10 septembre 1919, par *inter alia* l'Autriche, l'Empire britannique, la France, l'Italie, le Japon et

les États-Unis. L'article 93 stipule que « hors des limites telles qu'elles sont fixées par le présent traité, l'Autriche renonce, en ce qui la concerne, à tous droits, titres ou privilèges quelconques sur ou concernant tous territoires hors d'Europe ayant pu appartenir à l'ancienne monarchie austro-hongroise ou à ses alliés, ainsi qu'à tous droits, titres ou privilèges, ayant pu, à quelque titre que ce soit, lui appartenir vis-à-vis des puissances alliées ou associées ».

18. Voir J. Roth, *Juifs en errance*, *op. cit.*, p. 50.
19. Bruno Kreisky, né le 22 janvier 1911, mort le 29 juillet 1990, fut chancelier d'Autriche de 1970 à 1983.
20. Voir les notes relatives à la notion « sans distinction de naissance » dans le chapitre 2.
21. Voir J. Wittlin, *City of Lions*, *op. cit.*, p. 4 et 28.
22. Voir J. Roth, *Juifs en errance*, *op. cit.*, p. 51.
23. Voir *Neue Freie Presse*, 13 mai 1933, p. 1, http://anno.onb.ac.at/cgi-content/anno?aid=nfp&datum=19330513&zoom=33.
24. Voir Howard Sachar, *The Assassination of Europe, 1918-1942: A Political History*, Toronto, University of Toronto Press, 2015, p. 202.
25. Voir Otto Tolischus, « Polish Jews Offer Solution of Plight » [« Les Juifs polonais en situation critique »], *New York Times*, 10 février 1937, p. 6.
26. Voir Guido Enderis, « Reich Is Jubilant, *Anschluss* Hinted » [« Le Reich jubile, l'*Anschluss* se profile »], *New York Times*, 12 mai 1938, p. 4 ; « Austria Absorbed into German Reich » [« L'Autriche absorbée par le Reich allemand »], *New York Times*, 14 mars 1938, p. 1.
27. Voir Friedrich Reck-Malleczewen, *Diary of a Man in Despair*, Paul Rubens (trad.), *New York Review of Books*, 2012, p. 51 [*Tagebuch eines Verzweifelten* (1947), Stuttgart, Goverts, 1966, nouvelle éd. avec une préface de Klaus Harpprecht].
28. « Hitler's Talk and Seyss-Inquart's Greeting to Him » [« Le discours de Hitler et les salutations de Seyss-Inquart »], *New York Times*, 16 mars 1938, p. 3.
29. Voir Doron Rabinovici, *Eichmann's Jews, The Jewish Administration of Holocaust Vienna, 1938-1945*, Nick Somers (trad.), Cambridge, Polity Press, 2011, p. 51-53. [*Instanzen der Ohnmacht. Wien 1938-1945. Der Weg zum Judenrat. Historische Studie*, Jüdischer Verlag, 2000.]
30. Voir le *curriculum vitae* d'Otto von Wächter rédigé par Horst von Wächter, entrée du 11 juin 1938 (en possession de l'auteur).
31. La Israelitische Kultusgemeinde Wien a vraisemblablement été fondée en 1852, elle est toujours en activité aujourd'hui (http://www.ikg-wien.at).
32. Voir D. Rabinovici, *Eichmann's Jews*, *op. cit.*, p. 57-59.
33. Voir la base de données de Yad Vashem à Jérusalem (Julius Landes, né le 12 avril 1911) ; recherche établie à partir de l'information trouvée au Centre de documentation de la Résistance autrichienne.

34. Voir Frederick Birchall, « Poland Repudiates Minorities' Pact, League Is Shocked » [« La Pologne révoque le Traité des minorités, la Société des Nations est sous le choc »], *New York Times*, 14 septembre 1934, p. 1 ; Carole Fink, *Defending the Rights of Others*, New York, Cambridge University Press, 2004, p. 338-341.
35. Pour un aperçu général, voir Jean Brunon et Georges Manue, *Le Livre d'or de la Légion étrangère, 1831-1955*, 2e éd., Paris, Charles Lavauzelle, 1958.
36. Voir Janet Flanner, « Paris, Germany », The *New Yorker*, 7 décembre 1940, in *Janet Flanner's World*, Irving Drutman (éd.), Londres, Secker & Warburg, 1989, p. 54.
37. Voir Augur, « Stalin Triumph Seen in Nazi Pact ; Vast Concessions Made by Hitler » [« Le triomphe de Staline sur le pacte nazi ; de vastes concessions faites par Hitler »], *New York Times*, 15 septembre 1939, p. 5 ; Roger Moorhouse, *The Devils' Alliance : Hitler's Pact with Stalin, 1939-1941*, New York, Basic Books, 2014.
38. Robert Kershaw, *War Without Garlands : Operation Barbarossa, 1941/1942*, Hersham, Ian Allan, 2008.
39. Voir D. Rabinovici, *Eichmann's Jews*, *op. cit.*, p. 103.
40. *Ibid.*
41. En possession de l'auteur et accessible sur : http://www.bildindex.de/obj16306871.html#|home.
42. Voir D. Rabinovici, *Eichmann's Jews*, *op. cit.*, p. 104.
43. *Ibid.*
44. Third Man Museum/Dritte Mann Museum, http://www.3mpc.net/englsamml.htm.
45. Témoignage d'Anna Ungar (née Schwarz), déportation de Vienne à Theresienstadt en octobre 1942, USC Shoah Foundation Institute, https://www.youtube.com/watch?v=GBFFlD4G3c8.
46. Témoignage de Henry Starer, déportation de Vienne à Theresienstadt en septembre 1942, USC Shoah Foundation Institute, https://www.youtube.com/watch?v=HvAj3AeKIlc.
47. Le certificat est en possession de l'auteur.
48. Les détails du transport de Malke Buchholz peuvent être consultés en ligne : http://www.holocaust.cz/hledani/43/?fulltext-phrase=Buchholz&cntnt01origreturnid=1 ; une liste de tous les noms est consultable sur : http://www.holocaust.cz/transport/25-bq-terezin-treblinka/.
49. Sur Franz Stangl, il n'y a pas de travail plus captivant que celui de Gitta Sereny, *Into That Darkness*, Londres, Pimlico, 1995 [*Au fond des ténèbres, un bourreau parle : Franz Stangl, commandant de Treblinka*, Colette Audry (trad.), Paris, Tallandier, coll. « Texto », 2013] ; sur Treblinka, aucun n'est plus authentique que le compte rendu de Chil Rajchman, *Treblinka : A*

Survivor's Memory, 1942-1943, Solon Beinfeld (trad.), Londres, MacLehose Press, 2011 [*Je suis le dernier Juif – Treblinka (1942-1943)*, traduit du yiddish par Gilles Rozier, Paris, les Arènes, 2009].

50. La scène peut être vue sur : https://www.youtube.com/watch?v=JXweT1BgQMk.
51. Claude Lanzmann, *Le Lièvre de Patagonie*, Paris, Gallimard, 2009, p. 442-443.
52. Voir http://www.holocaust.cz/hledani/43/?fulltext-phrase=Buchholz&cntnto1origreturnid=1.
53. Voir Clara Kramer, *Clara's War : One Girl's Story of Survival*, avec Stephen Glantz, New York, Ecco, 2009 [*La Guerre de Clara : une enfant juive survit miraculeusement à la terreur nazie*, Isabelle Taudière (trad.), Paris, Calmann-Lévy, 2009].
54. *La Guerre de Clara*, *op. cit.*, p. 124 ; Gerszon Taffet, *The Holocaust of the Jews of Żółkiew*, Piotr Drozdowski (trad.), Łodź, Central Jewish Historical Committee, 1946.
55. Voir Maurice Rajsfus, *La Rafle du Vél d'Hiv*, Paris, PUF, 2002.
56. Conversation téléphonique entre l'auteur et M. Bétrémieux, 2 août 2012.
57. L'UGIF a été créée par la loi du 29 novembre 1941. Le Bureau des Affaires juives du gouvernement de Vichy voulut rassembler toutes les organisations juives de France au sein d'une seule union ; elle a été dissoute par la loi du 9 août 1944.
58. Voir Asher Cohen, *Persécutions et sauvetages : Juifs et Français sous l'Occupation et sous Vichy*, Paris, Cerf, 1993, p. 403.
59. Voir Raul Hilberg, *La Destruction des Juifs d'Europe*, M.-Fr. de Paloméra, A. Charpentier, P.-E. Dauzat (trad.), Paris, Gallimard, coll. « Folio », 2006, p. 1209-1210.
60. L'American Jewish Joint Distribution Committee a été créé en 1914 et fonctionne toujours aujourd'hui (http://www.jdc.org) ; le Mouvement national des prisonniers de guerre et déportés, né le 12 mars 1944 de la fusion de mouvements de résistance français, fut dirigé par François Mitterrand. Voir Yves Durand, « Mouvement national des prisonniers de guerre et déportés », in *Dictionnaire historique de la Résistance*, François Marcot (éd.), Paris, Robert Laffont, 2006 ; le Comité d'unité et de défense des Juifs de France a été créé vers la fin de l'année 1943 en opposition à l'UGIF. Voir Anne Grynberg, « Juger l'UGIF (1944-1950) ? », in *Terres promises : Mélanges offerts à André Kaspi*, Hélène Harter *et al.* (éd.), Paris, Publ. de la Sorbonne, 2009, p. 509, n. 8.
61. La brasserie, fondée en 1927, était le lieu de rencontre d'écrivains, de peintres et de chanteurs ; Picasso, Simone de Beauvoir et Jean-Paul Sartre s'y donnaient rendez-vous.

62. Nancy Mitford, *Love in a Cold Climate*, New York, Random House, 1949. [*L'Amour dans un climat froid*, François Villié (trad.), Paris, Delamain et Boutelleau, 1951 ; rééd., Paris, 10/18, 1982, et La Découverte, 2003].
63. Les Francs-Tireurs et les Partisans de la Main-d'œuvre immigrée (MOI) ont été créés en 1941. Voir Stéphane Courtois, Denis Peschanski, Adam Rayski, *Le Sang de l'étranger : les immigrés de la MOI dans la Résistance*, Paris, Fayard, 1989. Le procès contre les vingt-trois membres devant un tribunal militaire allemand s'ouvrit le 15 février 1944 à l'hôtel Continental.
64. La reproduction de l'affiche peut être consultée en ligne : http://fr.wikipedia.org/wiki/Affiche_rouge#/media/File:Affiche_rouge.jpg.
65. … Adieu les roses Adieu la vie adieu la lumière et le vent…
66. Max Kupferman à Leon Buchholz, 9 mai 1945, lettre en possession de l'auteur.
67. Robert Falco, magistrat français, né le 26 février 1882, mort le 14 janvier 1960. Sa thèse de doctorat, soutenue et publiée en 1907, a pour titre « Devoirs et droits du spectateur au théâtre ».
68. Voir Robert Borel, « Le crime de génocide, principe nouveau de droit international », *Le Monde*, 5 décembre 1945.

II. Lauterpacht (p. 93-158)

1. Voir Hersch Lauterpacht, « The Law of Nations, the Law of Nature, and the Rights of Man » (1943), in *Problems of Peace and War, British Institute of International and Comparative Law, Transactions of the Grotius Society*, vol. 29, New York, Oceana Publications, 1962, p. 31.
2. Voir Elihu Lauterpacht, *The Life of Hersch Lauterpacht*, Cambridge, Cambridge University Press, 2010, p. 272.
3. Archives centrales des documents historiques, Varsovie.
4. Voir *The Life of Hersch Lauterpacht*, *op. cit.*, p. 372.
5. *Ibid.*, p. 19.
6. Voir « Lemberg's Derby », *Wanganui Chronicle*, 14 juillet 1910, p. 2.
7. Voir Charles Eldridge Griffen, *Four Years in Europe with Buffalo Bill*, Lincoln, University of Nebraska Press, 2010, p. XVIII.
8. Voir J. Wittlin, *City of Lions*, *op. cit.*, p. 26 et 32.
9. « Lemberg Battle Terrific » [« L'incroyable bataille de Lemberg »], *New York Times*, 4 septembre 1914, p. 3.
10. « Russians Grip Galicia » [« Les Russes mettent la main sur la Galicie »], *New York Times*, 18 janvier 1915.
11. « Great Jubilation over Lemberg's Fall » [« Grande jubilation à la chute de Lemberg »], *New York Times*, 24 juin 1915.
12. Voir *The Life of Hersch Lauterpacht*, *op. cit.*, p. 20.

13. *Ibid.*, p. 19.
14. Voir Archives gouvernementales de l'Oblast de Lviv, fonds 26, liste 15, carton 171, p. 206 (1915-1916, hiver); boîte 170 (1915-1916, été); boîte 172, p. 151 (1916-1917, hiver); boîte 173 (1917-1918, hiver); boîte 176, p. 706 (1917-1918, été); boîte 178, p. 254 (1918-1919, hiver).
15. Voir Manfred Kridl et Olga Scherer-Virski, *A Survey of Polish Literature and Culture*, New York, Columbia University Press, 1956, p. 3.
16. Voir Archives gouvernementales de l'Oblast de Lviv, fonds 26, liste 15, boîte 393.
17. Voir Timothy Snyder, *The Red Prince: The Secret Lives of a Habsburg Archduke*, New York, Basic Books, 2010 [*Le Prince rouge. Les vies secrètes d'un archiduc de Habsbourg*, Olivier Salvatori (trad.), Paris, Gallimard, 2013].
18. Voir Carole Fink, *Defending the Rights of Others: The Great Powers, the Jews, and International Minority Protection, 1878-1938*, New York, Cambridge University Press, 2004, p. 110 (et plus généralement p. 101-130).
19. Voir *The Life of Hersch Lauterpacht*, *op. cit.*, p. 21.
20. Le traité de Varsovie (connu sous le nom d'alliance Petliura-Piłsudski) a été signé le 21 avril 1920, mais a eu peu d'impact.
21. « 1,100 Jews Murdered in Lemberg Pogroms » [« 1 100 Juifs assassinés lors des pogroms de Lemberg »], *New York Times*, 30 novembre 1918, p. 5.
22. Voir *The Life of Hersch Lauterpacht*, *op. cit.*, p. 23.
23. Voir Antony Polonsky, *The Jews in Poland and Russia, t. III, 1914-2008*, Oxford, The Littmann Library of Jewish Civilization, 2012 ; Yisrael Gutman *et al.* (éd.), *The Jews of Poland Between Two World Wars*, Waltham (Mass.), Brandeis University Press, 1989 ; Joshua Shanes, *Diaspora Nationalism and Jewish Identity in Habsburg Galicia*, New York, Cambridge University Press, 2014.
24. Voir Asher Biemann, *The Martin Buber Reader: Essential Writings*, New York, Palgrave Macmillan, 2002.
25. Voir *The Life of Hersch Lauterpacht*, *op. cit.*, p. 21.
26. Józef Buzek né le 16 novembre 1873, mort le 22 septembre 1936.
27. Voir Israel Zangwill, « Holy Wedlock », in *Les Comédies du Ghetto*, Paris, Éditions 10/18, 1984.
28. Stefan Zweig, *Le Monde d'hier*, Paris, Belfond, p. 520-521.
29. *Ibid.*, p. 514-515.
30. *Discours au Congrès des États-Unis*, 8 janvier 1918 ; voir Margaret Macmillan, *Paris 1919. Six Months that Changed the World*, New York, Random House, 2003, p. 495.
31. Voir *The Life of Hersch Lauterpacht*, *op. cit.*, p. 20.
32. Voir R. F. Leslie et Antony Polonsky, *The History of Poland Since 1863*, Cambridge, Cambridge University Press, 1983.

33. Voir « Rights of National Minorities », 1er avril 1919 ; C. Fink, *Defending the Rights of Others*, *op. cit.*, p. 203-205.
34. Voir C. Fink, *Defending the Rights of Others*, *op. cit.*, p. 154, n. 136.
35. Voir Norman Davies, *White Eagle, Red Star : The Polish-Soviet War, 1919-1920*, Londres, Pimlico, 2003, p. 47 (http://en.wikipedia.org/wiki/Norman_Davies).
36. Voir David Steigerwald, *Wilsonian Idealism in America*, Ithaca, Cornell University Press, 1994, p. 72.
37. Pour un compte rendu très instructif de cet épisode, voir C. Fink, *Defending the Rights of Others*, *op. cit.*, p. 226-231 et 237-257.
38. Article 93 : « La Pologne accepte, et en agréant l'insertion dans un traité avec les principales puissances alliées et associées, les dispositions que ces puissances jugeront nécessaires pour protéger en Pologne les intérêts des habitants qui diffèrent de la majorité de la population par la race, la langue ou la religion », *Traité de Versailles, 1919*, Nancy, Paris et Strasbourg, Librairie militaire Berger-Levrault, 1919, p. 62.
39. Traité des minorités entre les principales puissances alliées et la Pologne, Versailles, 28 juin 1919, articles 4 et 12, consultables sur : http://ungarisches-institut.de/dokumente/pdf/19190628-3.pdf.
40. Voir C. Fink, *Defending the Rights of Others*, *op. cit.*, p. 251.
41. Voir Henry Morgenthau, *All in a Lifetime*, Garden City (NY), Doubleday, 1922, p. 399.
42. Voir Arthur Goodhart, *Poland and the Minority Races*, Londres, George Allen & Unwin, 1920, p. 141.
43. Voir H. Morgenthau, *All in a Lifetime*, *op. cit.*, app.
44. Voir *The Life of Hersch Lauterpacht*, *op. cit.*, p. 16.
45. Voir Karl Emil Franzos, *Aus Halb-Asien : Land und Leute des östlichen Europas*, vol. 2, Stuttgart, Adolf Bonz & Comp., 1880, cité par Alois Woldan, *The Imagery of Lviv in Ukrainian, Polish, and Austrian Literature*, in John Czaplicka (éd.), *Lviv. A City in the Crosscurrents of Culture*, Cambridge (Mass.), Harvard University Press, 2005, p. 85.
46. Voir Bruce Pauley, *From Prejudice to Persecution : A History of Austrian Anti-Semitism*, Chapel Hill, University of North Carolina Press, 1992, p. 82.
47. Hugo Bettauer, *The City Without Jews (1922)*, New York, Bloch, 1926, p. 28 [*La Ville sans juifs*, Jean Chuzeville (trad.), Paris, Albin Michel, 1929].
48. Voir Br. Pauley, *From Prejudice to Persecution*, *op. cit.*, p. 104.
49. Voir *The Life of Hersch Lauterpacht*, *op. cit.*, p. 26.
50. Voir Hans Kelsen, « Tribute to Sir Hersch Lauterpacht », *International & Comparative Law Quarterly*, 10 (1961), in *European Journal of International Law*, vol. 8, n° 2, 1997, p. 309.
51. *Ibid.*

52. Voir Norman Lebrecht, *Why Mahler?*, Londres, Faber & Faber, 2010, p. 95.
53. Voir *The Life of Hersch Lauterpacht*, *op. cit.*, p. 22.
54. Voir Arnold McNair, « Tribute to Sir Hersch Lauterpacht », in *European Journal of International Law*, vol. 8, n° 2, 1997, p. 311 ; Paula Hitler, interview du 12 juillet 1945, consultable sur http://www.oradour.info/appendix/paulahit/paula02.htm.
55. Voir *The Life of Hersch Lauterpacht*, *op. cit.*, p. 31.
56. *Ibid.*, p. 32.
57. *Ibid.*, p. 41.
58. *Ibid.*, p. 43.
59. Voir A. MacNair, « Tribute to Sir Hersch Lauterpacht », art. cité, p. 312.
60. Voir *The Life of Hersch Lauterpacht*, *op. cit.*, p. 330.
61. *Ibid.*, p. 44.
62. *Ibid.*, p. 55.
63. *Ibid.*, p. 49.
64. Voir Philippe Sands, « Global Governance and the International Judiciary: Choosing Our Judges », *Current Legal Problems*, 56, n° 1, 2003, p. 493 ; E. Lauterpacht, *The Life of Hersch Lauterpacht*, *op. cit.*, p. 376.
65. Voir A. MacNair, « Tribute to Sir Hersch Lauterpacht », art. cité, p. 312.
66. Voir *The Life of Hersch Lauterpacht*, *op. cit.*, p. 40.
67. *Ibid.*, p. 157.
68. *Ibid.*, p. 36.
69. Voir Adolf Hitler, *Mein Kampf*, New Delhi, Jaico Publishing House, 2007, p. 60.
70. Voir Antony Alcock, *A History of the Protection of Regional-Cultural Minorities in Europe*, New York, St Martin's Press, 2000, p. 83.
71. Les lois de Nuremberg *(Nürnberger Gesetze)*, adoptées par le Reichstag le 15 septembre 1935. Voir Anthony Platt et Cecilia O'Leary, *Bloodlines: Recovering Hitler's Nuremberg Laws from Patton's Trophy to Public Memorial*, Boulder, Paradigm, 2005.
72. Voir Martti Koskenniemi, Introduction à *The Function of Law in the International Community (1933)*, par Hersch Lauterpacht, rééd., Oxford, Oxford University Press, 2011.
73. Voir Lassa Oppenheim, *International Law: A Treatise*, vol. 2, *War and Neutrality*, 6e éd. de Hersch Lauterpacht, Londres, Longmans, 1944.
74. « The Persecution of the Jews in Germany », reproduit in Hersch Lauterpacht, *International Law*, vol. 5, *Disputes, War, and Neutrality, parties IX-XIV*, Cambridge, Cambridge University Press, 2004, p. 728-736.
75. Voir *Oscar Janowsky Papers* (s. d., 1900 – et 1916-1933), chap. 17, p. 367 (en possession de l'auteur) ; voir aussi James Loeffler, « Between Zionism and Liberalism: Oscar Janowsky and Diaspora Nationalism in America », *AJS Review*, 34, n° 2, 2010, p. 289-308.

76. Voir *Janowsky Papers* (s. d., 1900 –, et 1916-1933), chap. 17, p. 389.
77. Voir *The Life of Hersch Lauterpacht, op. cit.*, p. 80-81 (la demande venait du professeur Paul Guggenheim).
78. *Ibid.*, p. 82.
79. *Ibid.*, p. 88.
80. *Ibid.*, p. 86.
81. *Ibid.*, p. 424.
82. Voir « The Scenic View », *Times Higher Education Supplement*, 5 mai 1995.
83. Voir G. P. Walsh, « Debenham, Frank (1883-1965) », *Australian Dictionary of Biography*, Melbourne University Press, vol. 13, 1993, p. 602.
84. Voir *The Life of Hersch Lauterpacht, op. cit.*, p. 85.
85. *Ibid.*, p. 95.
86. *Ibid.*, p. 104.
87. *Ibid.*, p. 106.
88. *Ibid.*, p. 105.
89. *Ibid.*, p. 134.
90. Lettre de Lauterpacht à Jackson, décembre 1940 ; voir aussi *The Life of Hersch Lauterpacht, op. cit.*, p. 131-132.
91. Voir *The Life of Hersch Lauterpacht, op. cit.*, p. 142.
92. *Ibid.*, p. 135.
93. Voir « An Act to Promote the Defense of the United States », *Pub.L.* 77-11, H.R. 1776, 55 Stat. 31, promulgué le 11 mars 1941.
94. « Text of Jackson Address on Legal Basis of United States Defense Course » [« Texte du discours de Jackson sur les fondements légaux de la défense américaine »], *New York Times*, 28 mars 1941, p. 12, l'éditorial se trouve page 22.
95. Voir *The Life of Hersch Lauterpacht, op. cit.*, p. 137.
96. Lettre de David Lauterpacht à Hersch Lauterpacht, s.d., archives personnelles d'Eli Lauterpacht.
97. Voir *The Life of Hersch Lauterpacht, op. cit.*, p. 152.
98. *Ibid.*, p. 153.
99. *Ibid.*
100. *Ibid.*, p. 152.
101. *Ibid.*, p. 156.
102. *Ibid.*, p. 166.
103. Lettre d'Aron Lauterpacht à Hersch Lauterpacht, 4 janvier 1941, archives personnelles d'Eli Lauterpacht.
104. Voir *The Life of Hersch Lauterpacht, op. cit.*, p. 152.
105. Voir Christoph Mick, « Incompatible Experiences : Poles, Ukrainians, and Jews in Lviv Under Soviet and German Occupation », *Journal of Contemporary History*, 46, n° 336, 2011, p. 355 ; Dieter Schenk, *Der Lemberger Professorenmord und der Holocaust in Ostgalizien*, Bonn, Dietz, 2007.

106. Voir *The Life of Hersch Lauterpacht*, *op. cit.*, p. 176.
107. *Ibid.*, p. 180 et n. 43.
108. Conférence interalliée pour la punition des crimes de guerre. Déclaration signée au palais Saint-James à Londres le 13 janvier 1942. Voir aussi « Nine Governments to Avenge Crimes » [« Neuf gouvernements prêts à venger les crimes »], *New York Times*, 14 janvier 1942, p. 6 (avec le texte de la déclaration).
109. La création de la Commission pour les crimes de guerre des Nations unies a été annoncée le 17 octobre 1942. Voir Dan Plesch, « Building on the 1943-1948 United Nations War Crimes Commission », in *Wartime Origins and the Future United Nations*, Dan Plesch et Thomas G. Weiss (éd.), New York, Routledge, 2015, p. 79-98.
110. Voir David Maxwell Fyfe, *Political Adventure*, Londres, Weidenfeld & Nicolson, 1964, p. 79.
111. Voir « Poland Indicts 10 in 400,000 Deaths » [« La Pologne inculpe 10 personnes pour la mort de 400 000 »], *New York Times*, 17 octobre 1942.
112. Voir « State Bar Rallied to Hold Liberties » [« Le barreau se mobilise pour la défense des libertés »], *New York Times*, 25 janvier 1942, p. 12 ; les termes du discours peuvent être consultés sur : http://www.roberthjackson.org/the-man/bibliography/our-american-legal-philosophy/.
113. Voir *The Life of Hersch Lauterpacht*, *op. cit.*, p. 184.
114. *Pimpernel Smith*, 1941 ; « "Mr. V", a British Melodrama with Leslie Howard, Opens at Rivoli », *New York Times*, 13 février 1942.
115. Voir *The Life of Hersch Lauterpacht*, *op. cit.*, p. 183.
116. Voir Hersch Lauterpacht (éd.), *Annual Digest and Reports of Public International Law Cases (1938-1940)*, Londres, Butterworth, 1942, vol. 9, p. x.
117. Voir « Jurisdiction over Nationals Abroad (Germany) Case, Supreme Court of the Reich (in Criminal Matters) », 23 février 1938, *ibid.*, vol. 9, p. 294.
118. Voir *The Life of Hersch Lauterpacht*, *op. cit.*, p. 188.
119. *Ibid.*, p. 183.
120. *Ibid.*, p. 201.
121. *Ibid.*, p. 204.
122. *Ibid.*, p. 199.
123. Voir Hersch Lauterpacht, « Law of Nations, the Law of Nature, and the Rights of Man », cité in *The Life of Hersch Lauterpacht*, *op. cit.*, p. 252.
124. Archives personnelles de l'auteur.
125. Voir *The Life of Hersch Lauterpacht*, *op. cit.*, p. 220.
126. *Ibid.*, p. 234.
127. *Ibid.*, p. 229.
128. *Ibid.*
129. *Ibid.*, p. 227.
130. *Ibid.*, p. 247.

131. La Fondation Carnegie pour la paix internationale.
132. Voir *Cambridge Law Journal*, 9, 1945-1946, p. 140.
133. Voir Serhii Plokhy, *Yalta: The Price of Peace*, New York, Viking, 2010, p. 168.
134. Charte des Nations unies, San Francisco, 26 juin 1945, Préambule.
135. Hersch Lauterpacht, *An International Bill of the Rights of Man*, New York, Columbia University Press, 1944.
136. Voir Hans Morgenthau, *University of Chicago Law Review*, 13, 1945-1946, p. 400.
137. Lettre de Jackson à Lauterpacht, 2 juillet 1945, Archives Hersch Lauterpacht: « Je vous suis très reconnaissant de votre générosité d'hier, et à Mrs. Lauterpacht pour l'heure délicieuse du thé. J'ai sincèrement apprécié vos conseils pour Jackson junior. »
138. Voir le rapport officiel de Robert H. Jackson: *Report to the International Conference on Military Trials* (1945), p. VI (abrégé ensuite en *Jackson Report*). [Extraits dans *Encyclopédie de la Seconde Guerre mondiale*, Jean-François Muracciole et Guillaume Piketty (éd.), Paris, Robert Laffont, coll. « Bouquins », 2015.]
139. Reformulation de la définition de « crimes », soumise par la délégation soviétique, 23 et 25 juillet 1945 ; Reformulation de la définition de « crimes », soumise par la délégation américaine, 25 juillet 1945, *Jackson Report*, p. 327, 373-374.
140. Définition britannique de « crimes » revue et préparée par la délégation britannique et acceptée par la délégation française, 28 juillet 1945, *Jackson Report*, p. 390.
141. Lettre de Katherine Fite à sa mère, 5 août 1945, Dossier *War Crimes*, Katherine Fite Lincoln Papers, carton 1 (dossier de correspondance), Harry S. Truman Presidential Museum and Library.
142. Lettre de William E. Jackson à Jacob Robinson, 31 mai 1961 (archives personnelles de l'auteur) ; voir aussi *The Life of Hersch Lauterpacht*, *op. cit.*, p. 272, n. 20.
143. Voir Dan Plesch et Shanti Sattler, « Changing the Paradigm of International Criminal Law: Considering the Work of the United Nations War Crimes Commission of 1943-1948 », *International Community Law Review*, 15, 2013/1, en particulier, p. 11 *sq.* ; Kerstin von Lingen, « Defining Crimes Against Humanity: The Contribution of the United Nations War Crimes Commission to International Criminal Law, 1944-1947 », *Historical Origins of International Criminal Law: Volume 1*, Morten Bergsmo *et al.* (éd.), Bruxelles, Torkel Opsahl Academic EPublisher, FICHL Publication Series, 20, 2014.
144. Lettre citée de Katherine Fite à sa mère, 5 août 1945.
145. « Note sur la définition proposée de crimes » et « Révision de la définition de "crimes" », soumise par la délégation américaine, 31 juillet 1945, *Jackson*

Report, p. 394-395 ; « Je signale que le terme m'a été suggéré par un éminent expert *[scholar]* de droit international », *Jackson Report*, p. 416.

146. « L'homme le plus beau », Minutes de la séance du 2 août 1945, *Jackson Report*, p. 416.
147. Charte du Tribunal militaire international, *Jackson Report*, p. 422.
148. Voir *The Life of Hersch Lauterpacht*, *op. cit.*, p. 274.
149. *Ibid.*, p. 272.
150. *Ibid.*, p. 266.
151. Protocole sur l'accord et la Charte *[Protocol to Agreement and Charter]*, 6 octobre 1945, *Jackson Report*, p. 429.
152. Voir *The Life of Hersch Lauterpacht*, *op. cit.*, p. 275.

III. Miss Tilney de Norwich (p. 165-174)

1. Voir Frederick Tilney, *Young at 73 – and Beyond!*, Information Incorporated, 1968. Frederick était devenu résident permanent aux États-Unis le 20 juin 1920; les recensions de son livre louent ses « avis intemporels sur la forme physique » et « son enthousiasme pour les légumes frais et les jus de fruits ».
2. L'archive se trouve à la William Cullen Library, University of the Witwatersrand, Johannesbourg, Afrique du Sud. Elle contient six lettres de – et adressées à – Miss Tilney, datées du 27 août 1947 au 6 octobre 1948. Voir http://www.historicalpapers.wits.ac.za/inventory.php?iid=7976.
3. Document en possession de l'auteur.
4. Robert Govett, né le 14 février 1813, mort le 20 février 1901; voir W. J. Dalby, « Memoir of Robert Govett MA »; le mémoire accompagne une publication de Govett: « Galates », 1930.
5. Voir http://www.schoettlepublishing.com/kingdom/govett/surreychapel.pdf.
6. Bureau des archives de Norfolk. Il y a trois séries d'archives: FC76; ACC2004/230; et ACC2007/1968. Le catalogue en ligne est consultable sur: http://nrocat.norfolk.gov.uk/Dserve/dserve.exe?dsqServer=NCC3CL01&dsqIni=Dserve. ini&dsqApp=Archive&dsqCmd=show. tcl&dsqDb=Catalog&dsqPos=0&dsqSearch=(CatalogueRef=='FC%2076').
7. Voir *North Africa Mission Newsletter*, mars-avril 1928, p. 25.
8. *Ibid.*, septembre-octobre 1929, p. 80.
9. Voir Surrey Chapel, *Missionary Prayer Meeting Notes*, mai 1934.
10. Surrey Chapel, *Missionary Notes*, octobre 1935.
11. Voir Elsie Tilney, « A Visit to the Mosque in Paris », *The Dawn*, décembre 1936, p. 561-563.
12. Voir *Trusting and Toiling*, 15 janvier 1937.
13. *Ibid.*, 15 septembre et 15 octobre 1937.

14. *Ibid.*, 16 janvier 1939.
15. Voir André Thobois, *Henri Vincent, infatigable serviteur du Christ*, Paris, Publications Croire et Servir, 2001, p. 67, citant un témoignage paru dans *Le Témoin de la Vérité*, avril-mai 1939.
16. *Ibid.*, p. 80.
17. Voir *Trusting and Toiling*, 15 avril 1940.
18. *Ibid.*, 15 juillet 1940.
19. Note rédigée à l'issue de la prière, Surrey Chapel, 6 août 1940, *Foreign Mission Band Account*, 1940 ; *Trusting and Toiling*, 15 octobre 1940.
20. Surrey Chapel, *Foreign Mission Band Account*, 1941.
21. Sur le camp de Vittel, voir Jean-Camille Bloch, *Le Camp de Vittel : 1940-1944* (Les Dossiers d'Aschkel, s.d.) ; Sofka Skipwith, *Sofka : The Autobiography of a Princess*, Londres, Rupert Hart-Davis, 1968, p. 233-236 ; Sofka Zinovieff, *Red Princess : A Revolutionary Life*, Londres, Granta Books, 2007, p. 219-261. Il existe également un documentaire sur le camp de Vittel : Joëlle Novic, *Passeports pour Vittel*, Injam Productions, 2007, disponible en DVD.
22. Voir Surrey Chapel, *Foreign Mission Band Account*, 1942 ; *Trusting and Toiling*, 15 mars 1943.
23. Voir J.-C. Bloch, *Le Camp de Vittel*, *op. cit.*, p. 10 *sq.* ; S. Zinovieff, *Red Princess*, *op. cit.*, p. 250-258 ; voir également Abraham Shulman, *The Case of Hotel Polski. Account of One of the Most Enigmatic Episodes of World War II*, New York, Schocken Books, 1981.
24. Voir J.-C. Bloch, *Le Camp de Vittel*, *op. cit.*, p. 18, 22, et n. 12, 13.
25. *Ibid.*, p. 20.
26. Voir S. Zinovieff, *Red Princess*, *op. cit.*, p. 251. (Le chant devint l'une des poésies les plus chères à Sofka, elle la copia et la distribua régulièrement. « Ils ne sont plus. Ne demandez plus, nulle part au monde. Tout est vide. Ils ne sont plus. »)
27. S. Zinovieff, *Red Princess : A Revolutionary Life* (2007), New York, Pegasus, 2008.
28. Voir S. Skipwith, *Sofka : The Autobiography of a Princess*, *op. cit.*, p. 234.
29. *Ibid.*
30. Voir *Trusting and Toiling*, 15 décembre 1944, p. 123.
31. *Ibid.*
32. Lettre du colonel A. J. Tarr à Miss Tilney du 18 avril 1945 ; Lettre du capitaine D. B. Fleeman à Miss Tilney du 22 mai 1945.

IV. Lemkin (p. 183-242)

1. Voir Raphael Lemkin, *Axis Rule in Occupied Europe*, Carnegie Endowment for International Peace, 1944, p. XIII.

2. Voir Nancy Steinson, « Remembrances of Dr Raphael Lemkin » (s.d., en possession de l'auteur).
3. Voir Raphael Lemkin, *Totally Unofficial: the Autobiography of Raphael Lemkin*, Donna-Lee Frieze (éd.), New Haven, Yale University Press, 2013, p. XXVI.
4. *Ibid.*, p. 3.
5. *Ibid.*
6. Voir John Cooper, *Raphael Lemkin and the Struggle for the Genocide Convention*, New York, Palgrave Macmillan, 2008, p. 6.
7. Voir R. Lemkin, *Totally Unofficial*, *op. cit.*, p. 17.
8. Voir J. D. Duff, *Russian Lyrics*, Cambridge, Cambridge University Press, 1917, p. 75.
9. Haim-Naham Bialik, « La ville du massacre », in *Anthologie de la poésie yiddish. La mémoire d'un peuple*, Charles Dobzynski (trad.), Paris, Gallimard, coll. « Poésie/Gallimard », 2000 *(NdT)*. Voir aussi Paul R. Mendes-Flohr et Jehuda Reinharz, *The Jew in the Modern World: A Documentary History*, New York, Oxford University Press, 1995, p. 410.
10. La traduction française de *Noach i Marynka* [« Derrière la clôture »] se trouve dans Haim-Naham Bialik, *Le Livre du feu*, Ariane Bendavid (trad.), Paris, Éditions Caractères, 2008 *(NdT)*. Hayyim Bialik et Raphael Lemkin, *Noach i Marynka* (1925), Lwów, Wydawnictwo Snunit, 1926.
11. Voir R. Lemkin, *Totally Unofficial*, *op. cit.*, p. XI.
12. *Ibid.*, p. 19.
13. Voir Vahakn N. Dadrian, *The History of the Armenian Genocide: Ethnic Conflict from the Balkans to Anatolia to the Caucasus*, New York et Oxford, Berghahn Books, 2003, p. 421.
14. Voir Ulrich Trumpener, *Germany and the Ottoman Empire, 1914-1918*, Princeton, Princeton University Press, 1968, p. 201.
15. Voir R. Lemkin, *Totally Unofficial*, *op. cit.*, p. 19.
16. Archives gouvernementales de l'Oblast de Lviv, fonds 26, liste 15, carton 459, p. 252-253.
17. *Ibid.*
18. Voir Marek Kornat, « Rafael Lemkin's Formative Years and the Beginning of International Career in Inter-War Poland (1918-1939) », in *Rafael Lemkin: A Hero of Humankind*, Agnieszka Bieńczyk-Missala et Sławomir Dębski (éd.), Varsovie, Polish Institute of International Affairs, 2010, p. 59-74; e-mail du professeur Kornat à l'auteur, 3 novembre 2011.
19. Ludwik Ehrlich est né le 11 avril 1889 à Ternopil et mort le 31 octobre 1968 à Cracovie.
20. Voir « Says Mother's Ghost Ordered Him to Kill » [« Le fantôme de sa mère lui aurait ordonné de tuer »], *New York Times*, 3 juin 1921 ; « Armenian

Acquitted for Killing Talaat» [«Arménien acquitté pour le meurtre de Talaat»], *New York Times*, 4 juin 1921, p. 1.

21. Voir R. Lemkin, *Totally Unofficial*, *op. cit.*, p. 20.
22. Voir Herbert Yahraes, «He Gave a Name to the World's Most Horrible Crime», *Collier's*, 3 mars 1951, p. 28.
23. Conversation entre l'auteur et Robert Silvers le 11 décembre 2011, à New York.
24. Voir Cour européenne des droits de l'homme, *Altuğ Taner Akçam v. Turkey*, 27520/07, jugement du 25 octobre 2011.
25. Le camp de Janowska a été créé en octobre 1941 dans une banlieue du nord-ouest de Lemberg, à côté de l'usine située au 134 de la rue Janowska. Voir Leon Weliczker Wells, *The Janowska Road: Survival in a Nazi Death Camp*, Washington, CreateSpace, 2014.
26. Roman Dmowski est né le 9 août 1864 et mort le 2 janvier 1939.
27. Voir Adam Redzik, *Stanisław Starzyński, 1853-1935*, Varsovie, Instytut Zaawansowanych, Monografie Instytut Allerhanda, 2012, p. 54.
28. Voir Zoya Baran, «Social and Political Views of Julius Makarevich», in *Historical Sights of Galicia*, Materials of Fifth Research Local History Conference, 12 novembre 2010, Lviv, Ivan Franko Lviv National University, 2011, p. 188-198.
29. Julius Makarewicz est né le 5 mai 1872 et mort le 20 avril 1955.
30. Joseph Roth, «Le buste de l'empereur», in *Le Marchand de Corail. Nouvelles*, chap. 7, Blanche Gidon et Stéphane Pesnel (trad.), Paris, Le Seuil, 1996.
31. Voir Raphael Lemkin et Tadeusz Kochanowicz, *Criminal Code of the Soviet Republics*, en collaboration avec Dr Ludwik Dworzak, Magister Zdziław Papierkowski et Dr Roman Piotrowski, préface de Dr Julius Makarewicz, Séminaire de droit pénal de l'Université Jan Kasimir à Lwów, 1926.
32. Voir J. Cooper, *Raphael Lemkin*, *op. cit.*, p. 16.
33. «Slayer of Petlura Stirs Paris Court» [«L'assassin de Petula soulève la cour parisienne»], *New York Times*, 19 octobre 1927; «Paris Jury Acquits Slayer of Petlura, Crowded Court Receives the Verdict with Cheers for France» [«Le jury parisien acquitte l'assassin de Petlura, la salle comble accueille le verdict avec des vivats pour la France»], *New York Times*, 27 octobre 1927.
34. Voir R. Lemkin, *Totally Unofficial*, *op. cit.*, p. 21.
35. *Ibid.*
36. Voir la bibliographie de Lemkin: http://www.preventgenocide.org/lemkin/bibliography.htm.
37. Raphael Lemkin, «Acts Constituting a General (Transnational) Danger Considered as Offences Against the Law of Nations», 1933, http://www.preventgenocide.org/lemkin/madrid1933-english.htm.

38. Vespasian Pella, Rapport présenté au troisième congrès international de droit pénal, Palerme, 3-8 avril 1933, *Actes du Congrès*, p. 737 et 918, cité in Mark Lewis, *The Birth of the New Justice: The Internationalization of Crime and Punishment, 1919-1950*, Oxford (UK), Oxford University Press, 2014, p. 188.
39. Voir R. Lemkin, *Totally Official, op. cit.*, p. 23. Rappaport n'est pas identifié nommément, mais la description que fait Lemkin lui correspond.
40. Voir *Gazeta Warszawska*, 25 octobre 1933.
41. Voir R. Lemkin, *Totally Unfficial, op. cit.*, p. XII.
42. Voir Keith Brown, « The King Is Dead, Long Live the Balkans! Watching the Marseilles *(sic)* Murders of 1934 » [« Le roi est mort! Longue vie aux Balkans. Analyse des assassinats de Marseille en 1934 »], papier présenté à la sixième convention internationale de l'association pour l'étude du nationalisme *(Association for the Study of Nationalities)*, Columbia University, New York, 5-7 avril 2001, accessible sur: http://watson.brown.edu/files/watson/imce/research/projects/terrorist_transformations/The_King_is_Dead.pdf.
43. Voir R. Lemkin, *Totally Unofficial, op. cit.*, p. 155.
44. *Ibid.*, p. 28.
45. *Ibid.*, p. 54.
46. Pour une interprétation du poème, voir Charlton Payne, « Epic World Citizenship in Goethe's *Hermann und Dorothea* », *Goethe Yearbook*, 16, 2009, p. 11-28.
47. Voir R. Lemkin, *Totally Unofficial, op. cit.*, p. 64.
48. Lemkin à Monsieur le directeur (identité inconnue), 25 octobre 1939, copie transcrite et fournie à l'auteur par Elisabeth Åsbrink Jakobsen.
49. Voir R. Lemkin, *Totally Unofficial, op. cit.*, p. 65.
50. Voir Simon Dubnow, *History of the Jews in Russia and Poland. From the Earliest Times until the Present Day*, Israel Friedlaender (trad.), Philadelphie, Jewish Publication Society of America, 1916-1920; rééd., 2000.
51. Jean Améry, *Par-delà le crime et le châtiment. Essai pour surmonter l'insurmontable* (1966), Arles, Actes Sud, 2005, p. 84-85.
52. Voir R. Lemkin, *Totally Unofficial, op. cit.*, p. 76.
53. Voir J. Cooper, *Raphael Lemkin, op. cit.*, p. 37.
54. Le décret figure in R. Lemkin, *Axis Rule, op. cit.*, p. 506; voir aussi *Totally Unofficial, op. cit.*, p. 77.
55. Voir R. Lemkin, *Axis Rule, op. cit.*, p. 524.
56. Voir R. Lemkin, *Totally Unofficial, op. cit.*, p. 78.
57. *Ibid.*, p. 82.
58. *Ibid.*, p. 86.
59. *Ibid.*, p. 88.
60. *Ibid.*, p. 96.
61. *Ibid.*

62. *Ibid.*, p. 100.
63. J. Cooper, *Raphael Lemkin, op. cit.*, p. 40.
64. Voir R. Lemkin, *Totally Unofficial, op. cit.*, p. VII.
65. Andrzej Tadeusz Bonawentura Kościuszko, né en février 1746 et mort le 15 octobre 1817, était un officier polonais.
66. Voir R. Lemkin, *Totally Unofficial, op. cit.*, p. 106.
67. *Ibid.*, p. 108.
68. Correspondance en yiddish, 25 mai 1941, boîte 1, carton 4, Raphael Lemkin Collection, American Jewish Historical Society, New York.
69. Voir R. Lemkin, *Totally Unofficial, op. cit.*, p. 111.
70. *Address on the observance of the golden anniversary of Paderewski's American debut* [« Allocution en l'honneur des 50 ans des débuts américains de Paderewski »], 1941, Ignacy Jan Paderewski, *Victor Recordings (selections) 1914-1941*.
71. Voir « The Legal Framework of Totalitarian Control over Foreign Economies » [« Le cadre légal du contrôle totalitaire sur les économies étrangères »]. Papier présenté à la section de droit international et comparé de l'association du barreau américain, octobre 1942.
72. Voir Robert Jackson, « The Challenge of International Lawlessness » [« Les défis du non-droit international »], discours prononcé devant l'association du barreau américain, Indianapolis, 2 octobre 1941, *American Bar Association Journal*, 27, novembre 1941.
73. Voir « Law and Lawyers in the European Subjugated Countries » [« Le droit et les avocats dans les pays occupés d'Europe »], discours prononcé devant l'association du barreau de Caroline du Nord, *Proceedings of the 44th Annual Session of the North Carolina Bar Association*, mai 1942, p. 105-117.
74. Voir *Actes de la 5e Conférence internationale pour l'unification du droit pénal*, Madrid, 14-20 octobre 1933.
75. Voir Ryszard Szawłowski, « Raphael's Lemkin's Life Journey », in A. Bieńczyk-Missala et S. Dębski, *Hero of Humankind, op. cit.*, p. 43 ; boîte 5, carton 7, MS-60, American Jewish Historical Society.
76. Voir R. Lemkin, *Totally Unofficial, op. cit.*, p. 113.
77. Voir Norman M. Littell, *My Roosevelt Years*, Jonathan Dembo (éd.), University of Washington Press, 1987, p. 125.
78. Voir R. Lemkin, *Totally Unofficial, op. cit.*, p. 235, XIV.
79. Voir J. Cooper, *Raphael Lemkin, op. cit.*, p. 53.
80. Franklin Roosevelt, « Statement on Crimes », 7 octobre 1942, accessible en ligne sur : http://www.jewishvirtuallibrary.org/jsource/Holocaust/fdr_warcrimes.html.
81. Voir Jan Karski, *Story of a Secret State : My Report to the World*, éd. augmentée, Georgetown University Press, 2014.

82. Voir N. M. Littell, *My Roosevelt Years*, *op. cit.*, p. 151.
83. Rare Book and Manuscript Library, Columbia University.
84. Voir R. Lemkin, *Axis Rule*, *op. cit.*, p. 79.
85. Voir Uwe Backes et Steffen Kailitz (éd.), *Ideokratien im Vergleich: Legitimation, Kooptation, Repression*, Göttingen, Vandenhoeck & Ruprecht, 2014, p. 339 ; Sybille Steinbacher et Fritz Bauer, *Holocaust und Völkermorde: Die Reichweite des Vergleichs*, Francfort-sur-le-Main, Campus, 2012, p. 171 ; e-mail de Valentin Jeutner à l'auteur, 8 janvier 2014.
86. Voir R. Lemkin, *Axis Rule*, *op. cit.*, p. 89.
87. Proclamation du 26 octobre 1939, in *ibid.*, p. 524.
88. Georgetown Law School, *Notes finales [Final grades]*, 1944-1945, boîte 1, carton 13, Lemkin Collection, American Jewish Historical Society.
89. Voir Vassili Grossman, *L'Enfer de Treblinka*, Grenoble et Paris, Arthaud, 1945, p. 87.
90. « Report to Treasury Secretary on the Acquiescence of This Government in the Murder of the Jews » [« Rapport au secrétaire au Trésor sur l'acquiescement de ce gouvernement au meurtre des Juifs »], préparé par Josiah E. Dubois pour le Foreign Funds Control Unit of the US Treasury [L'unité de contrôle des fonds étrangers du Trésor américain], 13 janvier 1944. Le secrétaire d'État Morgenthau, John Pehle et Randolph Paul rencontrèrent le Président Roosevelt le 16 janvier 1944 pour lui présenter un projet d'ordre exécutif portant création d'un Conseil des réfugiés de guerre *[War Refugee Board]* en charge du « sauvetage immédiat et du secours des Juifs d'Europe et des autres victimes de la persécution par l'ennemi » ; voir Rafael Medoff, *Blowing the Whistle on Genocide: Josiah E. Dubois, Jr., and the Struggle for a US Response to the Holocaust*, West Lafayette (Ind.), Purdue University, 2009, p. 40.
91. Voir « US Board Bares Atrocity Details Told by Witnesses at Polish Camps » [« L'agence américaine découvre les détails sur les atrocités dans les camps polonais grâce aux témoignages »], *New York Times*, 26 novembre 1944, p. 1 ; « 700,000 Reported Slain in 3 Camps, Americans and Britons Among Gestapo Victims in Lwow, Says Russian Body » [« 700 000 morts dans trois camps, Américains et Britanniques parmi les victimes de la Gestapo à Lwów selon l'agence russe »], *New York Times*, 24 décembre 1944, p. 10.
92. *The German Extermination Camps of Auschwitz and Birkenau*, 1er novembre 1944, Archives de l'American Jewish Joint Distribution Committee.
93. Voir « Twentieth-Century Moloch: The Nazi Inspired Totalitarian State, Devourer of Progress, and of Itself » [« Le Moloch du XXe siècle : les nazis ont créé l'État totalitaire, dévoreur de progrès, dévoreur de lui-même »], *New York Times Book Review*, 21 janvier 1945, p. 1.
94. Lettre de Kohr à Lemkin, 1945, boîte 1, carton 11, MS-60, American Jewish Archives, Cleveland.

95. Lettre de Lemkin à Jackson, 4 mai 1945, boîte 98, carton 9, *Jackson Papers*, Manuscript Division, Library of Congress, Washington, D.C.
96. Raphael Lemkin, « Genocide : A Modern Crime », *Free World*, 9, 1945, p. 39.
97. Voir John Q. Barrett, « Raphael Lemkin and "Genocide" at Nuremberg, 1945-1946 », in *The Genocide Convention Sixty Years After Its Adoption*, Christoph Safferling et Eckart Conze (éd.), La Haye, Asser, 2010, p. 36, n. 5.
98. Lettre citée de Lemkin à Jackson, 4 mai 1945.
99. Voir *Washington Post*, 6 mai 1945, B4.
100. Lettre de Jackson à Lemkin, 16 mai 1945, *Jackson Papers*; J. Q. Barrett, « Raphael Lemkin and "Genocide" at Nuremberg », art. cité, p. 38.
101. Voir H. B. Phillips (éd.), « Reminiscences of Sidney S. Alderman », Columbia University Oral History Research Office, 1955, p. 817; J. Q. Barrett, « Raphael Lemkin and "Genocide" at Nuremberg », art. cité, p. 39.
102. Voir « Projet du mémorandum » *[Draft Planning Memorandum]* du 14 mai 1945, boîte 107, carton 5, *Jackson Papers*; J. Q. Barrett, « Raphael Lemkin and "Genocide" at Nuremberg », art. cité, p. 39.
103. Voir « Planning Memorandum Distributed to Delegations at Beginning of London Conference » [« Mémorandum distribué aux délégations au début de la Conférence de Londres »], juin 1945, in *Jackson Report*, p. 68.
104. Voir J. Q. Barrett, « Raphael Lemkin and "Genocide" at Nuremberg », art. cité, p. 40.
105. *Ibid.*, p. 40-41.
106. Voir H. B. Phillips, « Reminiscences of Sidney S. Alderman », art. cité, p. 818; J. Q. Barrett, « Raphael Lemkin and "Genocide" at Nuremberg », art. cité, p. 41.
107. Voir J. Q. Barrett, « Raphael Lemkin and "Genocide" at Nuremberg », art. cité, p. 41.
108. Voir H. B. Phillips, « Reminiscences of Sidney S. Alderman », art. cité, p. 842, 858; J. Q. Barrett, « Raphael Lemkin and "Genocide" at Nuremberg », art. cité, p. 41.
109. Voir J. Q. Barrett, « Raphael Lemkin and "Genocide" at Nuremberg », art. cité, p. 41, n. 27.
110. « Déclaration alliée concernant la défaite de l'Allemagne (5 juin 1945) », article 11(a).
111. Voir J. Q. Barrett, « Raphael Lemkin and "Genocide" at Nuremberg », art. cité, p. 42.
112. *Ibid.*
113. *Ibid.*
114. *Ibid.*, p. 43.
115. *Ibid.*, p. 43-44.

116. Donovan à Taylor, Mémorandum du 24 septembre 1945, boîte 4, carton 106, *Jackson Papers*; J. Q. Barrett, « Raphael Lemkin and "Genocide" at Nuremberg », art. cité, p. 42.
117. William E. Jackson à Robert Jackson, 11 août 1947, boîte 2, carton 8, *Jackson Papers*; J. Q. Barrett, « Raphael Lemkin and "Genocide" at Nuremberg », art. cité, p. 53.
118. Sur les objections plus tardives aux États-Unis, voir Samantha Power, *A Problem from Hell: America and the Age of Genocide*, éd. révisée, Londres, Flamingo, 2010, p. 64-70.
119. Voir Telford Taylor, *The Anatomy of the Nuremberg Trials*, New York, Alfred A. Knopf, 1992, p. 103; J. Q. Barrett, « Raphael Lemkin and "Genocide" at Nuremberg », art. cité, p. 45.
120. Voir H. B. Phillips, « Reminiscences of Sidney Alderman », art. cité, p. 818; J. Q. Barrett, « Raphael Lemkin and "Genocide" at Nuremberg », art. cité, p. 45.
121. Acte d'accusation adopté le 8 octobre 1945, *Procès des grands criminels de guerre devant le Tribunal militaire international de Nuremberg*, Paris, Nouveau Monde Éditions, t. I, p. 68.
122. Note du dispensaire de l'armée des États-Unis, 5 octobre 1945, boîte 1, carton 13, Lemkin Collection, American Jewish Historical Society.
123. Voir R. Lemkin, *Totally Unofficial*, *op. cit.*, p. 68; J. Q. Barrett, « Raphael Lemkin and "Genocide" at Nuremberg », art. cité, p. 46.

V. L'homme au nœud papillon (p. 248-253)

1. Milein Cosman, peintre, né en 1921, à Gotha en Allemagne, arrivé en Angleterre en 1939.
2. Hans Keller, musicien et critique musical, né le 11 mars 1919 à Vienne, mort le 6 novembre 1985 à Londres. On peut lire un compte rendu personnel de l'*Anschluss* et de son arrestation in Hans Keller, *1975 (1984 Minus 9)*, Dennis Dobson, 1977, p. 38 *sq.*
3. Inge Trott, activiste, née en 1920 à Vienne, morte à Londres en 2014.
4. Voir Alfred Seiler, *From Hitler's Death Camps to Stalin's Gulags*, Lulu, 2010.
5. *Ibid.*, p. 126.

VI. Frank (p. 259-318)

1. Hans Frank, « *International Penal Policy* » [« Politique pénale internationale »], Communication donnée par le ministre du Reich le 21 août 1935 lors la session plénière du XIe Congrès pénal et pénitentiaire de l'Académie pour le droit allemand.

2. *Jackson Report*, p. 18-41.
3. Voir Martyn Housden, *Hans Frank: Lebensraum and the Holocaust*, New York, Palgrave Macmillan, 2003, p. 14.
4. *Ibid.*, p. 23.
5. *Ibid.*, p. 36.
6. Voir *Neue Freie Presse*, 13 mai 1933, p. 1 ; « Germans Rebuked Arriving Vienna » [« Les Allemands mal accueillis à Vienne »], *New York Times*, 14 mai 1933.
7. M. Housden, *Hans Frank*, *op. cit.*, p. 49.
8. Voir *Neue Freie Presse*, 13 mai 1933, p. 1, art. cité.
9. « Austrians Rebuff Hitlerite Protest » [« Les Autrichiens repoussent les protestations hitlériennes »], *New York Times*, 16 mai 1933, p. 1 et 8.
10. « Turmoil in Vienna as Factions Clash » [« Tourmente à Vienne : les factions s'affrontent »], *New York Times*, 15 mai 1933, p. 1 et 8.
11. « Vienna Jews Fear Spread of Nazism » [« Les Juifs de Vienne craignent la propagation du nazisme »], *New York Times*, 22 mai 1933.
12. Voir Howard Sachar, *The Assassination of Europe, 1918-1942 : A Political History*, Toronto, University of Toronto Press, 2014, p. 208-210.
13. *Actes du Onzième Congrès pénal et pénitentiaire tenu à Berlin en août 1935*, Sir Jan Simon van der Aa (éd.), Bureau of International Penal and Penitentiary Commission, Cambridge, 1937.
14. Voir H. Frank, « Politique pénale internationale », *loc. cit.*, l'annexe I donne une liste des participants.
15. Voir Henri Donnedieu de Vabres, « La répression internationale des délits du droit des gens » (communication à l'Académie pour le droit allemand), Paris, Les Éditions internationales, 1935, ou RDilp&DPI, 1950, vol 28.
16. Voir Friedrich Reck-Malleczewen, *Diary of a Man in Despair*, Paul Rubens (trad.), New York, *New York Review of Books Classics*, 2013, p. 42.
17. Voir Geoffrey Bing, « The International Penal and Penitentiary Congress, Berlin, 1935 », *Howard Journal*, vol. 4, 1935, p. 195-198 ; et « Nazis Annoyed : Outspoken Englishman » [« Les nazis ennuyés par la franchise d'un Anglais »], *Argus* (Melbourne), 23 août 1935, p. 9.
18. Voir M. Housden, *Hans Frank*, *op. cit.*, p. 78.
19. Décret du Führer et chancelier du Reich relatif à l'administration des territoires polonais occupés, 12 octobre 1939, Section 3(2).
20. Voir l'interview du 3 octobre 1939 ; William Shirer, *The Rise and Fall of the Third Reich*, Londres, Penguin-Random House (Arrow), 1991, p. 944.
21. Voir Hans Frank, *Journal* (Varsovie, 42 volumes), entrée du 10 novembre 1939, cité par M. Housden, *Hans Frank*, *op. cit.*, p. 126.
22. H. Frank, *Journal* (présenté au Tribunal militaire international de Nuremberg sous la cote PS-2233), in *Procès des grands criminels de guerre devant le Tribunal militaire international, Nuremberg, 14 novembre 1945-1er octobre 1946*,

vol. 29, *Documents et autre matériel de preuve*, Nuremberg, 1947, p. 356-725 ; et Stanisław Piotrowski, *Hans Frank's Diary*, Varsovie, PWN, 1961.

23. Lors de son procès, Frank se référa à 43 volumes de son *Journal*, in *Procès des grands criminels de guerre devant le Tribunal militaire international*, *op. cit.*, vol. 12, toutefois le délégué polonais, Stanisław Piotrowski, remarqua que seuls 38 volumes avaient été conservés, mais qu'il « était difficile de savoir si certains des volumes n'avaient pas été perdus lorsque le tribunal s'était mis au travail à Nuremberg », voir S. Piotrowski, *Hans Frank's Diary*, *op. cit.*, p. 11.
24. *Procès des grands criminels de guerre devant le Tribunal militaire international*, *op. cit.*, vol. 3, p. 546, entrée du 14 décembre 1945.
25. Voir M. Housden, *Hans Frank*, *op. cit.*, p. 119.
26. H. Frank, *Journal*, entrée du 2 octobre 1940, cité in *Procès des grands criminels de guerre devant le Tribunal militaire international*, *op. cit.*, vol. 7, p. 199-200 (8 février 1946).
27. Karl Lasch, né le 29 décembre 1904, mort le 1er juin 1942.
28. Frank, *Journal*, entrée du 16 décembre 1941, réunion du cabinet des gouverneurs généraux, cité in *Procès des grands criminels de guerre devant le Tribunal militaire international*, *op. cit.*, vol. 29, *Documents et autre matériel de preuve*, p. 503.
29. *Ibid.* ; cité également in *Procès des grands criminels de guerre devant le Tribunal militaire international*, *op. cit.*, vol. 22, p. 579-580 (1er octobre 1946).
30. Voir Mark Roseman, *The Villa, the Lake, the Meeting : Wannsee and the Final Solution*, Londres, Penguin Random House (Allen Lane), 2002.
31. Les minutes de la conférence sont disponibles sur : http://www.ghwk.de/wannsee/dokumente-zur-wannsee-konferenz/?lang=gb.
32. Voir Curzio Malaparte, *Kaputt*, Juliette Bertrand (trad.), Paris, Gallimard, coll. « Folio », 2017.
33. Curzio Malaparte, « Serata a Varsavia, sorge il Nebenland di Polonia », *Corriere della Sera*, 22 mars 1942.
34. *Ibid.*
35. Voir C. Malaparte, *Kaputt*, *op. cit.*, p. 106.
36. Voir Niklas Frank, *In the Shadow of the Reich*, New York, Alfred A. Knopf, 1991, p. 217, et 246-247.
37. Voir C. Malaparte, *Kaputt*, *op. cit.*, p. 232.
38. *Ibid.*
39. *Ibid.*, p. 232-233.
40. *Ibid.*, p. 223.
41. *Ibid.*, p. 151-152.
42. *Ibid.*, p. 152.
43. *Ibid.*
44. *Ibid.*, p. 152-153.

45. *Ibid.*, p. 154.
46. *Ibid.*, p. 159.
47. *Ibid.*
48. *Ibid.*, p. 160.
49. *Ibid.*, p. 223.
50. *Ibid.*, p. 151 et 141.
51. Cette visite eut lieu le 25 janvier 1942, mais on ne sait pas de façon certaine si Frank l'a accompagné. Voir Maurizio Serra, *Malaparte, vies et légendes*, Paris, Grasset, 2011, p. 366.
52. *Ibid.*, p. 274-276.
53. Voir M. Housden, *Hans Frank*, *op. cit.*, p. 169-172. Les discours ont été donnés à Berlin (9 juin), à Vienne (1er juillet), à Munich (20 juillet), à Heidelberg (21 juillet).
54. Voir N. Frank, *In the Shadow of the Reich*, *op. cit.*, p. 219.
55. *Ibid.*, p. 208-209.
56. *Ibid.*, p. 212-213.
57. *Ibid.*, p. 213.
58. Voir *Gazeta Lwowska*, 1er août 1942, p. 2.
59. Voir Dieter Pohl, *Nationalsozialistische Judenverfolgung in Ostgalizien, 1941-1944*, *Studien zur Zeitgeschichte*, 2e éd., Munich, Oldenbourg, 1997, p. 77-78.
60. H. Frank, *Journal*, Conférence du Standartenführer de la NSDAP du district de Cracovie à Cracovie le 18 mars 1942, in *Procès des grands criminels de guerre devant le Tribunal militaire international*, *op. cit.*, vol. 29, *Documents et autre matériel de preuve*, p. 507.
61. Voir *Gazeta Lwowska*, 2 et 3 août, 1942, 4e de couverture.
62. *Ibid.*
63. Niklas Frank, *Der Vater*, Munich, Goldmann, 1993, p. 42-44, cité par M. Housden, *Hans Frank*, *op. cit.*, p. 40-41.
64. Vor *Gazeta Lwowska*, 2 et 3 août 1942, *loc. cit.*
65. H. Frank, *Journal*, entrée du 1er août 1942, Dossier témoignages, in *Procès des grands criminels de guerre devant le Tribunal militaire international*, *op. cit.*, vol. 22, p. 540-542.
66. *Ibid.*
67. *Ibid.*
68. Décret du 15 octobre 1941, signé par Hans Frank, art. 1, § 4(b) : « Les Juifs qui quittent leur quartier de confinement sans permission seront punis de mort. »
69. Journal de Charlotte von Wächter, entrée du samedi 1er août 1942, archives personnelles de Horst von Wächter.
70. Voir Dieter Pohl, « Ivan Kalymon, the Ukrainian Auxiliary Police, and Nazi Anti-Jewish Policy in L'viv, 1941-1944 » (rapport pour l'Office of Special

Investigations, US Department of Justice, 31 mai 2005, p. 92) ; D. Pohl, *Nationalsozialistische Judenverfolgung in Ostgalizien*, *op. cit.*, p. 216-223.

71. Otto von Wächter à Charlotte, 16 août 1942, archives personnelles de Horst von Wächter.

72. Voir Peter Witte, *Der Dienstkalender Heinrich Himmlers, 1941/42*, Göttingen Wallstein Verlag, 2005, p. 521 (entrée du lundi 17 août 1942, 18h30).

73. H. Frank, *Journal*, entrée du 1er août 1942, Dossier témoignages, in *Procès des grands criminels de guerre devant le Tribunal militaire international*, *op. cit.*, vol. 22, p. 541.

74. Karl Baedeker, *Das Generalgouvernement : Reisehandbuch, Ostfildern*, Karl Baedeker Verlag, 1943.

75. *Ibid.*, p. 157-164.

76. *Ibid.*, p. 137 et p. 10.

77. Voir Simon Wiesenthal, *The Murderers Among Us*, Londres, Heinemann, 1967, p. 236-237 ; trad. *Les assassins sont parmi nous*, Paris, Le Livre de Poche, 1967. « C'est lui [Wächter] qui dirigeait personnellement le rassemblement de quatre mille personnes âgées dans le ghetto le 15 août 1942 et leur mise en marche vers la gare. Ma mère était l'une d'elles », p. 356-357.

78. Narodne Archivum Cyfrove (NAC), http://audiovis.nac.gov.pl/obraz/12757/50b358369d3948f401ded5bffc36586e/.

79. *United States v. John Kaymon, a.k.a. Ivan, Iwan, John Kalymon/Kaylmun*, N° 04-60003, US District Court, Eastern District of Michigan : la juge Marianne O. Battani ordonne de révoquer l'ordre de naturalisation et d'annuler le certificat de naturalisation, 29 mars 2007. L'ordre de reconduction a été confirmé par le bureau des appels *[Board of Immigration Appeals]* le 20 septembre 2011, mais Kalymon est mort le 29 juin 2014 avant la date de sa reconduction. Voir Krishnadev Calamur, « Man Tied to Nazis Dies in Michigan at Age 93 », NPR, 9 juillet 2014, accessible sur : http://www.npr.org/sections/thetwo-way/2014/07/09/330193311/man-tied-to-nazis-dies-in-michigan-at-age-93.

80. Voir D. Pohl, « Ivan Kalymon, the Ukrainian Auxiliary Police, and Nazi Anti-Jewish Policy in L'viv, 1941-1944 », art. cité, p. 16 et 27.

81. Note datée du 10 janvier 1942 au sujet de la déportation des Juifs de Lemberg, signée par le colonel Alfred Bisanz.

82. Ordre du 13 mars 1942 sur le déploiement au travail des Juifs devant entrer en vigueur le 1er avril 1942.

83. Heinrich Himmler au secrétaire d'État *SS-Gruppenführer* Stuckart, 25 août 1942.

84. H. Frank, *Journal*, entrée du 25 janvier 1943, Varsovie, Tribunal militaire international, « Conspiration nazie et agression », US Government Printing Office, 1946, vol. 4, p. 916.

85. *Ibid.*, entrée du 16 décembre 1941, Sitzung der Regierung des General gouvernements, in *Procès des grands criminels de guerre devant le Tribunal militaire international, op. cit.*, vol. 29, *Documents et autre matériel de preuve*, p. 503.
86. Amon Göth, né le 11 décembre 1908, exécuté le 13 septembre 1946, à la suite de sa condamnation par le Tribunal national suprême de Pologne à Cracovie.
87. Rapport Stroop, *The Warsaw Ghetto Is No More*, mai 1943, accessible sur : https://www.jewishvirtuallibrary.org/jsource/Holocaust/nowarsaw.html.
88. H. Frank, *Journal*, entrée du 2 août 1943, 29 juillet 1946, in *Procès des grands criminels de guerre devant le Tribunal militaire international, op. cit.*, vol. 29, *Documents et autre matériel de preuve*, p. 606.
89. *Ibid.*
90. H. Frank, *Journal*, entrée du 25 janvier 1943.
91. Voir Michael Kennedy, *Richard Strauss : Man, Musician, Enigma*, Cambridge, Cambridge University Press, 1999, p. 346-347.
92. Voir *Procès des grands criminels de guerre devant le Tribunal militaire international, op. cit.*, vol. 4, p. 88 (18 décembre 1945).
93. *La Dame à l'hermine*, v. 1489-1490, est le portrait de Cecilia Gallerani (1473-1536), maîtresse de Ludovico Sforza. L'hermine est un symbole de pureté ; Léonard aurait cru qu'une telle toile, maintenant propriété de la fondation Czartoryski, pourrait célébrer et inspirer l'amour.
94. H. Frank, *Journal*, entrée du 18 mars 1944, Reichshof, cité in *Procès des grands criminels de guerre devant le Tribunal militaire international, op. cit.*, vol. 7, p. 474 (15 février 1946).
95. Voir M. Housden, *Hans Frank, op. cit.*, p. 209 ; H. Frank, *Journal*, entrée du 11 juillet 1944.
96. Voir Timothy Snyder, *The Reconstruction of Nations : Poland, Ukraine, Lithuania, Belarus, 1569-1999, New Haven*, Yale University Press, 2003, p. 177.
97. Voir Norman Davies, *Rising '44 : The Battle for Warsaw*, New York, Macmillan, 2003.
98. H. Frank, *Journal*, 15 septembre 1944, conversation avec le Dr Bühler.
99. *Die Stadt ohne Juden* de Hans Karl Breslauer, 1924. Hans Moser y joue Rat Bernart.
100. Voir M. Housden, *Hans Frank, op. cit.*, p. 218.
101. *Ibid.* ; H. Frank, *Journal*, entrée du 2 février 1945.
102. Voir N. Frank, *In the Shadow of the Reich, op. cit.*, p. 317.
103. L'article 175a a été adopté le 28 juin 1935, il comprend le crime de « luxure aggravée » *(Schwere Unzucht)*. Voir Burkhard Jellonnek, *Homosexuelle unter dem Hakenkreuz : Die Verfolgung von Homosexuellen im Dritten Reich*, Paderborn, F. Schöningh, 1990. Frank avait prévenu que « l'épidémie de

l'homosexualité » menaçait le Reich. Voir Richard Plant, *The Pink Triangle: The Nazi War Against Homosexuals*, New York, Henry Holt, 1988, p. 26.
104. Voir M. Housden, *Hans Frank*, *op. cit.*, p. 218.
105. David Maxwell Fyfe suggéra une première liste de dix accusés lors de la première réunion de délégués britanniques et américains, le 21 juin 1945 ; ceux-ci avaient été sélectionnés sur la base de leurs noms, bien connus de l'opinion ; voir T. Taylor, *The Anatomy of the Nuremberg Trials*, *op. cit.*, p. 85-86.
106. *Ibid.*, p. 89.
107. Voir Ann Tusa et John Tusa, *The Nuremberg Trial*, New York, Macmillan, 1983, p. 43-48.
108. Voir Robert Ley et John Kenneth Galbraith, « The "Cure" at Mondorf Spa » [« La "cure" au spa de Mondorf »], *Life*, 22 octobre 1945, p. 17-24.
109. Hans Frank, conversation avec un officier de l'armée américaine, 4 et 5 août 1945, accessible sur : http://www.holocaustresearchproject.org/trials/HansFrankTestimony.html.
110. Le 29 août 1945, les procureurs en chef publièrent une « première liste d'inculpés devant être jugés par le Tribunal militaire international » ; voir T. Taylor, *The Anatomy of the Nuremberg Trials*, *op. cit.*, p. 89 (vingt-deux accusés figurent sur cette première liste).
111. Témoignage de Hans Frank, Nuremberg, les 1er, 6, 7, 10 et 13 septembre, et les 3 et 8 octobre 1945, l'interrogatoire fut conduit par le colonel Thomas Hinkel, accessible sur : http://library2.lawschool.cornell.edu/donovan/show.asp?query=Hans+Frank.

VIII. Nuremberg (p. 333-371)

1. T. Taylor, *The Anatomy of the Nuremberg Trials*, *op. cit.*, p. 132, 165.
2. *Ibid.*, p. 143 ; Ann Tusa et John Tusa, *The Nuremberg Trial*, New York, Cooper Square Publishers, 2003, p. 109-110.
3. Voir *Procès des grands criminels de guerre devant le Tribunal militaire international*, *op. cit.*, vol. 1, *Documents officiels*, p. 1, « Les juges et juges suppléants composant le tribunal ».
4. Voir Francis Biddle, *In Brief Authority*, New York, Doubleday, 1962, et Praeger, 1976, p. 381.
5. *Ibid.*, p. 372-373.
6. Voir A. Tusa et J. Tusa, *The Nuremberg Trial*, *op. cit.*, p. 111 ; l'introduction de Guillaume Mouralis à Robert Falco, *Juge à Nuremberg*, Nancy, Arbre bleu éditions, 2012, p. 13, n. 2, p. 126-127.
7. *Procès des grands criminels de guerre devant le Tribunal militaire international*, *op. cit.*, vol. 2, *Débats*, p. 36 (20 novembre 1945).

8. *Ibid.*, p. 72.
9. Voir T. Taylor, *The Anatomy of the Nuremberg Trials*, *op. cit.*, p. 132.
10. *Procès des grands criminels de guerre devant le Tribunal militaire international*, *op. cit.*, vol. 2, *Débats*, p. 36 (20 novembre 1945).
11. Voir E. Lauterpacht, *The Life of Hersch Lauterpacht*, *op. cit.*, p. 277.
12. *Ibid.*
13. Voir *Illustrated London News*, 8 décembre 1945.
14. Gustave M. Gilbert, *Le Journal de Nuremberg*, Paris, Flammarion, 1947, p. 42.
15. Voir Martha Gellhorn, « The Paths of Glory », in *The Face of War*, New York, Atlantic Monthly Press, 1994, p. 203.
16. *Procès des grands criminels de guerre devant le Tribunal militaire international*, *op. cit.*, vol. 2, *Débats*, p. 105 (20 novembre 1945).
17. *Ibid.*, p. 106.
18. *Ibid.*, p. 107.
19. *Ibid.*, p. 155 *(NdT)*.
20. *Ibid.*, p. 129 *(NdT)*.
21. Document PS2233 de 1940, cité in *ibid. (NdT)*.
22. *Ibid.*
23. *Ibid.*, p. 165-166 *(NdT)*.
24. Voir Rudyard Kipling, « The Old Issue », in *Collected Poems of Rudyard Kipling*, Ware, Wordsworth Editions, 1994, p. 307-309. [*Leave to live by no man's leave, underneath the Law* ; « Il faut vivre sans demander la moindre permission, mais en se conformant à la loi »].
25. Voir E. Lauterpacht, *The Life of Hersch Lauterpacht*, *op. cit.*, p. 277.
26. *Ibid.*, p. 276.
27. Le document est en possession de l'auteur.
28. Voir Hersch Lauterpacht, « Draft Nuremberg Speeches », *Cambridge Journal of International and Comparative Law*, 1, n° 1, 2012, p. 48-49.
29. Voir E. Lauterpacht, *The Life of Hersch Lauterpacht*, *op. cit.*, p. 276.
30. *Ibid.*
31. *Ibid.*, p. 278.
32. G. Gilbert, *Le Journal de Nuremberg*, *op. cit.*, p. 66 ; voir également John J. Michalczyk, *Filming the End of the Holocaust : Allied Documentaries, Nuremberg, and the Liberation of the Concentration Camps*, Londres, Bloomsbury, 2014, p. 96.
33. Voir Janet Flanner, « Letter from Nuremberg », *The New Yorker*, 5 janvier 1946, reproduit in *Janet Flanner's World : Uncollected Writings 1932-1975*, édité par Irving Drutman, préfacé par William Shawn, New York, Harcourt Brace Janovitch, 1979, p. 46-48.
34. *Ibid.*, p. 99.
35. *Ibid.*, p. 98.

36. Sir Hugh Dundas, né le 22 juillet 1920, mort le 10 juillet 1995.
37. Voir F. Biddle, *In Brief Authority*, *op. cit.*
38. Voir R. Falco, *Juge à Nuremberg*, *op. cit.*
39. Voir David Low, « Low's Nuremberg Sketchbook N° 3 », *Evening Standard*, 14 décembre 1945, consultable sur : http://www.cartoons.ac.uk/record/LSE 1319.
40. *Journal* de Frank (PS-2233, volume de conférences du 24 août 1942) cité dans *Procès des grands criminels de guerre devant le Tribunal militaire international*, *op. cit.*, vol. 3, p. 555 (14 décembre 1945).
41. Voir A. Tusa et J. Tusa, *The Nuremberg Trial*, *op. cit.*, p. 294.
42. Lettre de Donnedieu à Lemkin, 28 décembre 1945, boîte 1, carton 18, Lemkin Collection, American Jewish Historical Society.
43. Voir *Law Reports of Trials of War Criminals, Selected and Prepared by the UN War Crimes Commission*, vol. 7 et 14, consultable sur : http://www.loc.gov/rr/frd/Military_Law/law-reports-trials-war-criminals.html.
44. G. Gilbert, *Le Journal de Nuremberg*, *op. cit.*, p. 23-24.
45. Voir T. Taylor, *The Anatomy of the Nuremberg Trials*, *op. cit.*, p. 548.
46. G. Gilbert, *Le Journal de Nuremberg*, *op. cit.*, p. 82 (22 décembre 1945).
47. *Ibid.*, p. 116 (10 janvier 1946).
48. *Procès des grands criminels de guerre devant le Tribunal militaire international*, *op. cit.*, vol. 8, p. 323.
49. *Ibid.*, p. 327.
50. Voir A. Redzik, *Stanisław Starzyński*, *op. cit.*, p. 55.
51. Voir Vassili Grossman, *L'Enfer de Treblinka*, Moscou, Éditions en langues étrangères, 1946, p. 417.
52. Voir J. Flanner, « Letter from Nuremberg », 17 décembre 1945, in *Janet Flanner's World : Uncollected Writings 1932-1975*, *op. cit.*, p. 107.
53. *Procès des grands criminels de guerre devant le Tribunal militaire international*, *op. cit.*, vol. 2, p. 561.
54. *Ibid.*, p. 426.
55. G. Gilbert, *Le Journal de Nuremberg*, *op. cit.*, p. 259.
56. *Procès des grands criminels de guerre devant le Tribunal militaire international*, *op. cit.*, vol. 12, p. 8-9.
57. *Ibid.*, p. 14.
58. *Ibid.*, p. 19, 21, 25-26.
59. *Ibid.*, p. 19.
60. G. Gilbert, *Le Journal de Nuremberg*, *op. cit.*, p. 280.
61. *Ibid.*
62. *Ibid.*, p. 280-291.
63. *Procès des grands criminels de guerre devant le Tribunal militaire international*, *op. cit.*, vol. 12, p. 20, 46.

64. Conversation entre Yves Beigbeder et l'auteur, 29 juin 2012.
65. Voir Yves Beigbeder, « Le procès de Nurembourg : Frank plaide coupable », *Réforme*, 25 mai 1946.
66. Voir Donnedieu, « La répression internationale des délits de droit des gens », *Nouvelle RDIP*, n° 1, Paris, Les Éditions Internationales, 1935.
67. R. Falco, *Juge à Nuremberg*, *op. cit.*, p. 42.
68. Voir Christopher Dodd, *Letters from Nuremberg : My Father's Narrative of a Quest for Justice*, New York, Broadway Books, 2008, p. 289.
69. G. Gilbert, *Le Journal de Nuremberg*, *op. cit.*, p. 283.

IX. La fille qui avait choisi de ne pas se souvenir (p. 379)

1. Voir Gabrielle Anderl et Walter Manoschek, *Gescheiterte Flucht : Der Jüdische « Kladovo-Transport » auf dem Weg nach Palästina, 1939-1942*, Vienne, Verlag für Gesellschaftskritik, 1993 ; voir également Dalia Ofer, Hannah Weiner, *Dead-End Journey*, Studies of the Shoah, vol. XIV, New York, University Press of America, 1996 ; ainsi que *The Darien Dilemma*, accessible sur : http://www.dariendilemma.com/eng/story/darienstory/.

X. Jugement (p. 387-438)

1. Voir E. Lauterpacht, *The Life of Hersch Lauterpacht*, *op. cit.*, p. 293.
2. *Ibid.*, p. 285-286 ; Hersch Lauterpacht, « The Grotian Tradition in International Law », *British Year Book of International Law*, 1946, vol. 23, p. 1-53.
3. Voir E. Lauterpacht, *The Life of Hersch Lauterpacht*, *op. cit.*, p. 278.
4. Lettre de Hersch Lauterpacht à Inka Gelbard, 27 mai 1946, archives personnelles d'Eli Lauterpacht.
5. Voir E. Lauterpacht, *The Life of Hersch Lauterpacht*, *op. cit.*, p. 294.
6. Voir Steven Jacobs (éd.), *Raphael Lemkin's Thoughts on Nazi Genocide*, Jacksonville, Bloch Publishing Company, 2010, p. 261.
7. Voir G. Reynolds, « Cosmopolites Clock the American Femme ; Nice, but Too Honest to Be Alluring » [« Les cosmopolites s'en prennent à la femme américaine ; sympathique mais trop honnête pour être attrayante »], *Washington Post*, 10 mars 1946, S4.
8. Je dois les copies des poèmes à Nancy Steinson.
9. Lettre de Lemkin à Eleanor Roosevelt, 18 mai 1946, carton 1, dossier 13, p. 5-6, *Raphael Lemkin Papers*, American Jewish Archives.
10. Lettre de Lemkin à McCormick, 19 mai 1946, carton 1, dossier 13, p. 7-9, *ibid.*

11. Lettre de Lemkin à Pinchot, 20 mai 1946, boîte 1, dossier 13, p. 15-16, *ibid.*
12. Lettre de Lemkin à Durward V. Sandifer, 20 mai 1946, carton 1, dossier 13, p. 13-14, *ibid.*
13. Carte d'identité établie par le département de guerre le 22 mai 1946, carton 1, dossier 12, *Lemkin Collection*, American Jewish Historical Society ; Peter Balakian, « Raphael Lemkin, Cultural Destruction, and the Armenian Genocide », *Holocaust and Genocide Studies*, vol. 27, n° 1, 2013, p. 74.
14. Lettre de Schwelb à Lemkin, 24 juin 1946, *Rafael Lemkin Papers*, Rare Book and Manuscript Library, Columbia University.
15. *Procès des grands criminels de guerre devant le Tribunal militaire international*, *op. cit.*, vol. 15, p. 174.
16. Voir J. Barrett, « Raphael Lemkin and "Genocide" at Nuremberg », art. cité, p. 48.
17. Voir R. Lemkin, *Totally Unofficial*, *op. cit.*, p. 235.
18. Voir S. Power, *A Problem from Hell: America & the Age of Genocide*, New York, Basic Books, 2002, p. 50.
19. Voir *Rafael Lemkin Papers*, *op. cit.*
20. *Ibid. (NdT).*
21. *Ibid.*
22. *Ibid. (NdT).*
23. *Ibid. (NdT).*
24. « The significance of the concept of genocide in the trial of war criminals », Thomas Dodd Papers, Carton/Dossier 387, 8580, Thomas J. Dodd Research Center, University of Connecticut.
25. Voir J. Barrett, « Raphael Lemkin and "Genocide" at Nuremberg », art. cité, p. 47-48.
26. *Ibid.*, p. 48-49.
27. *Procès des grands criminels de guerre devant le Tribunal militaire international*, *op. cit.*, vol. 17, p. 68.
28. John Cooper, *Raphael Lemkin and the Struggle for the Genocide Convention*, Houndsmills, Palgrave Macmillan, 2008, p. 70.
29. Voir R. W. Cooper, *Le Procès de Nuremberg*, *op. cit.*, p. 107-108.
30. *Ibid.*, p. 108.
31. Voir H. Lauterpacht, « Draft Nuremberg Speeches », *loc. cit.*, p. 68.
32. *Ibid.*, p. 87.
33. *Ibid.*, p. 74.
34. *Ibid.*, p. 76.
35. *Ibid.*, p. 110.
36. Voir E. Lauterpacht, *The Life of Hersch Lauterpacht*, *op. cit.*, p. 295.
37. *Ibid.*

38. *Procès des grands criminels de guerre devant le Tribunal militaire international, op. cit.*, vol. 18, p. 119-120.
39. *Ibid.*, p. 120-121 ; Alfred Rosenberg, *Le Mythe du XXe siècle* (1930), Adler von Scholle (trad.), Paris, Éditions Avalon, 1986.
40. *Ibid.*, p. 114-128.
41. Voir *Raphael Lemkin Papers, op. cit.*
42. Voir les archives de l'hôpital : Office of the Registrar 385th Station Hospital APO 124, US Army, Abstract Record of Hospitalization of Raphael Lemkin, carton 5, dossier 7, p. 23, *Raphael Lemkin Papers*, American Jewish Archives.
43. *Procès des grands criminels de guerre devant le Tribunal militaire international, op. cit.*, vol. 17, p. 563-568.
44. *Ibid.*, vol. 18, p. 148 et 158.
45. *Ibid.*, p. 167.
46. *Ibid.*, p. 159.
47. *Ibid.*
48. *Ibid.*
49. *Ibid.*, p. 453-555.
50. *Ibid.*, p. 556-646.
51. *Ibid.*, p. 414.
52. *Ibid.*, p. 447 *(NdT).*
53. *Ibid.*, p. 448 *(NdT).*
54. *Ibid.*, p. 435 *(NdT).*
55. *Ibid.*, p. 455.
56. *Ibid.*, p. 455-555.
57. Voir E. Lauterpacht, *The Life of Hersch Lauterpacht, op. cit.*, p. 295.
58. *Ibid.*, p. 296.
59. *Procès des grands criminels de guerre devant le Tribunal militaire international, op. cit.*, vol. 19, p. 459-479.
60. *Ibid.*, p. 471 *(NdT).*
61. *Ibid.*, p. 532.
62. Voir Rebecca West, « Greenhouse with Cyclamens I », in *A Train of Powder*, Chicago, Ivan R. Dee, 1955, p. 20.
63. *Procès des grands criminels de guerre devant le Tribunal militaire international, op. cit.*, vol. 19, p. 468.
64. Voir M. Housden, *Hans Frank. Lebensraum and the Holocaust*, New York, Palgrave Macmillan, 2003, p. 231.
65. *Procès des grands criminels de guerre devant le Tribunal militaire international, op. cit.*, vol. 19, p. 521.
66. *Ibid.*, p. 522 *(NdT).*
67. *Ibid.*, p. 493 *(NdT).*

68. *Ibid.*, p. 494.
69. *Ibid.*, p. 486 *(NdT)*.
70. *Ibid.*, p. 554.
71. *Ibid.*, p. 494.
72. *Ibid.*, p. 556-561.
73. *Ibid.*, p. 557 *(NdT)*.
74. *Ibid. (NdT)*.
75. *Ibid.*, p. 576 *(NdT)*.
76. *Ibid.*
77. *Ibid.*, p. 587.
78. *Ibid.*, p. 594 *(NdT)*.
79. *Ibid.*, p. 595.
80. *Ibid.*
81. Voir G. Taffet, *Holocaust of the Jews of Żółkiew*, *op. cit.*
82. *Ibid.*, p. 58.
83. *Ibid.*, p. 8.
84. Voir *Raphael Lemkin Papers*, Rare Book and Manuscript Library, Columbia University.
85. *Ibid. (NdT)*.
86. *Ibid. (NdT)*.
87. Voir *International Law Association, Report of the Forty-First Conference*, Cambridge, 1946, p. XXXVII-XLIV.
88. Note sur Raphael Lemkin (s.d., préparée à la demande de Lemkin), carton 5, dossier 7, MS-60, American Jewish Archives, Cleveland.
89. Voir *International Law Association, Report of the Forty-First Conference*, *loc. cit.*, p. 8-13.
90. *Ibid.*, p. 25-28.
91. Voir J. Barrett, « Raphael Lemkin and "Genocide" at Nuremberg », art. cité, p. 51.
92. Voir J. Cooper, *Raphael Lemkin*, *op. cit.*, p. 73.
93. « Genocide », *New York Times*, 26 août 1946, p. 17.
94. Voir G. Gilbert, *Le Journal de Nuremberg*, *op. cit.*, p. 421.
95. *Procès des grands criminels de guerre devant le Tribunal militaire international*, *op. cit.*, vol. 22, p. 247.
96. *Ibid.*, p. 291-320.
97. *Ibid.*, p. 323.
98. *Ibid.*, p. 345.
99. *Ibid.*, p. 393-395.
100. *Ibid.*, p. 400.
101. *Ibid.*, p. 409.
102. *Ibid.*, p. 411.

103. *Ibid.* : « il me faut plus que rectifier une déclaration » *(NdT).*
104. *Procès des grands criminels de guerre devant le Tribunal militaire international, op. cit.*, vol. 22, p. 412. Voir aussi : « Les Allemands surtout en Prusse orientale et en Silésie, en Poméranie et dans les Sudètes [...] ont payé toute responsabilité possible de notre peuple. »
105. *Ibid.*
106. Conversation de l'auteur avec Saul Lemkin.
107. Lettre de Schwelb à Humphrey, 19 juin 1946, PAG-3/1.3, carton 26, United Nations War Crimes Commission, 1943-1949, Predecessor Archives Group, United Nations Archives, New York ; cité in Ana Filipa Vrdoljak, « Human Rights and Genocide : The Work of Lauterpacht and Lemkin in Modern International Law », *European Journal of International Law*, vol. 20, n° 4, 2010, p. 1184, n. 156.
108. Gaston Oulmàn, né Walter Ullmann, 5 janvier 1898, mort le 5 mai 1949, homme de radio et journaliste ; voir Maximilian Alexander, *Das Chamäleon*, Hambourg, R. Glöss, 1978.
109. Voir T. Taylor, *Anatomy of the Nuremberg Trials, op. cit.*, p. 103.
110. Voir J. Cooper, *Raphael Lemkin, op. cit.*, p. 73.
111. *Procès des grands criminels de guerre devant le Tribunal militaire international, op. cit.*, vol. 22, p. 440-557.
112. *Ibid.*, p. 496.
113. *Ibid.*, p. 528.
114. *Ibid.*, p. 529.
115. Voir R. West, « Greenhouse with Cyclamens I », art. cité, p. 53-54.
116. *Ibid.*, p. 58-59.
117. *Procès des grands criminels de guerre devant le Tribunal militaire international, op. cit.*, vol. 22, p. 577.
118. Voir Lorna Gibb, *West's World*, New York, Macmillan, 2013, p. 178.
119. *Procès des grands criminels de guerre devant le Tribunal militaire international, op. cit.*, vol. 22, p. 578-580.
120. *Ibid.*, p. 580.
121. *Ibid.*, p. 615.
122. *Ibid.*, p. 632-635.
123. Voir R. West, « Greenhouse with Cyclamens I », art. cité, p. 59.
124. *« Tode durch den strang (sic) »*, voir J. Cooper, *Raphael Lemkin, op. cit.*, p. 272.
125. Voir David Irving, *Nuremberg : The Last Battle*, Londres, Focal Point, 1996, p. 380 (Irving cite les « Notes on Judgement – Meetings of Tribunal », Final Vote on Individuals, 10 September 1946, University of Syracuse, George Arents Research Library, *Francis Biddle Collection*, carton 14).
126. Voir G. Gilbert, *Le Journal de Nuremberg, op. cit.*, p. 434.
127. Voir E. Lauterpacht, *The Life of Hersch Lauterpacht, op. cit.*, p. 297.

128. Lettre de Lemkin à Anne O'Hare McCormick, 19 mai 1946, carton 1, dossier 13, *Raphael Lemkin Papers*, American Jewish Archives.
129. Voir William Schabas, « Raphael Lemkin, Genocide, and Crimes Against Humanity », in A. Bienczyk-Missala et S. Debski (éd.), *Hero of Humankind*, Varsovie, Polski Instytut Spraw Miedzynarodowych, p. 233.
130. Voir « Pope Asks Mercy for Nazi, Intercedes for Hans Frank » [« Le pape demande grâce pour un nazi, intervient pour Hans Frank »], *New York Times*, 6 octobre 1946.
131. Lettre de Truman à Lawrence, 12 octobre 1946, archives de la famille Lawrence.
132. Archives de la famille Lawrence.
133. Voir Kingsbury Smith, « The Execution of Nazi War Criminals », *International News Service*, 16 octobre 1946.
134. Voir J. Cooper, *Raphael Lemkin*, *op. cit.*, p. 301.

Épilogue. Vers les bois (p. 441-450)

1. Assemblée des Nations unies, résolution 95 (« Confirmation des principes de droit international reconnus par le Statut de la Cour de Nuremberg »), adoptée lors de la première assemblée plénière le 11 décembre 1946.
2. Assemblée des Nations unies, résolution 96 (« Le crime de génocide »), adoptée lors de la cinquante-cinquième assemblée plénière le 11 décembre 1946.
3. Convention pour la prévention et la répression du crime de génocide, approuvée et soumise à la signature et à la ratification par l'Assemblée générale dans sa résolution 260 A (III) du 9 décembre 1948, entrée en vigueur le 12 janvier 1951, conformément aux dispositions de l'article XIII.
4. Convention de sauvegarde des droits de l'homme et des libertés fondamentales, Rome, 4 novembre 1950, accessible sur : https://www.coe.int/fr/web/conventions/full-list/-/conventions/rms/0900001680063776.
5. Statut de Rome de la Cour pénale internationale, 17 juillet 1998, accessible sur : https://www.admin.ch/opc/fr/classified-compilation/20002381/index.html.
6. *Prosecutor v. Jean-Paul Akayesu*, Cas N° ICTR-96-4-T, 2 septembre 1998, accessible sur : http://unictr.unmict.org/fr/cases/ictr-96-4.
7. *R v. Bow Street Metropolitan Stipendiary Magistrate, Ex Parte Pinochet Ugarte* (N° 3) [1999] 2 All ER 97.
8. *Prosecutor v. Slobodan Milosevic et al.*, Cas N° IT-99-37, Accusation : Tribunal pénal international pour la Yougoslavie, 22 mai 1999.
9. *Prosecutor v. Slobodan Milosevic*, Cas N° IT-01-51-I, Accusation : Tribunal pénal international pour la Yougoslavie, 22 novembre 2001.
10. *United States v. John Kalymon*, 29 mars 2007, accessible sur : https://www.gpo.gov/fdsys/pkg/USCOURTS-mied-5_04-cv-60003.

11. Le cas concerne l'application de la Convention sur la prévention et la répression du crime de génocide *(Bosnie Herzégovine v. Serbie et Monténégro)*, Jugement, *Publications Cour Internationale de Justice* (2007), § 413-415, 471(5).
12. *Prosecutor v. Omar Hassan Ahmad Al Bashir*, Cour pénale internationale, 02/05-01/09, Second mandat d'arrêt (Chambre préliminaire I, 12 juillet 2010), accessible sur : https://www.icc-cpi.int/darfur/albashir.
13. *Prosecutor v. Charles Ghankay Taylor*, Cour pénale spéciale pour la Sierra Leone, 03-01-T, Jugement, Chambre criminelle II, 18 mai 2012, accessible sur : http://www.rscsl.org/Taylor_Trial_Chamber_Decisions.html.
14. *Prosecutor v. Charles Ghankay Taylor*, Cour pénale spéciale pour la Sierra Leone, 03-01-T, Jugement définitif, Chambre criminelle II, 30 mai 2012, accessible sur : http://www.rscsl.org/Taylor_Trial_Chamber_Decisions.html.
15. Professeur Sean Murphy, « First Report of the Special Rapporteur on Crimes Against Humanity », 17 février 2015, Commission du droit international de l'ONU, A/CN.4/680 ; voir aussi *Crimes Against Humanity Initiative*, Whitney R. Harris World Law Institute, Washington University, St Louis School of Law, http://law.wustl.edu/harris/crimesagainsthumanity.
16. Voir David Luban, « Arendt on the Crime of Crimes », *Ratio Juris*, vol. 28, n° 3, septembre 2015, p. 307-325.
17. Voir Elissa Helms, « "Bosnian Girl" : Nationalism and Innocence Through Images of Women », in *Retracing Images : Visual Culture After Yugoslavia*, Daniel Šuber et Slobodan Karamanić (éd.), Amsterdam, Brill, 2012, p. 198.
18. Voir Christian Axboe Nielsen, « Surmounting the Myopic Focus on Genocide : The Case of the War in Bosnia and Herzegovina », *Journal of Genocide Research*, vol. 15, n° 1, 2013, p. 21-39.
19. Voir Timothy Snyder, *Bloodlands : Europe Between Hitler and Stalin*, New York, Basic Books, 2010, p. 405 et p. 412-413 ; *Terres de sang. L'Europe entre Hitler et Staline*, Pierre-Emmanuel Dauzat (trad.), Paris, Gallimard, 2012, p. 618-624.
20. « Turks and Armenians in Shadow of Genocide » [« Turcs et Arméniens devant le spectre du génocide »], *Financial Times*, 24 avril 2015.
21. Voir Ludwig Gumplowicz, *La Lutte des races*, Paris, Guillaumin, 1893, p. 360.
22. Voir Edward O. Wilson, *The Social Conquest of Earth*, New York, Liveright, 2012, p. 62.
23. Le gouvernement polonais avait demandé une extradition du Dr Gustav Wächter en vue de son jugement pour crimes de guerre à Wiesbaden le 28 septembre 1946 : « Le sujet est responsable de meurtre de masse (meurtres par balle et exécutions). Gouverneur de Galicie, plus de cent mille citoyens polonais ont perdu la vie sous son commandement. » Wächter avait figuré sur la liste des criminels de guerre du Registre central des criminels de guerre et des suspects pour la sécurité de l'ONU, dossier n° 78416, 449,

volume 176 de la collection de l'Institute of National Remembrance (Varsovie), Akta Badawczo-Dochodzeniowe Głównej Komisji Badania Zbrodni Hitlerowskich w Polsce (B.d.), 1945-1964 (Records of Investigation and Documentation of the Main Commission to Investigate Nazi Crimes in Poland [B.d.]), RG-15.155M, United States Holocaust Memorial Museum Archive, accessible sur : https ://collections. ushmm.org/finding aids/RG-15.155M_01_fnd_en.pdf (p. 8).

24. Voir Diana Błońska, « O Muzeum Narodowym w Krakowiew czasie drugiej wojny światowej, 28 Klio », *Czasopismo poświęcone dziejom Polski i powszechnym*, 2014, 85, p. 119, n. 82 (« Le musée a déploré de grandes et irremplaçables pertes à cause de la femme du gouverneur du district de Cracovie, Frau Wächter, viennoise, environ 35 ans, à la chevelure châtain clair. Celle-ci a pillé tous les départements du musée pour décorer le palais Pod Baranami, le quartier général du district, s'appropriant les toiles les plus exquises ainsi que les plus belles pièces de mobilier antique, des artefacts militaires, etc., en dépit des avertissements du directeur du musée. Les pièces perdues comprennent *Le Combat de Carnaval et Carême* de Brueghel l'Ancien, *La Cour du chasseur* de Julian Falat, et d'autres. Beaucoup ont été retrouvées dans un état très endommagé. ») Cité in Archives du musée national de Cracovie, bureau de Feliks Kopera, lettre au département du personnel à l'administration urbaine de Cracovie, datée du 25 mars 1946. « Je ne sais pas si la liste des criminels de guerre inclut Lora Wächter, la femme du gouverneur de Cracovie, résidant au palais de Potocki, connu sous le nom de “Pod Baranami”. Elle est responsable de grands dommages, car elle a dérobé des chefs-d'œuvre pour décorer la résidence des Wächter, une toile notamment de Julian Falat, ainsi qu'une toile d'une valeur inestimable de Brueghel, *Le Combat de Carnaval et Carême*, toutes deux perdues. J'ai donné son nom aux cours de justice locales qui m'ont demandé des renseignements sur le pillage du musée. Comme je ne savais pas si le nom de Frau Wächter avait été enregistré sur la liste, je rends compte, par la présente, de son activité préjudiciable pour le musée », cité in *ibid.*, Dz. p. 407/46, Lettre de la mission militaire polonaise de recherche sur les crimes de guerre allemands à Bad Salzuflen, datée du 9 décembre 1946, traduction de Antonia Lloyd-Jones.

25. Allusion à *Juifs en errance* de Joseph Roth.

26. Voir J. Wittlin, *City of Lions*, *op. cit.*, p. 11-12.

27. Voir Jan Kot, *Chestnut Roulette*, Jérusalem, Mazo, 2008, p. 85.

Sources

J'ai utilisé des sources nombreuses et variées. Certaines viennent d'être découvertes et sont originales – les détails qui concernent les vies de Lauterpacht et de Lemkin, par exemple, proviennent des archives de Lviv – mais, le plus souvent, j'ai pu m'appuyer sur d'autres sources et utiliser des travaux qui sont le fruit d'efforts remarquables. Je les cite dans les notes, mais, parmi ces travaux, certains méritent une mention spéciale pour leur intérêt et leur qualité.

Les documents qui ont trait à la vie de mon grand-père, Leon Buchholz, proviennent, pour l'essentiel, des archives familiales et des souvenirs de mes interlocuteurs, notamment de ma mère et de ma tante. J'ai pu bénéficier de l'accès aux archives d'État autrichiennes (Österreichisches Staatsarchiv) ; de l'archive centrale des documents historiques de Varsovie (Archiwum Główne Akt Dawnych) ; du centre de documentation de la résistance autrichienne à Vienne (Dokumentationsarchiv des österreichischen Widerstandes) ; des archives de la ville et de l'État à Vienne (Wiener Stadt- und Landesarchiv) ; du site Internet de JewishGen ; des archives de Yad Vashem, notamment de la base de données centrale des noms et des victimes de la Shoah ; et des collections du mémorial américain de l'Holocauste (United States Holocaust Memorial Museum).

La ville de Lemberg/Lviv/Lwów fait l'objet d'une littérature abondante, qu'il s'agisse de travaux de recherche ou de Mémoires personnels. Dans le domaine de la recherche, j'ai beaucoup apprécié les chapitres de l'ouvrage édité par John Czaplicka, *Lviv. A City in the Crosscurrents of Culture*, Cambridge (Mass.), Harvard University Press, 2005. En ce qui concerne les Mémoires, le lecteur aura remarqué les références nombreuses à *Mój Lwów*, Czytelnik, 1946, de Józef Wittlin, qui a paru dans une belle traduction anglaise d'Antonia Lloyd-Jones, sous le titre *City of Lions*, Londres, Pushkin Press, 2016, illustrée par des photos de Diana Matar. Sur les événements qui ont suivi l'occupation allemande (1941-1944), l'œuvre de l'historien Dieter Pohl a été ma principale source, notamment « Ivan Kalyomon, the Ukrainian Auxiliary Police, and Nazi Anti-Jewish Policy in L'viv, 1941-1944 » (rapport pour l'Office of Special Investigations, US Department of Justice, 31 mai 2005), et *Nationalsozialistische Judenverfolgung in Ostgalizien 1941–1944*, 2e édition, Munich, Oldenbourg, 1997. J'ai également eu la chance de pouvoir m'appuyer sur les travaux de Philip Friedman, « The Destruction of the Jews of Lwów, 1941-1944 », in *Roads to Extinction : Essays on the Holocaust*, Ada June Friedman (éd.), Philadelphie, Jewish Publication Society of America, 1980, p. 244-321 ; de Christoph Mick, « Incompatible Experiences : Poles, Ukrainians, and Jews in Lviv Under Soviet and German Occupation, 1939-1944 », *Journal of Contemporary History*, 46/2, 2011, p. 336-363 ; d'Omer Bartov, *Erased*, Princeton (N.J.), Princeton University Press, 2007 ; et de Ray Brandon et Wendy Lower (éd.), *The Shoah in Ukraine*, Bloomington, Indiana University Press, 2008.

Les Mémoires dont je me suis inspiré sont ceux de Rose Choron, *Family Stories*, Malibu, Joseph Simon/Pangloss Press, 1988 ; David Kahane, *Lvov Ghetto Diary*, Amherst, University of Massachusetts Press, 1990 ; Voldymyr Melamed, *The Jews in Lviv*, Lvov, TECOP, 1994 ; Eliyahu Yones, *Smoke in the Sand : The Jews of Lvov in the War Years, 1939-1944*, Jérusalem, Gefen, 2004 ; Jan Kot, *Chestnut Roulette*, Jérusalem, Mazo, 2008 ; et Jakob Weiss, *The Lemberg Mosaic*, New York, Alderbrook Press, 2010. La collection remarquable de cartes et de photographies du Centre d'histoire urbaine de l'Europe centrale et orientale de Lviv (http://www.lvivcenter.org/en/) est une ressource abondante et facile d'accès ; quant aux archives du gouvernement de l'Oblast de Lviv, elles recèlent beaucoup de sources, si l'on veut bien creuser un peu.

Zhovkva/Żółkiew, proche de Lviv, ne dispose pas d'autant de documents, malgré la richesse de sa longue histoire. Pour les événements historiques datant des années 1930 et 1940, je me suis référé à Gerszon Taffet, *The Holocaust of the Jews of Żółkiew*, Łódź, Central Jewish Historical Committee, 1946 ; à Clara Kramer, *Clara's War : One Girl's Story of Survival*, avec Stephen Glantz, New York, Harper Collins, 2009 ; et à Omer Bartov, « White Spaces and Black Holes », in R. Brandon et W. Lower (éd.), *The Shoah in Ukraine*, Bloomington, Indiana University Press, 2008, p. 340-342.

Les écrits sur la vie de Hersch Lauterpacht sont nombreux ; à commencer par l'œuvre encyclopédique de référence de son fils Elihu, *The Life of Hersch Lauterpacht*, Cambridge, Cambridge University Press, 2010. J'ai également consulté une série d'articles publiés dans l'*European Journal of International Law*, vol. 8, n° 2, 1997, sous le titre « The "European Tradition" in International Law : Hersch Lauterpacht ». Eli Lauterpacht m'a permis de prendre connaissance des archives personnelles de son père ; il m'a autorisé à voir ses photos, à lire ses carnets, sa correspondance ainsi que d'autres documents, dont les moindres ne sont pas les projets originaux des deux discours qu'il a rédigés pour Sir Hartley Shawcross en 1945 et 1946.

Encore plus nombreux sont les écrits sur Raphael Lemkin et le concept qu'il a créé. Lors de mes premières recherches, je me suis fié en particulier à son Mémoire non publié, dont un exemplaire du manuscrit est disponible à la Bibliothèque publique de New York (New York Public Library). Plus récemment, j'ai pu m'appuyer sur la version éditée et publiée par Donna-Lee Freeze, *Totally Unofficial*, New Haven, Yale University Press, 2013. L'ouvrage pionnier de John Cooper, *Raphael Lemkin and the Struggle for the Genocide Convention*, New York, Palgrave Macmillan, 2008, la première biographie, un peu longue, récemment parue dans une édition de poche, m'a également été très utile, de même que *An Epitaph for Raphael Lemkin*, New York, The Jacob Blaustein Institute, 2001, de William Korey. Je me suis aussi référé à l'excellente collection d'articles éditée par Agnieszka Bieńczyk-Missala et Sławomir Dębski, *Rafał Lemkin : A Hero of Humankind*, Varsovie, Polish Institute of International Affairs, 2010. Le merveilleux article de John Q. Barrett, « Raphael Lemkin and "Genocide" at

Nuremberg, 1945-1946 », in *The Genocide Convention Sixty Years After Its Adoption*, Christoph Safferling et Eckart Conze (éd.), La Haye, Asser, 2010, p. 35-54, est également très riche. Parmi les textes sur Lemkin, j'ai aussi consulté Samantha Power, *A Problem from Hell*, New York, Harper, 2003, et deux ouvrages de Steven Leonard Jacobs, *Raphael Lemkin's Thoughts on Nazi Genocide*, Cincinnati, Bloch, 2010, et *Lemkin on Genocide*, Washington D.C., Lexington Books, 2012. J'ai pu prendre connaissance du manuscrit de Douglas Irvin-Erickson, « Raphael Lemkin and Genocide : A Political History of "Genocide" », in *Theory and Law*, University of Pennsylvania Press (à paraître), c'est une contribution importante. Les archives Lemkin, dans leur état actuel dispersées à travers les États-Unis, peuvent être consultées à la American Jewish Historical Society à New York (*Raphael Lemkin Collection*, P-154) ; à la New York Public Library *(Lemkin Papers)* ; à l'Université Columbia à la Rare Book and Manuscript Library ; enfin au Thomas J. Dodd Research Center à l'Université du Connecticut.

La première biographie de Hans Frank que j'ai lue et qui m'a laissé l'impression la plus vive est celle de son fils, Niklas, publiée en 1987, *Der Vater*, Gütersloh, Bertelsmann, 1987, traduite en anglais sous le titre *In the Shadow of the Reich*, New York, Alfred A. Knopf, 1991. Pour le Journal de Hans Frank, je me suis appuyé sur l'édition de Stanislaw Piotrowski, *Hans Frank's Diary*, prospekt, KY, PWN, 1961, et sur des extraits traduits du manuscrit que Frank a écrit dans sa cellule de prison à Nuremberg : *In the Shadow of the Gallows* (publié de manière posthume par sa femme à Munich, en 1953, et disponible seulement en allemand) ; Piotrowski affirme que le manuscrit et le tapuscrit autorisés par Frank ont été modifiés, que certaines phrases ont été omises et d'autres, « dirigées contre la nation polonaise », ajoutées (p. 197). J'ai beaucoup appris des ouvrages de Martyn Housden, *Hans Frank : Lebensraum and the Holocaust*, New York, Palgrave Macmillan, 2003 ; de Dieter Schenk, *Hans Frank : Hitlers Kronjurist und Generalgouverneur*, Fischer, 2006 ; ainsi que de Leon Goldensohn, *The Nuremberg Interviews : Conversations with the Defendants and Witnesses*, New York, Alfred A. Knopf, 2004. Un compte rendu détaillé de la vie quotidienne de Frank se trouve dans son Journal *(Diensttagesbuch)*, les passages avec leur traduction anglaise figurent dans le *Procès des grands criminels de guerre devant le Tribunal militaire international, Nuremberg, 14 novembre 1945-1er octobre 1946*, t. 29, Nuremberg, 1947.

Sur le procès de Nuremberg, rien ne peut remplacer la lecture attentive des minutes du procès et des preuves documentaires qui ont été présentées aux juges. L'ensemble est disponible dans les *Procès des grands criminels de guerre devant le Tribunal militaire international, Nuremberg, 14 novembre 1945-1er octobre 1946*, t. 29, Nuremberg, 1947, la version anglaise est consultable sur: http://avalon.law.yale.edu/subject_menus/imt.asp. J'ai beaucoup utilisé le compte rendu officiel de Robert H. Jackson, *Report to the International Conference on Military Trials* (1945); les *Robert H. Jackson Papers*, à la Library of Congress, Manuscript Division, Washington, D.C.; et les quatre cahiers de notes rédigés par Marjorie Lawrence qui sont en la possession de la famille Lawrence dans le Whiltshire.

Un certain nombre de comptes rendus contemporains du procès méritent d'être notés. L'ouvrage de R.W. Cooper, *The Nuremberg Trial*, Penguin Books, 1946 (*Le Procès de Nuremberg*, Paris, Hachette, 1947), est un mémoire personnel rédigé par le correspondant du *Times* de Londres, presque aussi saisissant que le *Nuremberg Diary* du psychologue de l'armée Gustave Gilbert, New York, Farrar, Straus, 1947 (*Le Journal de Nuremberg*, Paris, Flammarion, 1947). Parmi les lectures indispensables, il y a les trois articles du *New Yorker* par Janet Flanner, reproduits in *Janet Flanner's World*, Irving Drutman (éd.), Random House, Secker & Warburg, 1989; l'essai de Martha Gellhorn, « The Paths of Glory », in *The Face of War*, Atlantic Monthly Press, 1994; et la nouvelle de Rebecca West, « Greenhouse with Cyclamens I », in *A Train of Powder*, Chicago, Ivan R. Dee, 1955. J'ai enfin utilisé les écrits de deux juges: Robert Falco, *Juge à Nuremberg*, Paris, L'Arbre Bleu, 2012, et Francis Biddle, *In Brief Authority*, New York, Doubleday, 1962. Le livre de Telford Taylor enfin, *The Anatomy of the Nuremberg Trials*, New York, Alfred A. Knopf, 1993, offre un aperçu historique riche; l'ouvrage d'Ann et de John Tusa, *Nuremberg Trial*, New York, Macmillan, 1983, complète l'ouvrage de Taylor de manière très utile.

Je dois, pour finir, mentionner les ouvrages des chercheurs suivants: l'article important d'Ana Filipa Vrdoljak's, « Human Rights and Genocide: The Work of Lauterpacht and Lemkin in Modern International Law», *European Journal of International Law*, vol. 20, 2010, p. 1163-1194; *Genocide in International Law*, Cambridge, Cambridge University Press, 2009, de William Schabas; *Crimes Against Humanity*, Londres, Penguin, 2012, de Geoffrey Robertson; *Crimes against Humanity in International Criminal Law*, La Haye, Londres, Boston, Martinus Nijhoff, 2012, de M. Cherif Bassiouni; *Le Crime contre l'humanité au regard des principes fondateurs de l'État moderne. Naissance et consécration d'un concept*, Bruxelles, Bruylant, 2009, de Sévane Garibian; enfin *Law, War and Crime: War Crime Trials and the Reinvention of International Law*, Londres, Polity Press, 2007, de Gerry Simpson. Parmi mes propres publications, j'ai utilisé deux des ouvrages que j'ai édités: *From Nuremberg to The Hague*, Cambridge, Cambridge University Press, 2003; et, avec mon co-éditeur Mark Lattimer, *Justice for Crimes Against Humanity*, Oxford et Portland, Hart Publishing, 2003, ainsi que *Lawless World*, Penguin Group, 2006.

Crédits photographiques

Pages 18-19, 98, 271, 454-455: International Mapping, Ellicott City, Maryland; 29, 35, 45, 47, 49, 52, 55, 59 [en bas de la page], 60, 62, 65, 68, 69, 73, 81, 87, 103, 159, 163, 193, 200, 201, 243, 246, 255, 256, 311, 319, 323, 383: Professor Philippe Sands QC; 59 [en haut de la page], 259, 265, 276, 278, 287, 290, 340 [en bas de la page], 426: Niklas Frank; 78: Lyudmila Bybula; 93, 96, 117, 123, 136, 338, 401: Professor Sir Elihu Lauterpacht QC; 106: Stepan Haiduchock Collection, Krypiakevych Family Archive; 166: Surrey Chapel (Norwich); 176: Shula Troman; 183: Hans Knopf/Collier's Magazine; 188: Yaroslav Kryvoi; 190: YIVO Institute for Jewish Research; 198: Professor Adam Redzik; 222, 392: American Jewish Historical Society, New York, NY, Boston, MA; 232: Raphael Lemkin Papers, Rare Book & Manuscript Library, Columbia University in the City of New York; 293, 294, 303: *Narodowe Archiwum Cyfrowe* (NAC, Polish State Archive); 298, 299, 413: Horst von Wächter; 310: DEA Picture Library/Getty Images; 329, 385, 432: Patrick Lawrence QC; 338, 340 [en haut de la page]: Getty Images; 373, 377, 378: Herta Peleg; 439: Ullstein Bild Archive.

Remerciements

Au cours des six années de recherche et d'écriture de ce livre, j'ai bénéficié de l'aide d'un grand nombre de personnes et d'institutions dans le monde entier : une aide quelquefois substantielle et prolongée dans le temps ; parfois informelle et limitée à un souvenir unique, ou, comme dans un cas, réduite à un simple mot. Je suis profondément reconnaissant à tous ceux qui ont contribué à ce projet qui a pris des proportions allant bien au-delà de ce que j'avais prévu lorsque je reçus ma première invitation à Lviv.

J'ai une dette particulière vis-à-vis des familles des quatre personnages principaux de cette histoire. Ma mère, Ruth Sands, m'a soutenu de manière extraordinaire et merveilleuse alors qu'elle devait faire face à des souvenirs douloureux qui l'affectaient profondément. Ma tante, Annie Buchholz, qui fut très proche de mon grand-père pendant plus de deux décennies, a été tout aussi généreuse dans l'épreuve du souvenir. Parmi les autres membres de la famille, mon père, Allan Sands, et son ami d'enfance Emil Landes, le neveu de mon grand-père, Doron Peleg, Aldo et Jeannette Naouri, ont contribué à préciser les détails d'une image qui, sans eux, serait restée floue. Passer autant d'heures avec Sir Elihu Lauterpacht, mon professeur et mon mentor, a été une joie. Saul Lemkin, le dernier membre vivant de la famille qui a connu Raphael, s'est toujours montré disponible, de même que Niklas

Frank, mon nouvel et très improbable ami. Je remercie aussi Horst von Wächter de m'avoir consacré autant de temps et d'avoir mis à ma disposition autant de documents.

On pourrait dire que la ville de Lviv est le cinquième personnage de ce livre, ou peut-être le premier. Deux personnes m'ont servi de guides dévoués pour accéder aux secrets de la ville, à ses archives et à ses cafés, et elles sont devenues de véritables amis : à l'Université de Lviv, le Dr Ivan Horodosykyy, jeune juriste capable de faire des miracles, intelligent, réfléchi et perspicace, de la trempe de ceux qui serviront grandement la ville ; et le Dr Sofia Dyak, la directrice du Centre d'histoire urbaine de Lviv, qui m'a initié aux richesses et aux complexités de la ville d'une manière subtile, honnête et distrayante. Parmi les autres, trop nombreux pour être cités ici, je dois mentionner les professeurs Petro Rabinovich et Oksana Holovko qui m'ont aidé tout au long de mes recherches ; le Dr Ihor Leman, qui a été mobilisé lors du conflit contre la Russie alors qu'il finissait sa propre recherche sur Lemkin et Lauterpacht ; Alex Dunai ; la professeure Zoya Baran ; et Lyudmyla Baybula, la courageuse et généreuse archiviste de Zhovkva, sans qui je n'aurais jamais su ce que sont le *borek* et ses secrets.

Mes collègues à l'University College London – au premier rang desquels mon doyen, le professeur Hazel Genn, et la professeure Cheryl Thomas, directrice de la recherche – ont soutenu ce projet d'écriture de manière indéfectible ; à UCL, j'ai également bénéficié de l'intelligence et du travail d'une équipe d'assistants de recherche brillants et minutieux : Remi Reichhold pour lequel il n'existe pas de document introuvable ; Mariam Kizilbasch et Luis Viveros qui m'ont aidé à établir les notes de bas de page ; David Schweizer qui m'a assisté dans ma compréhension de la langue et de la culture allemandes ; Daria Zygmunt, pour sa maîtrise des affaires polonaises et sa découverte de l'exemplaire original de *Mój Lwów* de Wittlin ; Hejaaz, enfin, qui a déniché des trésors dans les documents de la Société des Nations. Ailleurs, j'ai été aidé par Tessa Barsac (Paris), Noa Amirav (Jérusalem), Melissa Gohlke et Shaun Lyons (Georgetown), Eric Sigmund (Syracuse), et Aseem Metha (Yale).

J'ai pu bénéficier d'une assistance généreuse, partout dans le monde. En France, Lucette Fingercwajg m'a offert une entrée personnelle à l'Armée du Crime; le pasteur Richard Gelin a rendu disponibles toutes les archives de l'église évangélique baptiste dans le XIVe arrondissement. Catherine Trouiller de la Fondation Charles de Gaulle m'a aidé à comprendre une photo prise en 1944; Danielle Greuillet m'a permis d'accéder aux archives de Meudon; Jean-Michel Petit ainsi que Raymond Bétrémieux m'ont familiarisé avec l'histoire de Courrières.

En Pologne, Marek Kornat de l'Instytut Historii Polskiej Akademii Nauk m'a raconté le bref séjour de Lemkin à l'Université Jagellon de Cracovie; le Dr Janusz Fiolka n'a pas compté le temps qu'il m'a consacré à Cracovie et dans ses environs; Arkadiusz Radwan, Jan Fotek, Grzegorz Pizoń et Aleksandra Polak de l'Instytut Allerhanda m'ont permis d'avoir un contact direct avec la famille de Maurycy Allerhand, le professeur de Lemkin et de Lauterpacht; je remercie aussi le Dr Adam Redzik de l'Université de Varsovie: c'est l'historien le plus important de l'Université de Lwów, pour la période à laquelle je me suis consacré. Ewa Salkiewicz-Munnerlyn m'a donné des informations indispensables sur la communauté des juristes internationaux dans l'entre-deux-guerres, et Anna Michta et Joanna Winiewicz-Wolska m'ont servi de guides au château du Wawel. Agnieszka Bieńczyk-Missala a relu des parties du manuscrit, et Antonia Lloyd-Jones a contribué à la traduction depuis le polonais.

En Autriche, j'ai eu la chance de compter sur une détective privée géniale, spécialiste de la généalogie, Mag. Katja-Maria Chladek. La directrice actuelle du Brigittenauer Gymnasium, Mag.a Margaret Witek, où mon grand-père a été scolarisé, m'a également fourni quantité d'informations et de renseignements. Je remercie les ambassadeurs Helmut Tichy, Emil Brix et Elisabeth Tichy-Fisslberger; ainsi que Karin Höfler, au Musée du Troisième Homme, et Max Wälde qui a été mon assistant de recherche à l'Université de Vienne.

En Allemagne, Dirk Roland Haupt (ministère des Affaires étrangères) et Rainer Huhle (Centre des droits de l'homme de Nuremberg) m'ont ouvert les portes des archives. J'ai pu visiter la salle d'audience du palais de justice de Nuremberg grâce au Dr Anne Rubesame, à Michaela Lissowsky, à l'ambassadeur Bernd Borchardt (de l'Académie internationale des Principes de Nuremberg) et à Henrike Zentgraf (du Mémorial des Procès de Nuremberg). Le Dr Norbert Kampe m'a personnellement fait visiter la Maison de la Conférence de Wannsee. Mes incertitudes dans l'usage de la langue allemande ont été levées grâce à l'aide de Daniel Alexander, Q.C. [Queens Councel], du professeur Josef Bayer (Université de Constance), de Sabine Bhose, de David Cornwell, du professeur Dr Klaus von Heusinger (Cologne) et du Dr Geoffrey Plow.

Sur le procès lui-même, j'ai grandement bénéficié de sources de première main : les Mémoires ou les comptes rendus du Dr Yves Beigbeder, de Lady Enid Dundas, de Benjamin Ferencz et de Siegfried Ramler. J'ai pu avoir accès aux papiers personnels de Sir Geoffrey Lawrence, rédigés par sa femme, Lady Marjorie, grâce à Lord et Lady Oaksey, ainsi qu'à Patrick Lawrence, Q.C.

À Washington D.C., j'ai pu compter sur le savoir et l'expérience des membres du United States Holocaust Memorial Museum, et notamment de Raye Farr, Anatol Steck et Leslie Swift. Au département de Justice américain, Eli M. Rosenbaum et le Dr David Rich, les derniers chasseurs de nazis, ont découvert des témoignages documentaires d'une grande utilité.

Elsie Tilney est devenue un personnage en chair et en os grâce à Rosamunde Codling, l'archiviste modèle de la chapelle de Surrey, et au pasteur Tom Chapman. Sur des éléments de sa biographie, j'ai pu compter sur la diligence de Susan Meister, de Chris Hill, d'Elinor Brecher, responsable de la rubrique nécrologique au *Miami Herald*, de Jeanette Winterson et de Susie Orbach, de Sylvia Whitman et enfin de Germaine Tilney.

Max Blankfeld, de *Family Tree*, et le Dr Turi King, de l'Université de Leicester, m'ont expliqué les complexités des tests ADN.

Les cartes ont été préparées par Scott Edmonds, Tim Montenyohl, Alex Tait et Vickie Taylor de *International Mapping*, les sultans de la cartographie. Mon ami Jonathan Klein, maître du pixel, et Matthew Butson, tous deux de *Getty Images*, m'ont aidé pour les photos, ainsi que Diana Matar qui est capable de capturer presque tous les moments.

Dans la communauté internationale des auteurs, des chercheurs, des bibliothécaires et des conservateurs, tous ont fait preuve d'une formidable collégialité. Mes remerciements vont à Elisabeth

Åsbrink Jakobsen (Stockholm) ; au professeur John Q. Barrett (St John's University) ; à John Cooper (Londres) ; au professeur David Crane (Syracuse University College of Law) ; au professeur Jonathan Dembo (J. Y. Joyner Library, East Carolina University) ; à Michelle Detroit (Jacob Rader Marcus du American Jewish Archives) ; à Tanya Elder (American Jewish Historical Society) ; à Kristin Eshelman (Thomas J. Dodd Research Center, University of Connecticut) ; à la professeure Donna-Lee Frieze (Deakin University) ; au Dr Joanna Gomula (Cambridge) ; au professeur John-Paul Himka (University of Alberta) ; au Dr Martyn Housden (University of Bradford) ; au professeur Steven Jacobs (University of Alabama) ; à Valentin Jeutner (Cambridge) ; au Dr Yaraslau Kryvoi (University of West London) ; à Kristen La Follette (Columbia Center for Oral History) ; au professeur James Loeffler (University of Virginia) ; à Marguerite Most (Goodson Law Library, Duke Law School) ; à Nicholas Penny (National Gallery) ; au Dr Dan Plesch (SOAS) ; au professeur Dr Dieter Pohl (Université de Klagenfurt) ; au Dr Radu Popa (New York University) ; à Andrew Sanger (Cambridge) ; à Sabrina Sondhi (Arthur W. Diamond Law Library, Columbia University) ; à Zofia Sulej (William Cullen Library, University of the Witwatersrand) ; à Francesca Tramma (Fondazione Corriere della Sera) ; au Dr Kerstin von Lingen (Université de Heidelberg) ; au Dr Ana Filipa Vrdoljak (University of Technology Sydney) ; au professeur émérite Arthur Wensinger (Wesleyan University).

Mes amis et collègues, anciens et nouveaux, m'ont soutenu et ont mis leur savoir à ma disposition. Stuart Proffitt m'a aidé à élaborer les idées qui sont à l'origine de ce livre. James Cameron, Agnès Desarthe, Dante Desarthe, Hisham Matar et Elsa Naouri ont toujours répondu à mon appel. Adriana Fabra, Sylvia Fano, Amanda Galsworthy, David Kennedy, Sean Murphy, Bruno Simma et Gerry Simpson ont relu les premières versions des chapitres de ce livre. Yuval Shany m'a aidé à trouver les membres de ma famille depuis longtemps disparus, et un manuscrit depuis longtemps oublié. James Crawford m'a permis de voir les bois depuis les arbres (une fois de plus). Des idées nouvelles ou restées dans l'ombre sont sorties des esprits de David Charap,

Finola Dwyer, David Evans, Nick Fraser et Amanda Posey pendant que nous travaillions sur notre film *My Nazi Legacy: What Our Fathers Did*. La mise en scène de la chanson « A Song of Good and Evil », avec Laurent Naouri, Guillaume de Chassy, Vanessa Redgrave, Emma Pallantt, Valerie Bezancon et Katja Riemanna, m'a ouvert des horizons inattendus.

Eva Hoffman m'a permis de comprendre comment mettre en scène des vies et des expériences, tandis que Louis Begley (dont le roman *Wartime Lies* m'a autrefois inspiré), Yves Beigbeder, Robby Dundas, Michael Katz (que m'a présenté Alex Ulam), Clara Kramer, Siegfried Ramler, Bob Silvers, Nancy Steinson (Ackerly), Shula Troman et Inge Trott ont été assez aimables pour partager avec moi les souvenirs de leurs vies telles qu'elles ont été. Anya Hurlbert m'a permis de rencontrer Cecilia Gallerani, et Tom Henry m'a conseillé des ouvrages utiles sur sa longue vie ; Liz Jobey m'a donné des indications de style ; Marco De Martino a enrichi mon savoir sur Curzio Malaparte ; Christine Jennings m'a fourni les comptes rendus de conférences passées ; Sara Bershtel a trouvé des linguistes ; Göran Rosenberg m'a présenté des Suédois ; Dennis Marks et Sally Groves ont décortiqué Richard Strauss ; et Jonathan Sklar m'a averti des dangers auxquels est exposé un esprit au bord de l'effondrement. À Dartington, Celia Atherton et Vaughan Lindsay m'ont laissé le champ libre pour que je puisse écrire.

Je remercie également les lecteurs qui ont pris la peine de me signaler les erreurs et maladresses qui se sont glissées dans l'édition originale.

Je n'aurais pas pu finir ce manuscrit sans le concours, la transcription érudite notamment, de ma collègue et amie depuis trente ans, Louise Rands, qui a également transformé un flux apparemment sans fin d'interviews en termes intelligibles, afin qu'elles soient lues, noir sur blanc.

Mon agent généreux et réconfortant Gill Coleridge a consacré plus de temps qu'il n'est raisonnable à la présentation de ces histoires entremêlées avant de passer, sans heurts, le témoin à Georgia Garrett, avec laquelle je suis ravi de travailler maintenant. Aux deux, ainsi qu'à la formidable équipe de Rogers, Coleridge & White, mes plus profonds remerciements. J'envoie également mes remerciements outre-Atlantique, à Melanie Jackson à New York, qui a su identifier immédiatement le bon éditeur. Il se trouve que Melanie trouve un intérêt personnel dans ces pages : son père et son grand-père y figurent (elle m'a permis d'avoir une idée plus informée des deux sens possibles du terme *« bugger »* [bougre] figurant dans une lettre que son père avait adressée à Lemkin en 1947).

Victoria Wilson, chez Alfred A. Knopf, a été une éditrice parfaite. Redoutable stratège, attentive, aimante et sceptique, elle n'a cessé de me vanter les mérites de l'écriture lente, je lui en suis très reconnaissant. Plus tard, dans la phase de rédaction, j'ai eu la chance de travailler avec Bea Hemming chez Weidenfeld & Nicolson ; ses conseils judicieux et intelligents m'ont beaucoup aidé à améliorer ce texte, même dans la dernière ligne droite. S'il demeure des erreurs, elles sont de ma seule responsabilité.

Chez Albin Michel, j'ai apprécié l'intérêt et l'appui de mon éditrice Hélène Monsacré, et je remercie infiniment Aldo Naouri de nous avoir mis en contact.

Mes remerciements les plus profonds vont enfin à ma famille, le noyau des cinq, tous parfaitement maintenant au fait des joies et des ténèbres de Lviv. Leo, l'historien, m'a tout dit des Piétistes ; grâce à ses compétences en sciences sociales, Lara m'a mis en garde contre ma fausse conscience ; et Katya, l'artiste, m'a encouragé à regarder les lieux et les choses différemment.

Natalia, celle qui rend notre petit groupe si incroyablement heureux, tout en admettant et en supportant ces bizarreries qui font de nous des êtres si différents l'un de l'autre, a fait les frais de mon obsession. Aucune expression de gratitude ou d'amour ne saurait être excessive. Merci, merci, merci.

Index

Les indications de page en *italiques* correspondent aux illustrations.

Postface

Retour à Lemberg a été publié en mai 2016, six ans après le début de mes recherches sur la vie des quatre personnages de ce livre et leurs liens avec la ville de Lviv : mon grand-père Leon, Hersch Lauterpacht, Raphael Lemkin et Hans Frank. Bien que mon projet soit profondément personnel, il semble que les histoires que j'ai mises au jour – qu'elles fussent lumineuses ou sombres – aient résonné auprès d'un lectorat plus large que je ne l'avais imaginé. Cette découverte a été pour moi une source de joie et d'inspiration, illustrant peut-être le caractère intemporel des grands récits historiques relatant des événements aux conséquences profondes, durables et quelquefois non voulues. Ce qui nous hante apparemment, ce ne sont pas seulement les morts, ou les vides que laissent en nous les secrets des autres, ce sont aussi leurs histoires. Que *Retour à Lemberg* soit aujourd'hui traduit dans d'autres langues est le signe qu'un récit qui se déroule dans un temps et un lieu précis peut toucher des individus et des espaces bien au-delà de son cadre initial.

Je ne m'attendais pas à la correspondance volumineuse qui a suivi la publication de ce livre, aux lettres quotidiennes, aux e-mails, aux tweets. Certains correspondants m'ont posé des questions très précises (« Que vouliez-vous dire par la phrase finale du livre ? »), d'autres m'ont envoyé des critiques amusantes (« Bien que j'éprouve un grand respect pour Lemkin et Lauterpacht… »), mais la grande majorité m'a fait partager des souvenirs personnels, et beaucoup m'ont permis de recueillir de nouvelles informations, souvent captivantes : c'est un privilège d'avoir pu bénéficier de ces échanges. Entretenir une telle relation avec ses lecteurs est un bonheur, en particulier lorsque les réactions suggèrent que les thèmes que j'aborde – la relation entre l'individu et le groupe, les questions d'identité, de responsabilité, le rôle du droit international – ont un intérêt général. Ces thèmes sont en effet universels, humainement et politiquement.

Les lieux

Lviv, Lwów, Lemberg. Le lieu a inspiré des sentiments puissants à ceux qui ont eu un lien avec la ville, et ils ne sont pas seulement teintés d'amertume. « Peut-être [le livre] m'a-t-il touché parce que je suis né à Lvov en 1947 », écrit un lecteur américain. « En 1973-1974, j'ai servi dans l'armée soviétique, j'ai ensuite émigré aux États-Unis et ne suis jamais retourné à Lvov. » D'autres évoquent un lien plus direct avec le lieu et la période décrits dans le livre. Un professeur de pédiatrie – avec lequel j'ai depuis passé de bons moments à New York et à Londres – parle avec rancœur de son « expérience personnelle » du ghetto de Lemberg et de la *grosse Aktion*. « Je pouvais me promener dans toute la ville de Lwów, vêtu de mon brassard blanc avec l'étoile de David bleue », écrit-il. Et il ajoute :

> Le jour où ma famille a été arrêtée, je suis retourné à notre appartement au 2 de la rue Bonifratròw dans le quartier de Łyckzakow, très loin du quartier juif d'origine et du lieu où allait être établi le ghetto. L'*Aktion* a eu lieu dans l'ensemble de la ville.

Une dame, née en 1935 à l'hôpital militaire du même quartier, Łyckzakow, a été reconnue « pupille du [14e] régiment » dans lequel avait servi son père. Installée à Londres aujourd'hui, elle m'a envoyé sa belle traduction des Mémoires de la comtesse Dr Karolina Lanckorońska (qui enseignait l'histoire de l'art à Lwów). La comtesse se souvient de son interrogatoire par le *SS-Hauptsturmführer* Hans

Krueger, durant lequel il admit sa responsabilité dans le massacre des professeurs de Lwów en juillet 1941. Parmi les victimes figuraient Roman Longchamps de Bérier, le professeur de Lauterpacht et de Lemkin, ainsi que ses trois fils. Des années plus tard, en 1967, la comtesse fut appelée à témoigner en Allemagne dans le procès de Krueger, inculpé pour d'autres faits que les massacres de Lwów. « J'ai écrit à toutes les branches de la justice allemande, leur demandant de m'entendre à nouveau, dans le procès du crime de Lwów cette fois-ci », écrit la comtesse, « je n'ai jamais reçu de réponse ».

Un médecin américain, qui a également vécu les événements, pédiatre lui aussi, « se souvient [très bien] des monuments que [je décris] ». Il me cite dans son propre livre, qui raconte son calvaire, *Strangers in Many Lands*, et explique :

> Je suis né à Katowice en 1935, mais j'ai passé les années de guerre et l'immédiat après-guerre à Lviv et dans ses environs. En 1942, mes parents ont réussi à me cacher dans les monastères du métropolitain Andrej Sheptytski et j'ai passé pas mal de temps avec Daniel Adam Rotfeld que vous mentionnez dans votre livre. Je suis arrivé en Angleterre en 1946, aux États-Unis en 1949.

La ville a tissé une toile particulière, même autour de ceux qui n'y sont pas nés ou qui ne l'ont jamais visitée. Un juge à la retraite d'Édimbourg m'écrit ainsi : « Curieusement, j'ai moi-même un lien avec Lwów. » Il explique que ce lien remonte à des décennies, à la Seconde Guerre mondiale, alors que le plus grand contingent de soldats polonais était stationné à Perth, sa ville natale. Il y avait parmi eux « le chœur de l'armée polonaise et les membres de Lwówska Fala (la joyeuse vague de Lwów) », dirigés par le chef d'orchestre, Jerzy Kolaczkowski, originaire de Lwów. « Ils ont enregistré des chansons écossaises avec HMV* », mais, comme la plupart des membres du chœur ne comprenaient pas l'anglais, son père avait « transcrit les mots dans une version phonétique ».

Lors des présentations de mon livre, de Montréal à Mexico, de Los Angeles à Varsovie, de New York à Paris, il m'est souvent arrivé

* His Master's Voice (HMV), chaîne de magasins de disques anglaise *(NdT)*.

d'être approché par les descendants des habitants d'autrefois, preuve s'il en faut que la diaspora lvivienne est bien vivante. Certains de ses membres sont tout proches, comme ce collègue d'une autre faculté de l'University College de Londres où j'enseigne, que je n'avais jamais rencontré. Le frère de l'auteur d'une recension particulièrement élogieuse de mon livre écrit à propos de sa « Landes "connection" » personnelle et de ses ascendants qui portaient le même nom de famille que ma grand-mère, Rita :

> Tout ce que je sais c'est que la famille Landes de Lwów avait des liens très forts avec Vienne. Mon grand-père y fit donc ses études, puis il servit dans un régiment viennois durant la Première Guerre (c'était une chose inhabituelle).

Mon correspondant joint une photo de son arrière-grand-père Melech. Je me rends compte immédiatement que Melech avait la même mâchoire Habsbourg que ma grand-mère Rita. Je me suis demandé si nous n'étions pas parents.

Le fils d'un homme né à Lwów en 1913 me raconte que son père « ne cessait de parler de son terrain et de ses biens perdus dont une maison et des appartements dans le centre de Lwów ». « Y a-t-il une chance, me demande-t-il, que ses biens lui soient restitués ? » Peu de temps après, à l'issue d'une conférence à Toronto, une dame aimable s'approche de moi, le bras tendu, pour m'offrir un petit livre à la couverture grise – une restitution d'un autre genre. Il s'agit d'un exemplaire de *Mój Lwów* du poète Józef Wittlin, un véritable trésor de famille. Publié pour la première fois en anglais en 2016 sous le titre *City of Lions*, le recueil dépeint une Lwów idyllique, lieu de « noblesse et de friponnerie, de sagesse et d'imbécillité, de poésie et de vulgarité ». En un geste singulier de gentillesse, elle me prie d'accepter cette première édition, car elle avait noté qu'il m'avait servi de premier guide de Lwów.

Un autre descendant de la ville m'apprend qu'il est le petit-fils d'Adolf Piller, l'architecte qui a construit le bâtiment du 6 de la rue Teatralna. Son nom est en effet inscrit sur une plaque de marbre blanc dans l'entrée de l'immeuble qui fut le foyer de Lauterpacht. Il m'explique que son père, le fils de l'architecte, faisait « partie du premier transport vers Auschwitz, le 14 juin 1940, déporté numéro 350 ».

D'Australie me parvient un e-mail contenant un extrait de la biographie de James Elroy Flecker qui commence ainsi : « Le grand-père paternel de James Elroy, Issacher Flecker, était un Juif de Lwów, devenu directeur d'une école à Constantinople. »

L'auteur décrit Elroy comme un « poète anglais mineur », et me raconte qu'il avait décidé d'écrire la biographie de Flecker, un travail sans importance dans lequel il n'était pas très investi, mais qui « l'aidait à s'endormir ». Or « juste au moment de se coucher, il découvrit l'histoire de Miss Tilney ». « Dès la première phrase, il n'était plus question de dormir, car j'étais à nouveau en voyage pour Lviv et plongé dans l'histoire de Miss Tilney et de sa vocation chrétienne. »

La vocation de Miss Tilney a en effet appelé un certain nombre de questions particulières, celle d'un Allemand par exemple, lecteur d'un article paru dans *Die Zeit*, « Wer war Miss Tilney ? » [Qui était Miss Tilney ?], qui voulait manifestement se débarrasser d'une angoisse :

> Cela fait plusieurs jours que je voulais vous écrire. Lisant cet article, je me suis rendu compte avec peine que je ne savais pas ce que la foi chrétienne signifie pour vous et si vous avez une relation intime avec Jésus-Christ.

Un journaliste qui m'écrit après la présentation de mon livre à la librairie Shakespeare and Company à Paris termine son e-mail ainsi :

« Rendons grâce à Dieu pour Miss Tilney. » Un de mes collègues avocats partage ce sentiment : « Rien n'égale la femme qui a sauvé ta mère. » Miss Tilney a aussi sauvé Sasha Krawec, un homme dont la vie après la guerre reste un mystère. Un indice m'est cependant parvenu depuis Dublin, sous la forme d'un compte rendu datant de 1946. Il s'agit de l'interrogatoire, à Nuremberg, de Madame Hildegard Kunze, qui fut un temps dactylo de Hitler. D'après le compte rendu, trois autres personnes étaient présentes lors de cet interrogatoire : un journaliste, un interprète et « Sasha H. Krawec ». Je ne sais s'il s'agit du même Krawec.

Les descendant(e)s de Żółkiew m'ont aussi contacté. L'une d'entre eux parle de son grand-père, né en 1881 près de la rue Est-Ouest, et de son oncle, un psychiatre et psychanalyste qui était le mentor d'une de mes sources. Le grand-père a été victime d'une dépression lors d'une visite à Londres où il a entamé une analyse avec Hanna Segal qui publia naguère un article « traitant de sa vie à Żółkiew et de sa crainte d'une mort imminente ».

Vienne a eu aussi sa part. Un professeur émérite de physiologie de Glasgow, arrivé en Angleterre à bord d'un *Kindertransport* [transport d'enfants] en 1939, raconte deux souvenirs : d'abord, le sort terrible de ses parents, leur fin cruelle dans la petite ville de Yariczov Novy, près de Lwów, ensuite, un doux souvenir de nourriture :

> Sigi Ramler [l'interprète de Nuremberg] et moi étions amis [*« Gassenbuben »* en réalité] à Vienne… Les Ramler habitaient dans une location plus bas dans la rue. Malgré leur pauvreté, la mère de Sigi mettait un point d'honneur à servir du jus de raisin fait maison et de magnifiques *Hallot* pour le Shabbat.

Le directeur d'une collection d'archives de Vienne écrit :

> Vous ne vous rappelez sûrement pas de moi… nous nous sommes rencontrés lors d'un spectacle de la *Cage aux Folles* dans ce qui semble une autre vie sur une autre planète. J'étais à Cambridge en tant qu'assistant d'allemand et vous étiez [en deuxième année]. Nous étions tous partis ensemble à Édimbourg au Festival Fringe…

J'ai répondu avec enthousiasme ; c'était grâce au site web de ses archives et la découverte de l'indice crucial que j'avais pu en savoir davantage sur les derniers jours de mon arrière-grand-mère.

Une avocate et bioéthicienne britannique parle de son père, né à environ 80 miles de Lviv. Il « est allé au lycée de Vienne, puis à l'Université de Vienne à la fin des années 1920 », mais il n'a pas passé ses examens, « car il était inutile d'essayer de devenir avocat à cette époque ; ou bien, et c'est plus vraisemblable, il a été happé par la politique sioniste ; il a fini par être journaliste ». Elle ajoute :

> Il a rendu compte du procès de Nuremberg (j'ai une photo de lui là-bas en uniforme), et j'ai conservé la vieille machine à écrire qu'il avait emportée. À l'Université de Vienne, il a été le mentor du (plus jeune) [George] Weidenfeld.

Les gens

Il n'y a pas que les lieux qui appellent des souvenirs. Mes quatre personnages principaux ont également suscité des réactions. Une enveloppe arrive à mon cabinet d'avocat. Elle est immédiatement scannée et me parvient accompagnée d'une note : « Tu dois voir ceci ». C'est une lettre douce, manuscrite, d'une vieille dame de New York, une parente venue de nulle part. « Je pensais que tu aurais aimé avoir des nouvelles de quelqu'un comme moi qui a des souvenirs affectueux de [Leon], qui se souvient de sa gentillesse, de sa sagesse et de sa profonde tendresse », écrit-elle. Elle s'appelle Susanne et raconte qu'elle est née à Vienne en 1932, qu'elle est la fille du frère de ma grand-mère, Bernhard, et que Leon était son oncle.

Dans la famille de Tel Aviv, une autre nièce, dont j'ai découvert l'existence il y a peu, a pu consulter un exemplaire du livre dans lequel elle figure. Le fils de Herta Gruber relate la scène :

> Je lui ai lu le début mais, après quelques lignes, elle m'a pris le livre pour poursuivre la lecture. À voix haute d'abord, puis en silence, seule. De temps à autre, elle s'arrêtait pour essuyer ses larmes. Lorsqu'elle a fini, elle m'a rendu le livre et a fait un signe de la main, comme pour se débarrasser des souvenirs.

Un habitant d'Innsbruck en Autriche s'est lancé dans sa propre recherche. Il a découvert un annuaire téléphonique viennois datant de 1938. « J'ai trouvé votre grand-père avec le numéro suivant, page 73, ligne 4 », m'écrit-il. Il est assez aimable pour me joindre la photo.

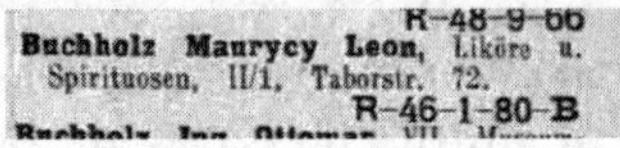
R-48-9-66
Buchholz Maurycy Leon, Liköre u. Spirituosen, II/1, Taborstr. 72.
R-46-1-80-B

Un historien de Nuremberg s'est intéressé de près aux documents originaux allemands que j'ai reproduits dans mon livre, l'ordre expulsant Leon du Reich notamment, « un exemple parfait de l'enchevêtrement des services entre le parti et les autorités de l'État sous le régime nazi ». Il a peut-être même découvert le triste sort du mystérieux *Seelenarzt* [docteur de l'âme], Steiner, puisqu'il a retrouvé un certificat de décès d'un certain Leon Steiner de Vienne, établi à Theresienstadt en 1942. Le certificat indique *« Privatier »* comme profession pour Herr Steiner, un terme vieillot qui désigne, m'explique-t-il, « ceux qui vivent de leur patrimoine privé, ce qui lui aurait laissé du temps pour l'étude ou pour être *Seelenarzt* ».

Raphael Lemkin a retenu l'attention de plus d'un lecteur. L'une de mes correspondantes, une habituée de la bibliothèque de Cincinnati dans l'Ohio, est interpellée par le passage où Lemkin dédicace un exemplaire de *Axis Rule* au Dr Kempner. « Je me suis dit que vous aimeriez savoir qu'il existe un autre exemplaire », écrit-elle, « dédicacé par Lemkin à feu le sénateur Robert A. Taft ». L'exemplaire était dans les rayons lorsqu'elle l'a vu pour la première fois, il a désormais rejoint la collection des livres rares. « Il semblerait que le livre ait été donné à la bibliothèque par la famille Taft » ; elle ajoute avec malice que le sénateur « n'a pas vécu assez longtemps pour assister à la ratification de la Convention sur le génocide ».

Une dame de quatre-vingt-huit ans – une artiste talentueuse – m'écrit depuis Los Angeles, elle aussi intriguée par les passages concernant Lemkin :

> C'était mon cousin, voyez-vous. Le nom de jeune fille de ma mère était Rachel Pomerantz, c'était la sœur de Bella – la mère de Raphael [...]. J'étais très jeune lorsque j'ai rencontré Raphael ; il a rendu visite à

ma famille à Chicago plusieurs fois lors de ses fréquents voyages. Je ne m'étais pas rendu compte de l'ampleur de son travail, ni de ses batailles ou des épreuves qu'il avait traversées. Je savais en revanche l'homme incroyablement gentil et aimant [...]. Sans prévenir de son arrivée, il frappait à la porte de notre appartement modeste du troisième étage à Chicago, et le voilà ! Il refusait le confort de l'une de nos chambres à coucher, ne voulant pas s'imposer, et dormait sur un canapé usé. Il adorait la cuisine de ma mère et, lorsqu'il s'apprêtait à partir pour un voyage vers je ne sais où, on remplissait son sac de délicieuses friandises.

De Lauterpacht aussi, on se souvient. La veuve d'un professeur d'université de Grantchester qui donna le premier cours de droit international auquel j'ai assisté dans ma vie, m'écrit :

> J'ai connu Hersch Lauterpacht dans ses dernières années, Robbie et lui étaient assez proches. On était au courant de la perte épouvantable de sa famille : il n'a plus jamais mis les pieds en Allemagne après le procès de Nuremberg. Mais les liens extraordinaires entre sa famille, la vôtre, Lemkin (mais aussi Frank), donnent une dimension encore plus intense au récit.

Titulaire d'un doctorat en études sur l'Holocauste et l'Exil, une dame australienne a écouté ma sélection musicale pour le programme de radio Margaret Throsby. Son beau-père a été fait prisonnier à Lviv en 1939, puis a disparu. Elle ajoute :

> Sir Hersch a sauvé ma grand-mère, ma mère et ses deux sœurs ; elles voulaient désespérément quitter Munich après la déportation de mon grand-père à Dachau (le lendemain de la Nuit de cristal) et sa mort deux semaines plus tard. [Il] a déclaré sous serment que ma grand-mère et ses trois filles avaient obtenu un emploi domestique en Angleterre. Il les a sauvées. Ma mère et ma grand-mère ont été employées par Sir Hersch lui-même. Ma mère garde un souvenir vivace d'Eli, leur jeune fils.

Une amie m'a envoyé une photo du mémorial de Lviv sur le site de la synagogue de la Rose d'Or, inauguré en septembre 2016. Les mots des anciens habitants de la ville sont inscrits sur des plaques de granit ; sur l'une d'entre elles sont gravées les paroles qu'Inka, la nièce de Lauterpacht, m'a confiées lorsque nous avons bu du thé noir à Paris. J'ai transmis son message à la ville, il est éternel désormais.

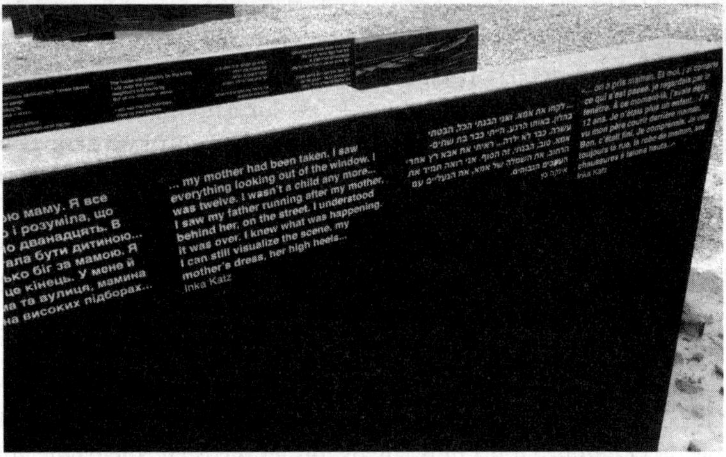

Mémorial de la synagogue, Lviv, 2016 (Olha Zarechnyuk).

Même Hans Frank a suscité des réactions. Le lendemain de la présentation du livre au musée de l'Holocauste à Washington D.C., où je me suis rendu en compagnie de Niklas Frank – qui avait donné des objets de famille au musée –, un chasseur de nazis célèbre écrit :

> Lorsque j'ai raccompagné Niklas à son hôtel, il s'est exclamé : « Si seulement mon *père* pouvait voir ça ! » J'ai répondu, « si seulement *mon* père pouvait voir ça ! », et on a éclaté de rire ensemble. L'histoire prend décidément des chemins de traverse.

Un correspondant de Géorgie enfin m'écrit pour m'apprendre que son père a été l'un des gardes de la salle d'audience 600 lors du procès de Nuremberg. De temps en temps, celui-ci racontait « ses échanges avec les accusés, y compris avec Dr Hans Frank ». Il m'envoie trois photos appartenant à son père. L'une représente « l'autographe de Dr Hans Frank que mon père a conservé ».

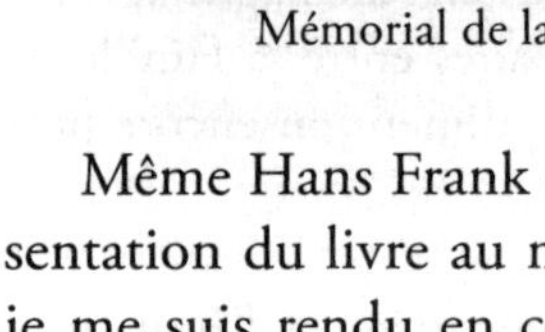

Politique et plus

La politique et le droit, mais aussi l'éducation, ont suscité des commentaires. Un certain nombre de professeurs de lycée m'ont écrit. D'un lycée en Angleterre me parvient une demande de conseil :

> [Pourriez-vous] aider mes élèves dans leur campagne de sensibilisation contre le génocide, je vous prie ? Ils ont fait des recherches et ont découvert que quatre-vingts pour cent des jeunes gens ne savent pas ce qu'est le génocide (sans parler des crimes contre l'humanité), et n'ont jamais entendu parler des génocides au Cambodge, au Rwanda, en Bosnie ou au Darfour.

Le principal d'un lycée de Toronto au Canada est plus optimiste :

> La direction de l'Administration scolaire catholique de Toronto a récemment proposé au ministère de l'Éducation de l'Ontario de mettre en place un cours intitulé « génocides modernes et crimes contre l'humanité ». Si notre proposition est acceptée, le cours sera offert en sciences sociales aux classes de terminale.

Un journaliste canadien a interviewé la directrice d'une petite école élémentaire à Ottawa après avoir appris que l'école avait fait un travail superbe en intégrant un afflux inattendu d'enfants de réfugiés syriens ; l'interrogeant sur son histoire, voici le témoignage qu'il livre :

> Elle m'a expliqué à contre-cœur que, lorsqu'elle était enfant, sa famille, ukrainienne, avait été déplacée pendant la guerre et avait atterri au Canada. Son père lui avait transmis un certain nombre de valeurs, mais elle était sûre que je ne pouvais pas vraiment comprendre. Car il était originaire d'une ville du nom de Lviv, une ville dont je n'avais certainement jamais entendu parler…

Un autre correspondant, professeur d'épidémiologie et de santé publique, a été « intrigué par l'opposition entre les "crimes contre l'humanité", qui s'intéressent aux individus, et le "génocide", qui s'intéresse aux groupes ». Sa propre recherche sur les inégalités dans le domaine de la santé se concentre sur les groupes (« socio-économiques, de genre, géographiques »), et les cliniciens, dit-il, veulent comprendre ce que son travail nous apprend sur la santé des individus. Le « défi », écrit-il, « est de montrer comment la santé publique, d'une part, et la sollicitude pour les patients individuels, d'autre part, ne devraient pas être opposées ».

Beaucoup m'ont écrit en faisant des parallèles entre hier et aujourd'hui, au Royaume-Uni et aux États-Unis, mais aussi en Europe. Un travailleur social de soixante-deux ans voit « tant de parallèles entre ce que [je décris] des années trente en Pologne et en Allemagne et ce qui se passe aujourd'hui en Palestine ». Pour l'éditeur new-yorkais de la réédition du livre de Lemkin, *Retour à Lemberg* évoque « l'angoisse qui enveloppe notre époque et la crainte que nous soyons en train de provoquer un changement similaire à celui qui s'est produit dans l'entre-deux-guerres ». Il se demande même si l'assassinat de l'ambassadeur de Russie en Turquie, Andrei Karlov, en décembre 2016, ne ressemble pas à l'assassinat de Talaat Pacha à Berlin.

Un Écossais, « instinctivement méfiant vis-à-vis de tous les nationalismes », s'interroge :

> Maintenant que nous sommes confrontés à la montée de la droite en Grande-Bretagne, que nous vivons dans un pays où les juges sont traités de salauds par les néo-fascistes, et « d'ennemis du peuple » par un quotidien à grand tirage, que faire ?

Il a voté pour l'Union dans le référendum sur l'indépendance écossaise en 2014, et mon livre l'a incité à se poser la question suivante :

> Est-ce que je vote, dans un référendum pour l'indépendance écossaise, pour ce qui ressemble à un nationalisme civique et inclusif promu par la campagne pour le « oui », ou pour la continuation de l'Union avec tout ce qu'elle a de xénophobe ?

Dans le court laps de temps qui sépare la publication du livre en Angleterre du référendum sur la sortie de l'Europe du Royaume-Uni, un diplomate britannique à la retraite, qui a des décennies d'expérience européenne et internationale, m'écrit :

Votre livre devrait être lu par chaque électeur avant le 23 juin et devrait agir comme un rappel urgent de la fragilité des structures de paix et de stabilité que nous avons mises en place ces soixante-dix dernières années, et que nous nous apprêtons à défaire de manière inconsidérée aujourd'hui.

Et nous les avons défaites, avec une imprudence abjecte.

Les récits personnels de *Retour à Lemberg* ne sont qu'un fragment d'une histoire plus vaste, d'un monde qui s'est rapproché en 1945 pour établir un nouvel ordre institutionnel et des règles de droit qui contraignent les actions des gouvernements en conférant des droits aux individus et aux groupes. Le procès de Nuremberg a été un moment remarquable : il a ouvert la voie et conduit à la Charte des Nations Unies puis à l'Accord général sur les tarifs douaniers et le commerce ; à la Convention relative au statut des réfugiés puis à la Communauté économique européenne. Un moment porté par les idéaux de droits individuels fondamentaux et d'intégration économique, source d'un nouvel espace politique où les horreurs des années 1930 et 1940 ne se répéteraient pas et où la souveraineté et la liberté des États ne seraient plus illimitées.

Le monde alors inventé n'était pas parfait, mais il a ouvert une période de paix relative et de prospérité en Europe. Ce monde est aujourd'hui menacé, et le risque est grand que l'accord de 1945 soit démantelé, sans aucune raison, sans aucune vision de ce qui pourrait le remplacer. Avons-nous perdu le sens de l'histoire ? Les États veulent-ils vraiment « reprendre le contrôle » ? Une telle reprise de contrôle entraînerait-elle le retour du droit de traiter les citoyens, ou les étrangers, comme il leur plaît, sans qu'ils soient contraints par le droit international ou obligés par la fidélité aux engagements donnés ?

Une fois de plus, le poison de la xénophobie et du nationalisme coule dans les veines de l'Europe et d'ailleurs, y compris les États-Unis. J'en ai été témoin lors de mes voyages, notamment en Europe de l'Est, en Hongrie, en Pologne et en Ukraine, où ceux qui ont vu mon film *My Nazi Legacy* m'ont aperçu dans un champ à l'écart, à observer des gens vêtus d'uniformes SS commémorant la création de la Division Galicie de la Waffen-SS en 1943.

Je le vois au Royaume-Uni aussi, où cette attitude se reflète dans une partie de l'électorat favorable au Brexit ou dans les débats qu'il a suscités ; dans les discours d'un Premier Ministre aussi, qui voudrait voir le Royaume-Uni quitter la Convention européenne des droits de l'homme, et qui dit aux membres de son parti : « Si vous pensez que vous êtes un citoyen du monde, vous n'êtes citoyen de nulle part. » Des relents de l'Allemagne des années 1930 affleurent lorsqu'un quotidien britannique décrit trois juges comme « ennemis du peuple ». Un ancien maire de Londres voit dans Adolf Hitler un partisan du sionisme ; un autre, désormais ministre des Affaires étrangères, suggère que l'Union européenne et Hitler ont en quelque sorte des buts communs, et n'hésite pas à dire que la « part kényane » de Barack Obama explique sans doute sa tendance anti-britannique.

Je le vois enfin aux États-Unis où Donald Trump, depuis son élection, se répand contre la presse et ses *« fake news »* (encore des relents de l'Allemagne des années 1930 ?) et signe des ordres exécutifs qui auraient, si les cours de justice n'avaient réagi, empêché l'entrée aux États-Unis de catégories entières d'individus et de groupes, simplement parce qu'ils ont une nationalité déterminée.

L'expérience de l'écriture de ce livre, une immersion dans les années qui vont de 1914 à 1945, au moment même où les politiques raciales et identitaires reviennent ouvertement sur le devant de la scène, m'a donné un sens aigu de ce qui se prépare. Je continue d'osciller entre les positions de Lemkin et de Lauterpacht, entre le réalisme de Lemkin et l'idéalisme de Lauterpacht. Je comprends la force des deux approches, et je reconnais la tension entre l'individu et le groupe, entre les crimes contre l'humanité et le génocide. Cette tension ne cessera pas de sitôt, et elle ne disparaîtra pas tant que le droit international continuera de nous offrir l'espoir d'épouser les deux démarches.

En attendant, j'ai aussi des raisons d'être optimiste. L'expérience nous enseigne que les idées de Lauterpacht comme celles de Lemkin ne disparaîtront pas demain. La ville de Lviv a refait une place à ses deux remarquables fils : en novembre 2017, leur mémoire sera honorée par des plaques posées sur les maisons qu'il ont autrefois habitées : au 6 de la rue Teatralna (pour Hersch Lauterpacht) et au 21 de la rue Zamarstynivska (pour Raphael Lemkin).

À Żółkiew, une plaque en mémoire de Lauterpacht sera inaugurée au tribunal de la ville, un siècle après son départ.

On ne peut facilement se défaire du pouvoir de la mémoire et de l'imagination.

Chemin de sable, près de Zhovkva (Żółkiew), 2015 (Diana Matar).

Table

DU MÊME AUTEUR

Bowett's Law of International Institutions (avec Pierre Klein), 6e édition, Londres, Sweet & Maxwell, 2009.

Torture Team. Deception, Cruelty and the Compromise of Law, Londres, Allen Lane, 2008.

Lawless World. America and the Making and Breaking of Global Rules, Londres, Allen Lane, 2005.

Justice for Crimes Against Humanity (éd. avec Mark Lattimer), Oxford et Portland, Hart Publishing, 2003.

From Nuremberg to The Hague. The Future of International Criminal Justice (éd.), Cambridge, Cambridge University Press, 2003.

Principles of International Environmental Law (et *al.*, 3 vol.), Manchester, New York, Manchester University Press, 1995.

Film

My Nazi Legacy : What Our Fathers Did, 2015.

Lecture musicale [Performance]

East West Street : A Song of Good and Evil, 2014.

Impression : CPI Blackprint en septembre 2017
Éditions Albin Michel
22, rue Huyghens, 75014 Paris
www.albin-michel.fr
ISBN : 978-2-226-39516-0
N° d'édition : 22479/02
Dépôt légal : août 2017
Imprimé en Espagne